W0376449

ÉDITION 2025

HISTOIRE 1re

SOUS LA DIRECTION DE GUILLAUME LE QUINTREC

Caroline BARCELLINI
Agrégée d'histoire
Professeure au lycée Auguste-et-Louis-Lumière à Lyon (69)

Mathias BURGÉ
Agrégé d'histoire
Professeur au lycée Rabelais à Meudon (92)

Léo CAYEUX
Agrégé d'histoire, ancien élève de l'École normale supérieure
Professeur en section européenne au lycée Louise-Weiss à Achères (78)

Valentin CHÉMERY
Agrégé d'histoire, ancien élève de l'École normale supérieure
Professeur au lycée Lyautey à Casablanca (Maroc)

Sylvain DELPEUT
Agrégé d'histoire
Professeur au lycée Henri-Moissan à Meaux (77)

Défendin DÉTARD
Agrégé d'histoire
Professeur au lycée Évariste-Galois à Noisy-le-Grand (93)

Hugo DRAPIER
Certifié bi-admissible d'histoire-géographie
Professeur au lycée Jean-Baptiste-Corot à Savigny-sur-Orge (91)

Guillaume LE QUINTREC
Agrégé d'histoire, ancien élève de l'École normale supérieure
Professeur en classes préparatoires au lycée Fénelon à Paris (75)

Florian LOUIS
Agrégé d'histoire
Professeur en classes préparatoires au lycée Michelet à Vanves (92)

Patrick MARQUES
Agrégé d'histoire-géographie
Professeur au lycée Anita-Conti à Bruz (35)

Coordination pédagogique : Patrick Marques

Autrice des pages L'Histoire par les objets
Inès BEN SLAMA
Agrégée d'histoire, ancienne élève de l'École normale supérieure

Nathan

À la découverte de votre manuel

RÉACTIVER

Des exercices pour tester et réactiver les acquis necessaires pour traiter le thème.

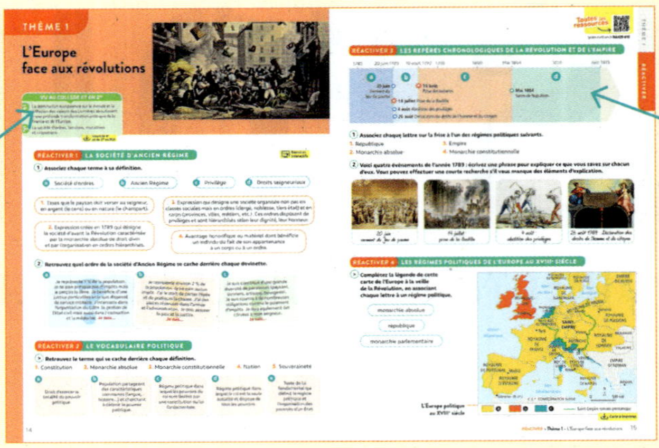

Un rappel des programmes du collège et/ou du lycée

Des activités pour réactiver les repères chronologiques et spatiaux, faire le point sur le vocabulaire…

COURS

Le cours transmet les connaissances essentielles que tous doivent avoir acquises.

Le **cours** éclairé par des **cartes**, des **tableaux**, des **infographies**

Une **fiche** à compléter pour vous aider à vous approprier le cours

COURS Mémoriser

Des outils pour aider à mémoriser les connaissances du cours.

Les repères chronologiques

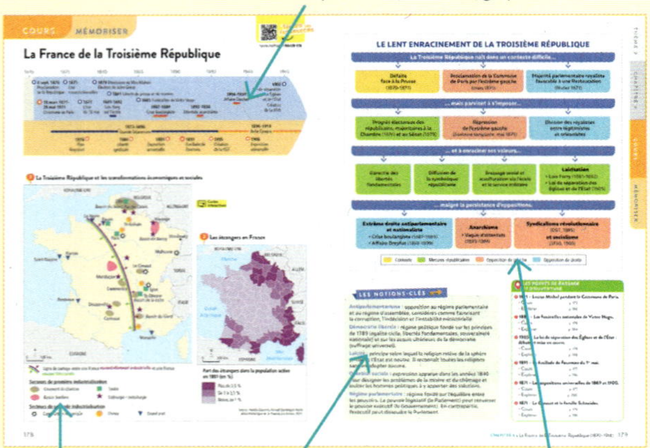

Les repères spatiaux

Les notions clés

Un schéma de synthèse avec les connaissances du cours

COURS Vérifier ses connaissances

Des exercices pour vérifier que les connaissances du cours sont acquises.

Les exercices en version numérique

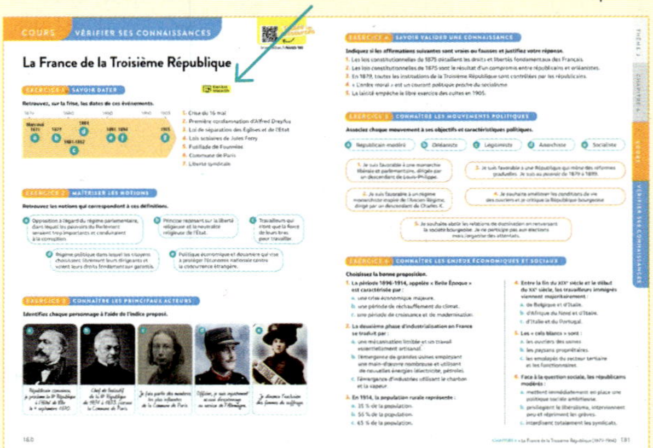

© Nathan 2025 – 92, avenue de France, 75013 Paris – contact@nathan.fr – ISBN : 9782095048778 – 345197.

EXPLORER

Pour approfondir le thème du chapitre et travailler les capacités spécifiques à l'histoire.

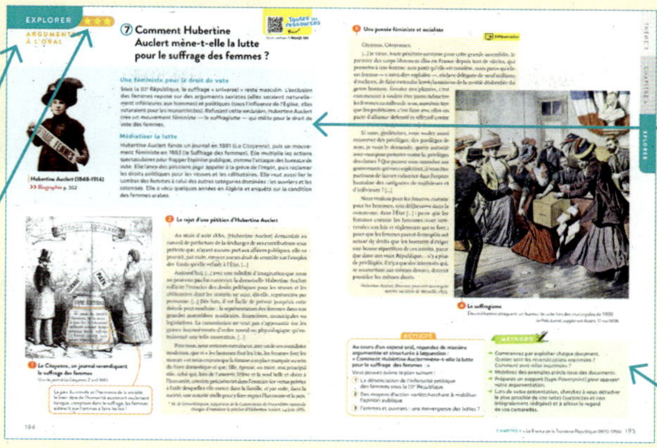

La capacité travaillée

Des activités de niveaux variés (de * à ***) pour différencier

Le contexte nécessaire au traitement

Des activités pour travailler les capacités

S'ÉVALUER

Des sujets pour s'évaluer en fin de chapitre.

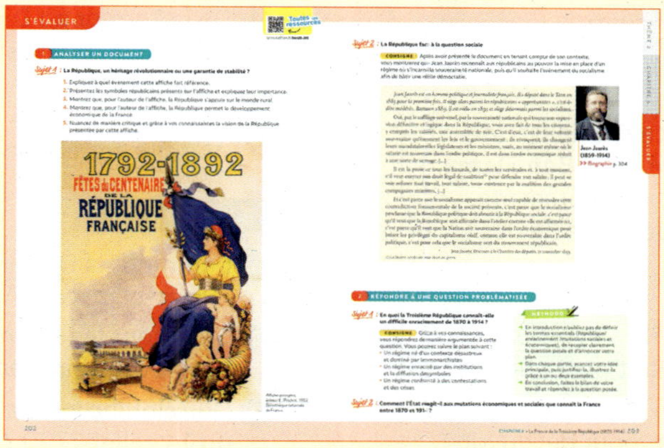

L'HISTOIRE par les OBJETS

Des pages pour faire de l'histoire autrement et découvrir des objets en lien avec l'histoire du siècle des révolutions.

Un objet du quotidien emblématique de la période

Le récit de l'histoire de cet objet

L'interview inédite d'une historienne ou d'un historien spécialiste de la période

Des documents sources

Une activité de recherche ou d'analyse

Conçues par Inès Ben Slama, spécialiste de l'histoire matérielle du XIXᵉ siècle.

SOMMAIRE

Nations, empires, nationalités de 1789 aux lendemains de la Première Guerre mondiale

L'HISTOIRE par les OBJETS

Des pages conçues par une autrice **spécialiste de l'histoire matérielle** du XIXe siècle, **Inès Ben Slama**, coordinatrice du site « ObjetsPol », qui présente des objets liés à l'histoire politique du siècle des révolutions.

Les pages L'Histoire par les objets :

- Un objet du quotidien mis en avant pour chaque chapitre.
- Le récit de l'histoire de cet objet, pour découvrir autrement la période concernée.
- Pour chaque objet, l'interview inédite d'un historien spécialiste de la période.

INTERVIEW d'historien

Les thèmes abordés :

CHAPITRE 1 La Révolution française (1789-1799)

THÈME 1

L'Europe face aux révolutions

CHAPITRE 2 La France et l'Europe à l'heure napoléonienne (1799-1815)

CHAPITRE 3 L'Europe entre Restauration et Révolution (1814-1847)

THÈME 2
La France dans l'Europe des nationalités : politique et société (1848-1871)

CHAPITRE 4 La Deuxième République et le Printemps des peuples

CHAPITRE 5 Le Second Empire (1852-1870)

THÈME 3
La Troisième République avant 1914 : un régime politique, un empire colonial

CHAPITRE 6 — La France de la Troisième République (1870-1914)

COURS

EXPLORER

S'ÉVALUER

L'HISTOIRE PAR LES OBJETS

CHAPITRE 7 — Métropole et colonies

COURS

EXPLORER

S'ÉVALUER

L'HISTOIRE PAR LES OBJETS

THÈME 4
La Première Guerre mondiale : le « suicide de l'Europe » et la fin des empires européens

Chapitre 8 La Première Guerre mondiale

Chapitre 9 Sortir de la guerre

Découvrez vos ressources numériques !

Ce manuel est enrichi de près de 300 ressources numériques.

Sur chaque double page, un QR code rassemble toutes les ressources numériques proposées. Découvrez-les en flashant ce QR code ou en activant le lien URL inscrit dessous.

➜ **Voir p. II**

Toutes les ressources

lycee.nathan.fr/**hist25-030**

Dans les pages, chaque ressource numérique est indiquée par un cartouche jaune.
Un pictogramme indique la nature de la ressource :

- Ressources à écouter
- Vidéo
- Ressources à télécharger
- Ressources interactives
- Contenu à afficher en pop-up

Des fiches d'activité sur le cours

FICHE À COMPLÉTER

À l'aide du cours, repérez :
- les idées principales ;
- les repères essentiels ;
- le vocabulaire.

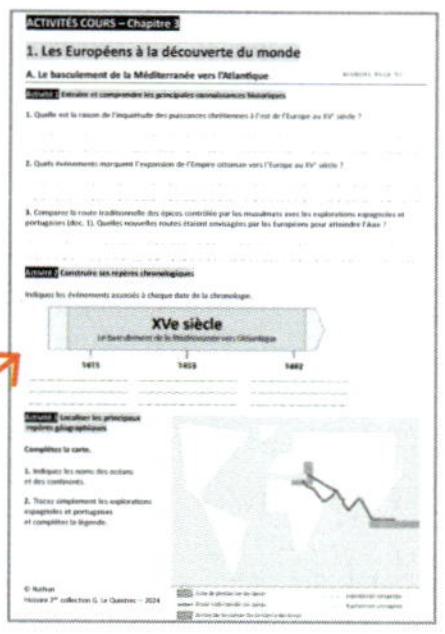

Pour faciliter l'écoute active

Une aide à la compréhension des textes difficiles

Différenciation

- Un résumé du texte
- Le vocabulaire expliqué
- Des QCM interactifs pour vérifier la compréhension

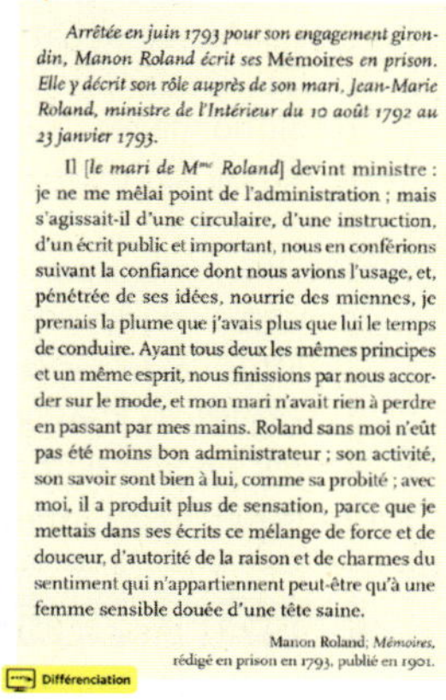

2 Manon Roland

Arrêtée en juin 1793 pour son engagement girondin, Manon Roland écrit ses Mémoires en prison. Elle y décrit son rôle auprès de son mari, Jean-Marie Roland, ministre de l'Intérieur du 10 août 1792 au 23 janvier 1793.

Il [le mari de Mme Roland] devint ministre : je ne me mêlai point de l'administration ; mais s'agissait-il d'une circulaire, d'une instruction, d'un écrit public et important, nous en conférions suivant la confiance dont nous avions l'usage, et, pénétrée de ses idées, nourrie des miennes, je prenais la plume que j'avais plus que lui le temps de conduire. Ayant tous deux les mêmes principes et un même esprit, nous finissions par nous accorder sur le mode, et mon mari n'avait rien à perdre en passant par mes mains. Roland sans moi n'eût pas été moins bon administrateur ; son activité, son savoir sont bien à lui, comme sa probité ; avec moi, il a produit plus de sensation, parce que je mettais dans ses écrits ce mélange de force et de douceur, d'autorité de la raison et de charmes du sentiment qui n'appartiennent peut-être qu'à une femme sensible douée d'une tête saine.

Manon Roland, *Mémoires*, rédigé en prison en 1793, publié en 1901.

Différenciation

Des liens vers des vidéos et des podcasts pour approfondir ou éclairer un sujet

Documentaire

Wilson en Europe pour la Conférence de paix de Paris
Vidéo INA
7'45''

Podcast

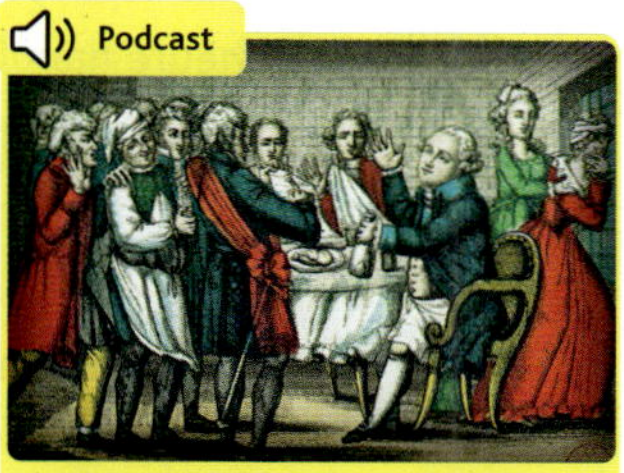

4'00''

Toutes les cartes en version interactive

Carte interactive

Cliquez sur la légende pour faire apparaître les figurés sur la carte.

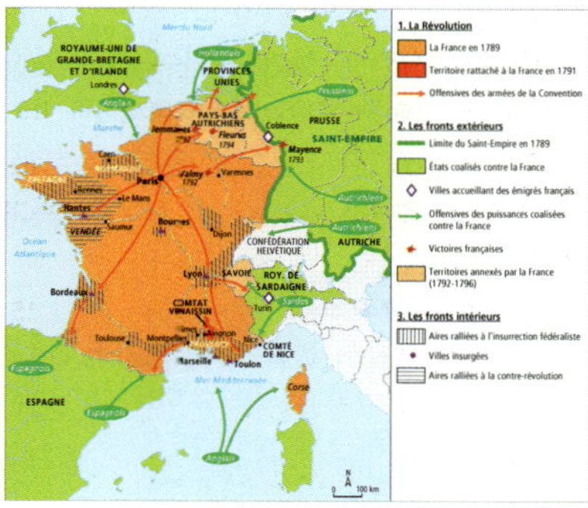

Un jeu numérique pour découvrir l'image d'ouverture de chaque chapitre

Jeu numérique Découvrir l'image

lycee.nathan.fr/**hist25-171**

Des exercices interactifs

Exercices interactifs

SPÉCIAL ACCESSIBILITÉ

Tous les textes en version audio + tous les textes en version dys

Tous les textes sont disponibles et imprimables dans une version adaptée pour faciliter leur lecture grâce à une police et un interlignage adapté.

HISTOIRE 1re

BO Spécial n° 1 du 22 janvier 2019

THÈME 1 L'Europe face aux révolutions (11-13 heures)

PROGRAMME	MISE EN OEUVRE DANS CE MANUEL
1. La Révolution française et l'Empire : une nouvelle conception de la nation **OBJECTIFS** Ce chapitre vise à montrer l'ampleur de la rupture révolutionnaire avec « l'Ancien Régime » et les tentatives de reconstruction d'un ordre politique stable. On peut mettre en avant : – la formulation des grands principes de la modernité politique synthétisés dans la Déclaration des droits de l'homme et du citoyen ; – la volonté d'unir la nation, désormais souveraine, autour de ces principes ; – les conflits et débats qui caractérisent la période ; l'affirmation de la souveraineté nationale, la mise en cause de la souveraineté royale, les journées révolutionnaires, la Révolution et l'Église, la France, la guerre et l'Europe, la Terreur, les représentants de la nation et les sans-culottes ;	**CHAPITRE 1** **La Révolution française (1789-1799)**
– l'établissement par Napoléon Bonaparte d'un ordre politique autoritaire qui conserve néanmoins certains principes de la Révolution ; – la diffusion de ces principes en Europe ; – la fragilité de l'Empire napoléonien qui se heurte à la résistance des monarchies et des empires européens ainsi qu'à l'émergence des sentiments nationaux ; – de la nation en armes à la Grande Armée.	**CHAPITRE 2** **La France et l'Europe à l'heure napoléonienne (1799-1815)**
POINTS DE PASSAGE ET D'OUVERTURE • Madame Roland, une femme en révolution. • Décembre 1792 - janvier 1793 – Procès et mort de Louis XVI.	**CHAPITRE 1** **La Révolution française (1789-1799)** → EXPLORER 2 → p. 30 → EXPLORER 4 → p. 33
• 1804 – Le Code civil permet l'égalité devant la loi et connaît un rayonnement européen.	**CHAPITRE 2 La France et l'Europe à l'heure napoléonienne (1799-1815)** → EXPLORER 2 → p. 60

2. L'Europe entre restauration et révolution (1814-1848) **OBJECTIFS** Ce chapitre vise à montrer la volonté de clore la Révolution, dont témoigne la restauration de l'ordre monarchique européen, ainsi que la fragilité de l'œuvre du congrès de Vienne. On peut mettre en avant : – les deux expériences de monarchie constitutionnelle en France (la charte de 1814 ; la charte révisée de 1830) ;	**CHAPITRE 3** **L'Europe entre Restauration et Révolution (1814-1847)**
– le projet de construire une paix durable par un renouvellement des règles de la diplomatie ; – l'essor du mouvement des nationalités qui remet en cause l'ordre du congrès de Vienne ; – la circulation des hommes et des idées politiques sous forme d'écrits, de discours, d'associations parfois secrètes (« Jeune-Italie » de G. Mazzini...) ; – les deux poussées révolutionnaires de 1830 et 1848 en France et en Europe.	**CHAPITRE 3** **L'Europe entre Restauration et Révolution (1814-1847)** **La révolution de 1848 est traitée dans le CHAPITRE 4**
POINTS DE PASSAGE ET D'OUVERTURE • 1815 – Metternich et le congrès de Vienne. • 1822 – Le massacre de Chios. • 1830 – Les Trois Glorieuses.	**CHAPITRE 3 L'Europe entre Restauration et Révolution (1814-1847)** → EXPLORER 1 → p. 86 → EXPLORER 6 → p. 92 → EXPLORER 7 → p. 94

THÈME 2 La France dans l'Europe des nationalités : politique et société (1848-1871) (11-13 heures)

3. La difficile entrée dans l'âge démocratique : la Deuxième République et le Second Empire **OBJECTIFS** Ce chapitre vise à montrer que l'instauration du suffrage universel masculin en 1848 ne suffit pas à trancher la question du régime politique ouverte depuis 1789. On peut mettre en avant : – les idéaux démocratiques hérités de la Révolution française qui permettent en 1848 des affirmations fondamentales et fondatrices (suffrage universel masculin, abolition de l'esclavage...) ; – l'échec du projet républicain en raison des tensions qui s'expriment (entre conservateurs et républicains, villes et campagnes, bourgeois et ouvriers) ;	**CHAPITRE 4** La Deuxième République et le Printemps des peuples
– les traits caractéristiques du Second Empire, régime autoritaire qui s'appuie sur le suffrage universel masculin, le renforcement de l'État, la prospérité économique et qui entend mener une politique de grandeur nationale ; – les oppositions rencontrées par le Second Empire et la répression qu'il exerce (proscriptions de Victor Hugo, Edgar Quinet...).	**CHAPITRE 5** Le Second Empire (1852-1870)
POINTS DE PASSAGE ET D'OUVERTURE	**CHAPITRE 4** La Deuxième République et le Printemps des peuples
• Alphonse de Lamartine en 1848.	→ EXPLORER 1 → p. 116
• George Sand, femme de lettres engagée en politique.	→ EXPLORER 5 → p. 123
• Louis-Napoléon Bonaparte, premier président de la République.	→ EXPLORER 4 → p. 122

4. L'industrialisation et l'accélération des transformations économiques et sociales en France **OBJECTIFS** Ce chapitre vise à montrer que la société française connaît des mutations profondes liées à l'industrialisation et à l'urbanisation. On peut mettre en avant : – les transformations des modes de production (mécanisation, essor du salariat...) et la modernisation encouragée par le Second Empire ; – l'importance du monde rural et les débuts de l'exode rural ; – l'importance politique de la question sociale.	**CHAPITRE 5** Le Second Empire (1852-1870)
POINTS DE PASSAGE ET D'OUVERTURE	**CHAPITRE 5** Le Second Empire (1852-1870)
• Paris haussmannien : la transformation d'une ville.	→ EXPLORER 6 → p. 150
• Les frères Pereire, acteurs de la modernisation économique.	→ EXPLORER 8 → p. 153
• 25 mai 1864 – Le droit de grève répond à l'une des attentes du mouvement ouvrier.	→ EXPLORER 10 → p. 156

5. La France et la construction de nouveaux États par la guerre et la diplomatie **OBJECTIFS** Ce chapitre vise à montrer le rôle de la France lors de la construction des unités italienne et allemande. Cette politique d'unification est menée par des régimes monarchiques qui s'appuient sur le mouvement des nationalités, la guerre et la diplomatie. On peut mettre en avant : – la participation du Second Empire à la marche vers l'unité italienne ; – la guerre de 1870 qui entraîne la chute du Second Empire et permet l'unité allemande.	**CHAPITRE 5** Le Second Empire (1852-1870)
POINTS DE PASSAGE ET D'OUVERTURE	**CHAPITRE 5** Le Second Empire (1852-1870)
• Le rattachement de Nice et de la Savoie à la France.	→ EXPLORER 11 → p. 158
• 1871 – Bismarck et la proclamation du Reich.	→ EXPLORER 12 → p. 160

THÈME 3 La Troisième République avant 1914 : un régime politique, un empire colonial (11-13 heures)

Programme	Manuel
6. La mise en œuvre du projet républicain **OBJECTIFS** Ce chapitre vise à montrer la manière dont le régime républicain se met en place et s'enracine ainsi que les oppositions qu'il rencontre. On peut mettre en avant : – 1870-1875 : l'instauration de la République et de la démocratie parlementaire ; – l'affirmation des libertés fondamentales ; – le projet d'unification de la nation autour des valeurs de 1789 et ses modalités de mise en œuvre (symboles, lois scolaires…) ; – les oppositions qui s'expriment (courants révolutionnaires, refus de la politique laïque par l'Église catholique, structuration de l'antisémitisme autour de l'affaire Dreyfus, nationalisme…) ; – le refus du droit de vote des femmes.	**CHAPITRE 6** **La France de la Troisième République (1870-1914)**
POINTS DE PASSAGE ET D'OUVERTURE • 1871 – Louise Michel pendant la Commune de Paris. • 1885 – Les funérailles nationales de Victor Hugo. • 1905 – La loi de séparation des Églises et de l'État : débats et mise en œuvre.	**CHAPITRE 6** **La France de la Troisième République (1870-1914)** → EXPLORER 1 → p. 182 → EXPLORER 2 → p. 184 → EXPLORER 5 → p. 188
7. Permanences et mutations de la société française jusqu'en 1914 **OBJECTIFS** Ce chapitre vise à montrer les spécificités de la société française qui connaît une révolution industrielle importante tout en demeurant majoritairement rurale. On peut mettre en avant : – l'industrialisation et les progrès techniques ; – la question ouvrière et le mouvement ouvrier ; – l'immigration et la place des étrangers ; – l'importance du monde rural et ses difficultés ; – l'évolution de la place des femmes.	**CHAPITRE 6** **La France de la Troisième République (1870-1914)**
POINTS DE PASSAGE ET D'OUVERTURE • 1891 – La fusillade de Fourmies du 1er mai. • Les expositions universelles de 1889 et 1900. • Le Creusot et la famille Schneider.	**CHAPITRE 6** **La France de la Troisième République (1870-1914)** → EXPLORER 8 → p. 196 → EXPLORER 11 → p. 200 → EXPLORER 8 → p. 196
8. Métropole et colonies **OBJECTIFS** Ce chapitre vise à étudier la politique coloniale de la IIIe République, les raisons sur lesquelles elle s'est fondée, les causes invoquées par les républicains. Le contexte international de cette politique est également étudié, ainsi que ses effets dans les territoires colonisés. On peut mettre en avant : – l'expansion coloniale française : les acteurs, les motivations et les territoires de la colonisation ; – les débats suscités par cette politique ; – les chocs entre puissances occasionnés par cette expansion ; – le cas particulier de l'Algérie (conquise de 1830 à 1847) organisée en départements français en 1848 ; – le fonctionnement des sociétés coloniales (affrontements, résistances, violences, négociations, contacts et échanges).	**CHAPITRE 7** **Métropole et colonies**
POINTS DE PASSAGE ET D'OUVERTURE • 1887 – Le code de l'indigénat algérien est généralisé à toutes les colonies françaises. • 1898 – Fachoda, le choc des impérialismes. • Saigon, ville coloniale.	**CHAPITRE 7** **Métropole et colonies** → EXPLORER 5 → p. 222 → EXPLORER 3 → p. 219 → EXPLORER 4 → p. 220

Programme	Manuel
9. Un embrasement mondial et ses grandes étapes **OBJECTIFS** Ce chapitre vise à présenter les phases et les formes de la guerre (terrestre, navale et aérienne). On peut mettre en avant : – les motivations et les buts de guerre des belligérants ; – l'extension progressive du conflit et les grandes étapes de la guerre ; – l'échec de la guerre de mouvement et le passage à la guerre de position ; – l'implication des empires coloniaux britannique et français ; – la désintégration de l'Empire russe.	**CHAPITRE 8** **La Première Guerre mondiale**
POINTS DE PASSAGE ET D'OUVERTURE • Août - septembre 1914 – Tannenberg et la Marne. • 1915 – L'offensive des Dardanelles. • 1916 – La bataille de la Somme. • Mars 1918 – La dernière offensive allemande.	**CHAPITRE 8 La Première Guerre mondiale** → EXPLORER 1 → p. 248 et 249 → EXPLORER 1 → p. 251 → EXPLORER 1 → p. 252 → EXPLORER 1 → p. 253
10. Les sociétés en guerre : des civils acteurs et victimes de la guerre **OBJECTIFS** Ce chapitre vise à souligner l'implication des sociétés, des économies, des sciences et des techniques dans une guerre longue. On peut mettre en avant : – les dimensions économique, industrielle et scientifique de la guerre ; – les conséquences à court et long termes de la mobilisation des civils, notamment en ce qui concerne la place des femmes dans la société ; – le génocide des Arméniens, en articulant la situation des Arméniens depuis les massacres de 1894-1896 et l'évolution du conflit mondial.	**CHAPITRE 8** **La Première Guerre mondiale**
POINTS DE PASSAGE ET D'OUVERTURE • Marie Curie dans la guerre. • 24 mai 1915 – La déclaration de la Triple Entente à propos des « crimes contre l'humanité et la civilisation » perpétrés contre les Arméniens de l'Empire ottoman. • Les grèves de l'année 1917.	**CHAPITRE 8 La Première Guerre mondiale** → EXPLORER 4 → p. 257 → EXPLORER 7 → p. 262 → EXPLORER 6 → p. 260
11. Sortir de la guerre : la tentative de construction d'un ordre des nations démocratiques **OBJECTIFS** Ce chapitre vise à étudier les différentes manières dont les belligérants sont sortis de la guerre et la difficile construction de la paix. On peut mettre en avant : – le bilan humain et matériel de la guerre ; – les principes formulés par le président Wilson et la fondation de la Société des Nations ; – les traités de paix et la fin des empires multinationaux européens ; – les interventions étrangères et la guerre civile en Russie jusqu'en 1922 ; – les enjeux de mémoire de la Grande Guerre tant pour les acteurs collectifs que pour les individus et leurs familles.	**CHAPITRE 9** **Sortir de la guerre**
POINTS DE PASSAGE ET D'OUVERTURE • 1919-1923 – Les traités de paix. • 1920 – Le soldat inconnu et les enjeux mémoriels. • 1922 – Le passeport Nansen et le statut des apatrides.	**CHAPITRE 9 Sortir de la guerre** → EXPLORER 7 → p. 288 → EXPLORER 8 → p. 289 → EXPLORER 3 → p. 282 → EXPLORER 9 → p. 290

THÈME 1

L'Europe face aux révolutions

VU AU COLLÈGE ET EN 2de

en 4e La domination européenne sur le monde et la diffusion des valeurs des Lumières aboutissent à une profonde transformation politique de la France et de l'Europe.

en 2de La société d'ordres, tensions, mutations et crispations.

Cours de 4e et de 2de en PDF

RÉACTIVER 1 LA SOCIÉTÉ D'ANCIEN RÉGIME

Exercices interactifs

1 Associez chaque terme à sa définition.

a Société d'ordres
b Ancien Régime
c Privilège
d Droits seigneuriaux

1. Taxes que le paysan doit verser au seigneur, en argent (le cens) ou en nature (le champart).

2. Expression créée en 1789 qui désigne la société d'avant la Révolution caractérisée par la monarchie absolue de droit divin et par l'organisation en ordres hiérarchisés.

3. Expression qui désigne une société organisée non pas en classes sociales mais en ordres (clergé, noblesse, tiers état) et en corps (provinces, villes, métiers, etc.). Ces ordres disposent de privilèges et sont hiérarchisés selon leur dignité, leur honneur.

4. Avantage honorifique ou matériel dont bénéficie un individu du fait de son appartenance à un corps ou à un ordre.

2 Retrouvez quel ordre de la société d'Ancien Régime se cache derrière chaque devinette.

a Je représente 1 % de la population. Je ne paie presque pas d'impôts mais je perçois la dîme. Je bénéficie d'une justice particulière et je suis dispensé de service militaire. J'interviens dans l'organisation du culte, la gestion de l'état civil mais aussi dans l'instruction et la médecine. **Je suis...**

b Je représente environ 2 % de la population. Je ne paie aucun impôt. J'ai le droit de porter l'épée et de pratiquer la chasse. J'ai des places réservées dans l'armée et l'administration. Je dois assurer la paix et la justice. **Je suis...**

c Je suis constitué d'une grande diversité de personnes (paysans, ouvriers, artisans, bourgeois). Je suis soumis à de nombreuses obligations comme le paiement d'impôts. Je dois également des corvées à mon seigneur. **Je suis...**

RÉACTIVER 2 LE VOCABULAIRE POLITIQUE

> Retrouvez le terme qui se cache derrière chaque définition.

1. Constitution 2. Monarchie absolue 3. Monarchie constitutionnelle 4. Nation 5. Souveraineté

a Droit d'exercer la totalité du pouvoir politique.

b Population partageant des caractéristiques communes (langue, histoire...) et cherchant à détenir le pouvoir politique.

c Régime politique dans lequel les pouvoirs du roi sont limités par une constitution ou loi fondamentale.

d Régime politique dans lequel le roi est la seule autorité et dispose de tous les pouvoirs.

e Texte de loi fondamental qui définit le régime politique et l'organisation des pouvoirs d'un État.

Toutes les ressources
lycee.nathan.fr/hist25-015

RÉACTIVER 3 LES REPÈRES CHRONOLOGIQUES DE LA RÉVOLUTION ET DE L'EMPIRE

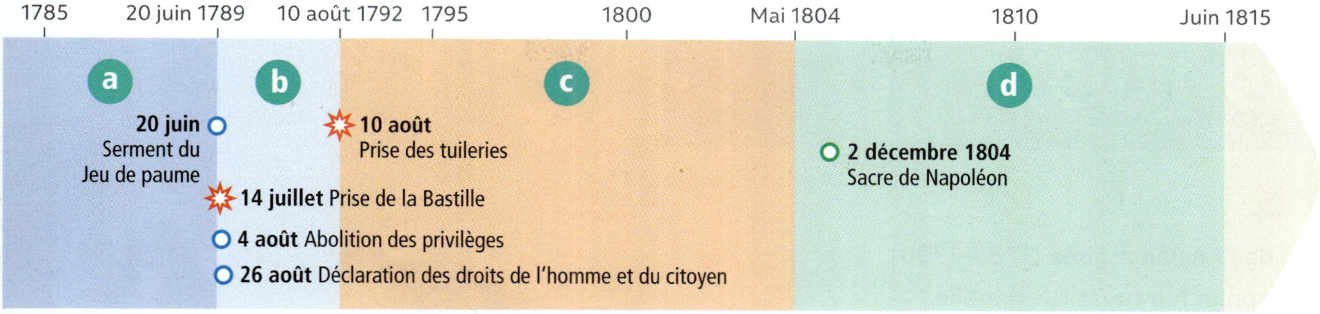

1 Associez chaque lettre sur la frise à l'un des régimes politiques suivants.

1. République
2. Monarchie absolue
3. Empire
4. Monarchie constitutionnelle

2 Voici quatre événements de l'année 1789 : écrivez une phrase pour expliquer ce que vous savez sur chacun d'eux. Vous pouvez effectuer une courte recherche s'il vous manque des éléments d'explication.

20 juin : serment du Jeu de paume

14 juillet : prise de la Bastille

4 août : abolition des privilèges

26 août 1789 : Déclaration des droits de l'homme et du citoyen

RÉACTIVER 4 LES RÉGIMES POLITIQUES DE L'EUROPE AU XVIIIe SIÈCLE

> Complétez la légende de cette carte de l'Europe à la veille de la Révolution, en associant chaque lettre à un régime politique.

- monarchie absolue
- république
- monarchie parlementaire

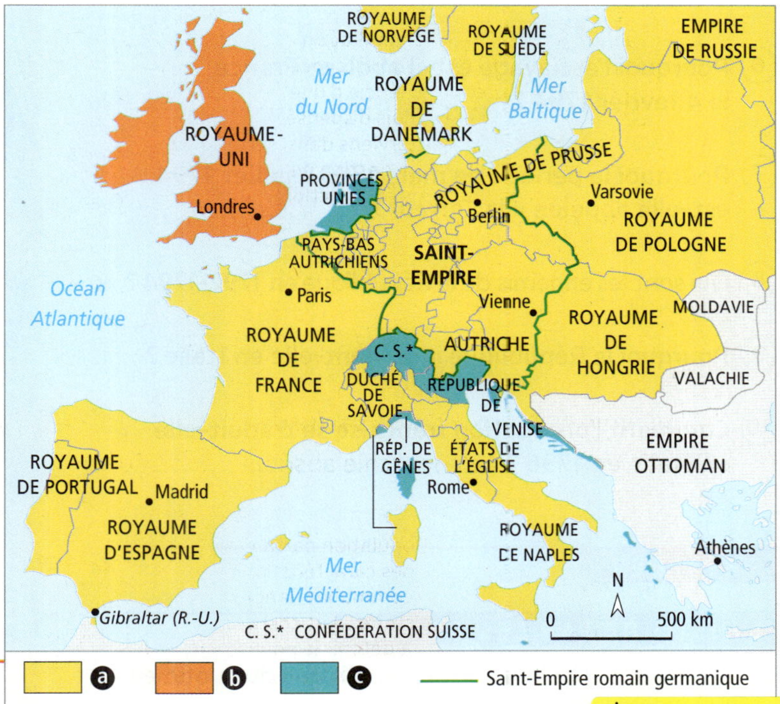

L'Europe politique au XVIIIe siècle

Carte à imprimer

CHAPITRE 1

La Révolution française (1789-1799)

COURS

EXPLORER

Tous les textes du chapitre :
• en version DYS
• en version audio
lycee.nathan.fr/**hist25-016**

Un orateur devant le peuple parisien en 1789

Un orateur harangue le peuple parisien en 1789, comme le fit Camille Desmoulins le 12 juillet. Le Palais-Royal, aménagé récemment par le duc d'Orléans, est un ensemble de commerces, de cafés et de jardins, où l'agitation est permanente.

Jean-Baptiste Lesueur (1749-1826), *Motion au jardin du Palais-Royal*, v. 1789-1794, gouache collée sur papier bleu, 36 × 53,5 cm, musée Carnavalet, Paris.

Jeu numérique
Découvrir l'image
lycee.nathan.fr/**hist25-017**

Cours à écouter

① La fin de l'Ancien régime (1789-1790)

Toutes les ressources
lycee.nathan.fr/hist25-018

A 1789 : l'effondrement de la monarchie absolue

Biographie

Louis XVI
(1754-1793) → p. 305

a. La naissance d'une Assemblée nationale

• Le 5 mai 1789, Louis XVI réunit les **États généraux** à Versailles pour trouver une solution à la crise financière. La noblesse et le clergé ne représentent que 3 % de la population, mais ils refusent le vote par tête qui donnerait la majorité au tiers état [**doc. 1**]. Celui-ci se proclame Assemblée nationale le 17 juin, puis s'engage à rédiger une **Constitution** (serment du Jeu de paume, le 20 juin, [**doc. 2**]). Le tiers état est finalement rejoint par la noblesse et le clergé pour former une Assemblée nationale constituante.

Repères

La Commune de Paris

La Commune de Paris est l'administration de la ville de Paris formée spontanément par les révolutionnaires le 12 juillet 1789. Elle remplace l'ancienne municipalité. Légalisée en 1790, elle est un acteur important de la Révolution.

b. La révolte populaire

• Craignant un coup de force du roi, le peuple parisien se soulève le 14 juillet 1789. Il prend d'assaut la prison de la Bastille et exécute son gouverneur. Sous la pression de la rue, Louis XVI est forcé de reconnaître la **Commune de Paris** et sa milice, la **Garde nationale**. D'autres villes du royaume, comme Marseille ou Bordeaux, font de même. Dans plusieurs régions, les paysans attaquent les châteaux pour brûler les registres où sont consignés les **droits seigneuriaux**.

c. La fin de la société d'ordres

• Affolés par cette agitation populaire, les députés, tous issus de la noblesse ou de la bourgeoisie, tentent de l'apaiser. Ils décrètent l'abolition des droits seigneuriaux et des privilèges durant la nuit du 4 août [**doc. 3**]. Le 26 août, ils adoptent une Déclaration des droits de l'homme et du citoyen, qui proclame la liberté et l'égalité de tous les Français. C'est la fin de l'Ancien Régime.

EXPLORER ① p. 28

1 Voter par ordre ou par tête ?

Ordre	Part de la population française	Nombre de députés	Vote par ordre	Vote par tête
Tiers état	97 %	578	**1 voix**	**578 voix**
Noblesse	2 %	291	1 voix	291 voix
Clergé	1 %	270	1 voix	270 voix
Total des privilégiés	3 %	561	**2 voix**	**561 voix**

2 Naissance d'une Assemblée nationale

3'40'' **Le serment du Jeu de paume, 20 juin 1789**
L'Histoire par l'image

3 L'abolition des privilèges

B 1790 : la mise en place d'une France nouvelle

a. La nation et le roi

• Le 5 octobre 1789, le peuple parisien, femmes en tête, marche sur Versailles pour réclamer du pain au roi. Louis XVI est contraint de s'installer au palais des Tuileries, à Paris, sous la pression permanente des **sans-culottes**. Il se sent prisonnier et il entretient des relations difficiles avec l'Assemblée constituante. Le 14 juillet, anniversaire de la prise de la Bastille, une fête de la Fédération est organisée à Paris et dans d'autres villes pour célébrer l'union de la nation et du roi.

EXPLORER ② p. 30 et ③ p. 32

b. L'État et l'Église

• L'abolition de la dîme (4 août 1789), puis la transformation des biens du clergé en **biens nationaux** (2 novembre 1789) imposent de réorganiser l'Église catholique. Le 12 juillet 1790, la Constitution civile du clergé est adoptée : les prêtres et les évêques sont désormais élus par les fidèles et payés par l'État, auquel ils doivent allégeance. Face au refus du pape, le clergé se divise entre les « jureurs », qui acceptent cette loi, et les « réfractaires » qui la rejettent. Les protestants et les juifs accèdent à la citoyenneté.

c. Construire l'espace national

• L'Ancien Régime se caractérisait par une très grande diversité, chaque province ayant ses coutumes, ses privilèges, ses poids et mesures. L'Assemblée constituante doit repenser et unifier la France. En février 1790, le territoire est divisé en 83 départements, qui deviennent la base de l'administration et de la justice. Le 21 septembre 1790, le drapeau tricolore remplace le drapeau blanc. La Constituante décide d'adopter un système de mesures unifié (8 mai 1790) [**doc. 4**] et de diffuser la langue française aux dépens des langues régionales et des **patois**.

Vocabulaire

Biens nationaux : biens confisqués à l'Église ou aux nobles émigrés pour être vendus et répondre ainsi à la crise financière.

Constitution : loi fondamentale qui définit l'organisation des pouvoirs dans un État.

Droits seigneuriaux : privilèges et redevances dont bénéficient les seigneurs dans la société d'Ancien Régime.

États généraux : assemblée des représentants des trois ordres (ou « états ») convoquée par le roi pour lui donner leur avis. Ils n'ont pas été réunis entre 1614 et 1789.

Garde nationale : milice municipale de citoyens armés, chargée de maintenir l'ordre et de lutter contre les ennemis de la Révolution.

Patois : version locale d'une langue, parlée par les paysans.

Sans-culottes : terme à l'origine péjoratif qui désigne les révolutionnaires issus du peuple qui portent le pantalon au lieu de la culotte et des bas de soie des bourgeois et des nobles.

4 Nouvelles et anciennes unités de mesures

UNITÉ DE CAPACITÉ

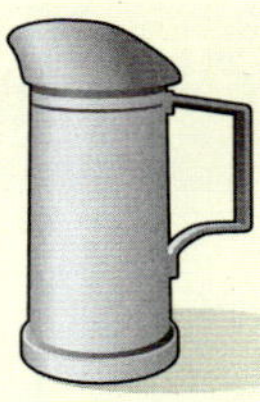

1 litre = 1,05 pinte

UNITÉ DE VOLUME (matière sèche)

1 litre = 0,078 boisseau

UNITÉ DE MASSE

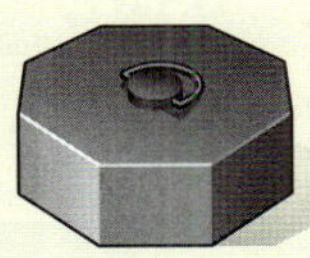

1 kilogramme = 2,04 livres

UNITÉ DE LONGUEUR

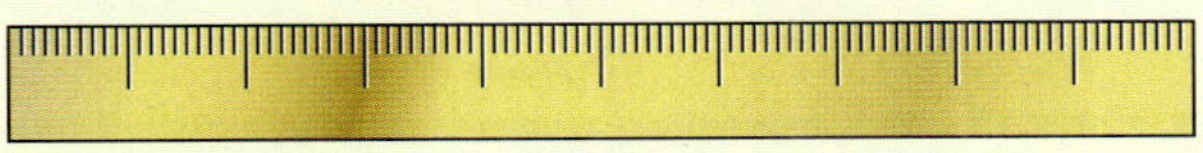

1 mètre = 0,84 aune = 0,51 toise

• Avant la Révolution, il existe plus de 800 unités de mesure en France (toise, pied, pouce, aune, muid, setier, boisseau, pinte, livre, once, etc.).
• Une même mesure peut aussi être différente selon les régions de France.
• Dans le nord de la France, dix-huit sortes d'aunes varient de 62 à 84 centimètres. Pour unifier le commerce, un nouveau système de mesure est étudié dès 1790.

FICHE À COMPLÉTER

À l'aide du cours, repérez :
• les idées principales ;
• les repères essentiels ;
• le vocabulaire.

Cours à écouter

PPO Décembre 1792-janvier 1793
Procès et mort
de Louis XVI.

Podcast

4'00''

« Et si Louis XVI n'avait pas été arrêté à Varennes ? »
France Inter, 2022

2 De la monarchie constitutionnelle à la République (1791-1793)

Toutes les ressources
lycee.nathan.fr/**hist25-020**

A Concilier monarchie et révolution

a. La fuite du roi

• Dans la nuit du 20 au 21 juin 1791, Louis XVI et sa famille fuient Paris en direction de la frontière orientale de la France. Le roi espère rejoindre l'armée des émigrés pour ensuite rétablir son pouvoir. Mais il est arrêté à Varennes et ramené à Paris. Les révolutionnaires le considèrent désormais comme un traître. Les députés refusent pourtant de voter la déchéance du roi, réclamée par des manifestants parisiens violemment réprimés par la Garde nationale (massacre du Champ-de-Mars, 17 juillet 1791).

b. De nouvelles institutions

• Le 3 septembre 1791, l'Assemblée nationale adopte une Constitution instaurant une **monarchie constitutionnelle** [**doc. 1**]. Louis XVI n'est plus « roi de France », mais « roi des Français ». Il nomme les ministres avec lesquels il partage le pouvoir exécutif. Il ne peut dissoudre l'Assemblée législative, mais peut opposer un **veto** à ses décisions. Les députés adoptent un **suffrage censitaire** qui ne donne le droit de vote qu'à 15 % de la population. Mais les journaux et les **clubs** permettent de s'initier aux débats politiques.

c. La France en guerre

• Les souverains européens craignent la contagion révolutionnaire et accueillent les **émigrés**. En avril 1792, les députés français déclarent la guerre à l'Autriche, patrie de la reine Marie-Antoinette, soupçonnée de vouloir restaurer la monarchie absolue. En juillet, les troupes autrichiennes et prussiennes envahissent la France. Le 10 août, les sans-culottes prennent d'assaut le palais des Tuileries. La famille royale est incarcérée à la prison du Temple.

Vocabulaire

Club : groupe de députés ou de citoyens de même sensibilité politique se réunissant régulièrement pour débattre.

Émigré : contre-révolutionnaire, souvent issu de la noblesse, ayant fui la France.

Monarchie constitutionnelle : régime politique dans lequel les pouvoirs du roi sont définis et limités par une Constitution.

Suffrage censitaire : système où le droit de vote est fondé sur le cens, c'est-à-dire sur le montant des impôts, par opposition au suffrage universel.

Veto : droit de s'opposer à l'adoption d'une loi.

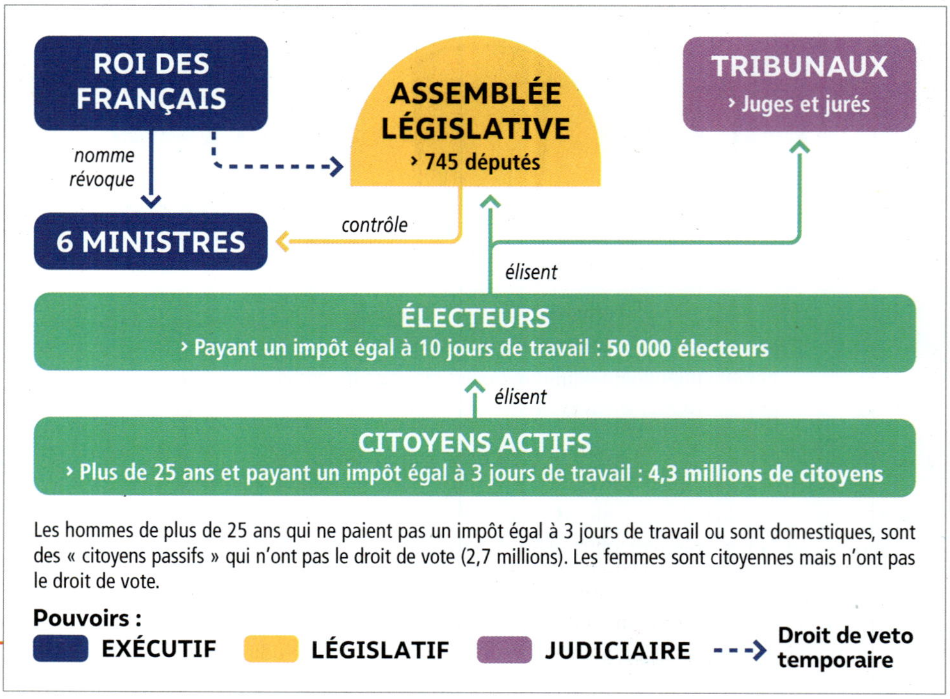

La Constitution de 1791 1

B La difficile mise en place de la République

a. La République proclamée

• L'Assemblée législative organise l'élection, au suffrage universel masculin, d'une Convention chargée de rédiger une nouvelle Constitution. Du 2 au 5 septembre 1792, les sans-culottes massacrent dans les prisons parisiennes 1 400 personnes suspectées d'activités contre-révolutionnaires. Le 11 juillet 1792, l'Assemblée proclame « la patrie en danger » et fait appel à une armée de volontaires, qui battent les Prussiens à Valmy le 20 septembre. Réunie pour la première fois le 21 septembre 1792, la Convention abolit la monarchie et instaure la république.

b. La Convention divisée

PPO

• Le procès du roi révèle les divisions au sein de la Convention. Louis XVI est finalement guillotiné le 21 janvier 1793. Les Girondins, qui veulent terminer la révolution, s'opposent aux Montagnards, proches des revendications égalitaires des sans-culottes. Entre les deux, les députés de la Plaine font office d'arbitres [**doc. 2**]. La mort du roi ravive l'ardeur de la coalition menée par la Prusse et l'Autriche rejoints par le Royaume-Uni. La Convention décrète en février 1793 la **levée en masse** de 300 000 hommes.

EXPLORER ④ p. 33

c. La guerre civile

• Refusant la **déchristianisation** et la **conscription**, des paysans vendéens se soulèvent contre la Convention. À Paris, sous la pression des sans-culottes, les députés votent le 2 juin 1793 l'arrestation de 29 députés girondins et de deux ministres accusés de trahison. Ce coup de force provoque une forte réaction : une **insurrection fédéraliste** éclate dans plusieurs départements du Sud et de l'Ouest, notamment à Lyon et Marseille.

Vocabulaire

Conscription : enrôlement dans l'armée des hommes ayant atteint l'âge du service militaire (conscrits). On parle d'armée de conscription par opposition à une armée de métier.

Déchristianisation : politique visant à éliminer l'influence du christianisme dans la vie quotidienne.

Insurrection fédéraliste : soulèvement dans de nombreux départements des républicains hostiles aux montagnards et protestant contre l'arrestation des députés girondins.

Levée en masse : appel à la mobilisation de soldats, soit volontaires, soit tirés au sort.

FICHE À COMPLÉTER

À l'aide du cours, repérez :
- les idées principales ;
- les repères essentiels ;
- le vocabulaire.

2 La Montagne, la Plaine et la Gironde

	MONTAGNARDS › 260 députés	PLAINE › 329 députés	GIRONDINS › 160 députés
Position dans l'hémicycle	En haut, à gauche	En bas, au centre	À droite
Alliances	Majorité de juin 1793 à septembre 1794 (Montagnards et Plaine)	Majorité de septembre 1792 à juin 1793 (Plaine et Girondins) ; Majorité de juin 1793 à septembre 1794 (Montagnards et Plaine)	Majorité de septembre 1792 à juin 1793 (Plaine et Girondins)
Origine du nom	Référence à la position du groupe en haut des gradins de la moitié gauche de l'hémicycle	Référence à la position du groupe en bas et au centre de l'hémicycle	Forgé après la Révolution pour souligner la sur-représentation des députés de la région bordelaise
Principales figures	› Danton › Robespierre › Marat › Saint-Just	› Abbé Grégoire › Sieyès › Boissy d'Anglas › Cambacérès	› Brissot › Vergniaud › Condorcet › Roland
Divergences	› Républicains radicaux favorables à un encadrement de l'économie et aux revendications égalitaristes des sans-culottes parisiens › Favorables à la mort du roi	› Groupe très hétérogène dont les membres soutiennent parfois les Girondins, parfois les Montagnards	› Républicains modérés favorables au libéralisme économique › Plutôt opposés à la mort du roi

Cours à écouter

3 De la Terreur au Directoire : une république instable (1793-1799)

Toutes les ressources
lycee.nathan.fr/**hist25-022**

Vocabulaire

Comité de salut public : principal organe du gouvernement révolutionnaire, composé de douze députés.

Déchristianisation : → p. 21

A La République montagnarde (1793-1794)

a. Le « gouvernement révolutionnaire » et la Terreur

• En juin 1793, les Montagnards adoptent une nouvelle Déclaration des droits de l'homme, reconnaissant le droit au travail, à l'instruction et à l'assistance, et une Constitution démocratique. Mais celle-ci est vite suspendue, face aux menaces intérieures et extérieures, au profit d'un « gouvernement révolutionnaire » temporaire, organisé le 4 décembre 1793 [**doc. 1**]. Le pouvoir est concentré dans les mains du **Comité de salut public**, dirigé par Robespierre.

• Celui-ci instaure la **Terreur**, c'est-à-dire une répression massive contre les « ennemis de la Liberté » : environ 500 000 personnes sont arrêtées et 20 000 sont exécutées. La répression contre l'insurrection vendéenne fait plus de 100 000 victimes, dans le but de sauvegarder la Révolution.

EXPLORER ⑦ p. 38 et ⑧ p. 40

LE SENS *des mots*

« LA TERREUR »
Le 5 septembre, les sans-culottes parisiens demandent à la Convention de « mettre la terreur à l'ordre du jour » contre les ennemis de la République. Après la chute de Robespierre, le terme est employé pour disqualifier sa politique.

b. Un projet de régénération

• Les Montagnards veulent « régénérer » la France, créer une société nouvelle, fondée sur les valeurs révolutionnaires. Le tutoiement, symbole de fraternité, devient obligatoire. L'esclavage est aboli dans les colonies le 4 février 1794. Le calendrier chrétien est remplacé par un calendrier révolutionnaire (octobre 1793), les noms de lieux liés au catholicisme sont modifiés. Ce mouvement de **déchristianisation** pousse parfois les sans-culottes à s'en prendre aux églises. Robespierre organise la « fête de l'Être suprême », qui célèbre une religion civique, sans clergé.

EXPLORER ⑤ p. 34 et ⑥ p. 36

1 Le gouvernement révolutionnaire

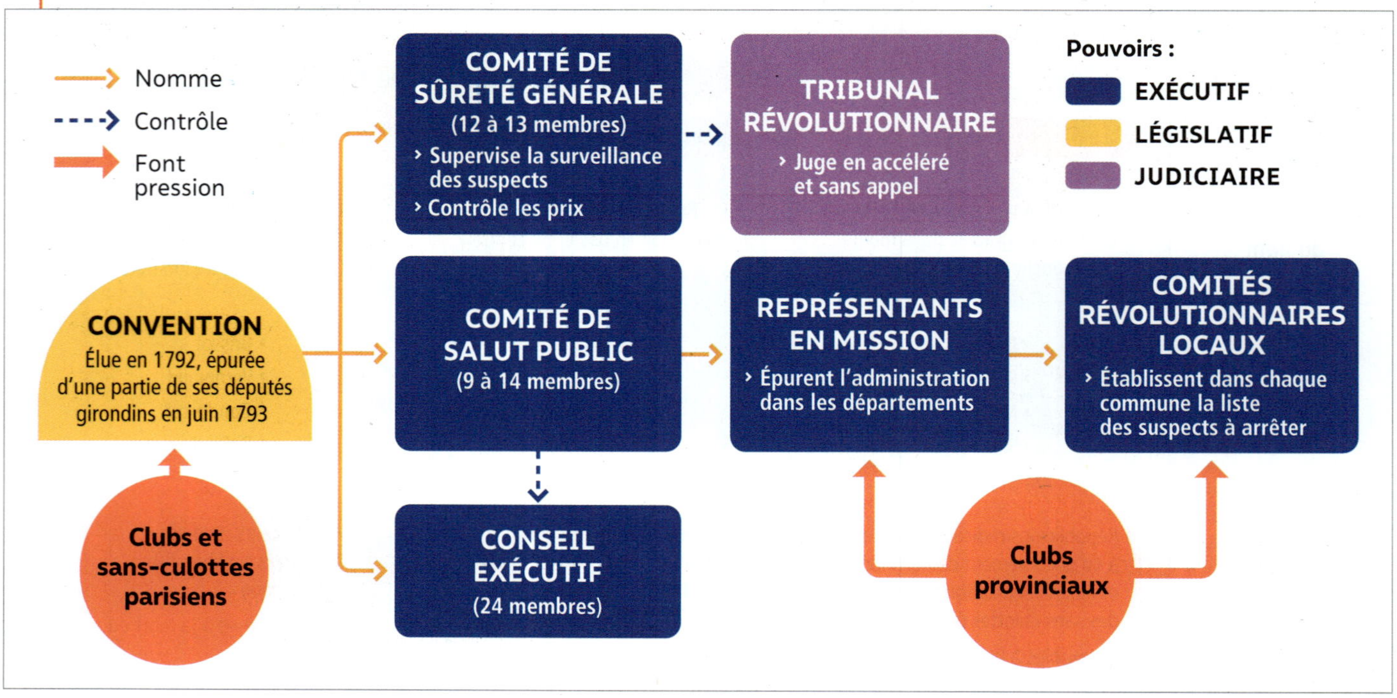

B La République conservatrice (1794-1799)

a. La Convention thermidorienne et le Directoire

• La dictature de Robespierre permet à la République de triompher de ses ennemis extérieurs et intérieurs. Mais elle sert aussi à éliminer ses rivaux, comme le montre l'exécution de Danton et de ses partisans en avril 1794. Le 9 thermidor an II (27 juillet 1794), des députés modérés font arrêter Robespierre et ses proches, guillotinés sans jugement le lendemain. La Terreur est alors abolie, et les suspects emprisonnés sont libérés.

• En 1795, les **thermidoriens** adoptent une nouvelle Constitution qui rétablit le suffrage censitaire et confie l'exécutif à un Directoire de cinq membres élus par les deux chambres [**doc. 2**]. Ce régime, appelé « le Directoire », conserve les acquis de la Révolution, mais profite surtout aux classes aisées. Il est contesté à gauche par les héritiers de Robespierre et à droite par les royalistes.

b. La montée en force de l'armée

• Pour se maintenir au pouvoir, le Directoire s'appuie de plus en plus sur l'armée, renforcée par la **conscription** (loi Jourdan en 1798). En septembre 1797, il organise le coup d'État de fructidor pour écarter les royalistes du pouvoir.

• À l'extérieur, les succès militaires permettent la création de « **Républiques sœurs** » en Italie [**doc. 3**]. Cette militarisation croissante du régime aboutit finalement au coup d'État du 18 Brumaire (9 novembre 1799). Bonaparte, rendu célèbre par ses victoires militaires en Égypte et en Italie, prend le pouvoir et met fin à la période révolutionnaire.

EXPLORER ⑨ p. 42 et ⑩ p. 43

Vocabulaire

Conscription : → p. 21

Républiques sœurs : régimes républicains instaurés par la France dans les territoires étrangers qu'elle a conquis (Allemagne, Pays-Bas, Italie).

Thermidoriens : républicains modérés ayant voté l'exécution de Robespierre et de ses partisans les 9 et 10 thermidor de l'an II (27-28 juillet 1794) ; ils défendent l'héritage libéral de la Révolution.

Biographie

Maximilien Robespierre (1758-1794) → p. 306

FICHE À COMPLÉTER

À l'aide du cours, repérez :

- les idées principales ;
- les repères essentiels ;
- le vocabulaire.

2 Le Directoire

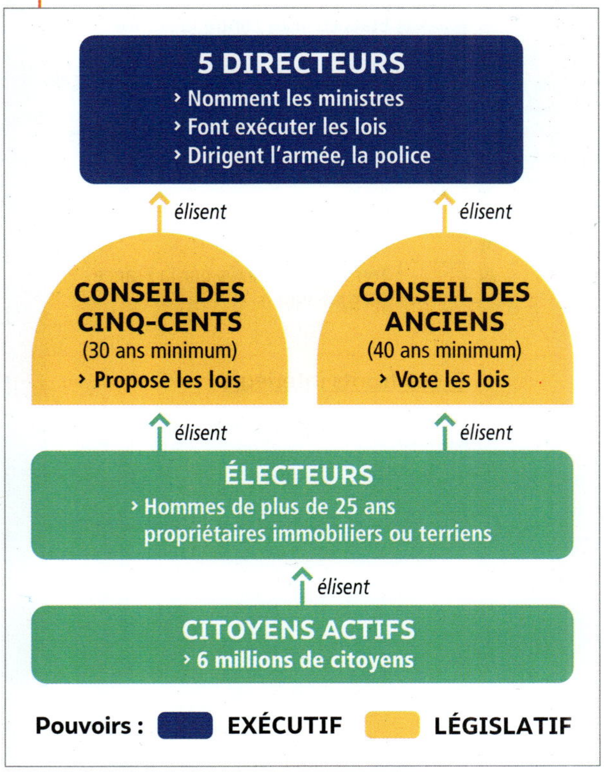

3 La France et ses républiques sœurs (1799)

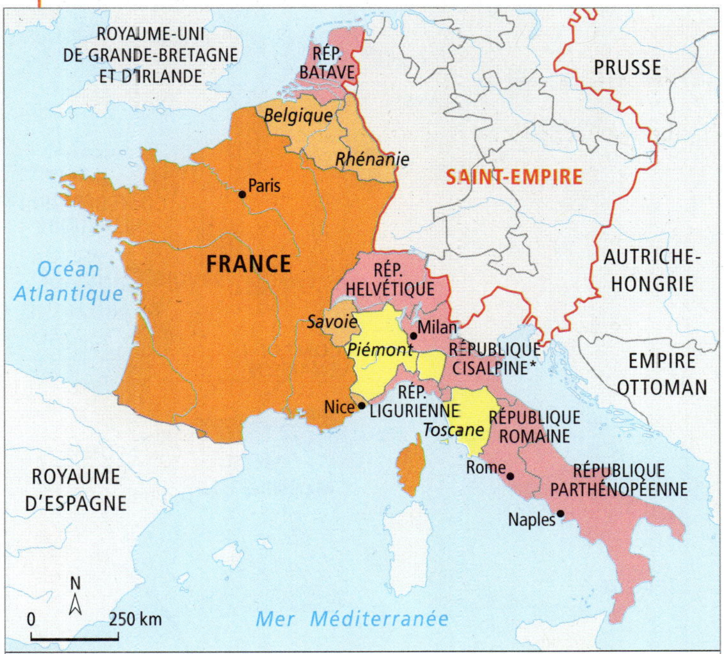

* La République cisalpine résulte de la fusion des Républiques cispadane et transpadane créées en 1796.

Carte interactive

Toutes les ressources
lycee.nathan.fr/hist25-024

La Révolution française (1789-1799)

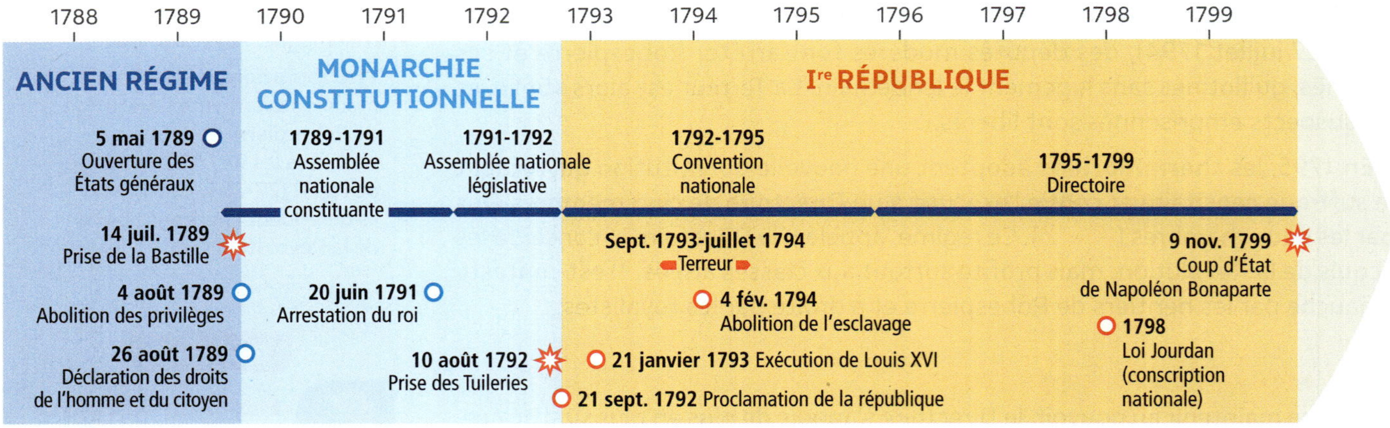

1 La France en révolution (1789-1799)

Carte interactive

1. La Révolution
- La France en 1789
- Territoire rattaché à la France en 1791
- Offensives des armées de la Convention

2. Les fronts extérieurs
- Limite du Saint-Empire en 1789
- États coalisés contre la France
- Villes accueillant des émigrés français
- Offensives des puissances coalisées contre la France
- Victoires françaises
- Territoires annexés par la France (1792-1796)

3. Les fronts intérieurs
- Aires ralliées à l'insurrection fédéraliste
- Villes insurgées
- Aires ralliées à la contre-révolution

DE LA MONARCHIE À LA RÉPUBLIQUE

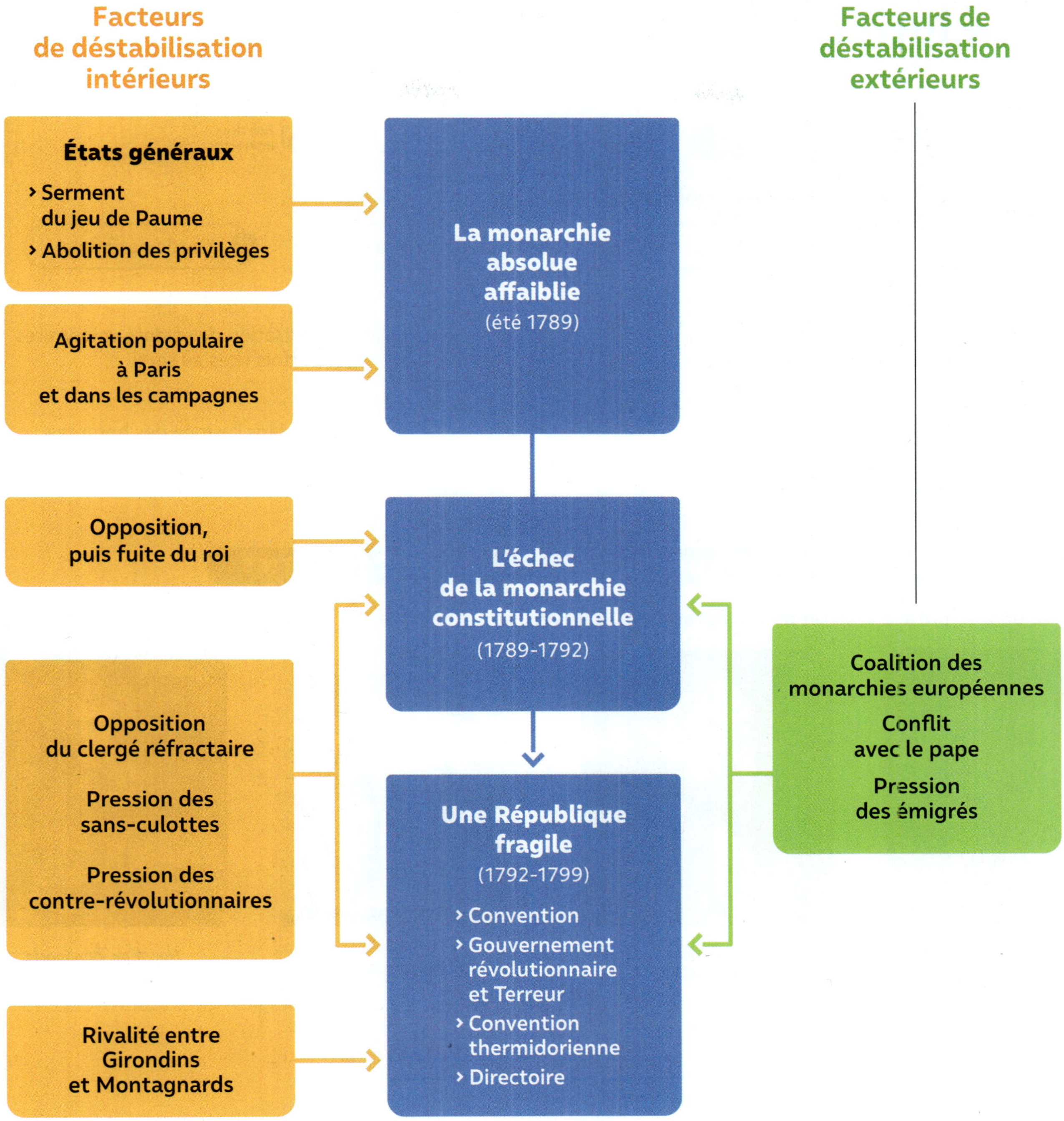

LES NOTIONS-CLÉS

Monarchie constitutionnelle : régime politique dans lequel les pouvoirs du roi sont définis et limités par une Constitution.

République : régime politique sans roi et dont l'exécutif est assuré par un individu ou un groupe de personnes (Comité de salut public ou directeurs).

Souveraineté nationale : principe selon lequel la source de l'autorité politique (la souveraineté) est la nation (l'ensemble des citoyens).

LES POINTS DE PASSAGE ET D'OUVERTURE

Madame Roland, une femme en révolution.
- Explorer p. 30

Décembre 1792-janvier 1793 : procès et mort de Louis XVI.
- Cours p. 21
- Explorer p. 33

Toutes les ressources
lycee.nathan.fr/hist25-026

La Révolution française (1789-1799)

EXERCICE 1 SAVOIR DÉFINIR

Exercices interactifs

Associez chaque terme à la définition qui lui correspond.

a Émigrés
b Conscription
c Levée en masse
d Garde nationale

1. Milice municipale de citoyens armés chargés de maintenir l'ordre.
2. Contre-révolutionnaires souvent issus de la noblesse ayant fui la France.
3. Appel à la mobilisation de soldats volontaires (et parfois tirés au sort).
4. Enrôlement dans l'armée des hommes ayant atteint l'âge du service militaire.

EXERCICE 2 CONNAÎTRE LES ACTEURS INDIVIDUELS ET COLLECTIFS

Présentez en une phrase chacun de ces acteurs de la Révolution française.

a Maximilien Robespierre (1758-1794)

b Louis XVI (1754-1793)

c Les sans-culottes

d Napoléon Bonaparte (1769-1821)

EXERCICE 3 SAVOIR DATER

Associez chaque événement à une date sur la frise.

1. Arrestation du roi Louis XVI à Varennes.
2. Proclamation de la Première République.
3. Prise du palais des Tuileries.
4. Ouverture des États généraux à Versailles.
5. Exécution de Louis XVI.
6. Coup d'État de Bonaparte.

EXERCICE 4 VALIDER UNE CONNAISSANCE

Indiquez si les affirmations sont vraies ou fausses.

1. Un calendrier révolutionnaire a été créé pour remplacer le calendrier chrétien.
2. Les Girondins sont les députés les plus radicaux de l'Assemblée et défendent une république plus égalitaire.
3. En 1796-1799, des républiques sœurs sont créées en Italie.
4. L'esclavage est aboli dans les colonies en 1789.
5. Le suffrage censitaire ne donne le droit de vote qu'aux citoyens les plus riches.

EXERCICE 5 CONNAÎTRE LES PRINCIPALES IDÉES

Choisissez la bonne proposition.

1. **La « Terreur » instaurée par Robespierre désigne :**
   a. toute la période révolutionnaire de 1789 à 1799.
   b. l'exécution de Louis XVI et de la famille royale.
   c. une répression modérée qui vise seulement les nobles et le clergé.
   d. une répression massive contre les ennemis de la République.

2. **En 1790, les prêtres « réfractaires » sont :**
   a. les prêtres qui refusent de prêter serment au pape.
   b. les prêtres qui refusent de prêter serment à la Constitution civile du clergé.
   c. les prêtres qui jurent fidélité à la Révolution.
   d. les prêtres qui changent de religion.

3. **Durant le Directoire :**
   a. le suffrage est censitaire et le pouvoir est confié à cinq directeurs.
   b. le suffrage est universel et le pouvoir est confié à cinq directions.
   c. le suffrage est censitaire et le pouvoir est confié à Napoléon Bonaparte.
   d. le suffrage est universel et le pouvoir est confié à Napoléon Bonaparte.

EXERCICE 6 MAÎTRISER LES NOTIONS

Retrouvez les termes qui correspondent aux lettres sur le schéma du gouvernement révolutionnaire.

1. Comité de Salut public
2. Tribunal révolutionnaire
3. Représentants en mission
4. Comité de sûreté générale

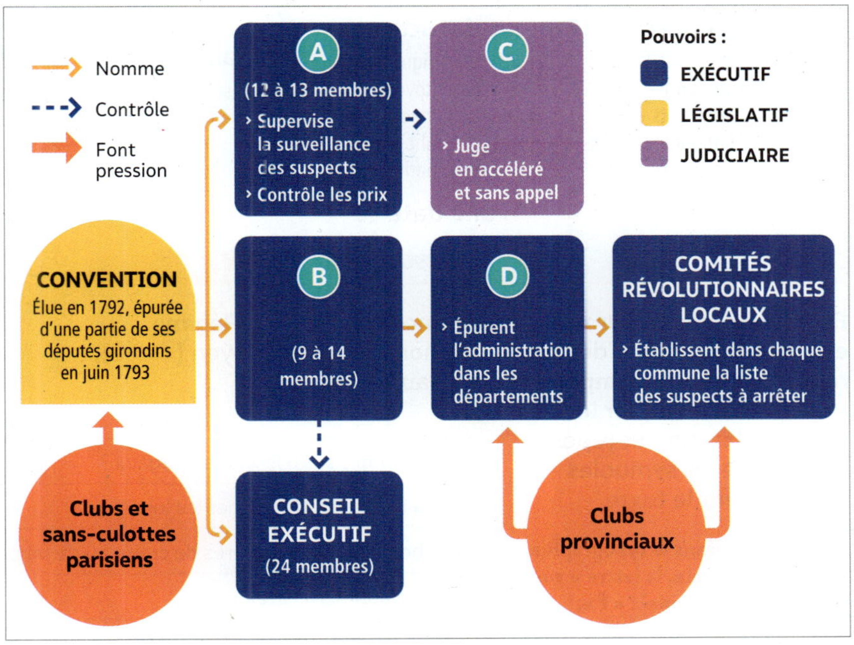

Toutes les ressources
lycee.nathan.fr/hist25-028

① Comment la Déclaration des droits de l'homme rompt-elle avec l'Ancien Régime ?

Repères

Et les femmes ?

L'écrivaine Olympe de Gouges rédige en septembre 1791 une Déclaration des droits de la femme et de la citoyenne, afin de dénoncer l'exclusion des femmes de la vie politique. L'article premier énonce : « La femme naît libre et demeure égale à l'homme en droits. » Ce texte inspira le mouvement féministe français aux XIXe et XXe siècles.

Olympe de Gouges (1748-1793)
>> Biographie p. 303

Des principes universels

Afin de rompre avec ce qu'ils désignent comme l'« Ancien Régime », les députés de l'Assemblée constituante rédigent une déclaration des droits à portée universelle. Elle est adoptée le 26 août 1789 et constitue le préambule de la future constitution. Elle s'inspire des déclarations des droits anglaise et américaine et de la philosophie des Lumières. Ce texte a servi de modèle à la Déclaration universelle des droits de l'homme de 1948.

Des symboles au service des idées

L'imagerie populaire favorise la diffusion et la compréhension de ces nouveaux principes. Des éditeurs, comme Jean-Baptiste Letourmy (1747-1800) à Orléans, se spécialisent dans la vente d'images révolutionnaires. Différents symboles viennent ainsi illustrer et éclairer la Déclaration des droits de l'homme.

1 Symboles utilisés durant la Révolution française

Bonnet phrygien ou bonnet de la liberté : bonnet porté par les esclaves affranchis durant l'Antiquité, symbolise la liberté.

Faisceau des licteurs : bâtons réunis figurant l'union des citoyens autour de la hache qui punit, symbolise l'unité de la nation.

Pique du sans-culotte : représente la nation en armes.

Serpent se mordant la queue : symbolise l'éternité.

Œil dans le ciel ou dans un triangle, ou rayons du soleil : représente la raison, issue de la philosophie des Lumières.

ACTIVITÉ

En vous appuyant sur vos connaissances de l'Ancien Régime et sur la Déclaration des droits de l'homme et du citoyen [doc. 2], reproduisez, puis complétez le tableau suivant.
Vous devrez analyser le texte de la Déclaration et repérer sur l'image les symboles qui illustrent le texte.

Attention, dans la typographie du XVIIIe siècle, la lettre « s » est notée ainsi : « f ».

	Ancien Régime	Déclaration des droits de l'homme et du citoyen	
		Texte	Symboles
Les hommes sont-ils libres et égaux ?		*Art. 1 :*	
Qui a le pouvoir de rédiger les lois ?		*Art. 3 et 6 :*	
Les hommes sont-ils libres de croire ou de ne pas croire ?		*Art. 10 et 11 :*	
Qui est soumis à l'impôt ?		*Art. 13 :*	

FORCE ET VERTU

LA FRANCE

CONSTITUTION FRANÇAISE, DROITS DE L'HOMME ET DU CITOYEN.

I
ARTICLE PREMIER.
Les hommes naiſſent & demeurent libres & égaux en droits; les diſtinctions ſociales ne peuvent être fondées que ſur l'utilité commune.

II.
Le but de toute aſſociation politique eſt la conſervation des droits naturels & impreſcriptibles de l'homme: ces droits ſont la liberté, la propriété, la ſûreté, & la réſiſtance à l'oppreſſion.

III.
Le principe de toute ſouveraineté réſide eſſentiellement dans la nation.

IV.
La liberté conſiſte à pouvoir faire tout ce qui ne nuit pas à autrui.

V.
La loi n'a le droit de défendre que les actions nuiſibles a la ſociété.

VI.
La loi eſt l'expreſſion de la volonté générale; tous les citoyens ont droit de concourir perſonnellement, ou par leurs repréſentans, à ſa formation.

VII.
Nul homme ne peut être accuſé, arrêté, ni détenu que dans les cas déterminés par la loi, & ſelon les formes preſcrites.

VIII.
La loi ne doit établir que des peines ſtrictement & évidemment néceſſaires & nul ne peut être puni qu'en vertu d'une loi établie.

IX.
Tout homme étant préſumé innocent juſqu'à ce qu'il ait été declaré coupable, s'il eſt jugé indiſpenſable de l'arrêter.

X.
Nul ne doit être inquiété pour ſes opinions, mêmes religieuſes, pourvu que leur manifeſtation ne troublent pas l'ordre public établie par la loi.

XI.
La libre communication des penſées & des opinions eſt un des droits les plus précieux de l'homme: tout citoyen peut donc parler, écrire, imprimer librement.

XII.
La garantie des droits de l'homme & du citoyen néceſſite une force publique: cette force eſt donc inſtituée pour l'avantage de tous.

XIII.
Pour l'entretien de la force publique, & pour les dépenſes d'adminiſtration, une contribution commune eſt indiſpenſable; elle doit être également répartie entre tous les citoyens.

XIV.
Les citoyens ont le droit de conſtater par eux-mêmes ou par leurs repréſentans, la néceſſité de la contribution publique de la conſentir librement.

XV.
La ſociété a le droit de demander compte a tout agent public de ſon adminiſtration.

XVI.
Toute ſociété, dans laquelle la garantie des droits n'eſt pas aſſurée, ni la ſéparation des pouvoirs determinée, n'a point de conſtitution.

XVII.
Les propriétés étant un droit inviolable & ſacré, nul ne peut en être privé.

AORLEANS CHEZ LETOURMI

DÉDIE AUX REPRÉSENTANS DU PEUPLE FRANÇAIS.

2 La Déclaration des droits de l'homme et du citoyen, votée le 26 août 1789

Estampe de Garapon (après 1851) d'après une gravure attribuée à Letourmy (en 1789-1790), musée de la Révolution française, Vizille, Isère.

Toutes les ressources
lycee.nathan.fr/hist25-030

2 Comment les femmes participent-elles à la Révolution française ? PPO

Théroigne de Méricourt (1762-1817)
>> Biographie p. 307

Manon Roland (1754-1793)
>> Biographie p. 306

Des actrices de la Révolution

Les femmes jouent un rôle actif au début de la Révolution, dans les clubs et les manifestations. Les 5 et 6 octobre 1789, 6 000 Parisiennes, encadrées par des hommes, vont à Versailles protester contre le prix du pain et elles obligent le roi à s'installer à Paris. Des clubs féminins sont créés, mais aussi des clubs mixtes comme le club des Amis de la loi, fondé par Théroigne de Méricourt en 1790. Olympe de Gouges publie en 1791 la *Déclaration des droits de la femme*. Manon Roland joue un rôle politique important aux côtés de son mari, l'un des chefs de la gauche girondine.

Des avancées limitées

Pourtant la Révolution ne modifie pas en profondeur le rôle de la femme. Le divorce par consentement mutuel est autorisé en 1792, l'égalité entre héritières et héritiers est établie en 1793. Mais les femmes n'obtiennent ni le droit de vote, ni le droit de porter les armes. En 1793, la Convention interdit les clubs féminins. Olympe de Gouges et Manon Roland sont guillotinées en novembre 1793, lors de la répression contre les Girondins.

1 Un club de femmes
Chérieux, *Club de femmes patriotes dans une église*, 1793, lavis à l'encre et aquarelle, Bibliothèque nationale de France, Paris.

2 Manon Roland

Arrêtée en juin 1793 pour son engagement girondin, Manon Roland écrit ses Mémoires *en prison. Elle y décrit son rôle auprès de son mari, Jean-Marie Roland, ministre de l'Intérieur du 10 août 1792 au 23 janvier 1793.*

Il [*le mari de Mme Roland*] devint ministre : je ne me mêlai point de l'administration ; mais s'agissait-il d'une circulaire, d'une instruction, d'un écrit public et important, nous en conférions suivant la confiance dont nous avions l'usage, et, pénétrée de ses idées, nourrie des miennes, je prenais la plume que j'avais plus que lui le temps de conduire. Ayant tous deux les mêmes principes et un même esprit, nous finissions par nous accorder sur le mode, et mon mari n'avait rien à perdre en passant par mes mains. Roland sans moi n'eût pas été moins bon administrateur ; son activité, son savoir sont bien à lui, comme sa probité ; avec moi, il a produit plus de sensation, parce que je mettais dans ses écrits ce mélange de force et de douceur, d'autorité de la raison et de charmes du sentiment qui n'appartiennent peut-être qu'à une femme sensible douée d'une tête saine.

Manon Roland, *Mémoires*, rédigé en prison en 1793, publié en 1901.

Différenciation

3 Les journées des 5 et 6 octobre 1789

Le 6 octobre 1789 au matin, des femmes et des hommes attaquent le château de Versailles. Deux gardes sont tués dans les affrontements. Ils sont décapités par un certain Nicolas « Coupe-tête », qui parade avec sa barbe ensanglantée et sa hache à la main.

Jacques-Philippe Caresme (1734-1796) graveur, *Bravoure des femmes parisiennes à la journée du 5 octobre 1789*, fin XVIIIe s, eau-forte coloriée, 27,5 cm × 35,5 cm, Bibliothèque nationale de France, Paris.

4 Théroigne de Méricourt

Citoyennes, armons-nous ; nous en avons le droit par la nature et même par la loi ; montrons aux hommes que nous ne leur sommes inférieures ni en vertus ni en courage ; montrons à l'Europe que les Françaises connaissent leurs droits, et sont à la hauteur des Lumières du XVIIIe siècle. [...] Françaises, je vous le répète encore, élevons-nous à la hauteur de nos destinées ; brisons nos fers ; il est temps enfin que les femmes sortent de leur honteuse nullité, où l'ignorance, l'orgueil et l'injustice des hommes les tiennent asservies depuis si longtemps. [...] Nous aussi, nous voulons mériter une couronne civique, et briguer l'honneur de mourir pour une liberté qui nous est peut-être plus chère qu'à eux, puisque les efforts du despotisme s'appesantissaient encore plus durement sur nos têtes que sur les leurs. Oui, généreuses citoyennes, vous toutes qui m'entendez, armons-nous, allons nous exercer, deux ou trois fois par semaine, aux Champs-Élysées, ou au champ de la Fédération, [...] nous nous réunirons ensuite pour nous concerter sur les moyens d'organiser un bataillon.

Théroigne de Méricourt, *Discours prononcé à la société fraternelle des Minimes*, 25 mars 1792.

Différenciation

ACTIVITÉ

Répondez de manière argumentée et structurée à la question suivante : « Comment les femmes participent-elles à la Révolution française ? »

MÉTHODO

Vous pourrez suivre le plan suivant.

1. Influencer les décisions politiques [doc. 2]
2. S'exprimer et débattre [doc. 1 et 2]
3. Prendre les armes [doc. 3 et 4]

Dans chaque partie, vous justifierez vos idées par des exemples choisis dans les documents.

3 Que signifie la fête de la Fédération du 14 juillet 1790 ?

Toutes les ressources
lycee.nathan.fr/**hist25-032**

Vocabulaire

Autel de la patrie : monument dédié à la patrie dans chaque commune, pour y célébrer les cérémonies en l'honneur de la nation.

Fédération : union entre les gardes nationales de plusieurs communes pour défendre la Révolution.

Biographie

La Fayette (1757-1834)
→ p. 304

Célébrer l'unité

Commandant de la Garde nationale, La Fayette organise la fête de la Fédération le 14 juillet 1790, pour célébrer le premier anniversaire de la prise de la Bastille, considérée comme l'événement fondateur de la Révolution. La **fédération** symbolise l'unité de la France : les fédérés, des gardes nationaux venus de tout le pays, se retrouvent à Paris sur le Champ-de-Mars.

Une cérémonie révolutionnaire

Après le défilé des fédérés et une messe, La Fayette prête serment de fidélité à la nation, à la loi et au roi. Tous les députés, puis la famille royale prêtent ensuite serment. La fête de la Fédération est également célébrée hors de Paris dans de nombreuses communes, autour d'un **autel de la patrie**.

1 La fête de la Fédération à Paris

La famille royale prête serment sur l'autel de la patrie. À gauche de l'image, portant l'écharpe tricolore, est représenté La Fayette.

Gravure colorisée anonyme, XVIIIe siècle, Bibliothèque nationale de France, Paris.

2 La fête de la Fédération à Coulommiers

Une plate-forme fut construite ; au-dessus fut élevé l'autel de la patrie surmonté d'un arc de triomphe en verdure. M. Berthereau, prêtre et régent du collège(1), monta à l'autel, célébra une messe basse et prononça le discours suivant : « Cette fête nationale, chers concitoyens, est l'anniversaire de la conquête de notre liberté. Le plus beau jour de la France !... Jour en un mot qui devrait être la fête du genre humain ! Que tous les peuples de la terre se livrent à des transports d'allégresse ! Qu'ils écoutent les législateurs français, ils apprendront à connaître que la Souveraineté réside essentiellement dans la Nation. [...] Tous les Français sont donc libres aujourd'hui, puisque la liberté est le libre exercice de ses droits ! » M. le Maire, la main droite sur l'autel, a dit : « Déjà mes concitoyens, 25 millions de Français ont les mains levées vers le ciel... Puisse ce jour fortuné anéantir les funestes divisions et ne faire de tous les Français qu'un peuple de frères ! Jurons : de rester à jamais fidèles à la Nation, à la Loi et au Roi ; de maintenir de tout notre pouvoir la Constitution décrétée par l'Assemblée nationale et acceptée par le Roi ; de demeurer unis à tous les Français par les liens indissolubles de la fraternité.

Extrait du procès-verbal officiel de la fête de la Fédération de la ville de Coulommiers, 14 juillet 1790. Archives départementales de Seine-et-Marne.

(1) Régent : professeur dans l'enseignement secondaire.

ACTIVITÉ

À l'aide de vos connaissances et des informations tirées des documents, vous expliquerez de manière argumentée ce que signifie la fête de la Fédération du 14 juillet 1790.

Vous pourrez tout d'abord montrer qu'il s'agit d'un événement symbolisant l'unité nationale, puis qu'il s'agit d'une fête célébrant les valeurs de la Révolution.

Différenciation

CONFRONTER UN TEXTE À UNE IMAGE

④ Pourquoi Louis XVI a-t-il été exécuté le 21 janvier 1793 ?

Modèle réduit de guillotine
Créée par le chirurgien Antoine Louis en 1792, à la demande du député et médecin Joseph Guillotin, cette machine a pour but d'épargner les souffrances des condamnés à mort.
Modèle de 1800-1850, musée Carnavalet, Paris.

La trahison du roi

Après la prise des Tuileries le 10 août 1792, Louis XVI, désormais « Louis Capet », est emprisonné au Temple. Le 20 novembre, on découvre aux Tuileries une correspondance secrète avec l'empereur d'Autriche, preuve de sa trahison. Le 10 décembre, un rapport sur ses « crimes » est présenté à la Convention.

Le procès du roi

Le lendemain, le procès commence devant la Convention. Des débats passionnés opposent les Girondins, qui souhaitent sauver sa vie, aux Montagnards, partisans de son exécution. Le 17 janvier 1793, sur 721 députés présents, 361 votent pour la mort sans condition, 26 pour la mort avec discussion sur un éventuel sursis, 334 contre la mort. Louis XVI est guillotiné le 21 janvier 1793.

1 « Louis doit mourir »

Robespierre demande l'exécution immédiate du roi, mais la Convention décide d'organiser un procès.

Louis n'est point un accusé. Vous n'êtes point des juges. Vous n'êtes, vous ne pouvez être que des hommes d'État, et les représentants de la nation. Vous n'avez point une sentence à rendre pour ou contre un homme, mais une mesure de salut public à prendre, un acte de providence nationale à exercer. Quel est le parti que la saine politique prescrit pour cimenter la République naissante ? C'est de graver profondément dans les cœurs le mépris de la royauté, et de frapper de stupeur tous les partisans du roi. [...] Louis fut roi, et la République est fondée. La question fameuse qui vous occupe est décidée par ces seuls mots : Louis est détrôné par ses crimes ; Louis dénonçait le peuple français comme rebelle ; il a appelé, pour le châtier, les armes des tyrans ses confrères. [...] Je prononce à regret cette fatale vérité... mais Louis doit mourir, parce qu'il faut que la patrie vive.

Maximilien Robespierre, *Discours à la Convention*, 3 décembre 1792.

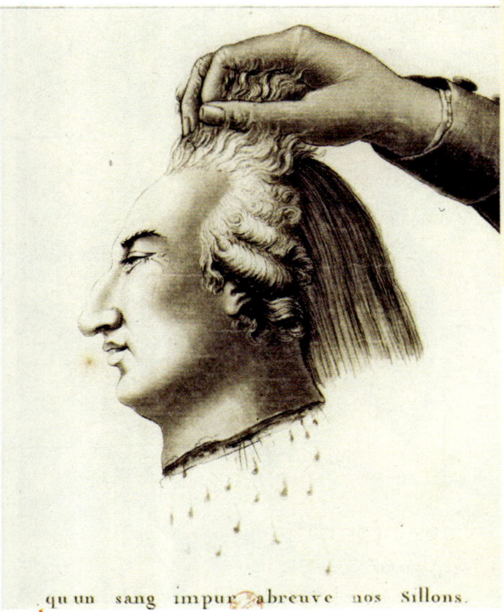

2 Un avertissement aux monarques

Matière à réflexion pour les jongleurs couronnés, 1793, estampe, collection De Vinck, Bibliothèque nationale de France, Paris.

ACTIVITÉ

1. **Présentez** le texte [**doc. 1**] en le replaçant dans la chronologie du procès.
2. **Identifiez** les accusations portées par Robespierre contre Louis XVI.
3. **Montrez** comment le discours de Robespierre et l'estampe renforcent le rejet de la royauté.

EXPLORER

CONSTRUIRE UNE ARGUMENTATION

5 Pourquoi la basilique de Saint-Denis est-elle la cible des révolutionnaires en 1793 ?

Toutes les ressources

lycee.nathan.fr/hist25-034

LE SENS des mots

VANDALISME

Ce mot est créé en 1793 par l'abbé Grégoire, pour dénoncer les destructions du patrimoine. Les Vandales, peuple germanique ayant envahi l'Empire romain au Ve siècle, sont vus comme l'archétype des barbares pillards et destructeurs.

La déchristianisation à Saint-Denis

En 1793, les députés montagnards et les sans-culottes lancent une offensive de déchristianisation. Les objets du culte sont saisis pour des raisons idéologiques (détruire la « superstition ») et économiques (récupérer les métaux précieux pour financer la guerre). La basilique de Saint-Denis, où sont enterrés les rois de France, est directement visée. Les tombeaux sont ouverts et les corps des rois jetés dans des fosses communes.

La protection du patrimoine

Mais la rupture avec l'Ancien Régime ne doit pas se traduire par le « **vandalisme** », selon l'abbé Grégoire, évêque jureur et député à la Convention. Dès 1790, une commission des monuments est créée pour veiller à la protection des biens nationaux (châteaux ou églises). L'un de ses membres les plus actifs, Alexandre Lenoir, s'efforce de protéger les vestiges du Moyen Âge. À Paris, le palais du Louvre devient le Museum central des arts en 1793 et ouvre au public.

1 Pour que les saints soient utiles à la patrie

Le 12 novembre 1793, le trésor de Saint-Denis (composé d'objets liturgiques et d'objets liés au sacre comme l'épée de Charlemagne) est conduit par un cortège d'habitants jusqu'à la Convention.

Nous vous apportons, citoyens législateurs, toutes les pourritures dorées qui existaient à Franciade[1], mais comme il se trouve des objets désignés par la Commission des monuments comme précieux pour les arts, nous en avons rempli six charriots. Vous indiquerez un dépôt provisoire où la Commission des monuments puisse en faire le triage. Il ne reste à Franciade qu'un autel d'or que nous n'avons pu transporter à cause du précieux du travail. Nous vous prions de donner ordre à la Commission des monuments de nous en débarrasser sans délai pour que le faste catholique n'offusque plus nos yeux républicains. Ô vous, jadis les instruments du fanatisme, saints, saintes, bienheureux de toutes espèces, montrez-vous enfin patriotes ; levez-vous en masse, marchez au secours de la patrie, partez pour la Monnaie : et puissions-nous, par votre secours, obtenir dans cette vie le bonheur que vous nous promettiez pour une autre !

Discours d'un orateur membre de la députation de Franciade devant la Convention, 12 novembre 1793.

(1) La ville de Saint-Denis est rebaptisée Franciade de 1793 à 1800.

2 Un défenseur du patrimoine

Pierre Joseph La Fontaine, *Alexandre Lenoir s'opposant à la destruction du tombeau de Louis XII à Saint-Denis*, 1793, lavis d'encre et rehauts de blanc, musée Carnavalet, Paris.

3 Le pillage des églises parisiennes

« Dépouilles de la superstition apportées dans le sein de la Convention nationale », *Journal des révolutions de Paris*, novembre 1793.

4 Les tombeaux royaux

La Convention adopte le 1er août 1793 un décret ordonnant la destruction des tombeaux royaux dans la basilique de Saint-Denis.

Pour célébrer la journée du 10 août, qui a abattu le trône, il fallait, dans son anniversaire, détruire les mausolées fastueux qui sont à Saint-Denis. Dans la monarchie, les tombeaux mêmes avaient appris à flatter les rois ; l'orgueil et le faste royal ne pouvaient s'adoucir sur ce théâtre de la mort, et les porte-sceptre qui ont fait tant de maux à la France et à l'humanité semblent encore, même dans la tombe, s'enorgueillir d'une grandeur évanouie. La main puissante de la République doit effacer impitoyablement ces épitaphes superbes et démolir ces mausolées qui rappelleraient des rois l'effrayant souvenir.

Rapport de Barère, membre du Comité de salut public, à la Convention, 1er août 1793.

ACTIVITÉ

Répondez de manière argumentée et structurée à la question suivante : « Pourquoi la basilique Saint-Denis est-elle la cible des révolutionnaires en 1793 ? »

Vous pourrez suivre le plan suivant :

1. Déchristianiser
2. Supprimer le souvenir des rois
3. Protéger le patrimoine

MÉTHODO

Pour répondre à la question, sélectionnez dans les documents les informations qui correspondent à chaque partie du plan. Vous pouvez utiliser le tableau suivant et vous aider de l'exemple.

	Déchristianiser	Supprimer le souvenir des rois	Protéger le patrimoine
Doc. 1	*« les pourritures dorées »* *« que le faste catholique n'offusque plus nos yeux républicains »*	X	*« des objets [...] précieux pour les arts »*
Doc. 2			
Doc. 3			
Doc. 4			

Puis explicitez les éléments tirés des documents et organisez votre propos en trois paragraphes structurés selon le plan proposé.

EXPLORER

CONSTRUIRE UNE ARGUMENTATION

6 Pourquoi l'esclavage est-il aboli en France le 4 février 1794 ?

Toutes les ressources

lycee.nathan.fr/hist25-036

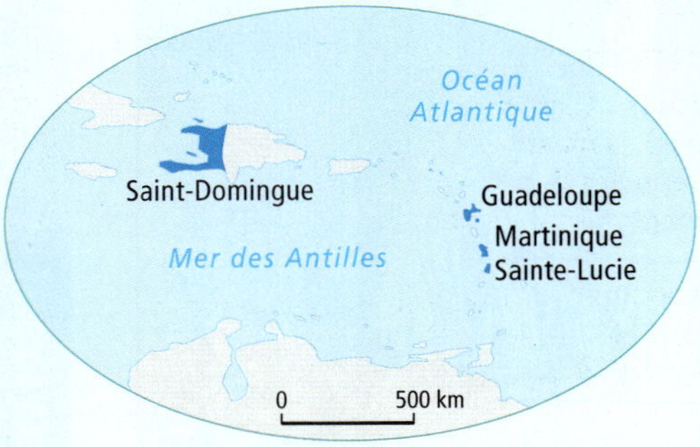

Un système esclavagiste et ségrégationniste

En 1789, les colonies françaises les plus riches sont les « îles sous le Vent » (Guadeloupe, Martinique, Sainte-Lucie) et Saint-Domingue (aujourd'hui Haïti), premier producteur mondial de sucre et de café. Les plantations sont cultivées par les esclaves déportés d'Afrique. Les « libres de couleur » (noirs et métis de condition libre) sont soumis à une ségrégation qui les prive des mêmes droits que les colons blancs.

Une abolition laborieuse

Depuis 1788, la Société des amis des noirs demande l'abolition immédiate de la traite et l'abolition progressive de l'esclavage. Formant un groupe de pression puissant, les colons empêchent l'application outre-mer de la Déclaration des droits de l'homme et du citoyen. Mais la révolte des esclaves de Saint-Domingue change la donne. Arrivés à Saint-Domingue en 1793, les commissaires (envoyés de la République) Sonthonax et Polverel abolissent l'esclavage, notamment pour obtenir le soutien des révoltés noirs contre les Anglais, alliés aux colons. Le 4 février 1794, la Convention confirme ces décisions en abolissant l'esclavage dans toutes les colonies.

Chronologie

- **Mars 1790** : Les colons obtiennent le droit de décider eux-mêmes du statut des esclaves et des libres de couleur.
- **22-23 août 1791** : Début de la révolte des esclaves à Saint-Domingue.
- **4 avril 1792** : Décret supprimant la ségrégation à l'encontre des libres de couleur.
- **29 août 1793** : Sonthonax abolit l'esclavage dans la province nord de Saint-Domingue.
- **21 septembre 1793** : Polverel abolit l'esclavage dans les provinces ouest et sud de Saint-Domingue.
- **4 février 1794** : Abolition de l'esclavage dans toutes les colonies françaises

1 La population des Antilles françaises en 1788-1789

	Esclaves	Blancs	Libres de couleur	Total
Saint-Domingue	405 584	27 717	21 808	455 109
Guadeloupe	89 823	13 969	3 125	106 917
Martinique	81 130	10 635	5 235	97 000
Sainte-Lucie	17 221	2 159	1 588	20 968

Source : Frédéric Régent, *La France et ses esclaves*, Grasset, 2007.

2 La parole des esclaves révoltés

Cette lettre est signée des chefs des esclaves révoltés à Saint-Domingue, Biassou et Jean-François. Elle est publiée le 9 février 1793 dans le journal Le Créole patriote *à Paris. Les fautes d'orthographe ont été ici corrigées.*

Depuis longtemps, nous avons été les victimes de votre cupidité et de votre avarice, sous vos coups de fouet barbare, nous vous accumulions les trésors dont vous jouissiez dans cette colonie, l'espèce humaine souffrait de voir avec quelle barbarie vous traitiez ces hommes comme vous, oui des hommes et sur qui vous n'avez d'autre droit que celui du plus fort et du plus barbare ; de nous vous en faisiez un trafic, vous vendiez des hommes pour des chevaux [...].

Nous sommes noirs, il est vrai, mais dites-nous, Messieurs, vous qui êtes si judicieux, quelle est cette loi qui dit que l'homme noir doit appartenir et être une propriété à l'homme blanc [...] ? Oui, Messieurs, nous sommes nés libres comme vous, [...] placés sur la terre comme vous, étant tous enfants d'un même père créé sur une même image, nous sommes donc vos égaux en droit naturel, et si la nature se plaît à diversifier les couleurs dans l'espèce humaine, il n'est pas un crime d'être noir, ni un avantage d'être blanc.

Lettre originale des chefs des nègres révoltés, à l'assemblée générale, aux commissaires nationaux, et aux citoyens de la patrie française de Saint-Domingue, du mois de juillet 1792.

3 L'abolition de l'esclavage vue par les arts décoratifs

Célèbre pour ses « biscuits » (porcelaine ayant subi deux cuissons), la manufacture de Sèvres produit en série des objets en porcelaine pour décorer les intérieurs raffinés de l'élite.

Louis-Simon Boizot (1743-1809) et manufacture de Sèvres, *Moi égale à toi, moi libre aussi*, 1794, biscuit en porcelaine, hauteur 22 cm, musée du Nouveau Monde, La Rochelle.

4 L'initiative des commissaires

La Convention nationale a été formée pour se prononcer sur les mesures qu'elle croirait devoir adopter pour assurer la souveraineté du peuple et le règne de la liberté et de l'égalité. Elle n'a donc pas excédé ses pouvoirs quand elle a aboli la royauté, qu'elle a érigé la France en république fondée sur la liberté et l'égalité et qu'elle a ordonné que cette république serait une et indivisible pour toutes les parties qui composaient l'empire français. Nous n'avons donc pas excédé les nôtres lorsque nous avons appliqué à la colonie française de Saint-Domingue le principe de la liberté et de l'égalité [...].

J'ai ordonné et ordonne ce qui suit pour être exécuté dans les provinces de l'Ouest et du Sud :

Article Premier – La Déclaration des droits de l'homme et du citoyen sera traduite en langue créole ; le texte français et la traduction seront imprimés, publiés et affichés partout où besoin sera.

Art. 2 – Tous les Africains et Africaines, descendants et descendantes d'Africains existant actuellement à Saint-Domingue et dans les îles françaises sous le Vent ; ceux qui y naîtront à l'avenir, qui y seront amenés ou qui y aborderont, seront déclarés libres, égaux à tous les autres hommes ; ils jouiront de tous les droits de citoyens français et de tous les autres droits énoncés dans ladite Déclaration des droits de l'homme.

Étienne Polverel, décret publié le 31 octobre 1793.

Différenciation

ACTIVITÉ

Identifiez, contextualiser et extraire des informations

1. **Présentez** le **doc. 2** en insistant sur les auteurs et le contexte.
2. **Résumez** les arguments utilisés en faveur de l'abolition de l'esclavage dans ce document.

Confronter des documents

3. **Montrez** que l'auteur du décret [**doc. 4**] s'appuie sur les acquis de la Révolution cités dans le **doc. 2** pour justifier l'abolition de l'esclavage à Saint-Domingue.
4. **Identifiez** sur la porcelaine [**doc. 3**] les symboles des idéaux révolutionnaires cités dans les **doc. 2** et **4**.
5. **Montrez** cependant que cette œuvre [**doc. 3**] témoigne d'une forme de condescendance des blancs sur les anciens esclaves.

Argumenter

6. À l'aide de vos réponses et des documents, répondez à la question : « Pourquoi l'esclavage a-t-il été aboli en France en 1794 ? »

MÉTHODO

Vous pouvez suivre le plan suivant :

1. La réponse aux revendications des esclaves
2. L'affirmation des idéaux révolutionnaires

7 Pourquoi la période de mars 1793 à juillet 1794 est-elle appelée « la Terreur » ?

Toutes les ressources
lycee.nathan.fr/hist25-038

Un régime d'exception

Pour défendre la République, Robespierre et les Montagnards organisent en 1793 un « gouvernement révolutionnaire provisoire », avec le Comité de salut public et le Comité de surveillance générale. Ce dernier supervise les comités de surveillance, créés le 21 mars 1793 dans toutes les communes. Ils sont chargés de dénoncer les suspects et de donner des certificats de civisme aux bons citoyens.

Une justice expéditive

Le Tribunal révolutionnaire, créé le 10 mars 1793 à Paris, voit ses pouvoirs renforcés par la loi de Prairial (10 juin 1794). L'accusé, privé de défenseur, découvre ce qui lui est reproché à l'audience. Une seule peine est prononcée : la mort. À Paris, 2 734 personnes sont condamnées entre 3 avril 1793 et juillet 1794. Dans les autres départements, 178 tribunaux criminels ont condamné à mort environ 17 000 personnes.

LE SENS des mots

LA TERREUR

Depuis le XIXe siècle, ce mot est utilisé avec un T majuscule par les historiens pour désigner la période d'environ 500 jours qui va de mars 1793 à juillet 1794. Associée au sang versé, l'expression a été utilisée pour qualifier d'autres périodes comme la Terreur stalinienne (1937-1938).

1 La loi des suspects (17 septembre 1793)

Art. 1. Immédiatement après la publication du présent décret, tous les gens suspects qui se trouvent dans le territoire de la République et qui sont encore en liberté, seront mis en état d'arrestation.

Art. 2. Sont réputés gens suspects : 1° ceux qui, soit par leur conduite, soit par leurs relations, soit par leur propos ou leurs écrits, se sont montrés partisans de la tyrannie ou du fédéralisme, et ennemis de la liberté […]. 5° ceux des **ci-devant** nobles, ensemble les maris, femmes, pères, mères, fils ou filles, frères ou sœurs, et agents d'émigrés, qui n'ont pas constamment manifesté leur attachement à la révolution […].

Art. 3. Les comités de surveillance établis d'après le décret du 21 mars dernier, ou ceux qui leur ont été substitués, soit par les arrêtés des représentants du peuple envoyés par les armées et dans les départements, soit en vertu des décrets particuliers de la Convention nationale, sont chargés de dresser, chacun dans son arrondissement, la liste des gens suspects, de décerner contre eux les mandats d'arrêt, et de faire apposer les scellés sur leurs papiers. Les commandants de la force publique à qui seront remis ces mandats seront tenus de les mettre à exécution sur-le-champ, sous peine de destitution. […]

Art. 9. Les comités de surveillance enverront sans délai au comité de sûreté générale de la Convention nationale l'état des personnes qu'ils auront fait arrêter, avec les motifs de leur arrestation et les papiers qu'ils auront saisis sur elles comme gens suspects.

Art. 10. Les tribunaux civils et criminels pourront, s'il y a lieu, faire retenir en état d'arrestation et envoyer dans les maisons de détention ci-dessus énoncées, les prévenus de délits à l'égard desquels il sera déclaré n'y avoir pas lieu à accusation, ou qui seraient acquittés des accusations portées contre eux.

Décret voté par la Convention le 17 septembre 1793.

Différenciation

LE SENS des mots

« CI-DEVANT »

« Ci-devant » signifie « avant », « auparavant ». Après l'abolition des privilèges, on parle des « ci-devant nobles ». Dans le langage révolutionnaire, un « ci-devant » est un ancien noble, considéré comme un suspect.

2 **Un comité de surveillance révolutionnaire**
Eau-forte, d'après un dessin d'Alexandre-Évariste Fragonard, gravure de Malapeau terminée par Berthault, 1797, 28 cm × 34,5 cm.

3 La loi du 22 prairial an II (17 juin 1794)

Cette loi d'exception est adoptée par la Convention nationale à la demande du Comité de salut public.

Art. 12. L'accusé sera interrogé à l'audience et en public ; la formalité de l'interrogatoire secret qui précède est supprimée comme superflue ; elle ne pourra avoir lieu que dans les circonstances particulières où elle serait jugée utile à la connaissance de la vérité.

Art. 13. S'il existait des preuves soit matérielles, soit morales, indépendamment de la preuve testimoniale, il ne sera point entendu de témoins, à moins que cette formalité ne paraisse nécessaire. [...]

Art. 16. La loi donne pour défenseurs aux patriotes calomniés des jurés patriotes ; elle n'en accorde point aux conspirateurs.

ACTIVITÉ

Analyser les documents

1. **Identifiez** les catégories de personnes considérées comme « suspects » selon la loi des suspects. [Doc. 1]
2. **Expliquez** en quoi l'article 10 de cette loi instaure un régime d'exception. [Doc. 1]
3. **Décrivez** l'évolution de ce régime d'exception visible dans le [doc. 3].
4. En vous appuyant sur au moins deux détails précis, **montrez** comment l'artiste se moque des comités de surveillance révolutionnaires. [Doc. 2]

Confronter deux documents

5. **Comparez** l'estampe [doc. 2] et le contenu du doc. 1. En quoi ces deux documents témoignent-ils de la mise en œuvre d'une politique de Terreur ?

Synthétiser

6. À partir de l'analyse des documents, **expliquez** comment ces mesures et leur perception contribuent à qualifier de « Terreur » la période de mars 1793 à juillet 1794.

MÉTHODO

Confronter les documents permet d'identifier des points communs mais aussi des différences entre les documents. Vous pouvez, par exemple, reproduire le tableau ci-contre et le compléter.

	Points communs : quel régime est mis en place ?	Différences entre les deux documents	
		Doc. 1	Doc. 2
Analyse des documents	*Les deux documents montrent la mise en œuvre d'un régime d'exception (arrestations, surveillance).*	*Justifie ces mesures comme nécessaires pour protéger la République.*	*Critique les abus et la violence du comité.*

EXPLORER ★★★

CONDUIRE UNE ARGUMENTATION À L'ORAL

8 Qui sont les ennemis de la République en 1792-1794 ?

Toutes les ressources

lycee.nathan.fr/hist25-040

La patrie en danger

Après l'entrée en guerre de l'Autriche et de la Prusse contre la France, l'Assemblée déclare la patrie en danger le 11 juillet 1792. Elle fait appel à des gardes nationaux et autres volontaires de différentes villes de France. Ils participent à la fois aux combats extérieurs et aux événements de la Révolution comme la prise des Tuileries le 10 août 1792. Ils combattent aussi les ennemis de l'intérieur comme les royalistes (Vendéens ou **Chouans**).

La naissance du service militaire

Dès février 1793, la Convention instaure la levée en masse. Chaque département fournit des soldats parmi les hommes de 18 à 30 ans, soit par désignation, soit par tirage au sort. En 1798, la loi Jourdan crée la **conscription** : les hommes de 20 à 25 ans sont inscrits sur des listes et partent à l'armée en cas de besoin.

Vocabulaire

Chouans : royalistes du nord de la Loire (Normandie, Maine et Bretagne), alors que les Vendéens sont situés au sud.

Conscription : enrôlement dans l'armée des hommes ayant atteint l'âge du service militaire (conscrits). On parle d'armée de conscription par opposition à une armée de métier.

Débat

Génocide vendéen : histoire d'un concept polémique
France culture
5'27''

1 Évolution des effectifs des soldats français engagés sous les drapeaux

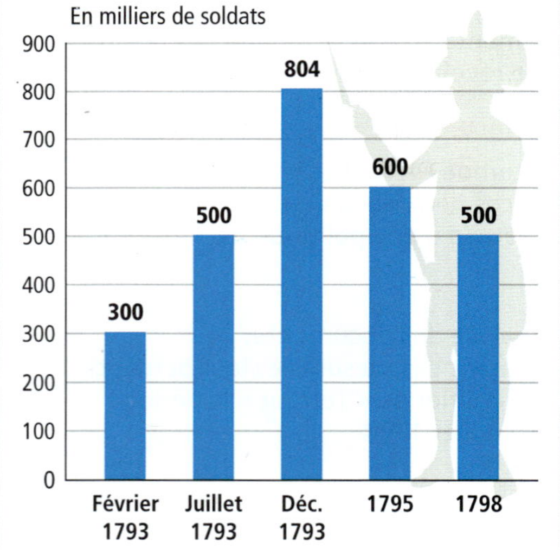

La population française est estimée à 28 millions de personnes en 1790.

2 Le témoignage d'un soldat breton, Jean Conan (1765-1834)

Témoignage rare d'un simple soldat, ce texte est écrit par Jean Conan en vers et en breton. Dans cet extrait, il rentre à Guingamp, après avoir combattu les troupes autrichiennes, et loge chez l'habitant.

Pour se reconnaître, à la campagne, comme en ville, les Chouans avaient sorti leurs chemises de leurs pantalons. Tel était et tel est toujours le signal qui leur permet de se distinguer des Citoyens. En regardant par une fenêtre, je les vis passer dans les rues. C'était une troupe tout à fait hétéroclite ; leurs chemises pendaient devant leurs pantalons. Je n'en pouvais plus tant j'avais envie de tirer sur eux. Mais le propriétaire de la maison et son épouse me priaient humblement de ne pas les attaquer afin qu'on n'enfonçât pas leurs portes et qu'ils ne soient massacrés avec leurs jeunes enfants.

Mon fusil était bien chargé de deux cartouches. C'est alors que je vis passer quatre Chouans. Je leur tirai dessus par une fenêtre et j'en abattis un, raide-mort sur le pavé ! J'arrachai le fusil des mains de mon camarade et lui donnai le mien en lui disant de bien le recharger. Mais quand je voulus tirer, les autres Chouans s'en étaient allés, abandonnant leur compagnon à son dernier sommeil sur le pavé. Mon bourgeois et son épouse commencèrent à me réprimander. Mais je les empoignai par le col et commençai à les secouer leur disant qu'ils étaient des aristocrates. Et que, dès qu'il ferait jour, je les dénoncerais. [...] À la fin des trois mois, le général me convoqua à Guingamp comme d'habitude, car on voulait constituer une colonne mobile. [...] La colonne mobile se composait de cent trente hommes. On nous donna lecture des instructions du commandant selon lesquelles la colonne devait faire mouvement dès qu'elle serait constituée et s'employer à chercher les Chouans partout dans les campagnes.

Jean Conan, *Les aventures du citoyen Jean Conan (1765-1834) de Guingamp*, éditions Skol Vreizh, Morlaix, 1990, traduit du breton.

3 La défense de Lille par l'armée révolutionnaire

À l'issue d'une résistance acharnée, les Lillois ont repoussé l'armée autrichienne en octobre 1792.

François Watteau, *Allégorie relative au siège de Lille en 1792*, 1795, huile sur toile, 87,5 cm × 71,5 cm, palais des Beaux-Arts, Lille.

- **a** prêtre réfractaire
- **b** soldats de l'armée autrichienne
- **c** officier de l'armée autrichienne

ACTIVITÉ

Répondez à la question « Qui sont les ennemis de la République en 1792-1794 ? » sous la forme d'un exposé oral de 5 minutes. Vous pourrez évoquer dans une première partie les ennemis de l'intérieur et, dans une deuxième partie, les ennemis de l'extérieur.

MÉTHODO

Préparer un oral

Pour préparer votre oral, organisez vos idées sur un brouillon. Éviter d'y écrire des phrases trop longues que vous aurez tendance à lire. Pensez à privilégier des groupes nominaux que vous transformerez en phrases complètes lors de votre passage à l'oral.

Vous pouvez rédiger le brouillon ainsi :

- Idée directrice 1 : *ennemis de la République de l'extérieur*
  Argument ? → Exemple tiré de quel doc. ?
- Idée directrice 2 : *ennemis de la république de l'intérieur*
  Argument ? → Exemple tiré de quel doc. ?

9 Pourquoi la République intervient-elle en Italie ?

Toutes les ressources
lycee.nathan.fr/hist25-042

Drapeau de la République cispadane
La République cispadane est une « république sœur » créée par la France en décembre 1796. Elle adopte en 1797 le drapeau tricolore à l'origine du drapeau italien actuel.

L'Italie et la Révolution française

En 1789, l'Italie est dominée par le pape (États de l'Église), les Bourbons (royaume des Deux-Siciles), la maison de Savoie (royaume de Sardaigne-Piémont) et les Habsbourg d'Autriche, qui possèdent la Lombardie et protègent le grand-duché de Toscane. La Révolution française n'est bien accueillie que par une minorité de militants, comme le Toscan Filippo Buonarroti (1761-1837), qui s'installe en Corse en 1789 et obtient la citoyenneté française en 1793.

L'intervention militaire de la France

En 1794, l'armée française intervient à Oneglia, un port piémontais servant de base aux Anglais. Buonarroti y est nommé commissaire de la République (avril 1794-mars 1795). Puis Napoléon Bonaparte lance la campagne d'Italie en 1796 : l'armée française envahit la péninsule et crée les « républiques sœurs », de Milan (en mai 1796) à Naples (en janvier 1799) (→ carte p. 23).

1 Libérateurs ou dominateurs ?

Supposons que cette révolution soit réussie, que les gouvernements monarchiques qui oppriment l'Italie soient détruits par le truchement des forces conjointes des habitants et des armées françaises et que les peuples se rassemblent pour se donner une organisation et des lois. [...]

Aux changements favorables qui seraient la conséquence d'une telle révolution, j'ajoute la destruction de la papauté à la suite de quoi toutes les énergies du fanatisme qui sont encore à l'œuvre en Europe perdraient leur centre de gravité ; et la religion catholique privée de l'ambition de ses principaux ministres serait rapidement réduite à la pure morale de Jésus. [...]

Néanmoins, Français, n'oubliez pas que l'Italie a déjà été votre tombeau[1], et qu'elle pourrait le devenir à nouveau si vous n'y entriez en amis des peuples dont vous devez être les libérateurs. Rappelons à nos armées ce mot sublime, qui naguère nous a attiré l'amour de l'univers : « Guerre aux châteaux, paix aux chaumières[2] ! ». Que les Italiens puissent vraiment trouver en nous des alliés et non des dominateurs ou des conquérants. Ils ont également besoin qu'on tienne compte de leurs opinions religieuses, si nous ne voulons pas que la justesse de cette entreprise se transforme en erreur, son utilité en malheur et en faute. Ne permettons pas que l'indiscipline de l'armée, et surtout la cupidité barbare des administrateurs militaires qui dévaste le pays conquis en Italie, transforment l'amour des peuples en haine, et renforcent les chaînes que nous voulons briser.

Lettre de Filippo Buonarroti au gouvernement du Directoire, février-mars 1796, *in* Armando Saitta, *Filippo Buonarroti : contributo alla storia della sua vita e del suo pensiero*, traduction de Philippe Gut, Rome, 1951.

(1) Référence aux guerres d'Italie perdues par la France à la Renaissance.
(2) Utilisé par Pierre-Joseph Cambon, député à la Convention, ce slogan devient dès 1792 la règle de conduite des armées de la République à l'étranger : détruire l'ordre seigneurial et mettre en place la souveraineté nationale.

Différenciation

ACTIVITÉ

Identifier et contextualiser le document

1. **Présentez** l'auteur et ses opinions politiques.
2. **Contextualisez** le document.

Extraire des informations pertinentes

3. **Expliquez** les bienfaits d'une révolution en Italie selon l'auteur.
4. **Expliquez** à quoi les Français doivent faire attention s'ils interviennent en Italie.

Conclure

5. **Expliquez** pourquoi la France intervient en Italie.

10 Comment l'occupation française se traduit-elle en Italie en 1796 ?

PASSÉ Présent

De nombreuses œuvres d'art spoliées en 1796-1797 sont toujours possédées par la France et réclamées par l'Italie. C'est le cas des *Noces de Cana* de Véronèse (1563), tableau saisi à Venise en 1797 et exposé au Louvre à Paris.

Un trésor artistique transféré en France

Les armées françaises entrées en Italie en 1796 s'emparent des œuvres d'art dans les villes comme Milan, Parme, Venise… Sélectionnées dans les musées, les galeries privées ou les églises, peintures et sculptures sont envoyées en France pour enrichir les collections publiques, notamment celle du Louvre.

Un patrimoine universel ou italien ?

Ces saisies patrimoniales sont organisées dans les traités conclus par la France avec les États vaincus. Elles sont justifiées par l'idée que la république française, terre de liberté, doit réunir et conserver les plus belles réalisations du génie humain. Mais elles sont dénoncées comme un pillage par certains intellectuels, quand ils peuvent s'exprimer. La défense du patrimoine culturel est ainsi un facteur d'affirmation d'une identité italienne.

1 « Voici l'Italie au temps de sa première invasion en 1796 »

Francesco Rosaspina (1762-1841), estampe colorisée, d'après un dessin de Bosacrati, 1814, museo del Risorgimento, Milan.

a allégorie de l'Italie
b allégorie de la France et drapeau français

ACTIVITÉ

Identifier et contextualiser le document

1. **Présentez** l'auteur de l'image et **contextualisez** le document.

Identifier et expliquer des symboles

2. **Formulez une hypothèse** pour expliquer la présence des coqs dans l'image.
3. **Décrivez** les richesses présentes dans l'image.
4. **Formulez une hypothèse** pour expliquer la présence des soldats endormis à gauche de l'image.

Expliquer l'image

5. À l'aide du document et de vos connaissances, **expliquez** comment l'occupation française se traduit en Italie en 1796.

Toutes les ressources
lycee.nathan.fr/hist25-044

1 ANALYSER UN DOCUMENT

Sujet 1 : L'héritage révolutionnaire représenté

CONSIGNE Après avoir présenté le document, montrez que la peintre cherche à valoriser la Révolution en cours.

Jeanne-Louise (dite Nanine) Vallain (active entre 1794 et 1810), *La Liberté*, 1794, huile sur toile, 128 × 97 cm, musée de la Révolution française, Vizille.

Info

Non visibles ici, deux dates sont inscrites sur le socle en pierre qui sert d'assise à la Liberté : le 14 juillet et le 10 août.

MÉTHODO

1. Pour analyser une image révolutionnaire, commencez par identifier les différents symboles qu'elle comporte. Vous pouvez utiliser ce tableau :

Symboles	Signification
10 août (sur le socle en pierre)	
Bonnet phrygien	
Faisceau des licteurs	
Couronne renversée	

2. Puis organisez vos idées. Vous pouvez suivre ce un plan :
   a. La dimension égalitaire de la Révolution
   b. La liberté
   c. L'abondance et la sérénité

3. Enfin, associez à chaque partie de votre développement les symboles que vous aurez identifiés et analysés dans le tableau.

Sujet 2 : Le peuple et la famille royale en 1792

1. Identifiez les personnes nommées « Madam' Veto » et « Monsieur Veto ».
2. Expliquez de quoi ils sont accusés.
3. Identifiez les événements auxquels pourrait faire référence la strophe soulignée.
4. Montrez comment cette chanson ridiculise Louis et Antoinette.
5. En quoi ce document illustre-t-il les revendications des sans-culottes parisiens ?

1 La Carmagnole

La Carmagnole *est une chanson anonyme écrite à la fin de l'année 1792. Elle doit son nom à un gilet porté par les sans-culottes et provenant de la ville italienne de Carmagnola.*

Madam' Veto avait promis (*bis*) / De faire égorger tout Paris (*bis*)
Mais son coup a manqué / Grâce à nos canonniers.

[Refrain]
Dansons la carmagnole / Vive le son, vive le son
Dansons la carmagnole / Vive le son du canon !
Monsieur Veto avait promis / D'être fidèle à son pays
Mais il y a manqué / Ne faisons plus d'quartier.

Amis restons toujours unis / Ne craignons pas nos ennemis
S'ils viennent nous attaquer / Nous les ferons sauter.
Refrain
Antoinette avait résolu / De nous faire tomber sur le cul
Mais son coup a manqué / Elle a le nez cassé.
Refrain
Son mari se croyant vainqueur / Connaissait peu notre valeur
Va, Louis, gros paour(1) / Du temple dans la tour.
Refrain
Les Suisses(2) avaient promis / Qu'ils feraient feu sur nos amis
Mais comme ils ont sauté / Comme ils ont tous dansé !
Refrain
Quand Antoinette vit la tour / Elle voulut faire demi-tour
Elle avait mal au cœur / De se voir sans honneur.
Refrain
Oui, je suis sans-culotte, moi / En dépit des amis du roi
Vivent les Marseillois, / Les Bretons et nos lois !
Refrain

(1) Peureux.
(2) Les gardes suisses assurent la sécurité du roi.

2 RÉPONDRE À UNE QUESTION PROBLÉMATISÉE

Sujet 1 : Comment la Première République (1792-1799) a-t-elle essayé de renforcer le sentiment national après l'abolition de la monarchie ?

CONSIGNE Grâce à vos connaissances, vous répondrez de manière argumentée à cette question. Vous pourrez expliquer que l'engagement des soldats renforce chez les Français le sentiment national au moment de la patrie en danger. Puis vous pourrez montrer que la république, en se substituant à la religion, devient un nouveau ciment de la nation. Enfin, vous pourrez montrer comment la désignation des ennemis renforce le sentiment de cohésion nationale.

Sujet 2 : Comment les relations du roi et de la nation ont-elles évolué entre 1789 et 1793 ?

CONSIGNE Grâce à vos connaissances, vous répondrez de manière argumentée à cette question. Vous pourrez d'abord présenter les rapports conciliants du roi envers la Révolution, salués par la population entre 1789 et 1790, puis montrer que la fuite du roi, arrêté à Varennes en 1791, fait basculer l'opinion dans une défiance envers la royauté qui culmine avec l'exécution de Louis XVI en 1793.

Toutes les ressources
lycee.nathan.fr/hist25-046

L'HISTOIRE *par les* OBJETS

LA COCARDE TRICOLORE
UN OBJET POLITIQUE DU QUOTIDIEN

DOC 1.

La première cocarde de Sébastien-Louis Rosaz, 15 ans

Musée Gadagne, Lyon.

Âgé de 15 ans, le Lyonnais Sébastien-Louis Rosaz commence, en 1793, une collection d'objets révolutionnaires, qu'il vend à la ville de Lyon en 1847.

Un moyen d'afficher son soutien à la Révolution

La cocarde est initialement un nœud de rubans porté par les soldats. À partir de juillet 1789, des cocardes tricolores sont arborées par les gardes nationaux, puis par toutes les personnes qui veulent ainsi marquer leur adhésion à la Révolution. En laine, en soie ou en coton, la cocarde est vendue dans les rues et se porte généralement au chapeau ou au bonnet. À partir du 11 juillet 1792, les hommes sont obligés de porter une cocarde tricolore, sous peine d'emprisonnement.

Le port de la cocarde : un enjeu de citoyenneté pour les femmes

En 1793, certaines révolutionnaires demandent à l'Assemblée d'étendre cette obligation aux femmes. Cependant, les « dames de la halle » sont opposées à ce projet : elles affirment que la cocarde doit être réservée aux hommes. Elles affrontent physiquement les femmes révolutionnaires partisanes du port de la cocarde : ces rixes sont appelées «la guerre des cocardes» (du 13 au 21 septembre 1793). Le décret du 21 septembre 1793 contraint finalement les femmes à arborer, comme les hommes, une cocarde tricolore.

Les atteintes à la cocarde : une forme d'opposition politique

Insulter la cocarde est une forme d'opposition aux autorités révolutionnaires. Certains l'arrachent à leurs adversaires politiques, la brûlent ou crachent dessus, autant de gestes considérés comme sacrilèges. À partir de 1795, beaucoup la cachent sous des rubans ou derrière la coiffe. D'autres encore portent une cocarde blanche pour exprimer leurs opinions royalistes. La cocarde disparaît progressivement de l'espace public à la fin de la Révolution.

LE SENS *des mots*

LES « DAMES DE LA HALLE »

Les « dames de la halle » vendent des aliments au détail sur les marchés parisiens. Elles jouent un rôle politique majeur en 1789 : en octobre, elles se rendent à Versailles et contraignent le roi et sa famille à s'installer à Paris. Cependant, elles pensent que la cocarde doit être réservée aux hommes et que les femmes qui réclament son port sont politiquement trop radicales. À l'automne 1793, elles refusent donc de l'arborer. Plus révolutionnaires, les « jacobines », aussi appelées « patriotes » ou « républicaines », veulent au contraire l'imposer à toutes, ainsi que d'autres mesures révolutionnaires comme «le maximum» (blocage des prix).

INTERVIEW d'historienne

lycee.nathan.fr/hist25-046-02

Dominique Godineau, professeure à l'université Rennes II. Elle est spécialiste de l'histoire de la Révolution française, de l'histoire des femmes et du genre.

DOC 2.

La cocarde obligatoire au cabaret

Enseigne de cabaret sur toile carton, anonyme, vers 1792, 63,6 × 46,[illegible] cm, musée de la Révolution française, Vizille.

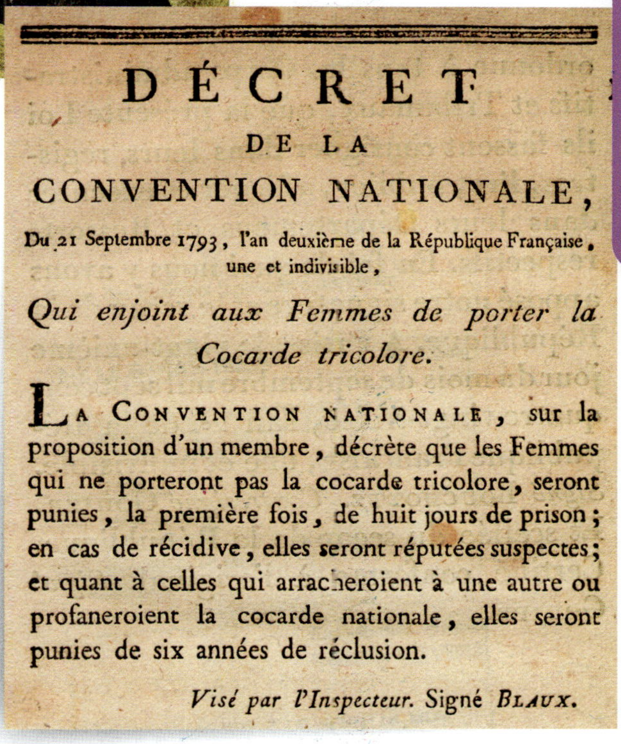

DÉCRET
DE LA CONVENTION NATIONALE,

Du 21 Septembre 1793, l'an deuxième de la République Française, une et indivisible,

Qui enjoint aux Femmes de porter la Cocarde tricolore.

LA CONVENTION NATIONALE, sur la proposition d'un membre, décrète que les Femmes qui ne porteront pas la cocarde tricolore, seront punies, la première fois, de huit jours de prison; en cas de récidive, elles seront réputées suspectes; et quant à celles qui arracheroient à une autre ou profaneroient la cocarde nationale, elles seront punies de six années de réclusion.

Visé par l'Inspecteur. Signé *BLAUX.*

DOC 4.

La cocarde obligatoire pour les femmes

Décret de la Convention nationale du 21 septembre 1793.

DOC 3.

Vendeuse de cocardes à Paris

Détail d'un dessin de Jean-Baptiste Lesueur, *Vendeuse de cocardes et cinq femmes en différents costumes*, entre 1792 et 1798, musée Carnavalet, Paris.

L'atelier d'histoire

Imaginez un dialogue entre deux personnes dont l'une porte une cocarde et l'autre non. Décrivez le contexte de l'échange (l'époque, le lieu) et la situation de chacune (dame de la Halle, adolescent révolutionnaire...) et développez les arguments en prêtant attention à leur crédibilité historique.

CHAPITRE 2

La France et l'Europe à l'heure napoléonienne (1799-1815)

COURS

EXPLORER

Tous les textes du chapitre :
• en version DYS
• en version audio
lycee.nathan.fr/**hist25-048**

Napoléon à Berlin, le 27 octobre 1806

Vainqueur des troupes prussiennes à Iéna et Auerstaedt le 14 octobre 1806, Napoléon fait son entrée dans Berlin le 27 octobre 1806. Dans ce tableau exposé au Salon de 1810, le peintre Charles Meynier présente le conquérant sous les traits d'un libérateur.

Charles Meynier, *Entrée de Napoléon à Berlin, 27 octobre 1806*, 1810, huile sur toile, 330 x 493 cm, musée national du château de Versailles.

Jeu numérique
Découvrir l'image
lycee.nathan.fr/**hist25-049**

COURS

Cours à écouter

Toutes les ressources
lycee.nathan.fr/hist25-050

1 Terminer la Révolution : la France napoléonienne

PPO

1804 – Le Code civil permet l'égalité devant la loi et connaît un rayonnement européen.

A Un exercice autoritaire du pouvoir

a. Le Consulat : un exécutif fort

• Après le coup d'État du 18 Brumaire (9 novembre 1799), le général Bonaparte fait adopter la Constitution de l'an VIII, qui instaure un nouveau régime républicain : le Consulat. Le pouvoir est concentré dans les mains du Premier Consul, Bonaparte. Chef de l'exécutif, il a l'initiative des lois et nomme les ministres, les juges et les hauts fonctionnaires. En 1802, il se fait nommer Consul à vie. Morcelé en quatre instances (Conseil d'État, Sénat, Tribunat et Corps législatif), le pouvoir législatif est affaibli. [**doc. 1**]

EXPLORER ① p. 58

b. La France sous surveillance

• Le suffrage universel masculin est rétabli, mais étroitement contrôlé. Les électeurs votent pour des listes de notables, dans lesquelles le Sénat choisit ceux qui siègent dans les assemblées. Des **plébiscites**, aux résultats truqués, sont organisés pour mettre en scène le soutien populaire à Bonaparte [**doc. 2**]. La police voit ses moyens renforcés. La censure fait taire les voix dissidentes. L'instauration du **livret ouvrier** en 1803 renforce l'emprise des patrons sur leurs employés.

c. L'Empire : le retour de la monarchie

• En 1804, Bonaparte met fin au Consulat et devient « empereur des Français » sous le nom de Napoléon Ier. Il organise son sacre à Notre-Dame de Paris en présence du pape. En 1808, une noblesse héréditaire, dite « noblesse d'Empire », est recréée. En 1810, Napoléon épouse la fille de l'empereur d'Autriche, Marie-Louise, avec laquelle il a un enfant destiné à lui succéder : une dynastie est ainsi fondée.

EXPLORER ⑦ p. 68

Vocabulaire

Livret ouvrier : document où sont enregistrés les déplacements de l'ouvrier. Tout ouvrier circulant sans son livret risque l'emprisonnement.

Plébiscite : vote sur une question à laquelle les électeurs répondent par « oui » ou par « non » et témoignent de leur degré d'adhésion au régime.

Biographie

Napoléon Ier (1769-1821) → p. 306

Documentaire

Voter sous Napoléon : les plébiscites
Fondation Napoléon
5'37''

1 La Constitution de l'an VIII : le Consulat

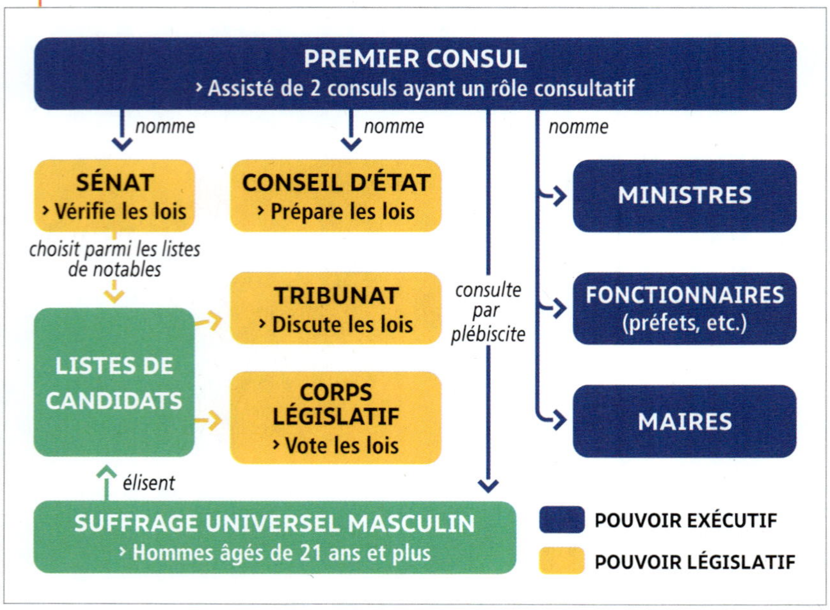

2 Les plébiscites sous le Consulat

Date	Février 1800	Mai 1802	Juin 1804
Objet	Constitution de l'an VIII	Consulat à vie	Empire héréditaire
Abstention (estimation)	62 %	55 %	60 %
Nombre de « oui » (chiffres officiels)	3 011 007	3 568 885	3 572 329
Nombre de « non » (chiffres officiels)	1 562	8 374	2 568
Part du « oui » par rapport aux inscrits	38 %	45 %	40 %

B Une France nouvelle

a. Réconcilier les Français

• Le **Concordat**, conclu en 1801 entre la France et le pape, met un terme aux troubles provoqués par la Constitution civile du clergé (→ Chapitre 1, p. 19). Le catholicisme est reconnu comme la « religion de la grande majorité des citoyens français » et l'Église soutient le régime avec le **catéchisme impérial**. Mais les **cultes protestants et juif** sont reconnus [**Repères**]. Le Concordat facilite la réconciliation avec les royalistes et le retour des émigrés. Il rassure les nombreux paysans qui ont acquis des biens appartenant à l'Église (→ Chapitre 1, p. 19), car celle-ci renonce par cet accord à récupérer ces biens.

EXPLORER ① p. 58

b. Napoléon et l'héritage révolutionnaire

• Certains acquis révolutionnaires sont reniés par Napoléon : il restaure un gouvernement monarchique et héréditaire, rétablit l'esclavage dans les colonies en 1802 et restreint les libertés politiques des Français.

PPO

• D'autres acquis révolutionnaires sont au contraire pérennisés : le **Code civil** de 1804 garantit l'égalité des citoyens devant la loi et le droit de propriété. L'infériorité juridique de la femme, qui n'est pas nouvelle, est désormais gravée dans la loi qui la place sous la tutelle de son père, puis de son mari.

EXPLORER ② p. 60 et ③ p. 62

c. Refonder l'État

• Bonaparte veut refonder la France sur des bases solides, qu'il appelle les « masses de granit ». Dans chaque département, un préfet représente l'État et relaie l'action du gouvernement. La création de la Banque de France en 1800 et d'une nouvelle monnaie, le franc germinal, en 1803, permet de stabiliser l'économie. Les lycées, créés en 1802, doivent améliorer la qualité de l'enseignement, qui demeure toutefois réservé à une élite masculine et fortunée. [**doc. 3**]

Vocabulaire

Catéchisme impérial : enseignement de la foi catholique, publié en 1806, incluant un soutien explicite au régime napoléonien.

Code civil : recueil unifiant les différentes lois concernant les personnes et les biens.

Concordat : accord conclu entre le pape et un État, pour organiser les relations entre l'Église catholique et cet État.

Repères

Les protestants et les juifs

En 1802, la France reconnaît les cultes protestants, c'est-à-dire calviniste (Église réformée) et luthérien. Les pasteurs sont payés par l'État, comme les curés. En 1808, le culte juif est reconnu et organisé en consistoires. Mais les rabbins ne sont pas salariés par l'État avant 1831.

FICHE À COMPLÉTER

À l'aide du cours, repérez :
- les idées principales ;
- les repères essentiels ;
- le vocabulaire.

3 Les grandes réformes napoléoniennes

● Les réformes économiques et techniques ● Les réformes administratives ● Les réformes sociales

1799 1800 1801 1802 1803 1804 1805 1806 1807

- 1799 — **Conseil d'État :** conseille le gouvernement dans l'élaboration des lois
- 1799 — **Système métrique :** unifie les poids et mesures
- 1800 — **Préfet :** représente l'État dans un département
- 1800 — **Banque de France :** émet la monnaie
- 1802 — **Lycée :** assure la formation des élites masculines
- 1802 — **Légion d'honneur :** récompense les services civils et militaires rendus au régime
- 1803 — **Livret ouvrier :** renforce le contrôle des travailleurs
- 1803 — **Franc germinal :** stabilise la valeur de la monnaie
- 1804 — **Code civil :** uniformise le droit civil
- 1807 — **Cour des comptes :** surveille les finances publiques

COURS

Cours à écouter

Toutes les ressources
lycee.nathan.fr/hist25-052

2 L'Europe conquise et transformée

A L'expansion française

a. Une paix fragile

• L'inquiétude des monarchies européennes, hostiles à la Révolution, est ravivée par l'installation du régime napoléonien. Bonaparte a certes rétabli une monarchie en France, mais il reste à leurs yeux l'héritier d'une révolution qu'elles haïssent. Ainsi le Royaume-Uni, qui avait signé la paix d'Amiens en mars 1802, relance les hostilités dès mai 1803 : il participe dès lors à toutes les guerres contre la France.

b. Le temps des conquêtes

• La **Grande Armée** enchaîne dans un premier temps les victoires. Les troupes autrichiennes et russes sont défaites à Ulm et Austerlitz en 1805. Puis Napoléon bat les Prussiens à Iéna et Auerstaedt en 1806 et les Russes à Eylau et Friedland en 1807. Le 7 juillet 1807, le tsar Alexandre Ier signe avec Napoléon la paix de Tilsit. Chacune de ces victoires de la Grande Armée étend un peu plus la domination française en Europe. [**doc. 1**]

EXPLORER ④ p. 64

c. L'échec du blocus continental

• Dernière puissance européenne à s'opposer à la France, le Royaume-Uni domine les mers depuis sa victoire sur la flotte française à Trafalgar en 1805. Face à l'impossibilité de débarquer outre-Manche, Napoléon déplace la guerre sur le terrain économique. En 1806, il instaure le **blocus continental**, qui interdit à l'ensemble des pays d'Europe continentale de commercer avec le Royaume-Uni. Il espère ainsi provoquer une crise qui pousserait les Britanniques à négocier. Pour le faire respecter, il intervient militairement au Portugal en 1807, puis en Espagne l'année suivante.

Vocabulaire

Blocus continental : stratégie imposée par Napoléon entre 1806 et 1814 qui consiste à interdire aux autres pays de commercer avec le Royaume-Uni pour l'isoler économiquement.

Grande Armée : nom donné à l'armée dirigée par Napoléon de 1804 à 1815. Outre des conscrits français (voir p. 21), elle incorpore des combattants de toute l'Europe (Italiens, Polonais, Hollandais, Autrichiens, etc.). Elle compte 700 000 soldats en 1812.

1 L'Europe napoléonienne (1811)

États contrôlés par Napoléon ou alliés à lui (colonnes 1 à 4)
États contrôlés par Napoléon (colonnes 1 à 3)
États dirigés par la famille Bonaparte (colonnes 1 et 2)

Empire français	États soumis à l'Empire français et dirigés par un membre de la famille Bonaparte	États soumis à l'Empire français	États temporairement alliés à l'Empire français	États hostiles à Napoléon
130 départements, de Barcelone à Hambourg et de Brest à Rome.	**Royaume d'Italie** (roi : Napoléon Ier) **Royaume de Naples** (roi : Joachim Murat, beau-frère de Napoléon Ier) **Royaume d'Espagne** (roi : Joseph Bonaparte, frère de Napoléon)	**Confédération du Rhin** **République helvétique** (1798) puis **Confédération suisse** (1803) **Grand-Duché de Varsovie**	**Empire russe** **Empire d'Autriche** **Royaume de Suède** **Royaume de Danemark**	**Royaume-Uni de Grande-Bretagne et d'Irlande** **Royaume de Portugal** **Royaume de Sardaigne** **Royaume de Sicile**

B L'éphémère hégémonie française

a. Le grand empire

• La domination napoléonienne sur l'Europe atteint son apogée en 1811. Napoléon, qui cumule les titres d'empereur des Français et de roi d'Italie, règne alors sur une France de 130 départements et 45 millions d'habitants. Il place ses frères sur les trônes de Naples, d'Espagne et de Hollande [**doc. 2**]. Les autres États du continent sont soumis ou contraints de s'allier à la France (Prusse, Russie et Autriche).

b. Libération ou occupation ?

• La domination française est, dans un premier temps, plutôt bien accueillie par les populations européennes. En diffusant le Code civil [**doc. 3**], elle leur fait bénéficier des avancées de 1789, notamment l'abolition de la féodalité.

• Mais à mesure que les réquisitions militaires et les impôts s'alourdissent, des résistances se développent en Espagne, dans le royaume de Naples, le Tyrol et en Allemagne. Partout, l'occupation française contribue à l'éveil d'un sentiment national qui se retourne contre elle.

EXPLORER ⑤ p. 66 et ⑥ p. 67

c. L'effondrement

• En 1812, Napoléon déclare la guerre à la Russie, qui a rompu le blocus continental. Prise au piège de l'hiver russe, la Grande Armée est décimée. Les États soumis en profitent pour reprendre leur indépendance. En 1814, la France est envahie par les troupes autrichiennes et prussiennes. Vaincu, Napoléon est contraint d'abdiquer. Sa tentative de reconquête du pouvoir en 1815 (les « **Cent-Jours** ») se solde par le désastre de Waterloo et l'exil définitif à Sainte-Hélène, où il meurt en 1821.

EXPLORER ⑧ p. 69

FICHE À COMPLÉTER

À l'aide du cours, repérez :
- les idées principales ;
- les repères essentiels ;
- le vocabulaire.

Vocabulaire

Cent-Jours : période comprise entre le 20 mars et le 22 juin 1815 au cours de laquelle Napoléon Ier, après s'être enfui de l'île d'Elbe, reprend le pouvoir en France.

2 Les Bonaparte : une fratrie à la tête de l'Europe

Joseph Bonaparte (1768-1844)
- Roi de Naples (1806-1808)
- Roi d'Espagne (1808-1813)

Jérôme Bonaparte (1784-1860)
- Roi de Westphalie (1807-1813)

Napoléon Bonaparte (1769-1821)
- Premier Consul (1799-1804)
- Empereur des Français et roi d'Italie (1804-1814 et 1815)

Louis Bonaparte (1778-1846)
- Roi de Hollande (1806-1810)

3 La diffusion du Code civil

Carte interactive

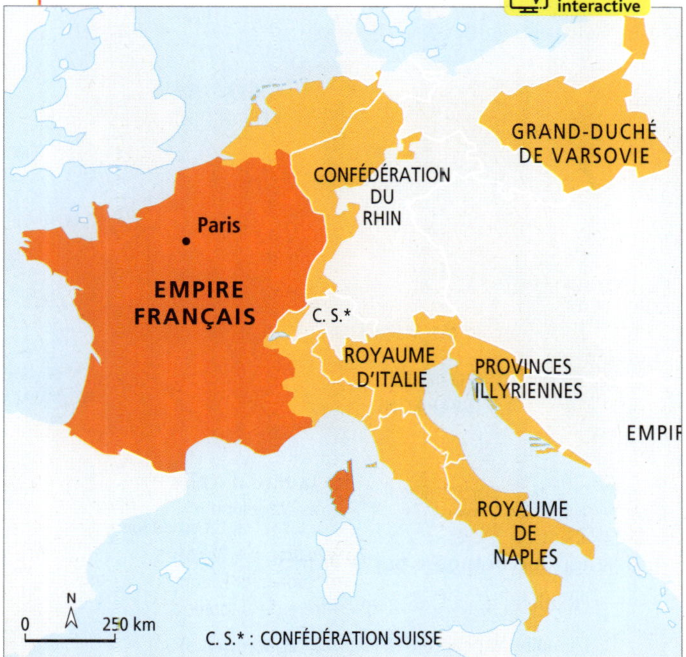

Application du Code civil dans l'Empire français dès 1804

Territoires où le Code civil est appliqué entre 1804 et 1814

Toutes les ressources
lycee.nathan.fr/hist25-054

La France et l'Europe à l'heure napoléonienne (1799-1815)

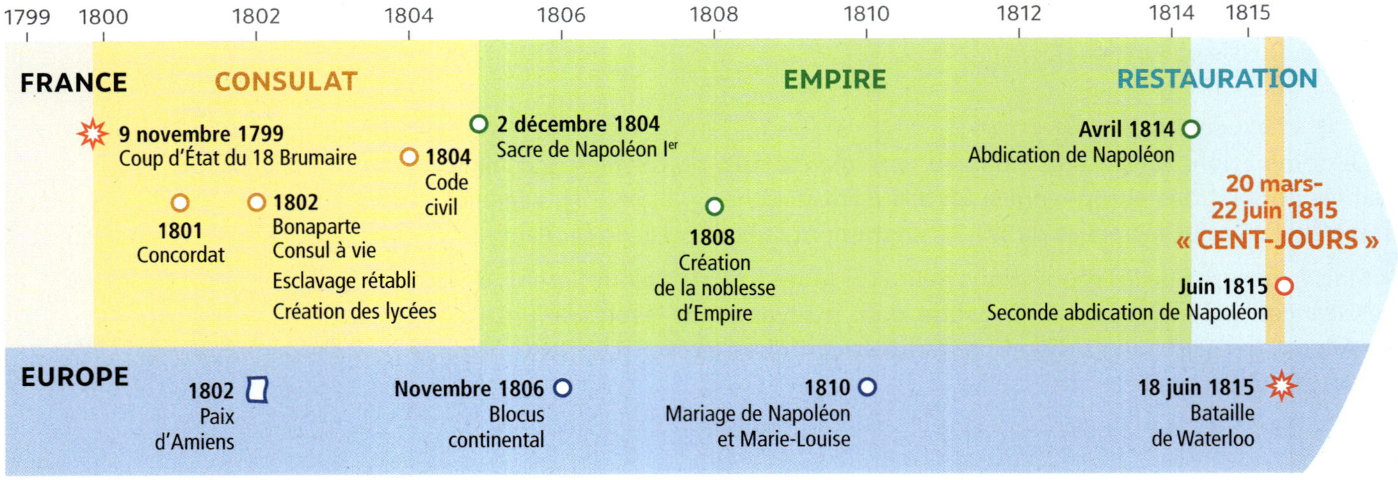

1 L'Europe sous domination française (1811)

1. Une Europe dominée par la France
- Frontières de la France en 1792
- L'Empire français en 1811 (130 départements)
- États soumis à l'Empire français
- États ou regroupements d'États créés par Napoléon

2. Une Europe en guerre
- États indépendants, temporairement alliés à l'Empire français
- États en guerre contre l'Empire français
- Soulèvement armé contre la domination française
- Blocus continental

Carte interactive

DU CONSULAT À L'EMPIRE

Napoléon Bonaparte instaure un régime fort et stable...

Consolidation de l'État
- Préfets
- Banque de France
- Conseil d'État

Pacification
- Concordat (1801)
- Paix d'Amiens (1802)

... qui revient sur l'héritage révolutionnaire...

- Rétablissement de l'esclavage (1802)
- Rétablissement progressif d'une monarchie héréditaire

... tout en en reprenant une partie...

- Code civil (1804) garantissant l'égalité des citoyens devant la loi
- Expansion territoriale et diffusion des idées révolutionnaires en Europe

... et se heurte à des oppositions.

- Coalition des puissances européennes contre la France
- Affirmation des nationalismes dans l'Europe occupée
- Soulèvement et indépendance des esclaves à Saint-Domingue (Haïti, 1804)

France | Europe | Colonies

LES NOTIONS-CLÉS

Code civil : recueil unifiant les différentes lois concernant les personnes et les biens.

Concordat : accord conclu entre le pape et un État, pour organiser les relations entre l'Église catholique et cet État.

Plébiscite : vote sur une question à laquelle les électeurs répondent par « oui » ou par « non » et témoignent de leur degré d'adhésion au régime.

LES POINTS DE PASSAGE ET D'OUVERTURE

1804 – Le Code civil permet l'égalité devant la loi et connaît un rayonnement européen.

• Cours p. 51
• Explorer p. 60

Toutes les ressources
lycee.nathan.fr/hist25-056

La France et l'Europe à l'heure napoléonienne (1799-1815)

EXERCICE 1 SAVOIR DATER

Exercices interactifs

Associez chaque date sur la frise à l'événement qui lui correspond. Attention, l'une des dates correspond à deux événements.

1. Bataille de Waterloo
2. Consulat à vie
3. Signature du Concordat
4. Adoption du Code civil
5. Rétablissement de l'esclavage
6. Sacre de Napoléon

EXERCICE 2 VALIDER UNE CONNAISSANCE

Indiquez si les affirmations suivantes sont vraies ou fausses.

1. Napoléon a aboli le suffrage universel masculin.
2. Napoléon a rétabli la noblesse.
3. Le Concordat a apaisé les relations entre l'État français et l'Église.
4. En 1811, la France compte 175 départements.
5. Le blocus continental est destiné à affaiblir l'Angleterre.

EXERCICE 3 CONNAÎTRE LES INSTITUTIONS

Retrouvez les termes qui correspondent aux lettres sur le schéma du Consulat.

1. Premier Consul
2. Pouvoir législatif
3. Pouvoir exécutif
4. Tribunat

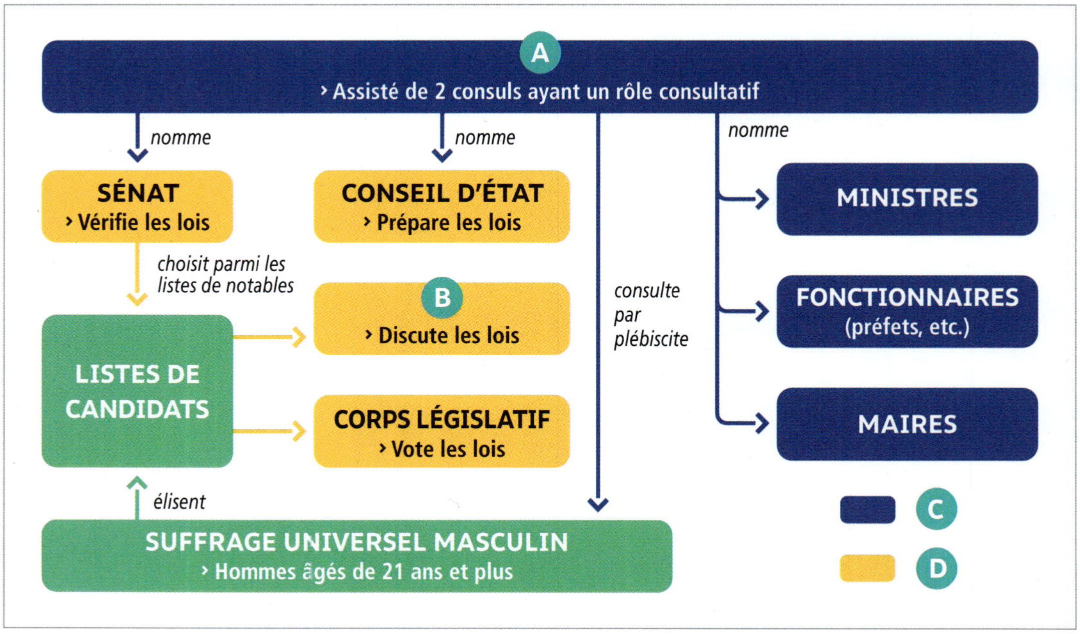

EXERCICE 4 CONNAÎTRE LES PRINCIPAUX ACTEURS

Présentez en une phrase ces acteurs de la période napoléonienne.

a 
Marie-Louise (1791-1847)

b 
Joseph Bonaparte (1768-1844)

c 
Alexandre Ier (1777-1825)

d 
Napoléon Ier (1769-1821)

EXERCICE 5 MAÎTRISER LES NOTIONS

Associez à chaque terme la définition qui lui correspond.

a Livret ouvrier
b Code civil
c Concordat
d Plébiscite

1. Recueil unifiant les différentes lois concernant les personnes et les biens.
2. Accord conclu entre le pape et un État.
3. Votes sur une question à laquelle les électeurs répondent par « oui » ou par « non ».
4. Document où sont enregistrés les déplacements d'un ouvrier.

EXERCICE 6 MAÎTRISER LES REPÈRES SPATIAUX

Utilisez le fond de carte à imprimer.

a. Repassez en rouge les frontières de la France en 1792.
b. Coloriez en orange l'Empire français en 1811.
c. Hachurez en orange au moins deux États créés par Napoléon.
d. Coloriez en jaune deux États alliés à l'Empire français.

Carte à imprimer

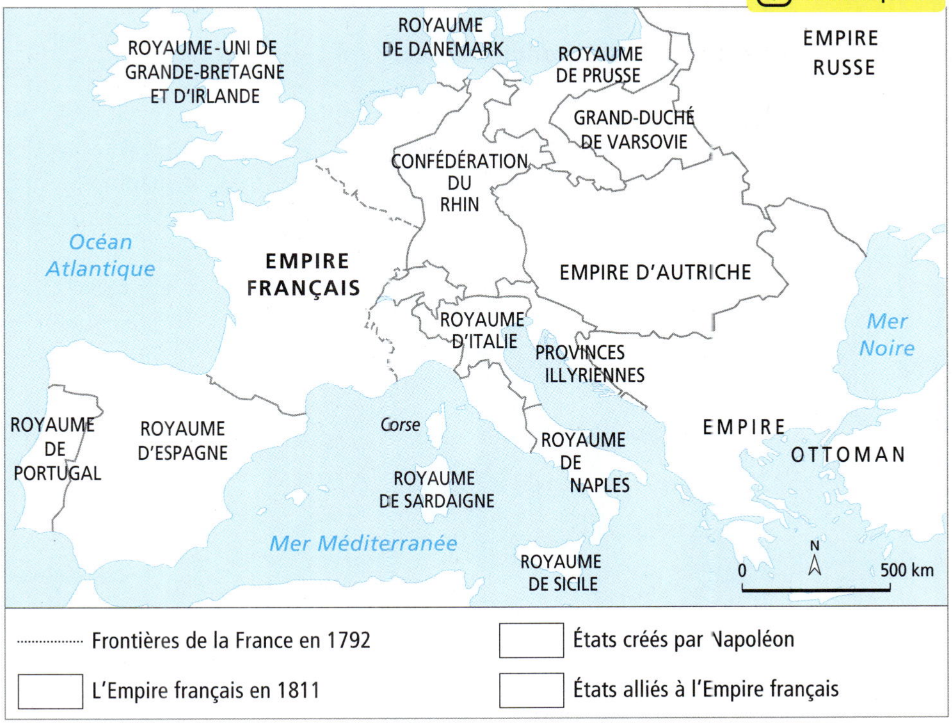

ARGUMENTER À L'AIDE D'UNE CHRONOLOGIE

1 Bonaparte : un homme de paix ?

Toutes les ressources
lycee.nathan.fr/hist25-058

Médaille suisse en l'honneur du Premier Consul, après la paix de Lunéville

La fin des guerres extérieures

À son arrivée au pouvoir, Bonaparte hérite d'une France en guerre avec ses voisins européens depuis 1792. Grâce à ses succès militaires, il rétablit la paix en deux ans à peine. L'Autriche, par le traité de Lunéville, et la Russie, par celui de Paris, mettent un terme à leur guerre contre la France en 1801. L'année suivante, le Royaume-Uni signe la paix d'Amiens. Le retour à la paix s'avère toutefois de courte durée, les hostilités reprenant dès 1803.

La fin des conflits intérieurs

Le Premier Consul veut aussi rétablir la paix intérieure après une décennie de divisions engendrées par la Révolution. En concluant le Concordat avec le pape en juillet 1801, il réconcilie la France révolutionnaire et l'Église catholique. Ce rapprochement facilite le retour en France des émigrés, qui s'étaient exilés à l'étranger pour préparer une Contre-Révolution.

1 La réconciliation avec l'Europe

Allégorie de la paix d'Amiens, 1802, gravure, Bibliothèque nationale de France.

2 Célébrer la concorde et la paix

Français, ce jour est destiné à célébrer cette époque d'espérance et de gloire où tombèrent des institutions barbares, où vous cessâtes d'être divisés en deux peuples : l'un condamné aux humiliations, l'autre marqué pour les distinctions et pour les grandeurs ; où vos propriétés furent libres comme vos personnes ; où la féodalité fut détruite, et avec elle ces nombreux abus que des siècles avaient accumulés sur vos têtes. Cette époque, vous la célébrâtes en 1790, dans l'union des mêmes principes, des mêmes sentiments et des mêmes vœux. Vous l'avez célébrée depuis, tantôt au milieu des triomphes, tantôt sous le poids des revers, quelquefois aux cris de la discorde et des factions(1).

Vous la célébrez aujourd'hui sous de plus heureux auspices(2). La discorde se tait, les factions sont comprimées, l'intérêt de la patrie règne sur tous les intérêts. Le gouvernement ne connaît d'ennemis que ceux qui le sont de la tranquillité du peuple. La paix continentale a été conclue par la modération. Notre puissance et l'intérêt de l'Europe en garantissent la durée. Vos frères, vos enfants rentrent dans vos foyers, tous dévoués à la cause de la liberté, tous unis pour assurer le triomphe de la République. Bientôt cessera le scandale des divisions religieuses. Un Code civil, mûri par la sage lenteur des discussions, protégera vos propriétés et vos droits.

Napoléon Bonaparte, Proclamation au peuple français du 14 juillet 1801.

(1) Groupes partisans qui cherchent à s'emparer du pouvoir.
(2) Circonstances permettant d'envisager l'avenir.

Différenciation

LE SENS *des images*

LE LANGAGE SYMBOLIQUE

Les images officielles utilisent des allégories et des symboles. La victoire est représentée par une déesse ailée, une couronne de laurier, une palme ou un palmier. La paix est représentée par une déesse aux seins nus ou un rameau d'olivier. La discorde est représentée par un monstre.

Animation

3 Le Concordat (1801)

Le gouvernement de la République reconnaît que la religion catholique, apostolique et romaine est la religion de la grande majorité des citoyens français. [...]

Article 1 – La religion catholique, apostolique et romaine sera librement exercée en France. Son culte sera public, en se conformant aux règlements de police que le Gouvernement jugera nécessaires pour la tranquillité publique [...].

Article 5 – Les nominations aux évêchés [...] seront faites par le Premier Consul. [...]

Article 6 – Les évêques [...] prêteront directement, entre les mains du Premier Consul, le serment de fidélité [...] exprimé dans les termes suivants : « Je jure et promets à Dieu, sur les Saints Évangiles, de garder obéissance et fidélité au Gouvernement établi par la Constitution de la République française. Je promets aussi de n'avoir aucune intelligence[1], de n'assister à aucun conseil, de n'entretenir aucune ligue, soit au-dedans soit au-dehors, qui soit contraire à la tranquillité publique ; et si, dans mon diocèse[2] ou ailleurs, j'apprends qu'il se trame quelque chose au préjudice de l'État, je le ferai savoir au Gouvernement. [...] »

Article 13 – Sa Sainteté, pour le bien de la paix et l'heureux établissement de la religion catholique, déclare que ni elle ni ses successeurs ne troubleront en aucune manière les acquéreurs des biens ecclésiastiques [...].

Article 14 – Le gouvernement assurera un traitement convenable aux évêques et aux curés.

Traité signé à Paris le 15 juillet 1801 entre les représentants du Premier Consul Bonaparte et du pape Pie VII.

(1) Complicité.
(2) Territoire dirigé par un évêque.

Différenciation

4 La réconciliation avec l'Église catholique

Claude Louis Desrais, *Le culte catholique rendu au peuple français par le Premier Consul*, 1802, dessin, musée du Louvre, Paris.

ACTIVITÉ

Construisez une frise chronologique avec les événements mentionnés dans ces deux pages. Utilisez cette chronologie pour répondre, de façon argumentée, à la question : « Bonaparte est-il un homme de paix ? »

Parcours guidé

MÉTHODO

1. **Relevez**, dans ces deux pages, les événements liés à la paix intérieure et extérieure.
2. **Construisez** une frise chronologique à l'aide du modèle ci-dessous ou utilisez la frise à télécharger. Indiquez, sur la frise, la date et le nom de chaque événement.
3. Pour chaque événement, **expliquez** en quoi il contribue à la paix intérieure ou à la paix extérieure, mais aussi en quoi il est un instrument de renforcement du pouvoir de Bonaparte.
4. Enfin, **rédigez**, sous votre frise, une synthèse répondant à la question : « Bonaparte est-il un homme de paix ? »

Chronologie vierge

EXPLORER

ARGUMENTER À L'AIDE D'UNE CARTE MENTALE

2 Pourquoi un Code civil ?

PPO

Toutes les ressources

lycee.nathan.fr/hist25-060

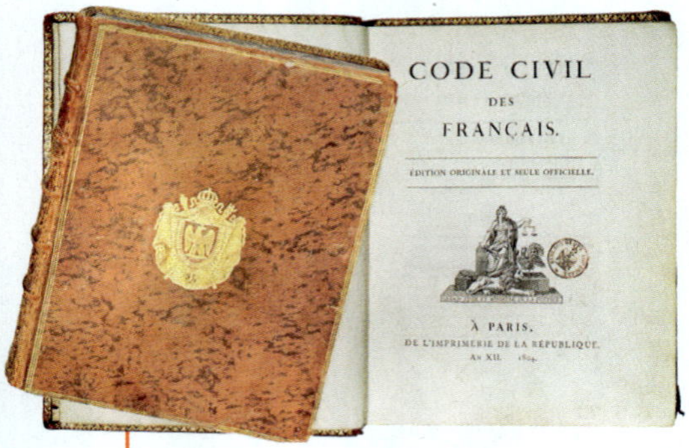

Édition originale du *Code civil des Français*, 1804

Un projet hérité de la Révolution

La Révolution a aboli les privilèges et proclamé l'égalité de tous devant la loi, mais il reste à unifier le droit, qui, sous l'Ancien Régime, variait selon les provinces. Pour répondre à ce besoin, la Constitution de 1791 prévoit la rédaction d'un « code des lois civiles communes à tout le royaume ». Mais les différents projets n'aboutissent pas. En 1801, Napoléon charge quatre juristes, dont l'avocat Jean-Étienne Portalis, de rédiger enfin ce Code.

Des avancées et des reculs

Promulgué le 21 mars 1804, le Code civil des Français est rebaptisé Code Napoléon en 1807. Ses 2 281 articles confirment les principaux acquis de 1789 en matière d'égalité civile et de respect des libertés fondamentales. Mais il inscrit dans la loi l'infériorité des femmes, éternelles mineures vouées à passer de l'autorité de leur père à celle de leur mari.

1 Une « législation uniforme »

Quel spectacle s'offrait à nos yeux ! On ne voyait devant soi qu'un amas confus et informe de lois étrangères et françaises, de coutumes générales et particulières, d'ordonnances abrogées et non abrogées, de maximes écrites et non écrites, de règlements contradictoires et de décisions opposées. On ne rencontrait partout qu'un dédale mystérieux dont le fil nous échappait à chaque instant, on était toujours prêt à s'engager dans un immense chaos. [...] Aujourd'hui, une législation uniforme fait disparaître ces absurdités et ces dangers ; l'ordre civil vient cimenter l'ordre politique. Nous ne sommes plus Provençaux, Bretons, Alsaciens, mais Français. [...]

L'uniformité n'est pas seulement établie dans les rapports qui doivent exister entre les différentes portions de l'État ; elle est établie encore dans les rapports qui doivent exister entre individus. Autrefois les distinctions humiliantes que le droit politique avait introduites entre les personnes s'étaient glissées jusque dans le droit civil. Il y avait une manière de succéder pour les nobles, et une autre manière de succéder pour ceux qui ne l'étaient pas ; il existait des propriétés privilégiées que ceux-ci ne pouvaient posséder, au moins sans une dispense du souverain. Toutes ces traces de barbarie sont effacées ; la loi est la mère commune des citoyens, elle leur accorde une égale protection à tous. [...]

On n'a pas cherché, dans la nouvelle législation, à introduire des nouveautés dangereuses. On a conservé des lois anciennes tout ce qui pouvait se concilier avec l'ordre présent des choses ; [...] on a posé de sages règles pour le gouvernement des familles.

Jean-Étienne Portalis, *Exposé des motifs de la loi relative à la réunion des lois civiles en un seul corps de lois, sous le titre de Code civil des Français*, 19 mars 1804.

Différenciation

2 Quelques extraits du Code civil

Article 8 – Tout Français jouira des droits civils.

Article 146 – Il n'y a pas de mariage lorsqu'il n'y a point de consentement.

Article 212 – Les époux se doivent mutuellement fidélité, secours, assistance.

Article 213 – Le mari doit protection à sa femme, la femme obéissance à son mari.

Article 214 – La femme est obligée d'habiter avec le mari, et de le suivre partout où il juge à propos de résider : le mari est obligé de la recevoir, et de lui fournir tout ce qui est nécessaire pour les besoins de la vie, selon ses facultés et son état.

Article 229 – Le mari pourra demander le divorce pour cause d'adultère de sa femme.

Article 230 – La femme pourra demander le divorce pour cause d'adultère de son mari, lorsqu'il aura tenu sa concubine dans la maison commune.

Article 544 – La propriété est le droit de jouir et disposer des choses de la manière la plus absolue, pourvu qu'on n'en fasse pas un usage prohibé par les lois ou les règlements.

Article 545 – Nul ne peut être contraint de céder sa propriété, si ce n'est pour cause d'utilité publique et moyennant une juste et préalable indemnité.

Animation

3 Une réalisation célébrée

Anne-Louis Girodet, *Portrait de Napoléon Ier en souverain législateur*, vers 1812, huile sur toile, 2,61 × 1,84 m, château de Fontainebleau.

ACTIVITÉ

À l'aide des documents et de vos connaissances, réalisez une carte mentale pour répondre à la question : « Pourquoi un Code civil ? »

MÉTHODO

Vous pouvez organiser votre carte mentale selon les axes suivants.

Le Code civil :
- unifier le droit
- pérenniser l'héritage révolutionnaire
- inscrire dans la loi l'infériorité de la femme
- célébrer l'action de Napoléon

Justifiez chaque axe par des exemples et des citations des documents.

3 Quelles sont les conséquences du rétablissement de l'esclavage dans les colonies françaises ?

Toutes les ressources
lycee.nathan.fr/hist25-062

Jean-Jacques Dessalines (1738-1806), ancien esclave, devient en 1804 empereur d'Haïti.

Une abolition incomplète

L'abolition de l'esclavage, votée par les députés de la Convention en février 1794, a été mise en œuvre à Saint-Domingue, en Guyane et en Guadeloupe. Dans les autres colonies françaises, l'occupation anglaise (Martinique) ou l'opposition des colons (Réunion, île Maurice) a empêché son application.

Un rétablissement difficile

Quand Bonaparte arrive au pouvoir, une grande agitation règne à Saint-Domingue et en Guadeloupe. Des troupes sont envoyées en Guadeloupe, où elles écrasent, en mai 1802, la révolte dirigée par Louis Delgrès. Une autre armée doit reprendre le contrôle de Saint-Domingue. Mais sa tâche est compliquée par la décision du Premier Consul de rétablir l'esclavage, annoncée le 20 mai 1802, qui renforce la détermination des insurgés. Ceux-ci, commandés par Toussaint-Louverture, puis Jean-Jacques Dessalines, chassent les Français. Le 1er janvier 1804, Saint-Domingue devient une république indépendante sous le nom d'Haïti.

1 « Obéissons à la nécessité »

Citoyens législateurs, l'excès de philanthropie(1) est souvent à côté de l'erreur politique. [...] Sans les colonies, la France ne trouverait pas dans la paix le moyen de conserver sa gloire et le fruit de ses triomphes. [...] Ce ne sera pas en vain que nous aurons fait tant et de si grands sacrifices pour reconquérir les colonies que nos aïeux avaient formées. Qu'elles soient pour la métropole tout ce qu'elles doivent être. Mais pour que ces destinées soient remplies, il faut que la culture des colonies soit assurée ; il faut vaincre la difficulté du climat. En Europe, la terre est la matière première. Partout des bras s'offrent pour elle ; et nous voyons que les hommes qui sont voués aux travaux mécaniques de l'agriculture savent se rendre dignes d'être comptés au rang de citoyens. Dans nos colonies, les bras sont presque tout. L'expérience nous apprend quels sont les bras qui seuls peuvent être employés à leur culture. Elle nous dit quels sont les êtres pour lesquels la liberté n'est qu'un fruit empoisonné. [...] Obéissons à la grande loi des empires et à la nécessité. Ne troublons pas le monde par des théories.

Intervention de François Jaubert, député au Tribunat, lors des débats précédant l'adoption de la loi rétablissant l'esclavage, le 20 mai 1802.

(1) « Amour de l'humanité ». Utilisé pour désigner les abolitionnistes hostiles à l'esclavage et à la traite.

Différenciation

2 La résistance en Guadeloupe

Peu après cette proclamation, le 28 mai 1802, Delgrès et 300 de ses compagnons se suicident à l'explosif plutôt que de se rendre.

C'est dans les plus beaux jours d'un siècle à jamais célèbre par le triomphe des lumières et de la philosophie qu'une classe d'infortunés qu'on veut anéantir se voit obligée de lever la voix vers la postérité, pour lui faire connaître lorsqu'elle aura disparu, son innocence et ses malheurs. [...] Citoyens de la Guadeloupe, vous dont la différence de l'épiderme est un titre suffisant pour ne point craindre les vengeances dont on nous menace, [...] vous avez entendu les motifs qui ont excité notre indignation. La résistance à l'oppression est un droit naturel. La divinité même ne peut être offensée que nous défendions notre cause ; elle est celle de la justice et de l'humanité : nous ne la souillerons pas par l'ombre même du crime. Oui, nous sommes résolus à nous tenir sur une juste défensive ; mais nous ne deviendrons jamais les agresseurs. Pour vous, restez dans vos foyers ; ne craignez rien de notre part. Nous vous jurons solennellement de respecter vos femmes, vos enfants, vos propriétés, et d'employer tous nos moyens à les faire respecter par tous. Et toi, postérité ! accorde une larme à nos malheurs et nous mourrons satisfaits.

Louis Delgrès, proclamation du 10 mai 1802.

3 L'insurrection à Saint-Domingue

Du 4 au 24 mars 1802, lors du siège de la Crête-à-Pierrot, les insurgés haïtiens dirigés par Dessalines s'opposent aux troupes françaises venues reprendre le contrôle de Saint-Domingue et y rétablir l'esclavage.

Auguste Raffet, *Le siège de la Crête-à-Pierrot en 1802*, 1839, gravure.

4 La naissance d'Haïti

Ce n'est pas assez d'avoir expulsé de votre pays les barbares qui l'ont ensanglanté depuis deux siècles ; [...] il faut, par un dernier acte d'autorité nationale, assurer à jamais l'empire de la liberté dans le pays qui nous a vus naître ; il faut ravir au gouvernement inhumain, qui tient depuis longtemps nos esprits dans la torpeur la plus humiliante, tout espoir de nous réasservir ; il faut enfin vivre indépendants ou mourir. [...] Esclaves !... Laissons aux Français cette épithète qualificative ; ils ont vaincu pour cesser d'être libres. Marchons sur d'autres traces ; imitons ces peuples qui [...] ont préféré être exterminés que rayés du nombre des peuples libres. Gardons-nous cependant que l'esprit de prosélytisme(1) ne détruise notre ouvrage ; laissons en paix respirer nos voisins, qu'ils vivent paisiblement sous l'empire des lois qu'ils se sont faites, et n'allons pas, boute-feu(2) révolutionnaires, nous érigeant en législateurs des Antilles, faire consister notre gloire à troubler le repos des îles qui nous avoisinent.

Jean-Jacques Dessalines, Acte d'indépendance de la République d'Haïti, 1er janvier 1804.

(1) Volonté de diffuser ou d'imposer ses idées.
(2) Responsable d'un incendie.

ACTIVITÉ

À l'aide des documents et du cours, réalisez une présentation à l'oral pour expliquer quelles sont les conséquences du rétablissement de l'esclavage dans les colonies françaises.

MÉTHODO

Votre présentation pourra suivre le plan suivant :

1. Le rétablissement de l'esclavage : les arguments utilisés pour le justifier
2. Les conséquences dans les colonies : la résistance et les révoltes
3. Des issues différentes selon les territoires

CONFRONTER DES EXPÉRIENCES HISTORIQUES

④ Quelles expériences partagent les soldats de la Grande Armée ?

Toutes les ressources
lycee.nathan.fr/hist25-064

Cuirasse du carabinier Fauveau tué à la bataille de Waterloo le 18 juin 1815. Musée de l'Armée, Paris.

Une armée à l'échelle de l'empire

À partir de 1804, l'armée napoléonienne prend le nom de « Grande Armée ». Une décennie durant, elle combat dans une large partie de l'Europe, de l'Espagne à la Russie en passant par l'Autriche et l'Italie. À mesure que s'étend l'empire napoléonien, les soldats français qui la composent sont rejoints par des combattants de diverses nationalités, qui lui donnent un visage de plus en plus cosmopolite.

La vie de soldat

Plusieurs millions d'hommes issus de toute l'Europe ont combattu dans les rangs de la Grande Armée. Ils tirent de cette expérience un esprit de corps et une fierté qui survivent bien après la chute de l'Empire. Mais beaucoup y laissent la vie ou la santé, et tous restent marqués par l'expérience de la guerre.

1 Composition de la Grande Armée en 1812

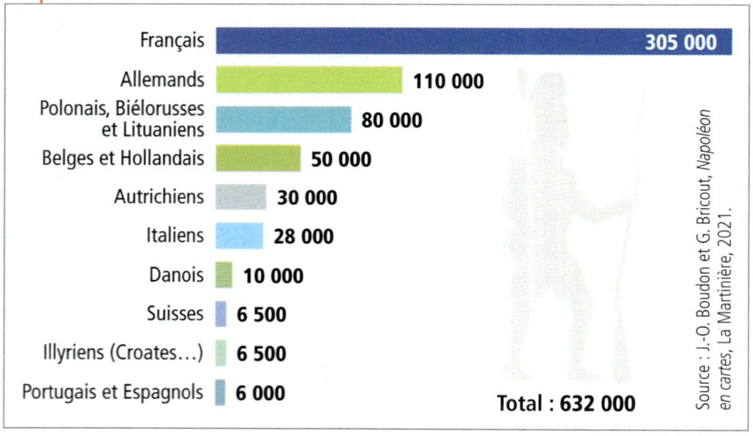

2 L'étrange mort d'un conscrit

Le 16 ventôse, le nommé Hocquet, de la commune de Maison-Roland (Somme), conscrit désigné par le tirage pour l'armée active, annonça qu'il en mourrait de désespoir, que déjà il se sentait très affaibli ; il fit même des adieux à ses amis et à sa maîtresse. Le 17, sa mort fut annoncée. Le curé fit un enterrement solennel, qui parut être celui du conscrit. Acte en fut dressé sur le registre public. La gendarmerie, suivant son rapport du 30, conçut des soupçons. Le maréchal des logis[1] se transporta sur le lieu, questionna la mère du conscrit. Elle lui avoua que son fils vivait, que l'enterrement n'était qu'une ruse pour le sauver, qu'elle-même avait mis en bière[2] une bûche et une charogne.

Bulletin du 22 mars 1805 adressé par Fouché (ministre de la Police) à l'Empereur.

(1) Sous-officier dans la gendarmerie. (2) Cercueil.

3 « J'étais à la bataille d'Austerlitz ! »

Soldats ! Je suis content de vous. Vous avez à la journée d'Austerlitz, justifié tout ce que j'attendais de votre intrépidité ; vous avez décoré vos aigles d'une immortelle gloire. Une armée de cent mille hommes, commandée par les empereurs de Russie et d'Autriche, a été, en moins de quatre heures, ou coupée ou dispersée. Ce qui a échappé à votre fer s'est noyé dans les lacs. [...] Soldats, lorsque le peuple français plaça sur ma tête la couronne impériale, je me confiai à vous pour la maintenir toujours dans ce haut éclat de la gloire qui seul pouvait lui donner du prix à mes yeux. Mais dans le même moment, nos ennemis pensaient à la détruire et à l'avilir ! Et cette couronne de fer, conquise par le sang de tant de Français, ils voulaient m'obliger à la placer sur la tête de nos plus cruels ennemis ! [...] Vous leur avez appris qu'il est plus facile de nous braver et de nous menacer que de nous vaincre. [...] Mon peuple vous reverra avec joie, et il vous suffira de dire « J'étais à la bataille d'Austerlitz », pour que l'on réponde « Voilà un brave ».

Napoléon Ier, Proclamation après la victoire d'Austerlitz, 3 décembre 1805.

4 L'empereur et la Grande Armée

a Des soldats allemands incorporés à la Grande Armée prêtent serment de fidélité à Napoléon en avril 1809 à la veille de la campagne d'Autriche.

b Des officiers traduisent à l'empereur les paroles des soldats.

Jean-Baptiste Debret, *Napoléon Ier à Abensberg*, 1810, huile sur toile, 3,68 × 4,94 m, musée du château de Versailles.

5 Voir et donner la mort

Dans ses Mémoires *écrits plusieurs décennies plus tard, l'artilleur Jean Viennet se remémore les lendemains de la bataille de Leipzig, qui opposa en octobre 1813 la Grande Armée aux troupes de la Russie, de l'Autriche et de la Suède.*

L'espoir de retrouver quelques-uns de mes amis me fit visiter les nombreux hôpitaux de Leipzig. Quels hôpitaux, grand Dieu ! Des églises, des magasins, des écuries, des galetas(1) vides, un lit de paille hachée étendue sur le pavé ; et là-dessus des corps humains couchés l'un contre l'autre, les uns morts de la veille, les autres agonisant. Ceux-ci gémissant, ceux-là criant qu'on les débarrasse du voisinage d'un cadavre, tous ces malheureux couverts de sang, la tête et les membres entourés de sales chiffons, quelques chirurgiens fort rares, presque pas d'infirmiers, de charpie(2), de bouillon, de médicaments ; et, dans les cours de ces charniers, des monceaux de cadavres nus, maigres, défigurés, attendant le tombeau qui doit les emporter dans une fosse commune. [...] Qui accuser ? la guerre et ceux qui la provoquent ? [...] Cette sensibilité est celle du lendemain, du soldat au repos. Mais la veille, l'avant-veille, pendant le combat, on n'y pense pas, le cœur est sec comme les yeux. On voit mourir, agoniser, on foule les blessés, les mourants. On ne leur donne ni une larme, ni un regret ; et chose inconcevable, horrible à dire et à penser, cette vie, ce métier, ont leur charme, leur poésie.

Jean-Pons-Guillaume Viennet, *Mémoires et journal (1777-1867)*, Honoré Champion, 2006.

(1) Logement misérable.
(2) Morceaux de tissus utilisés comme pansements.

ACTIVITÉ — En équipe

1. **Formez des groupes** de trois élèves.
2. Chaque membre du groupe analyse une catégorie d'expériences (voir tableau ci-dessous) et complète la ligne du tableau dont il est responsable en s'appuyant sur les documents et le cours.
3. À l'oral, **partagez** les informations entre les membres du groupe. **Complétez** votre tableau en prenant des notes.
4. À l'aide du tableau complété, **présentez** à la classe une synthèse organisée en trois parties correspondant aux trois types d'expériences.

Expériences liées...	Doc. 1	Doc. 2	Doc. 3	Doc. 4	Doc. 5
1. ... à la gloire et à l'esprit de corps					
2. ... à la diversité et au mélange des cultures					
3. ... aux souffrances physiques et morales					

Différenciation — Tableau à imprimer

Toutes les ressources
lycee.nathan.fr/hist25-066

5 Comment l'occupation française a-t-elle renforcé le sentiment national allemand ?

Johann Gottlieb Fichte (1762-1814)

Les territoires allemands sous domination française

Au début du XIXe siècle, les Allemands sont divisés en environ 300 États et villes libres, faisant partie, depuis le Moyen Âge, du Saint-Empire romain germanique. Celui-ci est dissous par Napoléon en 1806 et remplacé par la Confédération du Rhin, assujettie à la France.

L'éveil de la nation allemande

C'est dans ce contexte d'occupation et de soumission des États germaniques que le philosophe Johann Gottlieb Fichte (1762-1814) prononce à Berlin, durant l'hiver 1807-1808, une série de quatorze conférences. Tout en dénonçant l'occupation étrangère, ces *Discours à la nation allemande* appellent les Allemands à faire de ce désastre le socle d'une renaissance nationale.

1 L'éveil national

Si vous persistez dans votre indifférence et votre irréflexion, vous pouvez vous attendre à tous les maux de l'esclavage : privations, humiliations, mépris et arrogance du vainqueur ; on vous rejettera de partout, parce que nulle part vous ne serez jamais bien et à la bonne place, jusqu'au moment où votre peuple, par le sacrifice de sa nationalité et de sa langue, s'assurera une pauvre petite place, jusqu'à son extinction progressive. [...] Votre sort est entre vos mains : voulez-vous être une fin, les derniers représentants d'une génération indigne d'estime ? [...] Ou bien désirez-vous être un commencement et le point de départ d'une époque magnifique, dépassant tous vos espoirs et qui soit pour la postérité le point de départ d'une ère nouvelle ? Sachez que vous êtes les derniers à avoir le pouvoir d'opérer ce changement. N'avez-vous pas en effet entendu parler des Allemands comme constituant une unité, n'avez-vous eu sous les yeux le signe visible de leur unité, l'existence d'un empire ? [...] La génération qui vous succédera s'habituera à d'autres idées, elle adoptera des formes étrangères et une autre conduite dans la vie et dans les affaires. Combien de temps faudra-t-il encore pour qu'il n'y ait plus personne qui ait vu des Allemands ou ait entendu parler d'eux ?

Johann Gottlieb Fichte, *Discours à la nation allemande*, 1807.

Différenciation

Arthur Kampf, *Fichte en tant que porte-parole de la nation allemande*, peinture murale située dans l'auditorium de l'Université de Berlin, 1915.

ACTIVITÉ

Identifier et contextualiser le texte

1. **Présentez** le document et **replacez-le dans son contexte** historique.
2. **Identifiez** les destinataires de ce texte.

Extraire des informations pertinentes et les expliquer

3. **Identifiez** et **expliquez** les reproches que Fichte adresse aux Allemands.
4. **Identifiez** et **expliquez** les risques qui pèsent sur la nation allemande selon Fichte.
5. **Expliquez** pourquoi Fichte estime urgent de réagir à l'occupation française.

Conclure

6. À l'aide du document et de vos réponses aux questions précédentes, **expliquez** en quoi l'occupation française a favorisé l'essor du sentiment national allemand.

6 Comment l'occupation française a-t-elle renforcé le sentiment national espagnol ?

Francisco de Goya (1746-1828)

Un épisode fondateur

Le 30 avril 1808, Napoléon contraint le roi d'Espagne Charles IV à abdiquer en faveur de son frère Joseph Bonaparte. En réaction, une insurrection contre les troupes françaises déjà présentes à Madrid éclate le 2 mai. Ces dernières mènent une féroce répression, qui culmine le 3 mai avec l'exécution de combattants espagnols, qui avaient été faits prisonniers. C'est le début de la guerre d'indépendance espagnole qui s'achève en 1813 par une victoire des insurgés.

1 La répression des insurgés madrilènes
Francisco de Goya, *Les fusillades du 3 mai 1808 à Madrid*, 1814, huile du toile, 268 × 347 cm, musée national du Prado, Madrid.

ACTIVITÉ

Identifier et contextualiser la peinture

1. **Présentez** le document et le contexte dans lequel il a été réalisé.

Décrire et expliquer

2. **Identifiez** et **décrivez** les deux groupes qui se font face dans la scène.
3. **Montrez** et expliquez comment le tableau met en lumière les victimes de la répression française.
4. **Expliquez** l'attitude et le rôle symbolique du personnage central face à l'exécution.
5. **Expliquez** comment l'occupation française a renforcé le sentiment national espagnol.

7 Comment Napoléon utilise-t-il l'art pour construire sa légende ?

Toutes les ressources
lycee.nathan.fr/hist25-068

Vocabulaire

Salon : du XVIIe au XIXe siècle, exposition d'œuvres d'art organisée par l'Académie des beaux-arts. Y exposer est un gage de reconnaissance officielle et permet d'espérer des commandes publiques.

Aux origines de la légende napoléonienne

Durant tout le XIXe siècle, Napoléon, mort en exil à Sainte-Hélène en 1821, a fait l'objet d'une large vénération en France et en Europe. Cette légende napoléonienne, diffusée et entretenue par la peinture, la littérature ou encore la chanson, a été initiée de son vivant par Napoléon lui-même. Durant son règne, il a en effet encouragé artistes et écrivains à dresser ses louanges. Ceux qui refusaient étaient privés de commandes publiques, d'accès au Salon, ou étaient censurés.

1 Une apologie de Napoléon

Le tableau a été présenté au Salon de 1806.

Alexandre Véron-Bellecourt, *Allégorie à la gloire de Napoléon. Clio montre aux nations les faits mémorables de son règne*, 1806, huile sur toile, 338 x 275 cm, musée du Louvre.

a Conquête d'Italie / Égypte conquise
Ordre rétabli / Guerre civile éteinte /
Passage des Alpes / Victoire de Maringo /
Paix d'Amiens / Flotille de Boulogne /
Religion rétablie / Légion d'honneur /
Code civil / Monuments, routes, canaux /
Louvre achevé / Arts, sciences encouragés /
Campagne d'Autriche / Victoire d'Austerlitz /
Paix continentale / Confédération du Rhin

Clio : dans la mythologie grecque, Clio, fille de Zeus et de Mnémosyne (la déesse de la mémoire) symbolise l'histoire.

ACTIVITÉ

Identifier et contextualiser

1. **Présentez** la nature du document et son auteur.
2. **Expliquez** pourquoi Napoléon a encouragé sa création.

Décrire et expliquer le document

3. **Décrivez** les personnages de la partie droite du tableau et **identifiez** ce qu'ils représentent.
4. **Identifiez** le personnage féminin au centre du tableau et **décrivez** son attitude.
5. **Identifiez** et **expliquez** les aspects de l'œuvre de Napoléon mis en avant dans ce tableau.
6. En vous appuyant sur vos réponses précédentes, **expliquez** comment ce tableau contribue à construire une vision idéalisée de Napoléon et de son règne.

8 Pourquoi s'opposer à Napoléon ?

François-René de Chateaubriand (1768-1848)

Anne-Louis Girodet, *Portrait de Chateaubriand*, Saint-Malo, musée national du château de Versailles.

Des oppositions variées

Napoléon fait face à de multiples oppositions tout au long de son règne. Venues de la gauche républicaine ou de la droite royaliste, elles s'expriment dans des textes publiés à l'étranger pour contourner la censure. Elles prennent aussi une forme violente, comme l'attentat royaliste qui vise Bonaparte en décembre 1800 à Paris ou la tentative de coup d'État du général Malet en 1812.

Un écrivain contre l'empereur

Parmi les principaux opposants « de plume » à Napoléon, figure l'écrivain royaliste François-René de Chateaubriand (1768-1848). Issu de la noblesse bretonne, il a émigré en 1792 pour fuir la Révolution. Revenu en France en 1800, il ne pardonne pas à Napoléon l'exécution du duc d'Enghien (21 mars 1804), suspecté d'avoir voulu rétablir la dynastie des Bourbons.

1 Napoléon en accusation

Qu'as-tu fait pour nous ? Que devons-nous à ton règne ? [...] Qui est-ce qui a [...] enlevé les enfants aux pères, désolé les familles, ravagé le monde, brûlé plus de mille lieues de pays, inspiré l'horreur du nom français à toute la terre ? C'est toi. Qui est-ce qui a exposé la France [...] à l'invasion, au démembrement, à la conquête ? C'est encore toi. [...] Un roi légitime et héréditaire qui aurait accablé son peuple de la moindre partie des maux que tu nous as faits eût mis son trône en péril ; et toi, usurpateur et étranger, tu nous deviendrais sacré en raison des calamités que tu as répandues sur nous ! Tu régnerais encore au milieu de nos tombeaux ! Nous rentrons enfin dans nos droits par le malheur [...] ; tu ne dévoreras plus nos enfants : nous ne voulons plus de ta conscription, de ta police, de ta censure, de tes fusillades nocturnes(1), de ta tyrannie. Ce n'est pas seulement nous, c'est le genre humain qui t'accuse. Il nous demande vengeance au nom de la religion, de la morale et de la liberté. Où n'as-tu pas répandu la désolation ? Dans quel coin du monde une famille obscure a-t-elle échappé à tes ravages ? [...] Descends de ce monceau de ruines dont tu avais fait un trône ! Nous te chassons. [...] Va ! puisses-tu, pour seul châtiment, être témoin de la joie que ta chute cause à la France, et contempler en versant des larmes de rage le spectacle de la félicité publique !

François-René de Chateaubriand, *De Buonaparte et des Bourbons*, 1814.

(1) Le duc d'Enghien a été fusillé le 21 mars 1804 à 2 heures du matin dans les fossés du château de Vincennes après un simulacre de procès.

Différenciation

ACTIVITÉ

À l'aide du document et de vos connaissances, complétez cette carte mentale pour répondre à la question : « Pourquoi s'opposer à Napoléon ? »

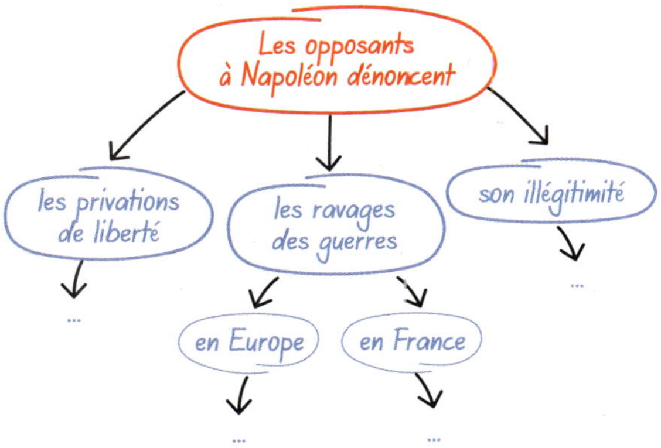

Toutes les ressources
lycee.nathan.fr/hist25-070

1 ANALYSER DES DOCUMENTS

Sujet 1 : Pour ou contre l'Empire ?

1. Présentez l'objet du débat au Tribunat le 3 mai 1804 et les deux orateurs.
2. Identifiez les arguments de Carnot contre l'Empire.
3. Identifiez les arguments de Koch pour l'Empire.

Lazare Carnot (1753-1823) dirigeait les armées au sein du Comité de Salut public en 1793. Il est nommé ministre de la Guerre en 1800 par Napoléon, mais il démissionne rapidement. Membre du Tribunat en 1802, il y est un des rares opposants.

Je suis loin de vouloir atténuer les louanges données au Premier Consul ; ne dussions-nous à Bonaparte que le Code civil, son nom mériterait de passer à la postérité. Mais quelque service qu'un citoyen ait pu rendre à sa patrie, il est des bornes que la raison impose à la reconnaissance nationale. Si ce citoyen a restauré la liberté publique, s'il a opéré le salut de son pays, sera-ce une récompense à lui offrir que le sacrifice de cette même liberté ? Du moment qu'il fut proposé au peuple français de voter sur la question du consulat à vie, chacun put aisément juger qu'il existait une arrière-pensée et prévoir un but ultérieur. En effet, on vit succéder rapidement une foule d'institutions évidemment monarchiques. [...] Aujourd'hui se découvre enfin d'une manière positive le terme de tant de mesures préliminaires. Nous sommes appelés à nous prononcer sur la proposition formelle de rétablir le système monarchique et de conférer la dignité impériale et héréditaire au Premier Consul. Je votai dans le temps contre le consulat à vie ; je voterai encore de même contre le rétablissement de la monarchie.

Lazare Carnot, allocution au Tribunat, 3 mai 1804.

Christophe-Guillaume Koch (1737-1813), juriste alsacien, membre du Tribunat, a conseillé Napoléon Bonaparte notamment pour la loi de 1802 reconnaissant les cultes protestants.

Un État tel que la France, que sa position topographique, que l'étendue de ses frontières, la grandeur de sa population, sa richesse territoriale et industrielle appellent à jouer un premier rôle parmi les puissances européennes, doit avoir une unité d'action des plus parfaites, une suprême magistrature unique à laquelle aboutissent, en dernier ressort, toutes les branches du pouvoir exécutif. [...] Le pouvoir de ce chef unique, de cette suprême magistrature, doit être héréditaire [...]. C'est là le seul et unique moyen de préserver l'État des orages et des convulsions qu'un système électif quelconque entraîne naturellement avec soi. [...] La France ne pourra achever sa révolution [...] qu'en établissant cette suprême magistrature héréditaire, cet ordre de succession immuable qui seul pourra la mettre à l'abri de toute nouvelle secousse. [...] Et en qui pourra-t-elle mieux placer sa confiance qu'en celui même dont le génie a su fixer la victoire sous ses drapeaux, à qui l'Europe doit la paix, la France son calme, sa religion et ses lois ?

Christophe-Guillaume Koch, allocution au Tribunat, 3 mai 1804.

Sujet 2 : Les Bonaparte en Italie

CONSIGNE Grâce à vos connaissances, vous analyserez le document suivant. Vous pourrez montrer qu'il témoigne de l'expansion géographique croissante de l'empire français, puis identifier ce qu'il nous apprend de la façon dont cet empire est constitué et géré par Napoléon.

Stuttgart, 19 janvier 1806

Mon frère, mon intention est que dans les premiers jours de février vous entriez dans le royaume de Naples, et j'attends que vous m'instruisiez dans le courant février que mes drapeaux flottent sur les murs de cette capitale. Vous ne ferez aucune suspension d'armes et n'entendrez à[1] aucune capitulation. Mon intention est que les Bourbons aient cessé de régner à Naples ; je veux asseoir sur ce trône un Prince de ma maison, vous d'abord si cela vous convient, un autre si cela ne vous convient pas. [...] Le pays devra fournir les vivres, l'habillement, les remontes[2] et tout ce qui est nécessaire à votre armée, de manière qu'elle ne me coûte pas un sol. Mes troupes du royaume d'Italie ne resteront dans le royaume de Naples qu'autant de temps que vous les y jugerez nécessaire, après quoi, elles retourneront chez elles. Vous lèverez une légion napolitaine où vous ne laisserez entrer que des officiers et soldats napolitains, des gens du pays qui voudront s'attacher à ma cause.

Lettre de Napoléon à Joseph Bonaparte.

(1) Consentirez à.
(2) Chevaux fournis à la cavalerie pour remplacer ceux qui sont morts.

2 RÉPONDRE À UNE QUESTION PROBLÉMATISÉE

Sujet 1 : En quoi peut-on considérer que le Consulat constitue la fin de la Révolution ?

CONSIGNE Grâce à vos connaissances, vous répondrez de manière argumentée à cette question. Vous pourrez d'abord montrer que le Consulat met un terme à une phase d'instabilité politique ouverte en 1789. Puis montrer comment il résout plusieurs crises issues de la Révolution. Enfin, vous pourrez identifier ce que le Consulat conserve et ce qu'il rejette de l'héritage de la Révolution.

Sujet 2 : Napoléon a-t-il changé l'Europe ?

CONSIGNE Grâce à vos connaissances, vous répondrez de manière argumentée à cette question. Vous pourrez d'abord montrer comment les conquêtes napoléoniennes ont aboli les régimes traditionnels dans une partie de l'Europe. Puis expliquer comment elles leur ont substitué des systèmes s'inspirant pour partie de l'héritage révolutionnaire. Enfin, vous pourrez expliquer pourquoi les peuples européens se sont finalement libérés de la domination napoléonienne.

L'HISTOIRE *par les* OBJETS

Toutes les ressources

lycee.nathan.fr/**hist25-072**

LES OBJETS DE LA LÉGENDE NAPOLÉONIENNE

LA POLITIQUE DANS LES INTÉRIEURS

DOC 1.

Pichet en forme de Napoléon Ier

Pichet en faïence, XIXe siècle, musée des châteaux de Malmaison et de Bois-Préau, Rueil-Malmaison.

La naissance d'un culte napoléonien

Napoléon occupe une place à part dans l'imaginaire collectif. Empereur de mai 1804 à avril 1814, il revient brièvement au pouvoir du 20 mars au 22 juin 1815 (les Cent-Jours). Après sa chute, il reste populaire dans le monde paysan, comme l'illustre la diffusion d'images et d'objets à son effigie. La silhouette, le profil et le bicorne de l'empereur sont aisément reconnaissables. Si les différents aspects de la « légende napoléonienne » sont mis en valeur, le Napoléon conquérant domine la production.

Des supports variés

Pichets, assiettes, verres, bouteilles, flacons, moules, éventails, foulards, pipes, tabatières, montres, cannes sculptées, boucles d'oreille, boutons, jouets… la liste des objets napoléoniens produits au XIXe siècle s'étire presque à l'infini. Certains sont des pièces uniques, d'autres sont fabriqués en série. Les progrès techniques favorisent en effet la reproduction des images, notamment sur les faïences et les textiles, qui font ainsi entrer la politique dans les intérieurs.

Les significations politiques des objets

Sous la Restauration (1814-1830), les objets à l'effigie de Napoléon apparaissent comme une façon de contester la royauté restaurée, et leur production est surveillée par la police. En revanche, sous le Second Empire (1852-1870), ils participent à la promotion du régime impérial de Napoléon III, neveu de Napoléon Bonaparte. À partir de la Troisième République, la production continue mais les objets napoléoniens, prisés des collectionneurs, n'ont plus la même dimension politique.

LE SENS *des mots*

LÉGENDE DORÉE ET LÉGENDE NOIRE

De son vivant, Napoléon a lui-même bâti sa légende. Il se présente comme un héritier de la Révolution, un législateur et un grand guerrier. Sa propagande diffuse l'image d'un génie politique et militaire.
En Grande-Bretagne, se développe en parallèle une légende noire, avec des caricatures présentant Napoléon comme un usurpateur, un « ogre », un criminel ayant ensanglanté l'Europe par ses campagnes militaires.

INTERVIEW d'historien

lycee.nathan.fr/**25-072-02**

Emmanuel Fureix, professeur en histoire contemporaine à l'université Paris-Est-Créteil. Il est spécialiste des cultures politiques du XIXe siècle.

DOC 2.

Des bretelles bonapartistes, 1827

Bretelles en toile de coton, 1827, musée des Archives nationales.

DOC 4.

Assiette représentant Napoléon à la bataille d'Eylau

La bataille d'Eylau est une victoire remportée par Napoléon sur les Russes et les Prussiens, en février 1807.

Assiette en porcelaine, manufacture de Creil, XIXe siècle, musée de l'île d'Aix.

DOC 3.

Moule à gaufres en forme de Napoléon Ier

Moule du XIXe siècle, musée des châteaux de Malmaison et de Bois-Préau, Rueil-Malmaison.

DOC 5.

Montre « Bonaparte en habit de consul »

Montre du XIXe siècle, musée des châteaux de Malmaison et de Bois-Préau, Rueil-Malmaison.

L'atelier d'histoire

Sur la plateforme ouverte du patrimoine (POP), cherchez une assiette représentant un épisode de la vie de Napoléon. Rédigez un paragraphe expliquant cet épisode, ainsi que l'aspect de la légende napoléonienne qu'il illustre (le guerrier, le révolutionnaire, le législateur…).

www Site internet **pop.culture.gouv.fr**

CHAPITRE 3

L'Europe entre Restauration et Révolution (1814-1847)

Le peuple lutte pour sa souveraineté

À travers la révolution des Trois Glorieuses à Paris en 1830, Delacroix peint le grand mouvement qui agite l'Europe : le combat pour la souveraineté nationale, qui unit toutes les catégories de la population autour du drapeau.

Eugène Delacroix, *La Liberté guidant le peuple, le 28 juillet 1830*, 1830, huile sur toile, 260 x 325 cm, musée du Louvre, Paris.

Tous les textes du chapitre :
• en version DYS
• en version audio
lycee.nathan.fr/**hist25-074**

Jeu numérique
Découvrir l'image
lycee.nathan.fr/hist25-075

Cours à écouter

1 Un nouvel ordre européen (1814-1815)

Toutes les ressources
lycee.nathan.fr/hist25-076

PPO

1815 – Metternich et le congrès de Vienne.

A Le congrès de Vienne

• Les puissances victorieuses de Napoléon (Autriche, Russie, Prusse et Royaume-Uni → chapitre 2, p. 53) organisent un congrès diplomatique pour reconstruire l'Europe, bouleversée par les guerres menées par la France depuis 1792. Tous les États européens, sauf l'Empire ottoman, se réunissent à Vienne du 3 novembre 1814 au 11 juin 1815, sous la présidence de Metternich, ministre des Affaires étrangères de l'Autriche.

• Au nom de la **légitimité dynastique**, les souverains chassés par la Révolution ou par Napoléon sont restaurés, comme les Bourbons en France, en Espagne et dans le royaume de Naples. La France est ramenée à ses frontières de 1790 : la Belgique est rattachée au royaume des Pays-Bas, la Savoie et Nice au Piémont. La Pologne est à nouveau partagée entre la Russie, l'Autriche et la Prusse. L'Autriche annexe une partie de l'Italie et domine la **Confédération germanique**. [doc. 2]

EXPLORER ① p. 86

B La Sainte-Alliance et l'équilibre des puissances

• Ce nouvel ordre européen bénéficie donc aux grandes puissances et il est marqué par une idéologie réactionnaire. La Sainte-Alliance est formée pour réprimer les mouvements libéraux et nationaux. [doc. 1]

• Mais il ne s'agit pas d'un retour à l'Ancien Régime, comme le montre la Charte constitutionnelle accordée par Louis XVIII aux Français. Dans les États de la Confédération germanique, les droits féodaux et les privilèges sont abolis.

• Le Royaume-Uni refuse de participer à la Sainte-Alliance et se contente de la Quadruple-Alliance [doc. 1]. Il fait adopter l'abolition de la traite négrière par le congrès de Vienne. Le **concert européen** est censé maintenir l'ordre en Europe par la diplomatie. Un droit international commence à se mettre en place, par exemple pour organiser la liberté de navigation sur les grands fleuves comme le Rhin.

EXPLORER ② p. 88 et ③ p 89

Vocabulaire

Concert européen : concertation permanente entre les grandes puissances pour maintenir entre elles un équilibre (*balance of power*), garant de la paix en Europe.

Confédération germanique : organisée par le congrès de Vienne, elle rassemble 38 États allemands et dispose d'une Diète fédérative (*Bundesrat*) installée à Francfort et présidée par l'Autriche.

Légitimité dynastique : principe selon lequel le pouvoir appartient légitimement à la dynastie ayant régné sur un pays, et non au peuple souverain.

1 Trois traités différents

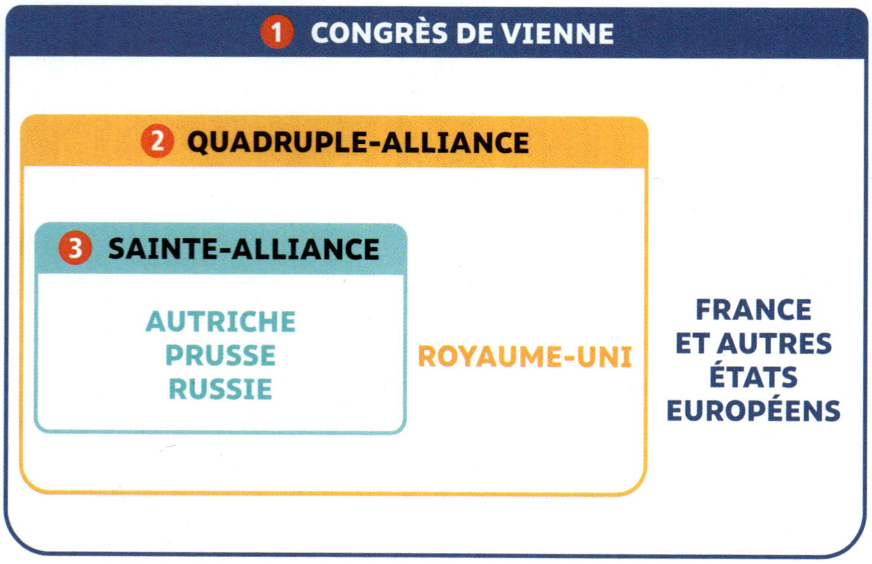

1 **Acte final du congrès de Vienne** : texte en français (121 articles et 7 annexes) signé à partir du 9 juin 1815 par tous les États européens ayant participé au congrès (sauf la papauté et l'Espagne).

2 **Quadruple-Alliance** : alliance conclue le 20 novembre 1815 par les quatre grandes puissances européennes victorieuses de Napoléon, pour garantir l'ordre européen décidé par le congrès de Vienne.

3 **Sainte-Alliance** : alliance conclue le 25 septembre 1815 par la Russie, la Prusse et l'Autriche pour défendre un ordre monarchique et chrétien en Europe.

2 L'Europe du congrès de Vienne

Carte interactive

- Frontières des États après le congrès de Vienne (1815)
- Gains territoriaux des États européens après la chute de Napoléon Ier
- États fondateurs de la Sainte-Alliance (septembre 1815)
- Limites de la Confédération germanique
- Limites des petits États de la Confédération germanique
- Frontières des principautés autonomes de l'Empire ottoman
- *Italiens* Principales nationalités en quête d'indépendance

2 L'Europe de 1815 à 1847

Toutes les ressources
lycee.nathan.fr/hist25-078

Cours à écouter

PPO 1 1822 – Le massacre de Chios.
PPO 2 Les Trois Glorieuses.

A Le mouvement des nationalités

a. L'éveil des nations

• La Révolution française, en voulant libérer les peuples de la monarchie absolue, a diffusé en Europe l'idée de **nation** souveraine. Celle-ci, paradoxalement, s'est renforcée dans la lutte contre les armées françaises devenues des forces d'occupation, notamment en Allemagne et en Espagne.

• Les élites, qui parlaient le français ou le latin au XVIIIe siècle, redécouvrent la langue nationale. Les savants cherchent dans l'histoire « l'âme du peuple ». Les écrivains et les artistes s'inspirent des traditions populaires pour créer des œuvres « nationales ». Le **romantisme** participe à ce mouvement, en exaltant les légendes et les traditions médiévales.

b. Le combat des libéraux contre la Sainte-Alliance

• En reconstruisant l'Europe sur le principe de la légitimité dynastique, le congrès de Vienne a nié la souveraineté nationale. La Sainte-Alliance concentre les critiques des libéraux, puisque les trois puissances qui la composent sont à la fois des régimes autoritaires et des empires qui oppriment les **nationalités** [**doc. 1**]. Celles-ci affirment leur existence à travers un drapeau qui est souvent tricolore [**doc. 3**].

• Les militants libéraux se recrutent dans les milieux intellectuels (étudiants, journalistes, artistes) et parmi les anciens militaires des armées napoléoniennes. Face à la répression, ils forment des sociétés secrètes, sur le modèle des ***carbonari***. Beaucoup sont exilés à Paris, Londres, Bruxelles ou dans les villes suisses. Cela contribue à créer une sorte d'internationale qui défend le **libéralisme** et les nationalités. Elle utilise à la fois la violence et de nouvelles formes d'action politique pacifiques.

EXPLORER ⑤ p. 91 et ⑨ p. 98

Vocabulaire

***Carbonari* :** membres des sociétés secrètes luttant pour l'unité italienne. Les libéraux français ont formé un mouvement similaire appelé « la charbonnerie ». Le terme vient des charbonniers et forestiers auxquels ces sociétés ont emprunté certains rites initiatiques.

Romantisme : mouvement littéraire et artistique dominant la première moitié du XIXe siècle, qui veut libérer l'individu des règles classiques. Le romantisme exalte la sensibilité et la liberté de l'individu, la spontanéité du peuple, la nature.

LE SENS *des mots*

NATION ET NATIONALITÉ

La nation est un groupe qui a conscience d'être uni par un passé commun. Cette unité se définit sur le plan politique (territoire, État, citoyenneté) et culturel (langue, religion, traditions).
Au XIXe siècle, le terme nationalité désigne une nation privée d'État, un peuple qui aspire à sa reconnaissance en tant que nation souveraine. Le principe des nationalités, c'est donc le droit des peuples à disposer d'eux-mêmes.

1 Les nationalités : différentes situations possibles

Nationalités fragmentées et aspirant à l'unité dans un seul État
- Italiens
- Allemands

Nationalités soumises à un État et aspirant à l'indépendance
- Irlandais (Royaume-Uni)
- Belges (Pays-Bas)
- Hongrois, Tchèques, Slovaques, Croates, Slovènes (Autriche)
- Grecs, Serbes, Bulgares, Roumains (Empire ottoman)

Nationalités partagées entre plusieurs États et aspirant à l'indépendance
- Polonais (Russie, Prusse, Autriche)

B Succès et désillusions

a. Un ordre européen tout relatif

- Le concert européen est vite mis à l'épreuve : les libéraux se soulèvent en 1820 en Espagne, puis au Portugal et en Italie. La Sainte-Alliance décide de les réprimer : l'armée autrichienne intervient en Italie et l'armée française en Espagne en 1823.

PPO 1

- Le soulèvement des Grecs, chrétiens orthodoxes, contre les Turcs en 1821 crée une situation différente. Le massacre de Chios en 1822 suscite l'indignation des libéraux dans toute l'Europe. L'intervention militaire de la Russie, du Royaume-Uni et de la France permet l'indépendance de la Grèce en 1830.

EXPLORER ④ p. 90 et ⑥ p. 92

b. Les espoirs déçus de 1830

PPO 2

- Puis la révolution de juillet 1830 à Paris suscite un grand espoir en Europe. Dans plusieurs États allemands, les libéraux obtiennent des réformes. Les Belges se soulèvent : ils obtiennent leur indépendance en décembre 1830, confirmée en 1831 après une brève intervention militaire de la France contre les Pays-Bas.

- Les Polonais se révoltent à leur tour le 29 novembre 1830, mais ils sont écrasés par la Russie en 1831. Les soulèvements en Italie sont écrasés par l'Autriche en 1831-1832.

- Ces échecs poussent les nationalités à revoir leur stratégie. L'Italien Mazzini veut rassembler tous les militants républicains dans une « sainte alliance des peuples » [**doc. 2**]. D'autres rejettent la voie révolutionnaire et veulent unifier l'Italie autour du royaume de Piémont-Sardaigne, le seul État qui ne soit pas sous la tutelle de l'Autriche.

EXPLORER ⑦ p. 94 et ⑧ p. 96

LE SENS des mots

LIBÉRALISME

Le libéralisme, issu de la philosophie des Lumières et diffusé par la Révolution française, veut fonder la société sur la liberté individuelle. L'État doit garantir les libertés fondamentales ; les citoyens forment la nation, qui détient la souveraineté. L'État doit limiter ses interventions dans l'économie, fondée sur les libertés de propriété et d'entreprise, sur la libre concurrence entre les entreprises et le libre-échange entre les nations.

FICHE À COMPLÉTER

À l'aide du cours, repérez :

- les idées principales ;
- les repères essentiels ;
- le vocabulaire.

2 L'action de Giuseppe Mazzini (1805-1872) en exil

Mouvement	Date et lieu de fondation	Objectifs
Jeune Italie (*Giovine Italia*)	1831 à Marseille	• Unifier les *carbonari* • Soulèvement général pour faire de l'Italie une république unitaire
Jeune Europe (*Giovine Europa*)	1834 à Berne	• Alliance entre la Jeune Italie, la Jeune Pologne et la Jeune Allemagne • Solidarité entre les peuples et lutte pour le régime républicain

Biographie

Giuseppe Mazzini (1805-1872) → p. 305

3 Les drapeaux tricolores, emblèmes des libéraux

Le drapeau tricolore noir, rouge et or est celui des volontaires prussiens combattant Napoléon à la bataille de Leipzig (1813). Il devient ensuite le drapeau des étudiants libéraux militant pour l'**unité allemande**.

Le drapeau tricolore vert, blanc et rouge est adopté en 1796-1797 par les « républiques sœurs » créées par la France. À partir de 1815, il symbolise l'**unité italienne** pour laquelle combattent les *carbonari*.

Le drapeau tricolore noir, or et rouge est adopté par la **Belgique** en 1830. Ces trois couleurs étaient celles du duché de Brabant, révolté en 1789-1792 contre l'Autriche (révolution brabançonne).

Cours à écouter

Toutes les ressources
lycee.nathan.fr/hist25-080

3 La France de 1814 à 1847 : une monarchie constitutionnelle et censitaire

A La Restauration (1814-1830)

a. Louis XVIII (1814-1824) : le compromis

• Après la défaite de Napoléon, le frère de Louis XVI rentre d'exil et devient roi en 1814 sous le nom de Louis XVIII. Il rétablit le drapeau blanc des Bourbons et « octroie » aux Français une Charte, c'est-à-dire une constitution. Celle-ci entend concilier la royauté et les acquis de la Révolution.

• La Charte garantit l'égalité civile et les libertés individuelles. Mais le roi a seul l'initiative des lois et il peut légiférer par ordonnances en suspendant les lois. Celles-ci sont votées par la Chambre des députés, élus au **suffrage censitaire**, et la Chambre des pairs, nommés par le roi. Le droit d'adresse permet aux députés de faire des suggestions au roi.

EXPLORER ③ p. 89

b. Charles X (1824-1830) : l'autoritarisme en échec

• Sous le règne de Louis XVIII, la monarchie s'oriente en pratique vers le **régime parlementaire**. Mais à sa mort en 1824, lui succède son frère Charles X, qui se fait sacrer à Reims (1825) et mène une politique autoritaire avec le soutien des **ultras** [**doc. 1**].

• En 1830, il tente de faire taire l'opposition par la dissolution de la Chambre et la suspension de la liberté de la presse. Cela provoque la révolution des Trois Glorieuses du 27 au 29 juillet 1830. Charles X est renversé et remplacé par son cousin le duc d'Orléans, qui devient roi sous le nom de Louis-Philippe Ier.

EXPLORER ⑦ p. 94

1 Les tendances politiques

Nom	Drapeau	Programme	Divisions internes
Légitimistes	Blanc	Royauté des Bourbons Monarchie absolue ou constitutionnelle ?	Les « **ultras** » sont nostalgiques de l'Ancien Régime, les modérés soutiennent le compromis réalisé par Louis XVIII.
Orléanistes	Tricolore	Royauté des Orléans Libéralisme, régime parlementaire	Le « Mouvement » souhaite élargir le droit de vote, la « Résistance » refuse les réformes.
Bonapartistes	Tricolore	Empire des Bonaparte conciliant l'ordre et les acquis de 1789	La « gauche » bonapartiste met l'accent sur les réformes sociales.
Républicains	Tricolore ou rouge	République, suffrage universel, réformes sociales	L'extrême gauche défend le socialisme et le drapeau rouge.

Biographie

Louis XVIII (1755-1824) → p. 305

Charles X (1757-1836) → p. 302

Louis-Philippe Ier (1773-1850) → p. 305

Vocabulaire

Régime parlementaire : régime fondé sur un équilibre entre le pouvoir exécutif, qui peut dissoudre le Parlement, et le pouvoir législatif, qui peut renverser le gouvernement (parce que celui-ci est responsable devant le Parlement).

Suffrage censitaire : système où le droit de vote est fondé sur le cens, c'est-à-dire sur le montant des impôts, par opposition au suffrage universel.

Chronologie

Première Restauration (1814)
- 6 avril 1814 : Première abdication de Napoléon
- 3 mai : Entrée de Louis XVIII à Paris

Cent-Jours (1815)
- 20 mars 1815 : Napoléon reprend le pouvoir à Paris, Louis XVIII en exil à Gand
- 18 juin : Waterloo
- 22 juin : Seconde abdication de Napoléon

Seconde Restauration (1815)
- 8 juillet 1815 : Retour de Louis XVIII à Paris

B La monarchie de Juillet (1830-1848)

a. Louis-Philippe Ier : des espoirs vite déçus

• Louis-Philippe rétablit le drapeau tricolore et accepte la Charte révisée par les chambres (1830). Appelé « roi des Français », il reconnaît que son pouvoir vient de la nation et il partage l'initiative des lois avec les chambres : c'est une **monarchie constitutionnelle** [**doc. 3**]. Le régime parlementaire s'enracine, car les gouvernements veulent s'appuyer sur une majorité au Parlement.

• Mais Louis-Philippe ne veut pas d'une vraie démocratie. Le régime censitaire est maintenu, avec un corps électoral un peu élargi [**doc. 2**]. Au nom du libéralisme, le gouvernement refuse d'intervenir pour régler la **question sociale**. Des révoltes ouvrières ont lieu en 1831 à Lyon, puis en 1834 à Paris et à Lyon. La liberté de la presse est restreinte en 1835, après une tentative d'attentat contre le roi.

b. La montée des oppositions

• Sur sa droite, Louis-Philippe est contesté dès l'origine par les légitimistes [**doc. 1**], qui méprisent « le roi des barricades », arrivé au pouvoir par une révolution.

• Mais l'opposition vient surtout des républicains. Ils demandent le suffrage universel, mais aussi des réformes sociales, car ils se rapprochent des ouvriers. L'extrême gauche va encore plus loin en se réclamant du socialisme.

EXPLORER ⑨ p. 98

Vocabulaire

Monarchie constitutionnelle : régime où les pouvoirs du roi sont définis et limités par une constitution.

Question sociale : ensemble des problèmes posés par la misère et le chômage et qui font l'objet d'un débat politique.

FICHE À COMPLÉTER

À l'aide du cours, repérez :
- les idées principales ;
- les repères essentiels ;
- le vocabulaire.

2 L'évolution du corps électoral masculin

		Restauration	Monarchie de Juillet	IIe Rép.
Électeurs	Âge	30 ans	25 ans	21 ans
	Cens[1]	1 300 francs	200 francs[2]	aucun
	Nombre	100 000	250 000	9 400 000
Éligibles	Âge	40 ans	30 ans	25 ans
	Cens	1 000 francs	500 francs	aucun

1. Le cens est le niveau minimum d'impôts annuels requis pour être électeur et éligible. À titre de comparaison, un instituteur gagne environ 500 francs par an dans les années 1840.
2. Le cens est abaissé à 100 francs pour les « capacités » (officiers en retraite, membres de l'Institut). Par ailleurs, une loi de 1831 permet à environ 3 millions d'électeurs de voter aux municipales.

3 La Charte de 1814, révisée en 1830

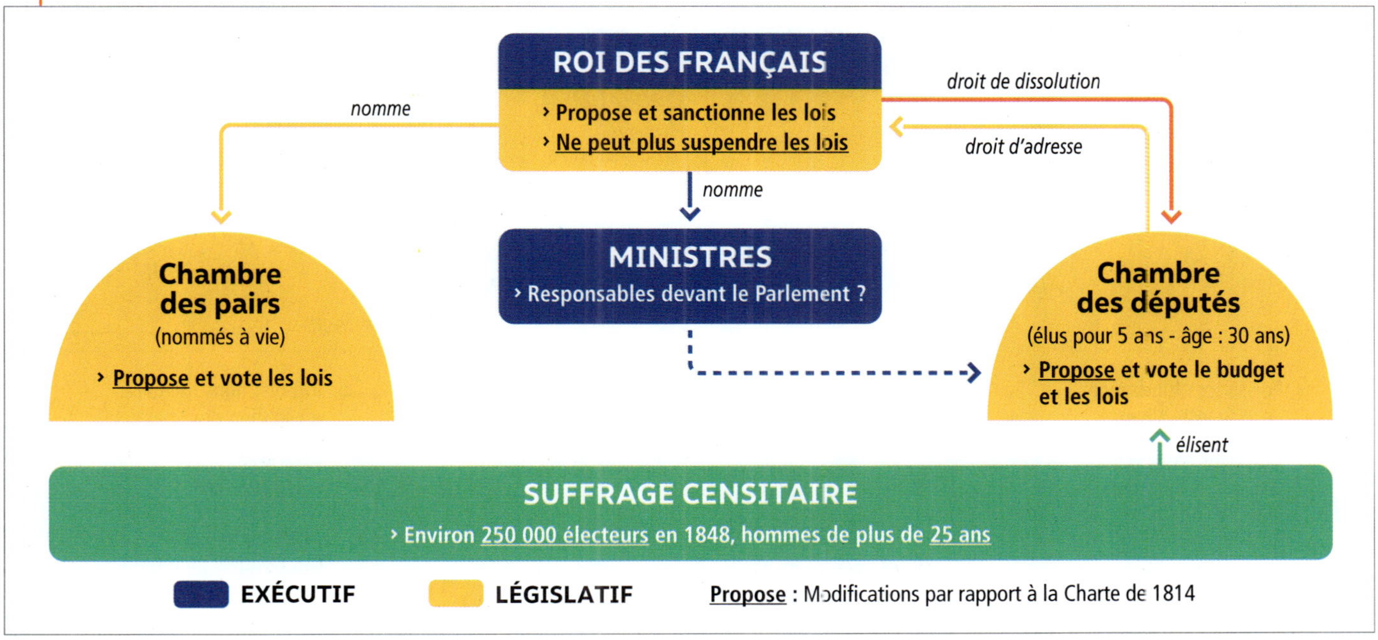

Toutes les ressources
lycee.nathan.fr/hist25-082

L'Europe entre Restauration et Révolution (1814-1847)

1810 – 1814 – 1820 – 1830 – 1840 – 1848

FRANCE

RESTAURATION – MONARCHIE DE JUILLET

- 1814 Charte
- 1814-1824 Louis XVIII
- 1824-1830 Charles X
- Juillet 1830 Trois Glorieuses
- 1830-1848 Louis-Philippe
- Mars-juin 1815 Cent-Jours
- Insurrection à Lyon 1831
- 1834 Insurrections à Lyon et Paris

EUROPE

- 1815 Abolition de la traite négrière
- Nov. 1814-juin 1815 Congrès de Vienne
- 1821-1830 Guerre d'indépendance grecque
- 1822 Massacre de Chios
- 1823 Intervention française en Espagne
- Fév. 1830 Indépendance de la Grèce
- Oct. 1830 Indépendance de la Belgique
- Nov. 1830 Insurrection de la Pologne
- 1830-1832 Soulèvements libéraux en Allemagne et en Italie
- 1831 Mazzini crée la Jeune Italie

1 L'Europe de 1814 à 1847

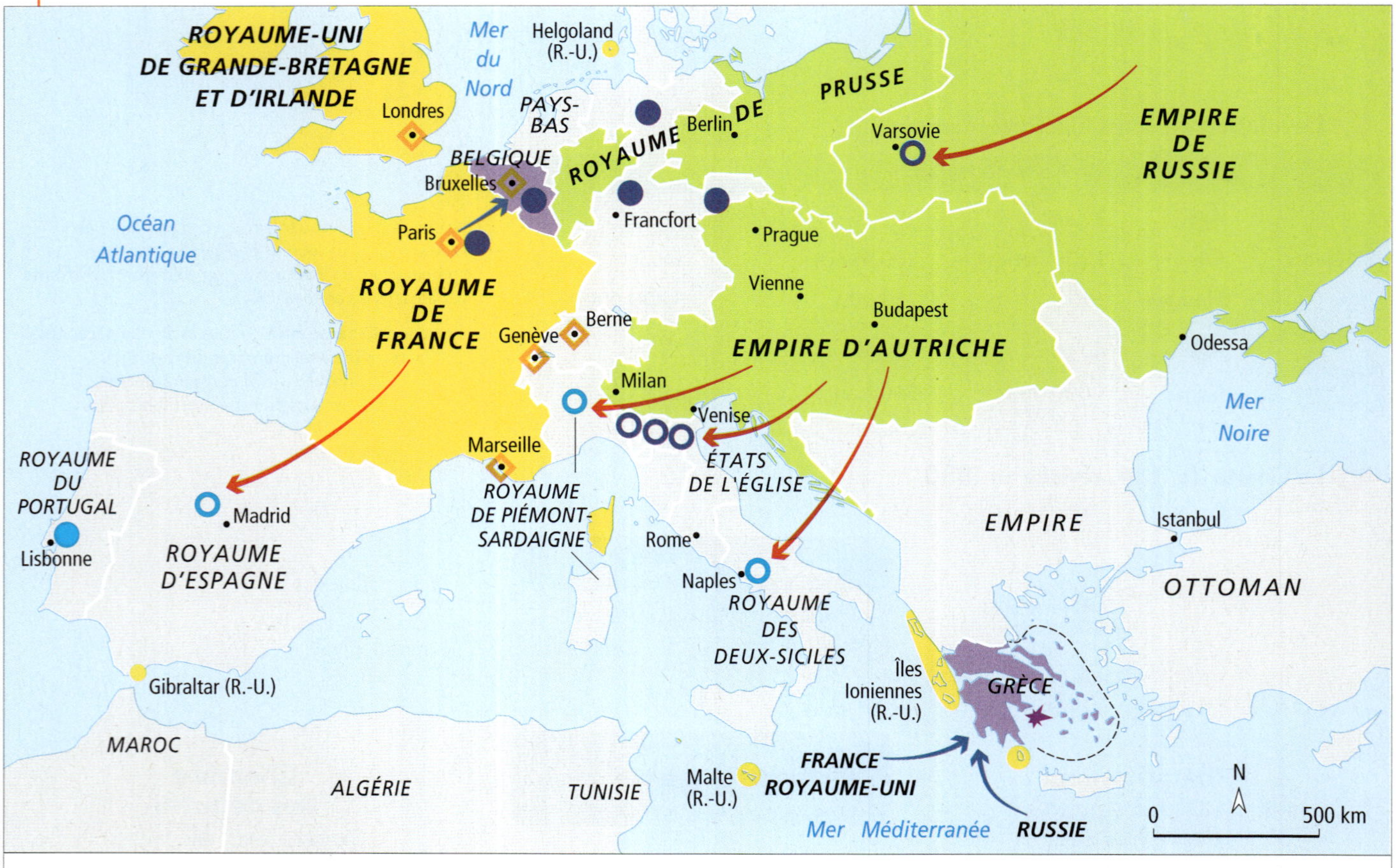

- Puissances fondatrices de la Sainte-Alliance
- Autres grandes puissances européennes
- Soulèvement libéral ayant réussi en 1820-1821
- Soulèvement libéral ayant échoué en 1820-1823
- Guerre d'indépendance grecque (1821-1830)
- Soulèvements libéraux ayant réussi en 1830-1832
- Soulèvements libéraux ayant échoué en 1830-1832
- Interventions militaires contre les libéraux
- Interventions militaires en soutien des libéraux
- Pays accédant à l'indépendance en 1830
- Villes accueillant des réfugiés politiques

UN NOUVEL ORDRE EUROPÉEN

La Révolution française et l'Empire napoléonien ont diffusé en Europe des idées nouvelles...

Idées libérales
- Abolition de l'Ancien Régime
- Droits de l'homme
- Souveraineté populaire

Idées nationales
- Droit des peuples à disposer d'eux-mêmes

... auxquelles l'ordre européen instauré par le congrès de Vienne (1814-1815)...

... s'oppose...

Rétablissement de l'ordre monarchique européen fondé sur la légitimité dynastique

→ **Création de la Sainte-Alliance** (Autriche, Prusse, Russie) pour étouffer toute contestation libérale ou nationale en Europe

→ Répression des revendications nationales (Italie, Allemagne, Pologne, etc.)

... mais doit partiellement se plier.

Non-participation du Royaume-Uni à la Sainte-Alliance

→ **Abolition de la traite négrière** (1815)

→ **Révolution parisienne de 1830**

→ **Indépendance de la Grèce et de la Belgique** (1830)

LES NOTIONS-CLÉS

Concert européen : concertation permanente entre les grandes puissances pour maintenir entre elles un équilibre (*balance of power*), garant de la paix en Europe.

Libéralisme : pensée issue de la philosophie des Lumières et diffusée par la Révolution française qui veut fonder la société sur la liberté individuelle. L'État doit garantir les libertés fondamentales ; les citoyens forment la nation, qui détient la souveraineté. L'État doit limiter ses interventions dans l'économie, fondée sur les libertés de propriété et d'entreprise, sur la libre concurrence entre les entreprises et le libre-échange entre les nations.

Monarchie constitutionnelle : régime où les pouvoirs du roi sont définis et limités par une constitution.

Nationalité : au XIXe siècle, terme qui désigne une nation privée d'État, un peuple qui aspire à sa reconnaissance en tant que nation souveraine. Le principe des nationalités, c'est donc le droit des peuples à disposer d'eux-mêmes.

LES POINTS DE PASSAGE ET D'OUVERTURE

1815 – Metternich et le congrès de Vienne.
- Cours p. 76
- Explorer p. 86

1822 – Le massacre de Chios.
- Cours p. 79
- Explorer p. 92

Les Trois Glorieuses.
- Cours p. 79
- Explorer p. 94

Toutes les ressources
lycee.nathan.fr/hist25-084

L'Europe entre Restauration et Révolution

EXERCICE 1 SAVOIR DATER

Exercices interactifs

Associez la date sur la frise à l'événement qui lui correspond.

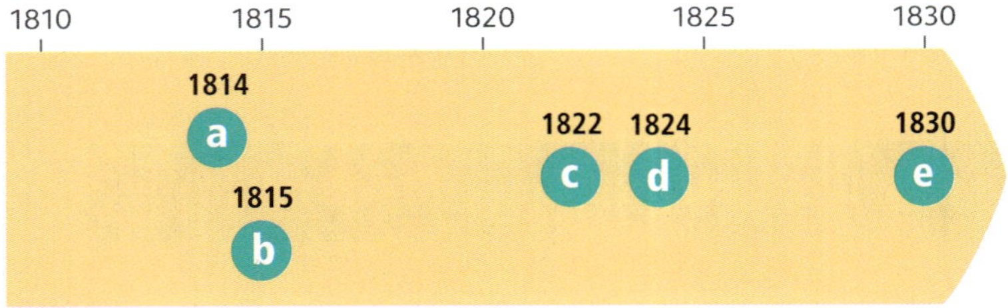

1. Massacre de Chios
2. Début du règne de Charles X
3. Abolition de la traite négrière
4. Indépendance de la Grèce
5. Charte constitutionnelle de Louis XVIII

EXERCICE 2 CONNAÎTRE LES PRINCIPAUX ACTEURS

Identifiez chaque personnage à l'aide de l'indice proposé.

a. *Il préside le congrès de Vienne.*

b. *Il est roi de France de 1814 à 1824.*

c. *Il est le fondateur du mouvement Jeune Italie.*

d. *Il devient roi des Français en 1830.*

EXERCICE 3 SAVOIR VALIDER UNE CONNAISSANCE

Indiquez si les affirmations suivantes sont vraies ou fausses.

1. Le congrès de Vienne refuse le principe des nationalités.
2. Louis XVIII est le petit-fils de Louis XVI.
3. La guerre d'indépendance grecque est soutenue par la France, le Royaume-Uni et la Russie.
4. En 1814, les Bourbons sont restaurés à Paris, à Naples et à Madrid.
5. Charles X rétablit le drapeau tricolore en France.

EXERCICE 4 CONNAÎTRE LES NOTIONS

Rappelez les définitions des notions suivantes.

Concert européen – Libéralisme – Question sociale – Régime parlementaire – Nationalité – Monarchie constitutionnelle

EXERCICE 5 MAÎTRISER LE VOCABULAIRE

Choisissez la bonne proposition.

1. L'équilibre des puissances organisé par le congrès de Vienne est appelé :
   a. la conscience européenne.
   b. le concert européen.
   c. le concile européen.

2. Le mouvement libéral clandestin est appelé :
   a. les *carbonari*.
   b. les *illuminati*.
   c. les *fratelli*.

3. La période en 1815 où Napoléon reprend le pouvoir est appelée :
   a. la Restauration.
   b. les Trois Glorieuses.
   c. les Cent-Jours.

EXERCICE 6 S'APPROPRIER LA GÉOPOLITIQUE

Associez chaque pays à la bonne lettre sur le schéma.

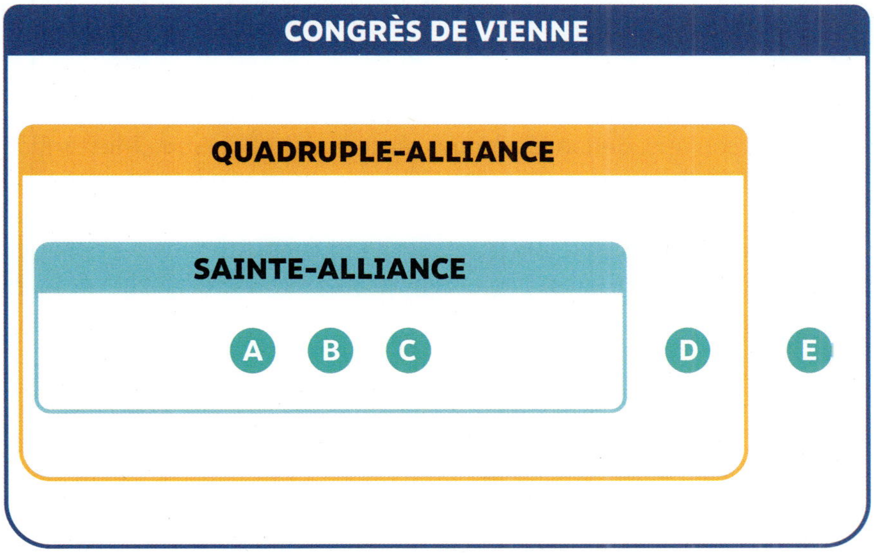

1. Autriche
2. Russie
3. Royaume-Uni
4. Prusse
5. France et autres États européens

EXERCICE 7 COMPRENDRE LES INSTITUTIONS

Choisissez, parmi ces propositions, les termes qui conviennent pour compléter le schéma de la Charte de 1814, révisée en 1830.

- Chambre des députés
- Président
- Suffrage universel
- Chambre des pairs
- Sénat
- Roi des Français
- Roi de France
- Assemblée nationale
- Suffrage censitaire

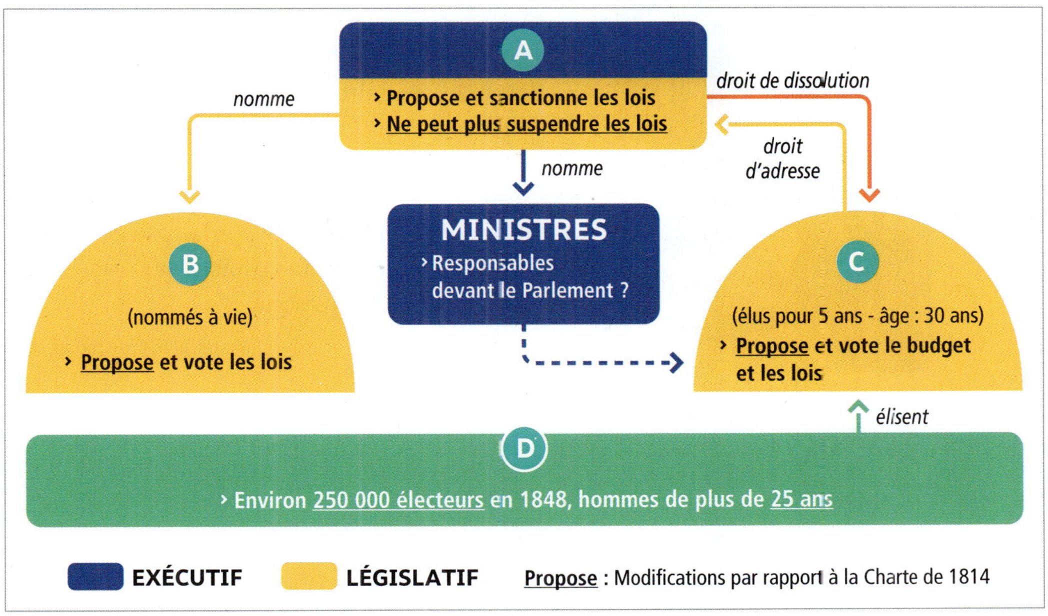

1 « L'ordre de Vienne » est-il un progrès ou une régression ? PPO

Toutes les ressources
lycee.nathan.fr/hist25-086

Repères

La commission statistique

Une Commission statistique est créée par le congrès de Vienne le 24 décembre 1814 afin de « poser les bases statistiques pour servir aux travaux des puissances » (Metternich). Elle doit évaluer la population des anciens territoires de l'Empire napoléonien pour qu'ils soient partagés entre les puissances sur des bases équitables.

Repères

Beethoven et le concert européen

Réunissant les grands chefs d'État, le congrès de Vienne est un événement mondain. Beethoven (1770-1827) donne de nombreux concerts, dirigeant lui-même ses œuvres. Pour cette occasion, il a créé une cantate intitulée *Le Glorieux Moment*, où l'on chante : « L'Europe est debout ! »

Écouter la cantate de Beethoven

Le « système Metternich »

Le congrès de Vienne (1814-1815) entend refonder l'ordre européen sur la légitimité dynastique et garantir la paix en Europe après plus de vingt ans de guerre. La capitale de l'Autriche accueille les représentants de tous les États européens, sauf l'Empire ottoman, sous la présidence du prince de Metternich, ministre des Affaires étrangères de l'empereur d'Autriche François Ier. « L'ordre de Vienne » est ensuite défendu par Metternich jusqu'en 1848, si bien qu'on a parlé de « système Metternich » et que lui-même s'est présenté comme « le rocher de l'Europe ».

Un bilan ambigu

Ce système est souvent dénoncé comme réactionnaire, puisque Metternich combat partout en Europe les militants libéraux, qu'il appelle « la secte » ou « les factieux ». Il ne reconnaît pas les nationalités, victimes des marchandages entre les grandes puissances. Mais la recherche d'un équilibre entre celles-ci, baptisé « concert européen », est présentée par Metternich comme un progrès de la diplomatie.

1 La diplomatie du monde moderne

On ne doit jamais perdre de vue la *société* des États, cette condition essentielle du monde moderne. Chaque État a donc, en dehors de ses intérêts particuliers, d'autres intérêts qui lui sont communs, soit avec tous les États réunis, soit avec de simples groupes d'États. [...] Ce qui caractérise le monde moderne, ce qui le distingue essentiellement du monde ancien, c'est la tendance des États à se rapprocher les uns des autres et à former une sorte de corps social reposant sur la même base que la grande société humaine qui s'est formée au sein du christianisme. [...]

Dans le monde ancien, la politique se renfermait dans l'isolement et pratiquait l'égoïsme le plus absolu, sans autre frein que la prudence humaine. [...] La société moderne, au contraire, nous montre l'application du principe de la solidarité et de l'équilibre entre les États et nous offre le spectacle des efforts réunis de plusieurs États pour s'opposer à la prépondérance d'un seul, pour arrêter le progrès de son influence et le forcer à rentrer dans le droit commun. Le rétablissement des relations internationales sur la base de la réciprocité, sous la garantie de la reconnaissance des droits acquis et du respect de la foi jurée, constitue de nos jours l'essence de la politique.

Metternich, texte rédigé en 1840 et cité dans les *Mémoires*, tome I.

Différenciation

Le prince de Metternich, vers 1815

Huile sur toile de Thomas Lawrence, Vienne, Chancellerie.

>> Biographie p. 305

2 La Balance politique

Gravure publiée dans *Le Nain jaune* du 15 mai 1815, BNF.

- **a** John Bull (incarnation de la Grande-Bretagne)
- **b** Le duc de Wellington, représentant du Royaume-Uni
- **c** Le roi de Prusse Frédéric-Guillaume III
- **d** L'empereur d'Autriche François Ier
- **e** Le tsar de Russie Alexandre Ier
- **f** Le prince de Talleyrand, représentant de la France

3 La bourse des peuples

Le Nain jaune *est un journal satirique français, qui soutient Napoléon pendant les Cent-Jours. Il fournit la légende de la caricature* [**doc. 2**].

Il s'est établi à Vienne depuis environ un an une bourse politique où se vendent, au plus offrant, les hommes et les États. Des ministres plénipotentiaires(1), transformés en courtiers de chair humaine, disposent à leur gré de la vie, de la fortune et de la liberté de quelques millions d'hommes, qui n'ont pas même la permission de choisir entre l'influence du knout et celle de la schlague(2). Ils ont organisé pour l'équilibre européen une balance politique, où sont pesées avec beaucoup de justesse les destinées des peuples. La caricature qui est jointe à notre numéro [**doc. 2**] représente une séance de ce congrès mercantile. [...] L'Italie et la Saxe, partagées loyalement, ont mis d'accord deux grandes puissances, qui paraissent enchantées de leur lot. L'une, avec une avidité remarquable, tire à elle un ballot de Saxons, que lui abandonne avec satisfaction un grand seigneur autrichien [...]. Dans le fond du tableau, plusieurs souverains subalternes attendent, dans l'attitude de respect, l'issue de la bourse, pour savoir à qui ils appartiennent et pour quelle cause ils doivent faire tuer leurs sujets.

« Explication de la caricature », *Le Nain jaune ou Journal des arts, des sciences et de la littérature*, 15 mai 1815.

(1) Un ministre plénipotentiaire est un ambassadeur, un représentant muni des pleins pouvoirs.
(2) Le knout est un fouet utilisé comme instrument de supplice et qui symbolise la tyrannie russe. La schlague est un châtiment disciplinaire dans les armées allemandes (coups de baguette dans le dos) et qui symbolise l'autoritarisme prussien.

ACTIVITÉ

1. En vous appuyant sur les documents et sur vos connaissances, **présentez** dans un schéma les arguments considérant l'ordre de Vienne comme un progrès et ceux qui le voient comme une régression.

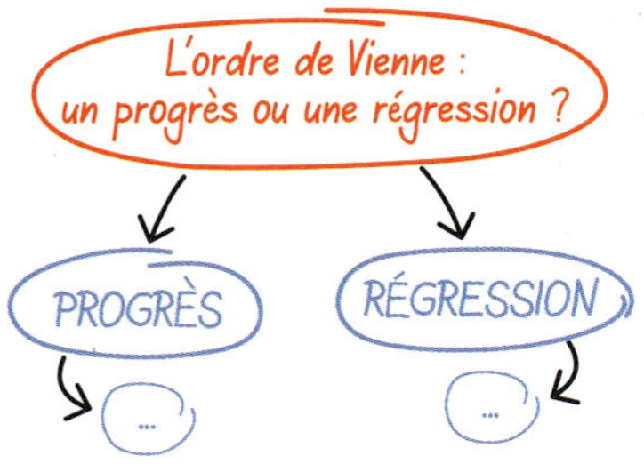

2. Après avoir complété le schéma, **répondez** à la question : « L'ordre de Vienne est-il un progrès ou une régression ? »

Différenciation

MÉTHODO

- Listez les arguments pour chaque vision de l'ordre de Vienne.
- Illustrez ces arguments par des citations des documents.
- Expliquez les arguments en vous appuyant sur vos connaissances historiques.
- Ce schéma vous permettra de mieux comprendre les tensions entre stabilité et liberté, entre équilibre des puissances et aspirations nationales.

EXPLORER

ANALYSER UN TEXTE

② L'abolition de la traite négrière en 1815 : un geste symbolique ?

Toutes les ressources

lycee.nathan.fr/**hist25-088**

LE SENS *des mots*

NÈGRE

Le mot nègre vient du latin *niger* : noir. Il désigne les populations d'Afrique subsaharienne.
Au XVIIIe siècle, il est synonyme d'esclave (*traite négrière* = commerce des esclaves ; *négrier* = marchand d'esclaves).
Le mot est aujourd'hui considéré comme raciste.

La pression de l'opinion

Un mouvement abolitionniste, inspiré par la philosophie des Lumières, se développe au XVIIIe siècle en Europe : il dénonce la violence de la traite négrière pour que l'opinion publique exige son abolition. Le Danemark abolit la traite négrière en 1804, c'est-à-dire qu'il interdit à ses ressortissants de la pratiquer. Il est suivi en 1807 par le Royaume-Uni et les États-Unis.

L'impulsion britannique

Le Royaume-Uni, première puissance maritime, décide d'amplifier la lutte contre la traite. Il crée en 1808 une flotte chargée d'intercepter les navires négriers. Puis il fait voter par le congrès de Vienne « l'abolition universelle de la traite des nègres » le 8 février 1815, qui invite les pays européens à renoncer à ce commerce. La France le fait en 1818. Le Royaume-Uni est ensuite le premier pays à abolir l'esclavage dans ses colonies, en 1833.

1 « Mettre un terme à un fléau »

Les plénipotentiaires(1) des puissances [...], ayant pris en considération que le commerce connu sous le nom de *traite des nègres d'Afrique* a été envisagé, par les hommes justes et éclairés de tous les temps, comme répugnant aux principes d'humanité et de morale universelle ;

Que les circonstances particulières auxquelles ce commerce a dû sa naissance, et la difficulté d'en interrompre brusquement le cours, ont pu couvrir jusqu'à un certain point ce qu'il y avait d'odieux dans sa conservation, mais qu'enfin la voix publique s'est élevée dans tous les pays civilisés pour demander qu'il soit supprimé le plus tôt possible ; [...]

Que les plénipotentiaires rassemblés dans ce congrès ne sauraient mieux honorer leur mission [...] qu'en proclamant, au nom de leurs souverains, le vœu de mettre un terme à un fléau qui a si longtemps désolé l'Afrique, dégradé l'Europe, et affligé l'humanité ; [...]

Ils déclarent à la face de l'Europe, que, regardant l'abolition universelle de la traite des nègres comme une mesure particulièrement digne de leur attention, conforme à l'esprit du siècle et aux principes généreux de leurs augustes souverains, ils sont animés du désir sincère de concourir à l'exécution la plus prompte et la plus efficace de cette mesure [...]. Trop instruits toutefois des sentiments de leurs souverains, pour ne pas prévoir que, quelque honorable que soit leur but, ils ne le poursuivront pas sans de justes ménagements pour les intérêts, les habitudes et les préventions mêmes de leurs sujets, lesdits plénipotentiaires reconnaissent en même temps que cette déclaration générale ne saurait préjuger le terme que chaque puissance en particulier pourrait envisager comme le plus convenable pour l'abolition définitive du commerce des nègres.

Déclaration des Puissances sur l'abolition de la traite des nègres, 8 février 1815, intégrée à l'Acte final du congrès de Vienne.

(1) Représentants.

Différenciation

« L'esclave à genoux – Ne suis-je pas un homme et un frère ? », 1800.

ACTIVITÉ

Identifier et contextualiser le document

1. **Présentez** le document et **replacez-le dans son contexte** historique.

Extraire les informations pertinentes

2. **Relevez** dans le texte les expressions qui témoignent de l'influence du mouvement abolitionniste.
3. **Montrez** que le congrès de Vienne prend en compte les résistances à l'abolition dans les pays européens.

Expliquer à l'aide de ses connaissances

4. **Expliquez** pourquoi l'abolition de la traite négrière en 1815 est d'abord un geste symbolique.

3 La Restauration est-elle le retour à l'Ancien Régime ?

Repères

Pourquoi Louis XVIII ?

Louis XVI est exécuté le 21 janvier 1793. Son fils est alors reconnu comme roi sous le nom de **Louis XVII** par les royalistes, mais il meurt en détention, en 1795, à l'âge de dix ans. C'est pourquoi le frère de Louis XVI, Louis Stanislas Xavier de France, devient roi sous le nom de **Louis XVIII**, en considérant que 1814 est « la 19e année de son règne ».

Le retour des Bourbons

Le 30 mars 1814, les forces alliées contre Napoléon (Russie, Prusse, Autriche et Royaume-Uni) entrent dans Paris. L'empereur abdique le 6 avril, Louis XVIII devient roi de France. Il quitte l'Angleterre, où il vivait en exil, et arrive à Paris le 3 mai. La dynastie des Bourbons règne à nouveau sur la France, avec ses symboles, les lis et le drapeau blanc.

Une constitution octroyée aux Français

Louis XVIII est rétabli sur le trône au nom de la légitimité dynastique, mais il décide de « faire octroi à ses sujets » d'une constitution. Elle est rédigée en quelques jours et appelée « Charte constitutionnelle ». Dans le vocabulaire de l'Ancien Régime, une charte est un privilège accordé par le roi.

1 La Charte constitutionnelle du 4 juin 1814

Nous avons effacé de notre souvenir, comme nous voudrions qu'on pût les effacer de l'histoire, tous les maux qui ont affligé la patrie durant notre absence. [...] Le vœu le plus cher à notre cœur, c'est que tous les Français vivent en frères, et que jamais aucun souvenir amer ne trouble la sécurité qui doit suivre l'acte solennel que nous leur accordons aujourd'hui. [...]

Article 1 – Les Français sont égaux devant la loi, quels que soient d'ailleurs leurs titres et leurs rangs.

Article 2 – Ils contribuent indistinctement, dans la proportion de leur fortune, aux charges de l'État.

Article 3 – Ils sont tous également admissibles aux emplois civils et militaires.

Article 4 – Leur liberté individuelle est également garantie, personne ne pouvant être poursuivi ni arrêté que dans les cas prévus par la loi, et dans la forme qu'elle prescrit.

Article 5 – Chacun professe sa religion avec une égale liberté, et obtient pour son culte la même protection.

Article 6 – Cependant la religion catholique, apostolique et romaine est la religion de l'État. [...]

Article 8 – Les Français ont le droit de publier et de faire imprimer leurs opinions, en se conformant aux lois qui doivent réprimer les abus de cette liberté.

Article 9 – Toutes les propriétés sont inviolables, sans aucune exception de celles qu'on appelle *nationales*, la loi ne mettant aucune différence entre elles. [...]

Article 11 – Toutes recherches des opinions et votes émis jusqu'à la restauration sont interdites. Le même oubli est commandé aux tribunaux et aux citoyens.

2 Un cadeau du roi

Louis XVIII remet la Charte aux deux chambres, représentées par un député et un pair de France.

J.-B. Andrieu, médaille en bronze, 1815, BNF.

ACTIVITÉ

Identifier et contextualiser le document

1. **Présentez** le document et sa date de publication.

Organiser ses réponses dans un tableau

2. **Indiquez**, dans une colonne du tableau, les idées et principes importants de la Révolution française concernant l'égalité civile, les libertés fondamentales, la religion, et les biens des émigrés et du clergé.
3. **Indiquez**, dans une deuxième colonne, les décisions prises par Louis XVIII sur ces mêmes thèmes, d'après la Charte de 1814.

	Révolution	Charte de 1814
Égalité civile	...	...
Libertés fondamentales	...	...
Religion	...	...
Biens des émigrés et du clergé	...	...

Synthétiser

4. En vous appuyant sur le tableau, **répondez** à la question : « La Restauration est-elle le retour à l'Ancien Régime » ?

Différenciation

4 Pourquoi se battre pour une constitution espagnole ?

Toutes les ressources

lycee.nathan.fr/**hist25-090**

LE SENS *des mots*

PRONUNCIAMIENTO

Un ***Pronunciamiento*** est un coup d'État militaire, au nom d'un programme politique. Des officiers se soulèvent contre le régime existant et « se prononcent » pour un changement politique. Les *pronunciamientos* sont très nombreux dans l'Espagne du XIXe siècle, où l'armée est très politisée.

La constitution libérale

En 1812, en pleine guerre d'indépendance contre l'armée de Napoléon, les libéraux espagnols font adopter une constitution. Inspirée de la constitution française de 1791, elle garantit la souveraineté nationale et les libertés fondamentales. Mais elle est abrogée en 1814 par le roi Ferdinand VII, restauré sur le trône d'Espagne par les grandes puissances au congrès de Vienne.

L'intervention française en Espagne

En 1820, un ***pronunciamiento*** libéral oblige le roi à rétablir la constitution. Les libéraux du Portugal, du Piémont et de Naples se soulèvent à leur tour et exigent une constitution sur le modèle espagnol. Inquiètes de cette contagion libérale, les grandes puissances décident d'intervenir. L'armée autrichienne rétablit l'ordre en Italie en 1821. Louis XVIII envoie une armée en Espagne en 1823, ce qui permet à la France d'être réintégrée dans le concert européen. Ferdinand VII abolit de nouveau la constitution.

1 La « funeste » révolution espagnole

Cette révolution, avant même d'être parvenue à maturité, a provoqué déjà de grands désastres dans d'autres pays ; c'est elle qui, par la contagion de ses principes et de ses exemples, et par les intrigues de ses principaux artisans, a créé les révolutions de Naples et de Piémont ; c'est elle qui aurait embrasé l'Italie tout entière, menacé la France, compromis l'Allemagne, sans l'intervention des puissances qui ont préservé l'Europe de ce nouvel incendie. [...]. Partout, les funestes moyens employés en Espagne pour préparer et exécuter la révolution ont servi de modèle à ceux qui se flattaient de lui ouvrir de nouvelles conquêtes ; partout la Constitution espagnole est devenue le point de réunion et le cri de guerre d'une faction conjurée contre la sûreté des trônes et le repos des peuples.

Metternich, *Lettre au chargé d'affaires autrichien à Madrid*, 14 décembre 1822.

2 La prise du Trocadéro

L'armée française s'empare du fort du Trocadéro, dans le port de Cadix, le 31 août 1823. Sur le drapeau blanc, il est écrit : « La Constitution ou la mort ».

ACTIVITÉ

À l'aide des documents et de vos connaissances, répondez de façon argumentée à la question : « Pourquoi se battre pour une constitution espagnole ? »

5 Pourquoi le *Risorgimento* est-il si important dans l'histoire de l'Italie ?

Vocabulaire

***Risorgimento* :** le terme signifie littéralement « résurgence », « réapparition ». Il désigne le mouvement intellectuel et politique en faveur d'une Italie unifiée et indépendante. Il désigne aussi, dans l'histoire italienne, la période 1815-1861 au cours de laquelle ce mouvement a favorisé l'unité.

Biographie

Giuseppe Mazzini (1805-1872) → p. 305

Division et domination étrangère

Après avoir connu l'influence de la Révolution française, puis l'Empire napoléonien, l'Italie voit en 1815 la restauration des anciennes dynasties. Divisée en plusieurs États, dominée par l'Autriche, l'Italie n'est alors, selon la formule de Metternich, qu'une « expression géographique ».

Le combat pour une Italie unifiée et libre

Pour sortir de cette situation, le ***Risorgimento*** veut chasser les Autrichiens – appelés *Tedeschi* (« les Allemands ») – et unifier l'Italie. Les militants libéraux luttent pour la souveraineté du peuple italien contre les régimes autoritaires. Cette lutte est clandestine et violente dans les années 1827-1830, avec les *carbonari*. Giuseppe Mazzini lui donne une dimension plus pacifique en créant à Marseille en 1831 la Jeune Italie, puis en 1834, à Berne, la Jeune Europe.

1 La péninsule italienne depuis 1815

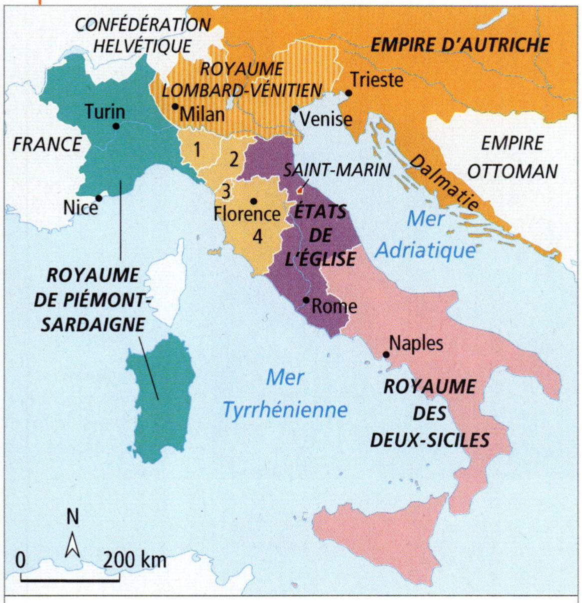

- Possession autrichienne, gouvernée par un vice-roi
- États théoriquement autonomes mais sous contrôle autrichien (dynasties apparentées aux Habsbourg) :
  1. Duché de Parme
  2. Duché de Modène
  3. Duché de Lucques (annexé en 1847 à la Toscane)
  4. Grand-duché de Toscane
- États indépendants

2 Une nation privée d'existence

Giuseppe Mazzini présente sa vision de l'Italie dans une revue française républicaine.

Nous sommes un peuple de 21 à 22 millions d'hommes, désignés depuis un temps immémorial sous un même nom – celui du peuple italien – renfermés dans les limites naturelles les plus précises que Dieu ait jamais tracées, la mer et les montagnes les plus hautes d'Europe, parlant la même langue [...] ; fiers du plus glorieux passé politique, scientifique, artistique qui soit connu dans l'histoire européenne [...].

Nous n'avons pas de drapeau, pas de nom politique, pas de rang parmi les nations européennes. [...] Nous sommes démembrés en huit États [...], tous indépendants les uns des autres, sans alliance, sans unité de but, sans liaison organisée entre eux. Et tous ces États sont régis par des gouvernements despotiques, dans l'action desquels le pays n'intervient nullement. Il n'existe de liberté ni de presse, ni d'association, ni de parole, ni de pétition collective, ni d'introduction de livres étrangers, ni d'éducation ; rien. Un de ces États, comprenant à peu près le quart de la péninsule, appartient à l'Autriche ; les autres, quelques-uns par des liens de famille, tous par le sentiment de leur faiblesse, en subissent aveuglément l'influence.

Giuseppe Mazzini, « L'Italie, l'Autriche et le pape », *Revue indépendante*, septembre 1845.

Différenciation

ACTIVITÉ

À l'aide des documents et de vos connaissances, répondez de façon argumentée à la question : « Pourquoi le *Risorgimento* est-il si important dans l'histoire de l'Italie ? »

⑥ Pourquoi peindre la guerre d'indépendance grecque ?

Toutes les ressources
lycee.nathan.fr/hist25-092

PPO

Vocabulaire

Philhellène : qui aime les Grecs et donc les soutient dans leur lutte pour l'indépendance.

Documentaire

Présentation du tableau de Delacroix par Côme Fabre, conservateur au musée du Louvre.

16 min

Le combat des Grecs pour l'indépendance

Au sein de l'Empire ottoman, dirigé par des Turcs musulmans, les Grecs maintiennent leur identité, fondée sur leur langue, le christianisme orthodoxe et l'héritage d'une civilisation brillante. Les militants libéraux déclenchent une insurrection le 25 mars 1821 et proclament l'indépendance de la Grèce le 13 janvier 1822. Les Turcs répliquent par une répression féroce, notamment dans l'île de Scio (ou Chios), où 23 000 habitants sont massacrés et 47 000 réduits en esclavage en avril 1822.

L'opinion pousse à l'intervention

Les libéraux se mobilisent dans toute l'Europe pour soutenir les Grecs. Ils forment des comités ***philhellènes*** qui collectent des fonds et envoient des armes et des volontaires en Grèce. Pour toucher l'opinion publique, les artistes et écrivains romantiques créent des poèmes (Byron, Hugo) ou des tableaux. Le jeune peintre Eugène Delacroix (1798-1863) se fait ainsi connaître du public en 1824 en représentant les massacres de Scio. Cette mobilisation oblige les grandes puissances à intervenir militairement en 1827 contre l'Empire ottoman et l'indépendance de la Grèce est reconnue le 3 février 1830.

1 L'indignation et la désolation

Ce texte présente les tableaux du Salon sous la forme d'un dialogue entre deux visiteurs.

Le philosophe. De qui est ce tableau qui me frappe de terreur et de pitié ?

L'artiste. D'un jeune homme nommé Delacroix.

Le philosophe. Un jeune homme ! Oh ! Oui, voilà la fougue, la vigueur, l'audace, la témérité, l'inexpérience et le génie ardent, apanage heureux de la jeunesse ! [...] Le plus beau pays de la Grèce est dévasté, les maisons sont brûlées, les enfants sont écrasés sous la pierre, les églises sont profanées [...]. Chrétiens [...], que je vous déteste ! Que je méprise cette politique avare et honteuse qui vous fera sacrifier jusqu'au dernier des Grecs, sans que vous pensiez à le secourir ! [...] Scio aura péri [...] et vous aurez conservé votre attitude égoïste ! Mais le ciel combattra pour les Grecs, le Turc sera rejeté sur les côtes d'Asie [...].

L'artiste. Je vous écoute et félicite, en vous écoutant, le peintre qui a trouvé le secret d'exciter à ce point votre sensibilité. [...] Voyez la foule se presser autour de son tableau. Lisez sur toutes les figures de ses spectateurs l'indignation dont vous êtes ému. Le silence morne que chacun garde à l'aspect de cette scène de désolation, et les larmes qui coulent des yeux de cette jeune femme au spectacle douloureux de l'épisode effrayant qui termine à droite la composition, voilà le succès le plus beau qu'ait pu envier l'auteur.

A. Jal, *L'Artiste et le Philosophe, entretiens critiques sur le Salon de 1824*, Paris, Ponthieu, 1824.

Quête organisée en France en faveur des Grecs, 31 mai 1826, gravure, château de Versailles.

ACTIVITÉ

Identifier et contextualiser le document

1. **Présentez** le peintre et le contexte de réalisation du tableau. [doc. 2]

Décrire et expliquer le tableau

2. **Identifiez** les personnages au premier plan du tableau et le sort qui les attend.
3. En vous aidant du texte [doc. 1], **expliquez** l'objectif recherché par le peintre dans ce tableau.
4. **Analysez** les moyens utilisés par Delacroix pour émouvoir le spectateur. [doc. 2]

Rédiger une synthèse

5. **Expliquez** pourquoi Delacroix a décidé de peindre la guerre d'indépendance grecque.

Animation

2 Scènes des massacres de Scio

Eugène Delacroix, *Scènes des massacres de Scio. Familles grecques attendant la mort ou l'esclavage*, huile sur toile, 419 x 354 cm, 1824, musée du Louvre, Paris.

EXPLORER

ARGUMENTER À L'ORAL

7 Quel est le bilan de la révolution de juillet 1830 ? PPO

Toutes les ressources
lycee.nathan.fr/hist25-094

Vocabulaire

Ultras : royalistes nostalgiques de l'Ancien Régime.

LE SENS des mots

LA BARRICADE

La barricade est caractéristique des insurrections du peuple parisien à partir de 1827, qui prennent la forme d'une guérilla urbaine menée entre voisins. Elle est fabriquée pour barrer une rue, défier les forces de l'ordre, les empêcher de pénétrer dans le quartier. Elle est formée par un amoncellement d'objets divers : pavés, meubles, matériel de chantier, véhicules, barriques (sans doute à l'origine du mot barricade).

Les Trois Glorieuses

Avec le gouvernement du prince de Polignac, Charles X mène la politique des **ultras**. Quand ce gouvernement est mis en minorité par les députés libéraux le 16 mars 1830, Charles X dissout la Chambre. Mais les libéraux gagnent les élections et le roi choisit l'épreuve de force le 25 juillet : il dissout de nouveau la Chambre et suspend la liberté de la presse. Les journaux libéraux appellent à la résistance le 26 juillet. Le régime est renversé en trois journées révolutionnaires appelées les Trois Glorieuses (27, 28 et 29 juillet).

Un changement de roi

Si la « révolution de juillet » est menée par le peuple parisien et les militants républicains, elle ne met pas fin à la monarchie. Louis-Philippe d'Orléans, soutenu par Lafayette et les libéraux, est nommé le 31 juillet lieutenant-général du royaume (régent), puis roi des Français le 7 août, après l'abdication de son cousin Charles X. Les républicains se sentent floués, mais le « soleil de juillet » a redonné espoir aux libéraux dans toute l'Europe.

1 28 juillet : les combats de rue

Les cuirassiers de la garde royale tentent de prendre une **barricade** rue Saint-Antoine, au cœur du Paris populaire. La guérilla urbaine fait environ 1 000 morts et 5 000 blessés.

Combats dans la rue Saint-Antoine, 28 juillet 1830. Gravure de Martinet, vers 1830, musée Carnavalet, Paris.

2 30 juillet : la révolution volée ?

Citoyens,

[...] Vous avez conquis la liberté par votre courage et au prix de votre sang. On veut profiter de la lassitude qu'on vous suppose après de si glorieux travaux pour vous imposer un autre gouvernement, sans consulter ni vos vœux ni ceux de la France. On vous montre un Bourbon comme lieutenant-général, et autour de lui des ministres qui n'ont pas la confiance du peuple. C'est un moyen de vous ramener dans six mois Charles X, l'auteur des massacres qui viennent d'ensanglanter Paris. Et dans tous les cas, n'aurez-vous donc conquis qu'un homme par trois journées de carnage ?

Ce sont des garanties qu'il nous faut, mais des garanties qui assurent à jamais notre mémorable conquête. Ne songeons en ce moment qu'à affermir notre triomphe, respectons le droit du peuple de constituer le gouvernement qui lui convient.

Appel au peuple lancé par des militants républicains le 30 juillet 1830.

3 **31 juillet : un roi tricolore**

Lafayette, en uniforme de général de la Garde nationale, fait acclamer Louis-Philippe au balcon de l'Hôtel de Ville de Paris, le 31 juillet 1830.

Imprimerie des frères Deckherr à Montbéliard, avec une légende bilingue (français et allemand), entre 1830 et 1837, MuCEM, Marseille.

4 **12 août : un espoir pour l'Europe**

Louis de Potter (1786-1859), militant républicain et opposant au roi des Pays-Bas Guillaume Ier, fut l'un des leaders de la révolution belge de septembre 1830.

Les glorieux événements qui viennent de se passer à Paris nous ont fait prendre une autre route que celle qui devait nous conduire à Lausanne. Vous le savez, Monsieur, aussitôt après ma condamnation, j'avais choisi la France pour le lieu de mon exil. La France me fut fermée par Charles X et son ministère. [...] Maintenant que Charles X et M. de Polignac ont disparu, mes camarades et moi nous en sommes revenus à notre plan primitif. De Mayence [...] nous nous sommes dirigés vers le pont de Kehl[1], avec la certitude d'y être reçus avec la plus franche cordialité par un peuple libre, sympathisant avec nous en toutes choses de sentiment et de principes, et ayant de nouveau repris pour signe d'union et de fraternité le drapeau tricolore. [...] Nous nous fixerons à Paris. [...] Et là [...] je me croirai au milieu de mes frères et concitoyens dans cette vaste et noble république humaine qui se compose de tous les vrais et courageux amis de la justice et de la liberté. [...] Comme victimes du *ministère Polignac belge*, nous trouverons dans tous les Français des amis.

De Potter, *Lettre à M. Reinhold, ministre des Pays-Bas à Berne*, Strasbourg, le 12 août 1830.

(1) Pont sur le Rhin entre la ville allemande de Kehl et la ville française de Strasbourg.

MÉTHODO

Pour la synthèse finale

- **Croisez** les points de vue des trois rapporteurs.
- **Comparez** les espoirs initiaux avec l'issue politique réelle.
- **Rédigez** un texte clair et structuré : introduction (contexte) → bilan des acteurs → conclusion sur les tensions et l'issue de la révolution.

En équipe

ACTIVITÉ

Vous participez à une conférence sur la révolution de juillet 1830 qui réunit trois groupes d'historiens spécialistes des principaux acteurs des événements : les républicains ; les libéraux soutenant Louis-Philippe ; les insurgés étrangers inspirés par la révolution de juillet, comme de Potter.

1. Chaque groupe analyse les documents sous l'angle des acteurs dont ils sont spécialistes :
   - → Quels étaient vos objectifs et vos espoirs pendant la révolution de juillet ?
   - → Qu'avez-vous gagné ou perdu à la suite des Trois Glorieuses ?
   - → Comment voyez-vous l'arrivée de Louis-Philippe au pouvoir ?
2. **Présentez** à l'oral le bilan argumenté de la révolution de juillet 1830. Vous veillerez à argumenter vos propos notamment pour illustrer les tensions entre les attentes des différents acteurs et le résultat final de la révolution.
3. À l'aide des notes prises pendant la conférence, **rédigez une synthèse** sur le bilan de la révolution de juillet 1830 pour les différents acteurs concernés.

Activité alternative en individuel

EXPLORER

CONSTRUIRE UNE ARGUMENTATION

8 Pourquoi et comment l'opinion française se mobilise-t-elle pour la Pologne ?

Toutes les ressources

lycee.nathan.fr/**hist25-096**

Chronologie

- 29 novembre 1830 : Début de l'insurrection contre la Russie à Varsovie.
- 23 janvier 1831 : La Fayette crée le Comité central en faveur des Polonais.
- 25 janvier 1831 : La Diète polonaise ne reconnaît plus le tsar Nicolas Ier comme roi de Pologne.
- 8 septembre 1831 : Prise de Varsovie par l'armée russe, début de la « Grande Émigration ».

Une nation privée d'existence

La Pologne est rayée de la carte en 1795 par ses trois voisins : Prusse, Autriche et Russie. Napoléon la ressuscite en 1807 en créant le duché de Varsovie. Mais en 1815, au congrès de Vienne, la Pologne est de nouveau partagée. Le duché est intégré à la Russie, sous le nom de « royaume du Congrès », avec comme roi le tsar de Russie, et doté d'une constitution.

L'insurrection du 29 novembre

Cette constitution est remise en cause par le tsar Nicolas Ier en 1830. Cela déclenche une insurrection à Varsovie le 29 novembre 1830, puis une guerre entre les patriotes polonais et l'armée russe, victorieuse en septembre 1831. La cause polonaise est soutenue par les libéraux dans toute l'Europe, surtout en France. Ils exaltent l'héroïsme des combattantes et combattants et dénoncent la répression russe et l'inaction du gouvernement français. Ils organisent ensuite l'accueil des réfugiés polonais en France.

1 Le « royaume du Congrès »

Carte interactive

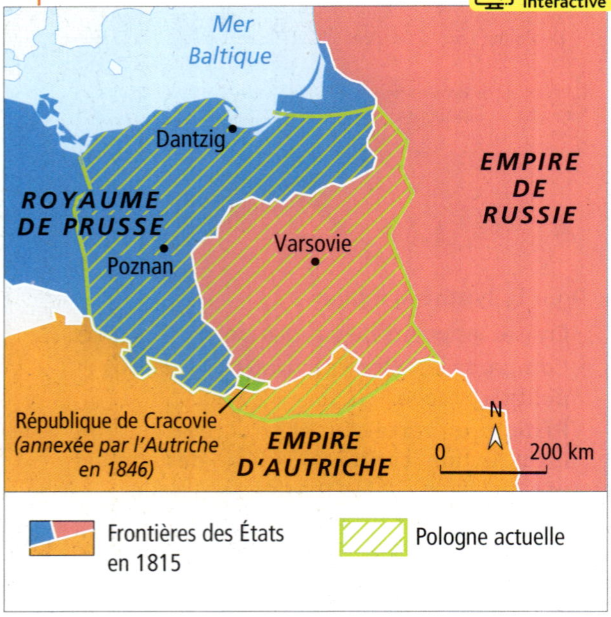

2 *La Varsovienne*

Écouter *La Varsovienne*

Casimir Delavigne écrit ce poème en février 1831. Mis en musique, il devient une chanson à la mode. Au même moment, il est traduit en polonais et chanté à Varsovie.

Il s'est levé, voici le jour sanglant
Qu'il soit pour nous le jour de délivrance !
Dans son essor, voyez notre aigle blanc
Les yeux fixés sur l'arc-en-ciel de France
Au soleil de juillet, dont l'éclat fut si beau,
Il a repris son vol, il fend les airs, il crie :
« Pour ma noble patrie,
Liberté, ton soleil ou la nuit du tombeau ! »

Refrain
Polonais, à la baïonnette !
C'est le cri par nous adopté ;
Qu'en roulant le tambour répète :
À la baïonnette !
Vive la liberté ! [...]

Allons, guerriers, un généreux effort !
Nous les vaincrons ; nos femmes les défient.
Ô mon pays, montre au géant du nord
Le saint anneau qu'elles te sacrifient.
Que par notre victoire il soit ensanglanté ;
Marche, et fais triompher au milieu des batailles
L'anneau des fiançailles,
Qui t'unit pour toujours avec la liberté.

LE SENS *des mots*

« GRANDE ÉMIGRATION »

La « Grande Émigration » est le nom donné par les historiens polonais à l'exil de nombreux combattants et intellectuels après l'échec de l'insurrection en 1831. Ils s'exilent en Belgique, en Suisse, en Angleterre et surtout en France (environ 10 000).

3 « L'ordre règne à Varsovie »

Le ministre des Affaires étrangères Horace Sébastiani a déclaré le 16 septembre 1831 devant la Chambre des députés : « L'ordre règne à Varsovie ».

Gravure de Charles Joseph Traviès de Villers, Bibliothèque polonaise, Paris.

4 Émilie Plater, la « Jeanne d'Arc » polonaise

Une héroïne romantique

La comtesse Émilie Plater (1806-1831) a dirigé des troupes avec le grade de capitaine. Morte d'épuisement pendant la guerre, elle est devenue une héroïne du nationalisme polonais.

Achille Devéria, *Émilie Plater*, lithographie, 1832-1837.

Joseph Straszewicz (1799-1838), proche d'Émilie Plater, s'est exilé en France en 1831.

Telle fut l'issue et la fin de cette lutte glorieuse, qui depuis plusieurs mois étonnait l'Europe entière, et la tenait en suspens entre l'espérance et la crainte. D'un côté était la barbarie, la hideuse barbarie avec ses hordes sauvages, brutes et obéissantes, qui poussées par le knout(1) et le canon, marchaient à la mort et se laissaient mitrailler ; de l'autre était une nation longtemps opprimée, souffrante, jalouse de ses droits et qui voulait reconquérir son indépendance. Une poignée de braves fit tout ce que peuvent faire le courage et le patriotisme ; mais, hélas ! ils cédèrent, parce que l'Europe les abandonna dans la lutte. [...]

Telle fut la carrière courte et glorieuse de cette femme héroïque et sublime, qui, à peine âgée de vingt-six ans, succomba victime des malheurs de sa patrie. [...] Ayant pris Jeanne d'Arc pour modèle, elle égala cette femme sublime dans le dévouement et le courage. [...] Jeanne d'Arc et Émilie Plater sont les deux beaux fleurons de la couronne des peuples ; leurs vies sont deux des plus belles pages de l'histoire ; elles sont l'ornement de l'humanité, et les nations qui produiront de telles héroïnes seront toujours comptées parmi les premières nations de la terre.

Joseph Straszewicz, *Émilie Plater. Sa vie et sa mort*, Paris, 1835.

(1) Le knout est un fouet utilisé comme instrument de supplice et qui est devenu le symbole de la tyrannie russe.

ACTIVITÉ

En analysant les documents, vous montrerez pourquoi et comment l'opinion française se mobilise pour la Pologne.

Différenciation

MÉTHODO

Votre réponse argumentée pourra adopter le plan suivant :

1. L'opinion française est choquée par la répression russe.
2. Elle se mobilise de plusieurs manières.
3. Elle exalte la lutte des Polonais contre la barbarie.

9 Comment faire de la politique autrement ?

Toutes les ressources
lycee.nathan.fr/hist25-098

Repères

La loi française du 9 septembre 1835 sur la presse

« L'attaque contre le principe ou la forme du gouvernement établi par la Charte de 1830 est un attentat à la sûreté de l'État, lorsqu'elle a pour but d'exciter à la destruction ou au changement de gouvernement ». Seront poursuivis « ceux qui auront fait publiquement adhésion à toute autre forme de gouvernement », notamment « en prenant la qualification de républicain ».

Un club fermé

Dans l'Europe de la première moitié du XIXe siècle, la politique est l'affaire d'une élite. Le suffrage censitaire masculin réserve le droit de vote aux hommes aisés et relativement âgés. Les femmes, les jeunes, les gens du peuple ne participent pas à la vie politique officielle, centrée sur le Parlement. Par ailleurs, la presse est souvent censurée et la liberté de réunion entravée par les régimes autoritaires restaurés par le congrès de Vienne.

Le développement d'une « politique informelle »

Cette absence de démocratie pousse souvent les opposants à l'action clandestine et violente. Mais les militants libéraux essaient aussi de contourner ces restrictions en inventant de nouvelles formes d'action politique pacifiques. Les historiens parlent d'une « politique informelle », qui se développe parallèlement à la politique officielle.

1 En participant à un banquet

Le 9 mai dernier [1831], une réunion de 200 personnes s'assembla au restaurant des *Vendanges de Bourgogne*, faubourg du Temple, pour célébrer l'acquittement de MM. Trélat, Cavaignac et Guinard(1). [...] Divers toasts furent portés où se trouvaient exprimées les opinions les plus hostiles contre le gouvernement actuel ; entre autres, on peut citer ceux-ci : *À la révolution de 1793 ! À la Montagne ! À Robespierre !* [...] Chaque toast était suivi des cris de *Vive la République ! Vive la Montagne ! Vive la Convention !* [...] On cria aussi *À bas Louis-Philippe !*

C'est au milieu de cette réunion qu'Évariste Galois(2) se leva et dit à haute voix, de son propre aveu, *À Louis Philippe !* en tenant un poignard à la main. Il répéta deux fois ce cri. Plusieurs personnes l'imitèrent en levant le bras, et en criant à leur tour : *À Louis Philippe !* Des sifflets se firent entendre, soit que les convives voulussent désavouer cet affreux attentat, soit, comme le déclare Galois, qu'on supposât qu'il portait la santé du roi des Français(3).

Gazette des Tribunaux, 16 juin 1831, citant le procureur du roi près de la cour d'assises de la Seine lors du procès de Galois.

(1) Militants républicains accusés d'avoir préparé une insurrection.
(2) Le jeune mathématicien (1811-1832) était un activiste républicain.
(3) Porter la santé du roi : boire à la santé du roi.

2 En signant une pétition

Dessin par Evans dans *Cruikshank's Comic Almanack*, 1843.

Info

Au Royaume-Uni, le mouvement chartiste réclame le suffrage universel dans une Charte du peuple, signée en 1842 par plus de trois millions de personnes. La pétition est tellement volumineuse qu'il est difficile de la faire entrer dans le parlement.

3 En allant à une fête

Erhard Brenzinger, *Zug auf das Hambacher Schloss (Défilé en direction du château de Hambach)*, 1832, coll. privée.
Lithographie publiée dans le journal *Der Zeitgeist. Volksblatt für Deutschland (L'esprit du temps. Journal populaire pour l'Allemagne)*.

Info

Du 27 au 30 mai 1832, la fête de Hambach réunit 30 000 personnes réclamant l'unité allemande. Elle est organisée par les étudiants libéraux du Palatinat. Cette région, marquée par la Révolution française, est placée depuis 1814 sous l'autorité (conservatrice) de la Bavière. Des militants français et polonais participent à la fête.

4 En assistant à un enterrement

Maximilien Sébastien Foy (1775-1825), général d'Empire, député depuis 1819, est l'un des chefs de file de l'opposition libérale à Louis XVIII. Ses obsèques à Paris, le 30 novembre 1825, sont un événement politique.

Les Français ont montré aujourd'hui un deuil proportionné à la perte qu'ils ont faite ; à aucune époque ils n'ont offert un spectacle plus admirable et plus national. [...] Il n'y avait point d'ordre indiqué pour la marche du convoi ; [...] le peuple était accouru spontanément, le peuple formait le cortège. [...] Plusieurs milliers de citoyens, tous chapeau bas malgré la pluie battante, précédaient le cercueil sur lequel étaient les insignes du général ; tous marchaient en silence et en ordre au milieu d'une double haie de spectateurs. Des milliers d'autres citoyens suivaient le corps, et lorsqu'on fut sur le boulevard ils se mirent spontanément sur huit ou dix de front, se donnant le bras sans se connaître ; il leur suffisait qu'un même sentiment les réunît dans cette douloureuse solennité. [...] Pendant la cérémonie, on a fait circuler des prospectus écrits à la main pour une souscription nationale en faveur de la famille du grand citoyen qui vient de mourir. [...] On ne saurait évaluer le nombre de ceux qui assistaient à cette triste cérémonie : il y avait cent mille personnes peut-être. Les habitants de Paris ont dignement représenté la douleur de la France entière.

« Funérailles du Général Foy », *Le Courrier français*, 1er décembre 1825.

ACTIVITÉ

Extraire les informations

1. Comment les toasts et le geste de Galois au banquet des *Vendanges de Bourgogne* défient-ils directement Louis-Philippe ? [**doc. 1**]
2. Comment l'ampleur de la pétition chartiste exerce-t-elle une pression politique sur le gouvernement ? [**doc. 2**]
3. En quoi la fête de Hambach constitue-t-elle une revendication politique ? [**doc. 3**]
4. Pourquoi les funérailles du général Foy deviennent-elles un acte politique malgré l'absence d'organisation officielle ? [**doc. 4**]

Construire une carte mentale

À l'aide de vos réponses aux questions, **construisez** une carte mentale pour montrer comment les opposants aux régimes conservateurs en Europe font de la politique autrement.

MÉTHODO

Inscrivez au centre de la carte mentale « Faire de la politique autrement ».

→ Créez les quatre branches principales :
1. Actions symboliques de masse (funérailles)
2. Rassemblements festifs et revendicatifs
3. Actions provocantes
4. Revendications collectives (pétitions)

→ Pour chaque branche, ajoutez des sous-branches permettant d'apporter des précisions sur les caractéristiques, les objectifs, et l'impact de chaque forme d'action.

Toutes les ressources
lycee.nathan.fr/hist25-100

1 ANALYSER UN DOCUMENT

Sujet 1 : La lutte des peuples en peinture

1. Présentez la guerre d'indépendance grecque et son écho en France.
2. Présentez Delacroix, le mouvement artistique auquel il appartient et ses liens avec le mouvement des nationalités.
3. Expliquez l'objectif du tableau et les moyens utilisés par le peintre.

Repères

La ville de Missolonghi est l'un des hauts lieux de la guerre d'indépendance grecque.
Le poète anglais Byron y meurt en 1824. Elle est assiégée quatre fois par les Turcs, qui la prennent finalement en avril 1826.

Eugène Delacroix, *La Grèce sur les ruines de Missolonghi*, 1826, huile sur toile, 213 x 142 cm, musée des Beaux-Arts, Bordeaux.

Sujet 2 : La politique des grandes puissances en 1820

1. Présentez les signataires du protocole.
2. Présentez le contexte qui justifie leur réunion à Troppau.
3. Analysez le vocabulaire employé pour décrire les deux camps en présence en Europe.
4. Expliquez le droit que s'accordent les signataires du protocole.

Les cabinets[1] alliés, s'étant réunis à Troppau[2] à l'effet de prendre en mûre considération les dangers auxquels l'Europe se trouve exposée par suite des révolutions qu'un coupable oubli de tous les devoirs a fait éclater dans plusieurs États ; [...]

Voulant ainsi maintenir les droits consacrés par les traités, et préserver leurs peuples et l'Europe de la contagion du crime et de ses déplorables effets ;

Désirant enfin assurer le développement heureux et paisible de la civilisation, le règne de la justice et des lois sous les auspices de la morale chrétienne, de l'ordre et d'une sollicitude éclairée, les dits cabinets [...] ont signé les points suivants.

Les États faisant partie de l'alliance européenne[3], qui auront subi dans la forme de leur régime intérieur une altération opérée par la révolte, et dont les suites sont menaçantes pour d'autres États, cessent par là même de faire partie de ladite alliance, et en resteront exclus, jusqu'à ce que leur situation présente des garanties d'ordre légitime et de stabilité. [...]

Lorsque les États où de pareils changements se seront ainsi effectués feront craindre à d'autres pays un danger imminent par leur proximité, et lorsque les puissances alliées pourront exercer à leur égard une action efficace et bienfaisante, elles emploieront, pour les ramener au sein de l'alliance, premièrement des démarches amicales, en second lieu une force coercitive si l'emploi de cette force devenait indispensable.

Protocole de Troppau, 19 novembre 1820, signé par les représentants de l'Autriche, de la Prusse et de la Russie.

(1) Gouvernements.
(2) Ville de Bohême (actuelle Tchéquie), à l'époque dans l'empire d'Autriche.
(3) L'expression « alliance européenne » désigne ici tous les États signataires de l'Acte final du congrès de Vienne.

2 RÉPONDRE À UNE QUESTION PROBLÉMATISÉE

Sujet 1 : Comment le mouvement des nationalités a-t-il remis en cause l'ordre européen entre 1814 et 1848 ?

CONSIGNE Grâce à vos connaissances, vous répondrez de manière argumentée à cette question. Vous pourrez expliquer que le principe des nationalités s'oppose à celui de la légitimité dynastique promu par le congrès de Vienne, puis présenter les échecs et les succès dans le combat des peuples en lutte pour l'indépendance et l'unité nationale.

Sujet 2 : La monarchie de Juillet est-elle une démocratie ?

CONSIGNE Grâce à vos connaissances, vous répondrez de manière argumentée à cette question. Vous pourrez montrer que Louis-Philippe reconnaît la souveraineté nationale dans le cadre d'une monarchie constitutionnelle et parlementaire, mais qu'il refuse le suffrage universel et les réformes sociales.

L'HISTOIRE *par les* OBJETS

Toutes les ressources
lycee.nathan.fr/**hist25-102**

LE JEU DE CARTES
UN SUPPORT POLITIQUE LUDIQUE

DOC 1.

Un jeu pour célébrer la révolution de 1830

Jeu des héros des mémorables journées de juillet 1830, musée Carnavalet, Paris.

Un jeu ancien bouleversé par la Révolution française

Introduites en Europe à la fin du XIVe siècle, les cartes à jouer connaissent un succès croissant au cours des siècles suivants, d'abord dans les villes, puis aussi dans les campagnes. Les quatre symboles qui figurent sur ces rectangles de carton sont faciles à identifier par toutes et tous. Selon certains historiens, ils représenteraient, à partir du XVIIIe siècle, les quatre classes de la société : cœur pour l'Église, carreau pour les marchands, trèfle pour la paysannerie, pique pour la noblesse. La Révolution française renverse l'ordre ancien jusque sur les cartes à jouer : dame, roi et valet sont remplacés par liberté, génie et égalité.

La révolution de 1830 en images

L'engouement pour les jeux de cartes figurant l'actualité politique, né au moment de la Révolution française, se poursuit au XIXe siècle. Au lendemain de la chute du roi Charles X, le *Jeu des héros des mémorables journées de juillet 1830* célèbre ainsi la révolution qui a mis fin au règne du roi Bourbon. Les cartes sont illustrées par des personnages ou des épisodes importants de la révolution de 1830. Les images des événements circulent ainsi dans les intérieurs, les cafés ou les maisons de jeu.

Des femmes sur les cartes

De nombreuses femmes sont représentées sur ce jeu. Marie-Amélie, épouse du nouveau roi Louis-Philippe, figure la dame de cœur et sa fille, la dame de carreau. Des femmes du peuple apparaissent les armes à la main sur les barricades, portant un drapeau ou fabriquant des cartouches. Les cartes sont ici le support d'un récit politique qui souligne l'unité du peuple dans la révolution.

INTERVIEW d'historien

lycee.nathan.fr/**25-102-02**

Emmanuel Fureix, professeur en histoire contemporaine à l'université Paris-Est-Créteil. Il est spécialiste des cultures politiques du XIXe siècle.

DOC 2.

Le roi de cœur : Louis-Philippe

Louis-Philippe, duc d'Orléans, a ici la main sur la Charte, constitution de la monarchie de Juillet. Après les « Trois Glorieuses », le 31 juillet 1830, il affirmait, dans une « Proclamation aux habitants de Paris » : « La Charte sera désormais une vérité. » Cette phrase est reprise sur la carte, qui présente le nouveau roi en souverain respectueux de la constitution.

DOC 3.

La dame de cœur : Marie-Amélie

Marie-Amélie de Bourbon-Sicile, princesse de Naples et de Sicile, a épousé son lointain cousin Louis-Philippe, duc d'Orléans, en 1809. Lorsque celui-ci accède au trône à l'issue de la révolution de 1830, elle devient reine des Français.

DOC 4.

La dame de pique : Mlle Laurent

Selon plusieurs récits, Mlle Laurent serait montée sur une barricade pour venger son père âgé, tué sous ses yeux par un garde royal. Dans ce jeu de cartes, les « dames de diverses classes » remplacent les dames.

DOC 5.

La dame de trèfle : Joséphine Mercier

Joséphine Mercier est une jeune sage-femme. Vêtue en homme, elle a porté les armes sur les barricades. Cette double transgression rappelle que les femmes ont joué un rôle majeur lors de la révolution de 1830.

DOC 6.

10 de trèfle et 9 de carreau : les combats de rue

Les Trois Glorieuses ont consisté en combats de rue dans les quartiers populaires de Paris comme le Faubourg Saint-Antoine (près de la Bastille) et le Temple (près de l'actuelle place de la République).

L'atelier d'histoire

À partir de vos connaissances et d'une recherche sur la révolution de 1830, réalisez une carte du *Jeu des héros* figurant un personnage ou une scène de cet événement. Accompagnez cette carte d'un paragraphe explicatif.

THÈME 2

La France dans l'Europe des nationalités (1848-1871)

VU AU COLLÈGE ET AU LYCÉE

en 4e Malgré l'instabilité politique et les guerres, les réformes révolutionnaires et napoléoniennes ont marqué l'Europe, inaugurant un XIXe siècle d'expériences politiques nouvelles, d'industrialisation, d'affirmation des nationalités et de rivalités persistantes.

en 1re **Thème 1.** L'Europe face aux Révolutions

Cours de 4e en PDF

Exercices interactifs

RÉACTIVER 1 LA CHRONOLOGIE DES RÉGIMES POLITIQUES EN FRANCE

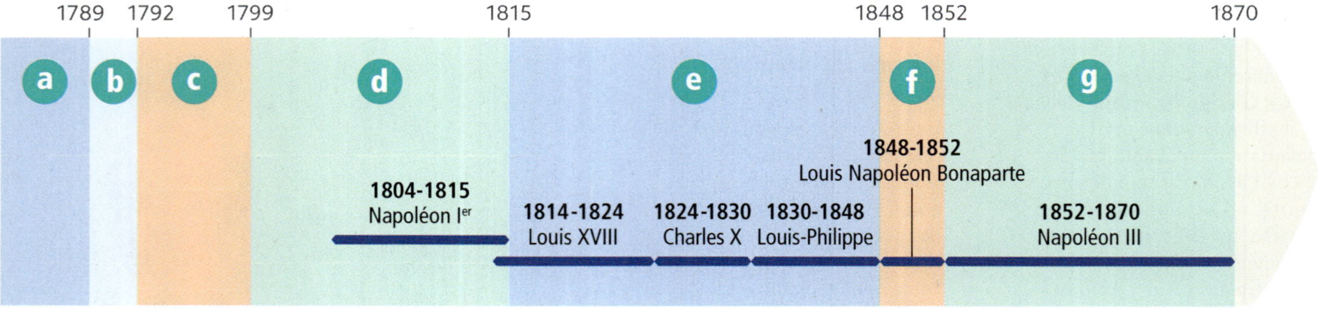

1 Associez chaque régime politique à la lettre qui lui correspond sur la chronologie.

a. Consulat-Empire
b. Second Empire
c. Monarchie absolue
d. Monarchie constitutionnelle
e. Première République
f. Deuxième République

2 À l'aide de la chronologie, répondez aux questions.

a. Combien de types de régimes politiques se succèdent en France de 1850 à 1870 ?
b. Combien de rois, empereurs ou présidents ont gouverné la France de 1815 à 1870 ? (Attention au piège !)

RÉACTIVER 2 LES REPÈRES CHRONOLOGIQUES DE LA PÉRIODE 1789-1848

> Associez chaque événement étudié dans le thème 1 de ce manuel à sa date.

1. Trois Glorieuses
2. Code civil
3. Proclamation de la Ire République
4. Terreur
5. Abolition de l'esclavage
6. Congrès de Vienne
7. Déclaration des droits de l'homme et du citoyen
8. Rétablissement de l'esclavage

a. 26 août 1789
b. 4 février 1794
c. 21 septembre 1792
d. Sept 1793-juil.1794
e. 21 mars 1804
f. 20 mai 1802
g. Juillet 1830
h. Nov 1814-juin 1815

Toutes les ressources
lycee.nathan.fr/**hist25-105**

RÉACTIVER 3 LE VOCABULAIRE ET LES NOTIONS

Associez chaque notion ou mot-clé à sa définition.

1. Suffrage censitaire
2. Suffrage universel masculin
3. Plébiscite
4. Les républicains
5. Nation
6. Nationalité

a. Groupe qui a conscience d'être uni par un passé commun. Cette unité se définit sur le plan politique (territoire, État, citoyenneté) et culturel (langue, religion, traditions).

b. Au XIXe siècle, terme qui désigne une nation privée d'État, un peuple qui aspire à sa reconnaissance en tant que nation souveraine.

c. Consultation directe du peuple (suffrage universel) auquel on demande de répondre par « oui » ou « non » à une question.

d. Système électoral dans lequel seuls les citoyens masculins qui paient un certain montant d'impôt (le cens) ont le droit de vote.

e. Système électoral dans lequel les citoyens masculins majeurs ont le droit de vote.

f. Groupe de personnes qui a pour objectif la mise en place de la République en France. Ils sont hostiles à la monarchie et sont les plus fervents défenseurs du suffrage universel.

RÉACTIVER 4 LES PRINCIPAUX ACTEURS HISTORIQUES

Associez une devinette à chaque acteur de la vie politique en France de 1815 à 1870.

a Louis XVIII (1814-1824)

b Charles X (1824-1830)

c Louis-Philippe (1830-1848)

d Louis Napoléon Bonaparte (1848-1870)

1. Élu président d'une République, je deviens ensuite empereur par un coup d'État, limitant libertés et oppositions. Qui suis-je ?

2. Je suis un roi de la famille d'Orléans, mon règne finit balayé par une révolution républicaine. Qui suis-je ?

3. Frère d'un roi décapité, je tente de réconcilier Révolution et monarchie, en maintenant les libertés et le Code civil. Qui suis-je ?

4. Frère d'un roi réconciliateur, je mène une politique autoritaire. Je suis renversé par trois journées révolutionnaires. Qui suis-je ?

RÉACTIVER 5 LES CONNAISSANCES SUR L'EUROPE

À l'aide de cette liste des nationalités, répondez aux questions.

1. **Citez deux nationalités qui aspirent à l'unité dans un seul État au XIXe siècle.**
2. **Citez une nationalité soumise à un État qui aspire à l'indépendance au XIXe siècle.**
3. **Citez une nationalité partagée entre plusieurs États qui aspire à l'indépendance au XIXe siècle.**

Les nationalités

Italiens	Tchèques
Grecs	Slovaques
Irlandais	Allemands
Belges	Roumains
Hongrois	Polonais

CHAPITRE 4

La Deuxième République et le Printemps des peuples

COURS

EXPLORER

Un rêve de fraternité

Un joyeux cortège, dirigé par la France, défile devant la statue de la Liberté, sous la bénédiction du Christ. La fraternité unit tous les peuples de l'Europe, les hommes et les femmes, les bourgeois et les ouvriers.

Dessin de Marie-Cécile Goldsmid et lithographie de Frédéric Sorrieu, *La République universelle, démocratique et sociale : le Pacte*, 1848, 43,5 × 53,2 cm, musée Carnavalet, Paris.

Tous les textes du chapitre :
- en version DYS
- en version audio

lycee.nathan.fr/**hist25-106**

Jeu numérique
Découvrir l'image
lycee.nathan.fr/hist25-107

COURS

Cours à écouter

Toutes les ressources
lycee.nathan.fr/hist25-108

1 La Deuxième République : entre espoirs et échecs (1848-1852)

- **PPO 1** Alphonse de Lamartine en 1848.
- **PPO 2** George Sand, femme de lettres engagée en politique.
- **PPO 3** Louis-Napoléon Bonaparte, premier président de la République.

A De l'euphorie révolutionnaire à la guerre civile

a. La révolution de février 1848

PPO 1

• Alors que la France est touchée par une crise économique et sociale depuis 1846, l'interdiction par la monarchie de Juillet d'un **banquet républicain** déclenche une vague de protestations. Du 22 au 25 février 1848, une révolution parisienne renverse Louis-Philippe. Un gouvernement provisoire proclame la République, la deuxième après celle de 1792. Il est formé de républicains modérés, comme Lamartine, et de républicains radicaux, comme Ledru-Rollin, **l'ouvrier Albert** ou Louis Blanc, théoricien du **socialisme**. [**doc. 2**]

EXPLORER ① p. 116

b. « L'esprit de 1848 »

PPO 2

• La démocratie naissante suscite espoir et euphorie : c'est « l'esprit de 1848 ». Les Français semblent réconciliés autour d'un idéal de fraternité. Des arbres de la liberté sont plantés et bénis par les prêtres. Le gouvernement prend en quelques jours une série de mesures fondamentales, comme l'adoption du suffrage universel masculin et l'abolition de l'esclavage [**doc. 1**]. Les féministes s'expriment, mais elles n'obtiennent pas le droit de vote qu'elles réclament.

EXPLORER ⑤ p. 123 et ⑥ p. 124

c. L'échec de la république sociale

• Très vite, des tensions entre républicains modérés et républicains « rouges » surgissent [**doc. 2**]. Ces derniers exigent le droit au travail. Pour fournir du travail aux ouvriers, des **ateliers nationaux** sont créés. Financés par une hausse des impôts, ils mécontentent l'opinion. En avril 1848, les élections législatives sont remportées par les modérés qui décident alors de les fermer. Cela provoque l'insurrection des quartiers populaires de l'Est parisien du 23 au 26 juin, écrasée par Cavaignac, ministre de la Guerre doté des pleins pouvoirs.

EXPLORER ② p. 118

Repères

L'ouvrier Albert

Alexandre Martin (1815-1895), ouvrier parisien dirigeant une société secrète républicaine, est connu sous le nom d'Albert. Proche du socialiste Louis Blanc, il entre avec lui au gouvernement provisoire de février 1848. « L'ouvrier Albert » symbolise la volonté d'action sociale de la Deuxième République.

Biographie

Louis-Napoléon Bonaparte (1808-1873) → p. 306

Alphonse de Lamartine (1790-1869) → p. 304

Adolphe Thiers (1797-1877) → p. 307

1 Les principales mesures adoptées par le Gouvernement provisoire

Symboles	• Conservation par la République du drapeau tricolore • Adoption de la devise « Liberté, Égalité, Fraternité »
Réformes politiques	• Suffrage universel masculin • Liberté de presse et de réunion • Abolition de la peine de mort pour délit politique • Abolition de l'esclavage dans les colonies
Réformes sociales	• Proclamation du « droit au travail » • Réduction de la journée de travail de l'ouvrier à 10 heures à Paris et 11 heures en province

2 Les « rouges » et les « bleus »

LES RÉPUBLICAINS

LES ROUGES
Républicains radicaux
› Veulent une **république sociale** et la **démocratie directe**
- **Socialistes** — Ex. : Blanc, Raspail, Blanqui, l'ouvrier Albert
- **Démocrates socialistes** — Ex. : Ledru-Rollin

LES BLEUS
Républicains modérés
› Veulent des **réformes sociales progressives** et la **démocratie parlementaire**
- Ex. : Lamartine et Cavaignac

B La République en danger

a. La République aux mains des royalistes

• Après les journées de juin 1848, la droite royaliste se rassemble dans le **parti de l'Ordre**, conduit par Adolphe Thiers, et fait pression sur le gouvernement. La journée de travail est de nouveau fixée à 12 heures, des mesures limitent la liberté d'expression.

• La Constitution du 4 novembre 1848 répartit d'une manière peu claire les pouvoirs entre une Assemblée législative unique et un président de la République élu pour quatre ans et non rééligible [**doc. 3** et **Repères**].

b. Louis-Napoléon Bonaparte, président de la République

PPO 3

• Le 10 décembre 1848, Louis-Napoléon Bonaparte est élu président de la République avec près de 75 % des suffrages [**doc. 4**]. Il rassure les notables et bénéficie de la légende napoléonienne par son nom (il est le neveu de Napoléon Ier). Il gouverne d'abord avec le parti de l'Ordre, qui triomphe aux élections législatives de mai 1849. La loi Falloux de mars 1850 accroît le contrôle de l'Église catholique sur l'enseignement. Celle du 31 mai 1850 restreint le suffrage universel en radiant des listes trois millions d'électeurs pauvres.

EXPLORER ③ p. 120 et ④ p. 122

c. De la République à l'Empire

• Cependant, celui qui se fait appeler le « prince-président » prend progressivement ses distances avec ce gouvernement dont il dénonce les excès réactionnaires. Il cherche à réviser la Constitution pour se faire réélire. N'y parvenant pas, il organise un coup d'État le 2 décembre 1851, tout en rétablissant le suffrage universel masculin. La résistance est assez faible à Paris, plus forte dans les campagnes du sud-est et du centre de la France. Le 2 décembre 1852, la République est officiellement abolie et le Second Empire est proclamé.

Vocabulaire

Ateliers nationaux : chantiers de travaux publics organisés par l'État pour employer les ouvriers au chômage.

Banquet républicain : repas organisé par les républicains pour contourner l'interdiction de réunions politiques durant la monarchie de Juillet. (→ chapitre 3 p. 98)

Parti de l'Ordre : parti réunissant les royalistes (légitimistes et orléanistes), rejoints par certains républicains modérés par peur des « rouges ».

Socialisme : doctrine qui veut rompre avec le capitalisme libéral pour instaurer une plus grande justice sociale.

FICHE À COMPLÉTER

À l'aide du cours, repérez :
- les idées principales ;
- les repères essentiels ;
- le vocabulaire.

3 La Constitution du 4 novembre 1848

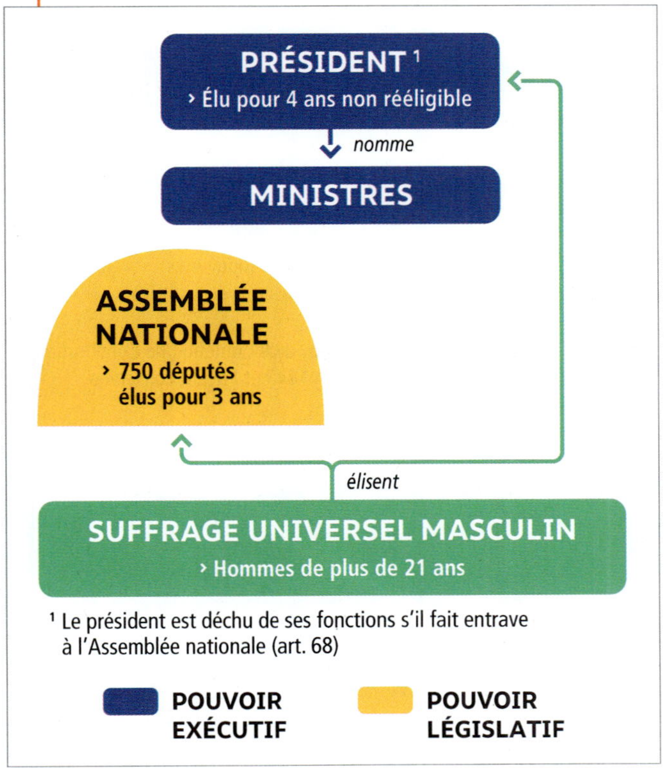

Repères

Un régime parlementaire ou présidentiel ?

L'article 68 de la Constitution dit que les ministres sont « responsables », mais sans préciser devant qui : devant le président de la République (régime présidentiel) ? devant l'Assemblée nationale (régime parlementaire) ? Par ailleurs, le président n'a pas le droit de dissoudre l'Assemblée, ce qui va dans le sens du régime présidentiel.

4 Résultats de l'élection présidentielle du 10 décembre 1848

Candidats	Parti	Résultats
Louis-Napoléon Bonaparte	Parti de l'Ordre	74,31 %
Louis-Eugène Cavaignac	Républicain modéré	19,61 %
Alexandre Ledru-Rollin	Démocrate socialiste	5,07 %
François-Vincent Raspail	Socialiste	0,49 %
Alphonse de Lamartine	Républicain modéré	0,28 %
Autres candidats		0,24 %

La participation est de 75,36 % des inscrits.

Cours à écouter

Toutes les ressources
lycee.nathan.fr/hist25-110

2 Le Printemps des peuples : des espérances déçues

A Le Printemps des peuples

Biographie

Karl Marx (1818-1883) → p. 305

Giuseppe Mazzini (1805-1872) → p. 305

Klemens von Metternich (1773-1859) → p. 305

a. Une vague révolutionnaire

• La révolution de février 1848 en France a un immense retentissement dans toute l'Europe et accentue l'agitation qui règne déjà en Italie et en Allemagne. Les exilés politiques — comme Karl Marx et Giuseppe Mazzini — assistent à l'insurrection parisienne et nourrissent alors l'espoir de propager la révolution dans leur pays.

• Le 13 mars 1848, des émeutes à Vienne obligent Metternich à quitter le pouvoir. La chute de l'homme qui était, depuis 1815, le gardien de l'ordre européen provoque une onde de choc [**doc. 1**]. Face à la pression, l'empereur d'Autriche accorde une Assemblée constituante élue au suffrage universel et abolit les droits féodaux. Dans toute l'Europe, les libéraux réclament la mise en place de constitutions reconnaissant la souveraineté du peuple et les libertés individuelles.

Vocabulaire

Nationalités : au XIXe siècle, terme qui désigne une nation privée d'État, un peuple qui aspire à sa reconnaissance en tant que nation souveraine. Le principe des nationalités, c'est donc le droit des peuples à disposer d'eux-mêmes. (→ chapitre 3 p. 78)

b. Les aspirations nationales au cœur des revendications

• Ces revendications politiques sont liées au mouvement des **nationalités**, puisque pour de nombreux peuples, la souveraineté signifierait l'indépendance dans le cadre d'un État-nation. Les minorités nationales (Tchèques, Hongrois...) menacent d'implosion l'Empire autrichien.

• Les aspirations nationales des Italiens et des Allemands entraînent au contraire un puissant mouvement unitaire. Le roi de Piémont-Sardaigne déclare la guerre à l'Autriche pour libérer la Lombardie-Vénétie. Une assemblée constituante élue au suffrage universel par tous les Allemands se réunit en mai 1848 : c'est le Parlement de Francfort qui adopte en décembre une déclaration des droits du peuple allemand.

EXPLORER ⑧ p. 127

1 Le Printemps des peuples

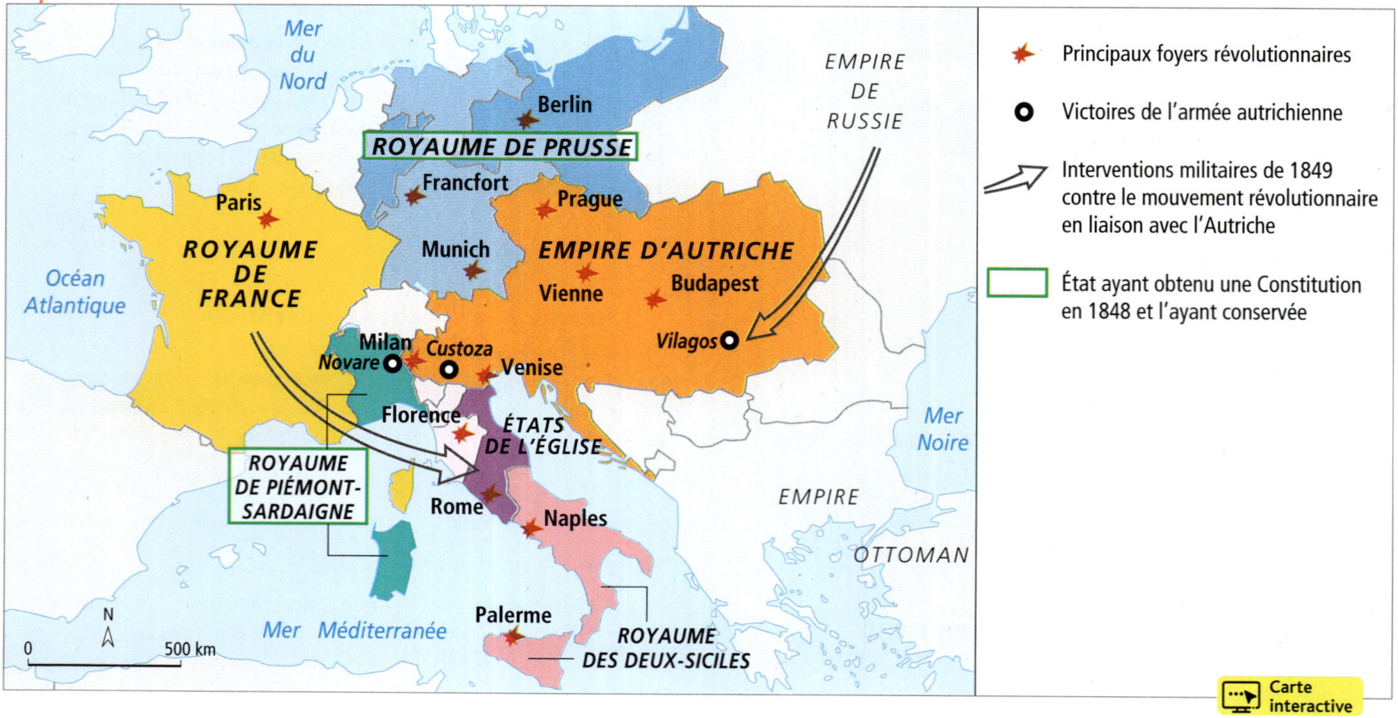

Carte interactive

B La fin des illusions

a. La réaction autrichienne et le reflux révolutionnaire

- À partir de l'été 1848, l'armée autrichienne reprend le dessus et, avec l'aide de la Russie, écrase la révolution hongroise.
- Dans les territoires allemands, le Parlement de Francfort s'enlise dans de longs débats entre partisans de la « Grande Allemagne » et ceux de la « Petite Allemagne » [**doc. 2**]. Ces derniers finissent par s'imposer et proposent la couronne au roi de Prusse, Frédéric-Guillaume IV. Mais l'intervention de l'Autriche met fin à leur rêve libéral et unitaire. Le Parlement est dissous et les révolutionnaires pourchassés.
- Dans la péninsule italienne, où des régimes républicains avaient vu le jour à Florence et à Rome, la répression l'emporte à partir de mars 1849, avec l'aide de l'Autriche et de la France de Louis-Napoléon Bonaparte.

EXPLORER ⑦ p. 126

b. Un bilan contrasté

- Bien que l'ordre de Vienne soit rétabli en Europe et les forces conservatrices victorieuses, les partisans de l'unité allemande et italienne ont trouvé chacun leur chef pour la voie vers l'unité : le roi de Prusse pour les uns et celui de Piémont-Sardaigne pour les autres. Ceux-ci conservent d'ailleurs pour leur royaume les constitutions rédigées pendant le Printemps des peuples.
- En Autriche, la Constitution de 1849 n'est jamais appliquée, mais l'abolition des droits féodaux est garantie. Les principes du congrès de Vienne sont dépassés, le Printemps des peuples, malgré son échec, a permis au peuple de prendre la parole, le suffrage universel masculin a été expérimenté.

PASSÉ Présent

LA SAISON DE L'ESPOIR

Le **Printemps des peuples** a inspiré des expressions désignant l'espoir suscité par une révolution. On a ainsi qualifié de « Printemps de Prague » l'insurrection de 1968 en Tchécoslovaquie contre l'URSS et de « Printemps arabe » les soulèvements en faveur de la démocratie dans les pays d'Afrique du Nord et du Proche-Orient de décembre 2010 à 2012.

Podcast

Analyse de Sylvie Aprile, professeur à l'université Charles-de-Gaulle-Lille III
La marche de l'histoire, France Inter

2 Grande ou Petite Allemagne ?

Carte interactive

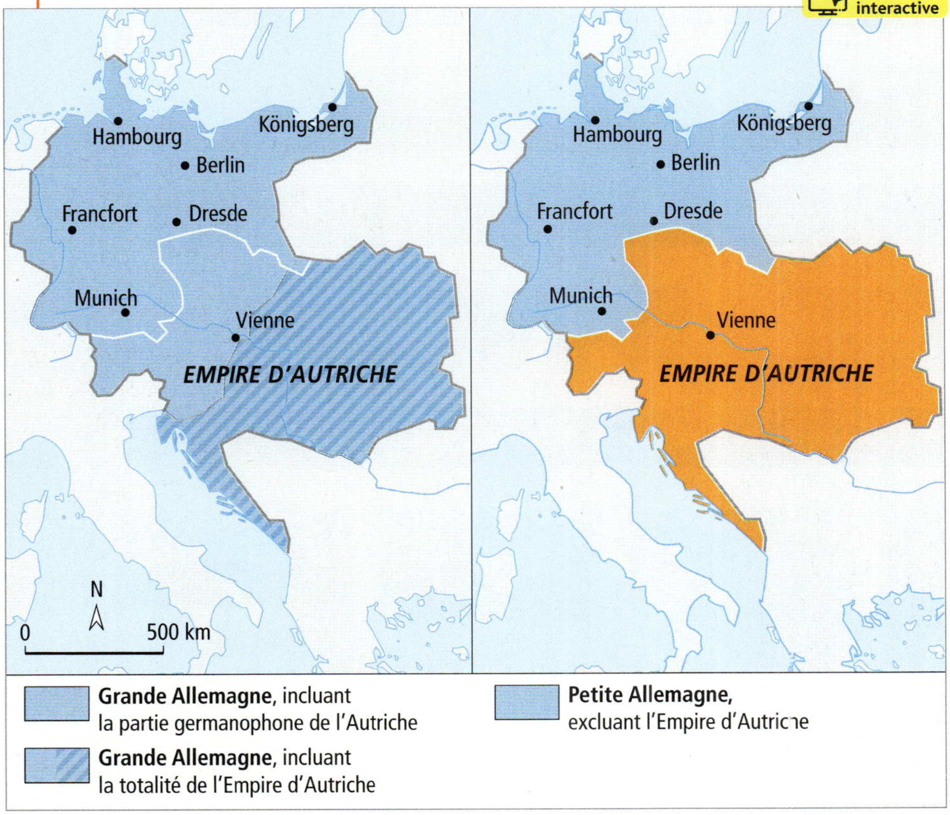

FICHE À COMPLÉTER

À l'aide du cours, repérez :
- les idées principales ;
- les repères essentiels ;
- le vocabulaire.

Toutes les ressources
lycee.nathan.fr/hist25-112

La Deuxième République et le Printemps des peuples

1847 – 1848 – 1849 – 1850 – 1851 – 1852 – 1853

MONARCHIE DE JUILLET | DEUXIÈME RÉPUBLIQUE | SECOND EMPIRE

FRANCE

- **22-25 fév. 1848** Journées révolutionnaires
- **5 mars 1848** Suffrage universel masculin
- **27 avril 1848** Abolition de l'esclavage
- **23-26 juin 1848** Insurrection des Parisiens
- **10 déc. 1848** L.-N. Bonaparte élu président de la République
- **31 mai 1850** Restriction du suffrage universel masculin
- **2 déc. 1851** Coup d'État de Louis-Napoléon Bonaparte
- **2 déc. 1852** Proclamation du Second Empire

EUROPE

- **13 mars 1848** Émeutes à Vienne, démission de Metternich
- **Mai 1848** Parlement de Francfort
- **Février 1849** Républiques proclamées à Rome et à Florence
- **Juillet 1849** L'armée française met fin à la République romaine

DE LA DEUXIÈME RÉPUBLIQUE AU SECOND EMPIRE

La révolution de février 1848 permet d'importantes avancées démocratiques…

- Abolition de la monarchie de Juillet
- Proclamation de la IIe République
- Instauration du suffrage universel masculin
- Libertés de la presse et de réunion
- Abolition de l'esclavage

… mais sa réponse à la question sociale…

- Réduction du temps de travail journalier
- Création d'ateliers nationaux

… suscite des tensions…

- Protestation paysanne contre les hausses d'impôts
- Division entre républicains modérés et radicaux

… qui aboutissent au rétablissement d'un pouvoir monarchique autoritaire.

- Répression du soulèvement ouvrier de juin 1848
- Élection de Louis-Napoléon Bonaparte à la présidence (décembre 1848)
- Restriction du suffrage universel (mai 1850)
- Coup d'État du 2 décembre 1851
- Proclamation du Second Empire (2 décembre 1852)

Légende : Politique (bleu) – Social (vert)

LE PRINTEMPS DES PEUPLES

La vague révolutionnaire de 1848 fait progresser les idées et les pratiques...

- **Nationales**
  - **Aspiration à l'unification des peuples privés d'État** (Allemands, Italiens)
  - **Aspiration à l'indépendance des minorités nationales** (Hongrois, Tchèques)
- **Libérales et démocratiques**
  - **Diffusion du suffrage universel masculin** (Autriche, France)
  - **Progrès du parlementarisme** (création d'une Assemblée nationale constituante en Autriche)

... mais est l'objet d'une répression rapide et puissante.

- Écrasement des soulèvements hongrois et italien
- Échec de l'unification allemande
- Dissolution du Parlement de Francfort
- Non application de la Constitution autrichienne de 1849
- Renversement de la Deuxième République française et des républiques florentine et romaine

LES NOTIONS-CLÉS

Printemps des peuples : nom donné à la vague révolutionnaire qui a touché l'Europe en 1848-1849 et permis l'affirmation des nationalités.

Libéralisme : pensée issue de la philosophie des Lumières et diffusée par la Révolution française qui veut fonder la société sur la liberté individuelle. L'État doit garantir les libertés fondamentales ; les citoyens forment la nation, qui détient la souveraineté. L'État doit limiter ses interventions dans l'économie, fondée sur les libertés de propriété et d'entreprise, sur la libre concurrence entre les entreprises et le libre-échange entre les nations.

Nationalité : au XIXe siècle, terme qui désigne une nation privée d'État, un peuple qui aspire à sa reconnaissance en tant que nation souveraine. Le principe des nationalités, c'est donc le droit des peuples à disposer d'eux-mêmes.

Socialisme : doctrine qui veut rompre avec le capitalisme libéral pour instaurer une plus grande justice sociale.

LES POINTS DE PASSAGE ET D'OUVERTURE

Alphonse de Lamartine en 1848.
• Cours p. 108
• Explorer p. 116

George Sand, femme de lettres engagée en politique.
• Explorer p. 123

Louis-Napoléon Bonaparte, premier président de la République.
• Cours p. 109
• Explorer p. 122

Toutes les ressources
lycee.nathan.fr/hist25-114

La Deuxième République et le Printemps des peuples

EXERCICE 1 SAVOIR DATER

Exercices interactifs

Associez la date sur la frise à l'événement qui lui correspond.

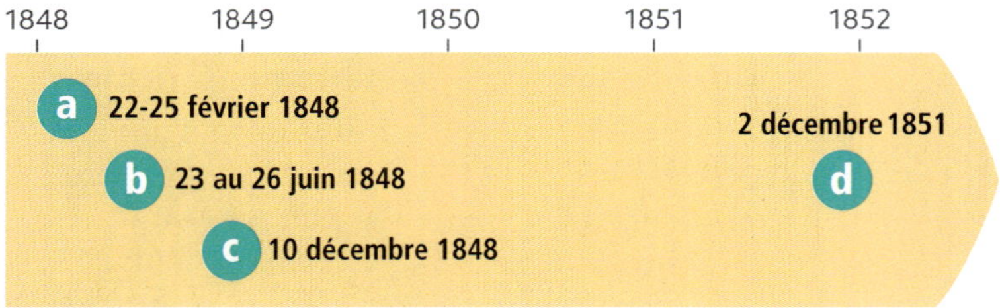

1. Louis-Napoléon Bonaparte est élu président de la République
2. Insurrection ouvrière à Paris, violemment réprimée
3. Coup d'État de Louis-Napoléon Bonaparte
4. Journées révolutionnaires à Paris qui renversent le régime de Louis-Philippe

EXERCICE 2 MAÎTRISER LES GRANDES TENDANCES POLITIQUES

Associez chaque mouvement politique à ses objectifs ou caractéristiques.

a. Les républicains modérés

b. Les démocrates socialistes

c. Le parti de l'Ordre

1. Veulent une république démocratique (suffrage universel).

2. Rassemble les royalistes.

3. Veulent une république démocratique et sociale.

EXERCICE 3 VÉRIFIER SES CONNAISSANCES

Choisissez la bonne réponse.

1. **Le Gouvernement provisoire de février 1848 proclame :**
   a. l'égalité des sexes.
   b. l'abolition de l'esclavage.
   c. l'indemnisation du chômage.

2. **L'insurrection ouvrière de juin 1848 à Paris est :**
   a. consécutive à une loi restreignant le suffrage universel masculin.
   b. soutenue par les royalistes.
   c. en réaction à la fermeture des ateliers nationaux.

3. **Le mouvement du Printemps des peuples en Europe permet :**
   a. l'unification de l'Italie.
   b. l'obtention de constitutions dans plusieurs États.
   c. de donner le droit de vote aux femmes.

4. **La Deuxième République connaît un tournant conservateur marqué par :**
   a. le rétablissement de l'esclavage dans les colonies françaises.
   b. le triomphe des royalistes aux élections législatives.
   c. le retour de Louis-Philippe d'exil pour rétablir une monarchie.

EXERCICE 4 SAVOIR VALIDER UNE CONNAISSANCE

Indiquez si les affirmations suivantes sont vraies ou fausses. Justifiez votre réponse.

1. Le Printemps des peuples désigne une poussée révolutionnaire qui s'étend à toute l'Europe entre 1848 et 1849.
2. Les Tchèques, les Hongrois, les Roumains réclament la création d'un grand État regroupant ces différentes nationalités.
3. Les mouvements révolutionnaires italiens sont soutenus par l'armée autrichienne.
4. Dans les territoires allemands, les partisans de l'unification peinent à déterminer les frontières du nouvel État allemand.
5. Le président de la République française Louis-Napoléon Bonaparte apporte son soutien aux républicains italiens contre les forces réactionnaires.

EXERCICE 5 CONNAÎTRE LES PRINCIPAUX ACTEURS

Associez chaque personnalité à une réalisation majeure.

1 *Alphonse de Lamartine (1790-1869)*

2 *Louis-Napoléon Bonaparte (1808-1873)*

3 *L'ouvrier Albert (1815-1895)*

4 *Adolphe Thiers (1797-1877)*

a Il est à la tête du parti de l'Ordre et soutient la candidature de Louis-Napoléon Bonaparte aux élections présidentielles.

b C'est le premier président de la République en France, élu au suffrage universel masculin avec 75 % des suffrages.

c Il est l'un des grands acteurs de la révolution de février 1848, fervent défenseur du suffrage universel.

d Proche des idées socialistes, il participe au Gouvernement provisoire en 1848.

EXERCICE 6 MAÎTRISER LA GÉOPOLITIQUE

Associez chaque puissance à sa situation politique et géopolitique en 1848-1849. (Plusieurs réponses possibles.)

1. L'Empire d'Autriche est…
2. La France est…
3. Les États allemands sont…
4. Les États italiens sont…

a. au bord de l'implosion face aux revendications d'indépendance des minorités nationales.
b. à la recherche d'une voie vers l'unification politique et territoriale.
c. un État-nation qui ouvre la voie aux mouvements révolutionnaires européens.
d. la puissance organisant la répression du Printemps des peuples.

1 Quel drapeau pour la République française ? PPO

Toutes les ressources
lycee.nathan.fr/hist25-116

3'16''

Quelle est donc l'histoire du drapeau français ?
Le Monde

Une République consensuelle ?

La révolution de février 1848 est rapide et peu sanglante. La Garde nationale se rallie aux insurgés. Louis-Philippe s'enfuit en Angleterre. Le peuple se contente de piller le palais des Tuileries et de brûler le trône place de la Bastille. L'abolition de la peine de mort en matière politique rassure les Français, qui associent souvent la Première République à la Terreur et à la guillotine.

Le drapeau : un choix révélateur de tensions

Pourtant, dès le 25 février, des divergences apparaissent sur le choix du drapeau national. Alphonse de Lamartine souhaite le maintien du drapeau tricolore, adopté par la Révolution française et rétabli en 1830 par Louis-Philippe. Mais l'extrême gauche demande que la révolution de 1848 se traduise symboliquement par un changement de drapeau. Ainsi, l'un de ses leaders, Auguste Blanqui, propose le drapeau rouge. Il est rejeté à la suite du discours de Lamartine le 28 février.

Arbre de la liberté en 1848
Image d'Épinal, musée Carnavalet, Paris.

DOCUMENT *clé*

1 Le point de vue d'un républicain modéré

Alphonse de Lamartine (1760-1869)
>> Biographie p. 304

Alphonse de Lamartine (1760-1869), poète romantique et député d'opposition sous la monarchie de Juillet, est ministre des Affaires étrangères du gouvernement provisoire.

Je repousserai jusqu'à la mort ce drapeau de sang [...], car le drapeau rouge que vous rapportez n'a jamais fait que le tour du Champ-de-Mars, traîné dans le sang du peuple en 1791 et 1793[1], et le drapeau tricolore a fait le tour du monde, avec le nom, la gloire et la liberté de la patrie. [...]

Si vous m'enlevez le drapeau tricolore, sachez-le bien, vous m'enlevez la moitié de la force extérieure de la France ! Car l'Europe ne connaît que le drapeau de ses défaites et de nos victoires dans le drapeau de la République et de l'Empire. En voyant le drapeau rouge, elle ne croira voir que le drapeau d'un parti ! C'est le drapeau de la France, c'est le drapeau de nos armées victorieuses, c'est le drapeau de nos triomphes qu'il faut relever devant l'Europe. La France et le drapeau tricolore c'est une même pensée, un même prestige, une même terreur, au besoin, pour nos ennemis ! [...]

Ah ! Embrassons-nous, aimons-nous, fraternisons comme une seule famille, de condition à condition, de classe à classe, d'opulence à indigence.

Lamartine, Discours du 25 février 1848.

(1) Lamartine fait allusion aux événements sanglants de la Révolution, notamment la fusillade du Champ-de-Mars le 17 juillet 1791.

Animation

2 Lamartine repoussant le drapeau rouge

Henri Félix Emmanuel de Philippoteaux, *Lamartine repoussant le drapeau rouge devant l'Hôtel de Ville, le 25 février 1848*, vers 1848, huile sur toile, 298 × 520 cm, musée Carnavalet, Paris.

DOCUMENT *clé*

3 Le point de vue d'un républicain radical

Auguste Blanqui (1805-1881), surnommé aussi « l'Enfermé » pour ses nombreux séjours en prison, est un révolutionnaire socialiste très vite déçu par la Deuxième République.

Auguste Blanqui (1805-1881)

>> Biographie p. 302

Nous ne sommes plus en 1793 ! Nous sommes en 1848 ! Le drapeau tricolore n'est pas le drapeau de la République ; il est celui de Louis-Philippe et de la monarchie. C'est le drapeau tricolore qui présidait aux massacres de la rue Transnonain[1], du faubourg de Vaise, de Saint-Étienne. Il s'est baigné vingt fois dans le sang des ouvriers. Le peuple a arboré les couleurs rouges sur les barricades de 1848, comme il les avait arborées sur celles de juin 1832, d'avril 1834, de mai 1839[2]. [...]

On dit que c'est un drapeau de sang. Il n'est rouge que du sang des martyrs qui l'ont fait étendard de la République. Sa chute est un outrage au peuple, une profanation de ses morts. [...]

Déjà la réaction se déchaîne. On la reconnaît à ses violences. Les hommes de la faction royaliste parcourent les rues [...] arrachant les couleurs rouges de la boutonnière des citoyens. Ouvriers ! C'est votre drapeau qui tombe. Écoutez bien ! La République ne tardera pas à le suivre.

Blanqui, Discours du 26 février 1848.

(1) Le 14 avril 1834, les habitants d'un immeuble de la rue Transnonain, à Paris, furent massacrés par l'armée.
(2) Blanqui évoque la répression par le régime de Louis-Philippe de nombreuses insurrections à Paris, Lyon (Vaise) et Saint-Étienne.

ACTIVITÉ

Identifier et contextualiser les documents

1. Pour chaque discours, **présentez** l'auteur, le drapeau défendu et le contexte historique dans lequel il a été prononcé. Aidez-vous des biographies p. 302 et 304 ainsi que du **doc. 2**.

Confronter les documents clés et conclure

2. **Identifiez** et **expliquez** les arguments de chacun.
3. Comment le peintre représente-t-il les tensions autour du choix du drapeau ? [**doc. 2**]
4. À l'aide de vos réponses aux questions, **expliquez** quelles visions de la République s'opposent à travers le choix du drapeau.

MÉTHODO

Confronter deux documents

Aidez-vous de ce tableau pour identifier et expliquer les arguments de chacun. Citez le texte et expliquez les citations à l'aide du cours et de vos connaissances.

		Lamartine	Blanqui
Drapeau tricolore	Champ lexical	*Citations / explications*	*Citations / explications*
	À quel événement du passé est-il associé ?	...	...
	À quelle conception politique est-il associé ?	...	...
Drapeau rouge	Champ lexical	...	...

Toutes les ressources
lycee.nathan.fr/hist25-118

2 Comment interpréter les journées de juin 1848 ?

Vocabulaire

Club : groupe de députés ou de citoyens de même sensibilité politique se réunissant régulièrement pour débattre. Sur le modèle de la Révolution française, les républicains de 1848 créent de nombreux clubs à Paris et dans les grandes villes.

Un affrontement devenu inévitable

L'euphorie de la révolution de février 1848 est de courte durée. Les élections législatives du 23 avril sont remportées par les républicains modérés et les royalistes. La plupart des socialistes sont écartés du pouvoir. Néanmoins les **clubs** parisiens font pression et le 15 mai, l'Assemblée nationale est envahie par les partisans d'une république sociale. Le nouveau gouvernement décide alors de fermer les ateliers nationaux, associés à la « menace rouge ». Cette mesure laisse sans ressource 120 000 ouvriers et entraîne l'insurrection du peuple parisien.

Un tournant tragique pour la Deuxième République

Du 23 au 26 juin, les quartiers populaires de l'Est parisien se couvrent de barricades. La répression est menée par le général Cavaignac, ministre de la Guerre à qui l'Assemblée a confié les pleins pouvoirs. Elle est très violente : les barricades sont prises à coups de canons, de nombreux prisonniers sont immédiatement exécutés. « L'esprit de 48 » a disparu, l'espoir d'une république sociale s'est évanoui.

Repères

Les chiffres de l'insurrection

- 30 000 à 50 000 insurgés
- 4 000 à 5 000 tués dans les combats
- 1 500 prisonniers exécutés sommairement
- 20 000 emprisonnés
- 11 671 jugés par des tribunaux spéciaux
- 450 envoyés en résidence surveillée en Algérie en 1850

1 Pour la fermeture des ateliers nationaux

Il est urgent, selon moi, de faire disparaître immédiatement les ateliers nationaux. [...] Ils ont produit jusqu'à présent des ouvriers qui cessent d'être honnêtes. Rien n'était plus honnête, autrefois, avant le 24 février, que les ouvriers. Ils étaient résolus à ne devoir leur existence qu'à un rude travail, pénible ; ils ont accompli ce devoir d'une manière admirable. Mais, de nos jours, on est venu prêcher des doctrines qui ont été funestes. On est venu dire aux travailleurs : la vieille société vous a traités injustement. Croisez les bras, ne retournez pas dans vos ateliers, ces ateliers deviendront vides, nous les exproprierons pour cause d'utilité publique, nous vous les donnerons et quant aux anciens propriétaires, nous les paierons quand nous pourrons. Notre système, à nous, c'est que les travailleurs doivent faire vivre l'État ; ils l'ont toujours fait, ils le feront toujours ; rien autre chose n'est possible.

Michel Goudchaux, banquier et ministre des Finances du Gouvernement provisoire, Discours à l'Assemblée constituante du 15 juin 1848.

2 L'insurrection du désespoir

Paris, 23 juin. – Pour la première fois, depuis le 24 février, des barricades ont été refaites à Paris, des Français ont fait feu les uns sur les autres, le sang a coulé. À cette heure encore, le sang rougit le pavé. [...] Le crime, quand la guerre civile éclate, n'est pas dans la nation ; il est plus haut, il est dans le pouvoir. [...]

D'après tous les rapports qui nous sont parvenus, les ouvriers retranchés derrière les barricades n'avaient pas l'élan de février, mais une mâle et sombre résignation. Mieux vaut mourir d'un coup de fusil, disaient-ils, que de faim. [...] Pour que [le peuple] ait repris les armes, il faut que sa patience ait fléchi sous le désespoir. Et à qui la faute ? N'est-ce pas au pouvoir qui avait accepté la mission de réorganiser le travail, et n'a su ni occuper les bras des travailleurs ni mériter leur confiance ? [...]

La révolution de février s'est faite aux cris de « Vive la réforme ! » ; l'émeute de ce jour a eu pour cri : « Vive la République démocratique et sociale ! » Non, cette espérance ne périt pas, elle croît énergiquement dans le sang, et le peuple ne cessera de demander au pouvoir de la réaliser.

« Le sang », article paru dans le journal *Le Tocsin des travailleurs*, n° 24, 24 juin 1848.

3 La guerre civile à Paris

Horace Vernet, *Barricade dans la rue de Soufflot*, 25 juin 1848, huile sur toile, 0,57 × 0,65 m, *Deutsche Historische Museum*, Berlin, Allemagne.

4 La lutte des classes

Karl Marx (1818-1883)

>> Biographie p. 305

Jeune journaliste allemand, Karl Marx (1818-1883) publie en février 1848 le Manifeste du parti communiste. *Il est à Paris lors des journées de juin 1848.*

La révolution de juin offre le spectacle d'une lutte acharnée, comme Paris, comme le monde n'en ont pas encore vu de pareille... C'est la première grande bataille entre les deux classes qui divisent la société moderne. C'est une lutte pour le maintien ou l'anéantissement de l'ordre bourgeois, le voile qui cachait la République se déchire. La fraternité des classes antagonistes dont l'une exploite l'autre, cette fraternité proclamée en février, son expression véritable, authentique, prosaïque c'est la guerre civile. La guerre entre le capital et le travail. Ce qui distingue la révolution de juin de toutes les révolutions précédentes, c'est l'absence de toute illusion, de tout enthousiasme.

Karl Marx, *Les luttes des classes en France*, 1850.

ACTIVITÉ

Identifier les documents

1. **Identifiez** les idées politiques des auteurs des **doc. 1, 2 et 4**.

Prélever les informations pertinentes

2. **Identifiez** les acteurs du soulèvement de juin 1848, leurs revendications et leurs émotions.
3. **Caractérisez** la nature des combats.

Interpréter un événement historique

4. **Expliquez** les passages soulignés dans le **doc. 4**.
5. **Expliquez** comment les contemporains de l'événement ont interprété les journées de juin 1848.

MÉTHODO

Vous pouvez construire un tableau pour vous aider :

	Acteurs des journées de juin 1848	Origines de l'insurrection / revendications	Nature des combats	Signification de l'événement
Doc. 1				
Doc. 2				
Doc. 3				
Doc. 4				

EXPLORER

CONSTRUIRE UNE ARGUMENTATION

③ Le suffrage universel : un saut dans l'inconnu ?

Toutes les ressources
lycee.nathan.fr/hist25-120

Une vie politique pacifiée

Le décret du 5 mars 1848 instaure le suffrage universel, faisant passer le nombre d'électeurs de 250 000 à 9 400 000. Si les femmes sont toujours exclues, chaque homme à partir de 21 ans peut désormais faire entendre sa voix. Le suffrage universel soulève de grands espoirs : il va pacifier la vie politique, puisque le peuple peut désormais s'exprimer avec un bulletin de vote, au lieu d'un fusil.

Les risques de manipulation

Mais le suffrage universel suscite aussi des inquiétudes. Les républicains rouges demandent le report des élections, pour avoir le temps d'éduquer les électeurs. Ils craignent en effet que les paysans, dénués de culture politique, ne soient manipulés par la droite. Celle-ci s'accommode plutôt du suffrage universel, jusqu'à ce que les bons résultats des démocrates-socialistes ne la poussent à restreindre le droit de vote par la loi du 31 mai 1850.

1 L'enjeu du suffrage universel

« Ça c'est pour l'ennemi du dehors, pour le dedans, voici comme l'on combat loyalement les adversaires... »

Gravure de M. L. Bosredon, *Le vote ou le fusil*, 1848, musée Carnavalet, Paris.

2 « Ajournement des élections, c'est le cri des Parisiens ! »

Citoyens, nous demandons l'ajournement(1) des élections de l'Assemblée constituante [...]. Ces élections seraient dérisoires. À Paris, un très petit nombre d'ouvriers sont inscrits sur les listes électorales. L'urne ne recevrait que les suffrages de la bourgeoisie.

Dans les villes, la classe des travailleurs, façonnée au joug par de longues années de compression et de misère, ne prendrait aucune part au scrutin, ou bien elle y serait conduite par ses maîtres, comme un bétail aveugle. Dans les campagnes toutes les influences sont aux mains du clergé et des aristocraties. [...]

Le peuple ne sait pas : il faut qu'il sache. Ce n'est pas l'œuvre d'un jour, ni d'un mois. Lorsque la contre-révolution a seule la parole depuis cinquante ans, est-ce donc trop de l'accorder une année peut-être à la liberté [...] ? Il faut que la lumière se fasse jusque dans les moindres hameaux, il faut que les travailleurs redressent leurs fronts courbés par la servitude [...].

Et ne dites pas que nos craintes sont chimériques ! Les élections si elles s'accomplissent, seront réactionnaires. C'est le cri universel. Le parti royaliste, le seul organisé grâce à sa longue domination, va les maîtriser par l'intrigue, la corruption, les influences sociales ; il sortira triomphant de l'urne. Ce triomphe, ce serait la guerre civile ! Car Paris, le cœur et le cerveau de la France, Paris ne reculera pas devant ce retour offensif du passé. [...]

Ajournement des élections, c'est le cri des Parisiens !

Auguste Blanqui, *Deuxième pétition pour l'ajournement des élections*, 14 mars 1848.

(1) L'ajournement est le report à une date ultérieure. Le gouvernement provisoire n'accepta de repousser les élections que de quelques semaines ; elles eurent lieu le 23 avril 1848.

Différenciation

3 « Le droit d'insurrection aboli par le droit de suffrage »

Victor Hugo (1802-1885)
>> Biographie p. 304

Victor Hugo (1802-1885), qui a rejoint le camp républicain, s'oppose au projet de loi excluant du droit de vote ceux qui n'ont pas une résidence fixe depuis au moins trois ans.

Dissoudre les animosités, désarmer les haines, faire tomber la cartouche des mains de la misère [...] ; en un mot, inspirer aux masses cette patience forte qui fait les grands peuples, voilà l'œuvre du suffrage universel. [...] Il y a dans l'année un jour où le plus imperceptible citoyen participe à la vie immense du pays tout entier, où la plus étroite poitrine se dilate à l'air des grandes affaires publiques. Il y a, dis-je, dans l'année un jour où le plus faible sent en lui la grandeur de la souveraineté nationale, où le plus humble sent en lui l'âme de la patrie ! [...] Qu'est-ce que tout cela ? C'est la fin de la violence, c'est la fin de la force brutale, c'est la fin de l'émeute [...] ; c'est le droit à l'insurrection aboli par le droit au suffrage. [...] Messieurs, cette loi construit tout un système de formalités et de délais qui entraîne des déchéances ; elle est pleine de pièges et de trappes où se perdra le vote de trois millions d'hommes ! Elle viole, ceci résume tout, ce qui est antérieur et supérieur à la Constitution : la souveraineté de la nation !

Victor Hugo, *Discours à l'Assemblée nationale*, 21 mai 1850.

Différenciation

4 La restriction du suffrage universel

LA LOI ÉLECTORALE du 31 mai 1850

Conditions pour voter
- Être un homme de plus de 21 ans
- Avoir un casier judiciaire vierge
- Avoir un domicile fixe depuis 3 ans

Conséquences sur le corps électoral

1/3 des Français exclus du droit de vote dont :
- Ouvriers
- Ouvriers agricoles
- Militants d'extrême gauche

Dans les villes :
- 50 % des électeurs exclus à Paris
- 70 % des électeurs exclus à Lille
- 80 % des électeurs exclus à Roubaix

ACTIVITÉ

Rédigez une réponse argumentée à la question : « Le suffrage universel est-il un saut dans l'inconnu ? »

Vous pourrez suivre le plan suivant, en vous appuyant dans chaque partie sur les documents :

1. Le suffrage universel, une pratique démocratique essentielle pour les républicains
2. Les risques de manipulation du suffrage universel

MÉTHODO

Utiliser un tableau pour construire une argumentation

Dans un tableau comme ci-dessous :
- ➜ indiquez l'idée générale de vos parties ;
- ➜ identifiez l'auteur et le contexte pour chaque document ;
- ➜ relevez dans les documents les preuves qui illustrent l'idée de la partie ;
- ➜ complétez et expliquez à l'aide de vos connaissances.

Rédigez ensuite votre réponse argumentée à l'aide des informations du tableau.

Le suffrage universel est-il un saut dans l'inconnu ?				
	Idée générale	**Doc. 1**	**Doc. 2**	**Doc. 3**
Partie 1	Arguments en faveur de l'instauration du suffrage universel		Contexte : ... Contenu du document : ... Connaissances : ...	Auteur / point de vue : ... Citations : ... Connaissances : ...
Partie 2	Arguments contre la pratique du suffrage universel	Auteur / point de vue : ... Citations : ... Connaissances : ...		Contexte : ... Citations : ... Connaissances : ...

EXPLORER ★★

RÉPONDRE À UNE CONSIGNE SUR UN DOCUMENT

4 Comment Louis-Napoléon Bonaparte a-t-il séduit les électeurs ? PPO

Toutes les ressources lycee.nathan.fr/hist25-122

Vocabulaire

Carbonari : → chapitre 3, p. 78.

Louis-Napoléon Bonaparte (1808-1873)

>> Biographie p. 306

Un aventurier aux idéaux ambigus

Neveu de Napoléon Ier, Louis-Napoléon Bonaparte passe sa jeunesse en exil en Suisse. Il participe à l'insurrection des ***carbonari*** en 1831, en Italie. À deux reprises, il tente de renverser la monarchie de Juillet. Il s'évade de prison en 1846 et se réfugie en Angleterre. Il publie en 1844 *L'extinction du paupérisme* (1844), un ouvrage où il se dit socialiste. Sans s'être présenté, il est élu en juin 1848 aux élections partielles dans quatre départements.

Le candidat du parti de l'Ordre

Il décide de se présenter à l'élection présidentielle et le parti de l'Ordre le soutient. Divisée entre légitimistes et orléanistes, la droite cherche un candidat d'union. Elle veut jouer sur la popularité de son nom et elle pense que c'est un « crétin que l'on mènera » (selon Adolphe Thiers). Il remporte près des trois quarts des suffrages avec un programme qui a su séduire diverses tendances de l'opinion.

1 « Si j'étais nommé président... »

À la veille d'élire le premier magistrat de la République, mon nom se présente à vous comme symbole d'ordre et de sécurité. [...]

Si j'étais nommé président [...] je mettrais mon honneur à laisser, au bout de quatre ans, à mon successeur, le pouvoir affermi, la liberté intacte, un progrès réel accompli.

Quel que soit le résultat de l'élection, je m'inclinerai devant la volonté du peuple, et mon concours est acquis d'avance à tout gouvernement juste et ferme qui rétablisse l'ordre dans les esprits comme dans les choses ; qui protège efficacement la religion, la famille, la propriété, bases éternelles de tout état social ; qui provoque les réformes possibles, calme les haines, réconcilie les partis. [...]

Quant aux réformes possibles, voici celles qui me paraissent les plus urgentes : admettre toutes les économies qui, sans désorganiser les services publics, permettent la diminution des impôts les plus onéreux au peuple ; encourager les entreprises qui, en développant les richesses de l'agriculture, peuvent [...] donner du travail aux bras inoccupés ; pourvoir à la vieillesse des travailleurs par des institutions de prévoyance ; introduire dans nos lois industrielles les améliorations qui tendent, non à ruiner le riche au profit du pauvre, mais à fonder le bien-être de chacun sur la prospérité de tous.

Louis-Napoléon Bonaparte, *Manifeste du prince Louis-Napoléon Bonaparte*, 27 novembre 1848.

Différenciation

ACTIVITÉ

À partir de l'étude du document, montrez comment Louis-Napoléon Bonaparte procède pour séduire une grande partie des électeurs français.

Pour cela, identifiez à quelle catégorie sociale et donc à quelle partie des électeurs s'adresse chacun de ses arguments.

Méthodo

5 Comment faire progresser la condition féminine en 1848 ? PPO

Repères

La femme dans le Code civil (1804)

« **Article 213** — Le mari doit protection à sa femme, la femme obéissance à son mari. »
Le code Napoléon place ainsi la femme mariée dans une incapacité juridique et dans une situation de soumission à son époux.
(➜ chapitre 2, p. 60)

L'engagement des femmes en 1848

Les femmes participent activement aux journées révolutionnaires et s'expriment dans les clubs et la presse. Pourtant, leur espoir de devenir des citoyennes aux droits identiques à ceux des hommes est vite déçu : la Deuxième République les exclut du suffrage universel.

La position de George Sand

George Sand est proche de Ledru-Rollin, ministre de l'Intérieur du Gouvernement provisoire. Cependant, elle refuse d'être candidate aux élections législatives d'avril 1848, comme le propose le journal *La Voix des femmes*. Elle se démarque de la position des féministes, comme Jeanne Deroin, qui réclament le droit de vote.

1 L'affranchissement de la femme

George Sand (1804-1876)
>> Biographie p. 307

Les femmes doivent-elles participer un jour à la vie politique ? Oui, un jour, je le crois avec vous, mais ce jour est-il proche ? Non, je ne le crois pas, et pour que la condition des femmes soit ainsi transformée, il faut que la société soit transformée radicalement. [...] Quelques femmes ont soulevé cette question : pour que la société soit transformée, ne faut-il pas que la femme intervienne politiquement dès aujourd'hui dans les affaires publiques ? — J'ose répondre qu'il ne le faut pas, parce que les conditions sociales sont telles que les femmes ne pourraient pas remplir honorablement et loyalement un mandat politique. La femme étant sous la tutelle et dans la dépendance de l'homme par le mariage, il est absolument impossible qu'elle présente des garanties d'indépendance politique [...]. Je dirai toute ma pensée sur ce fameux affranchissement de la femme dont on a tant parlé dans ce temps-ci. Je le crois facile et immédiatement réalisable [...]. Il consiste simplement à rendre à la femme les droits civils que le mariage seul lui enlève, que le célibat seul lui conserve.

George Sand, « Aux membres du Comité central », lettre inachevée et non expédiée, mi-avril 1848.

2 Une femme candidate aux élections législatives

Jeanne Deroin (1805-1894)
>> Biographie p. 303

Citoyens,

Je viens me présenter à vos suffrages par dévouement pour la consécration d'un grand principe, l'égalité civile et politique des deux sexes. [...] Si, usant de votre droit, vous appelez la femme à prendre part aux travaux de l'Assemblée législative, vous consacrerez dans toute leur intégrité nos dogmes républicains : liberté, égalité, fraternité, pour toutes comme pour tous. Une assemblée législative entièrement composée d'hommes est aussi incompétente pour faire les lois qui régissent une société composée d'hommes et de femmes, que le serait une assemblée entièrement composée de privilégiés pour discuter les intérêts des travailleurs [...].

Jeanne Deroin, candidate.

« Aux électeurs du département de la Seine », pour les élections législatives du 13 mai 1849, publié dans *L'Opinion des femmes*, 10 avril 1849

ACTIVITÉ

1. **Identifiez** la position des autrices sur la question du droit de vote des femmes.
2. **Relevez** et **expliquez** leurs arguments.
3. **Montrez** que chacune à sa manière cherche à faire progresser le droit des femmes.

Méthodo

6 L'abolition de l'esclavage change-t-elle vraiment la société coloniale ?

Toutes les ressources
lycee.nathan.fr/hist25-124

Victor Schœlcher (1804-1893)
>> Biographie p. 307

Un long combat

Aboli en 1794 par la Première République, l'esclavage a été rétabli par Napoléon Bonaparte en 1802, sous la pression des colons. En 1818, la France a interdit à ses navires de pratiquer la traite négrière, suivant les recommandations du Congrès de Vienne. Les abolitionnistes français demandent à Louis-Philippe de suivre l'exemple du Royaume-Uni, qui a aboli l'esclavage dans ses colonies en 1833.

Espoirs et réalités coloniales

La Deuxième République réalise une avancée démocratique majeure, en abolissant une seconde fois l'esclavage, par le décret du 27 avril 1848. Son application est confiée à Victor Schœlcher, militant abolitionniste, nommé sous-secrétaire d'État auprès du ministre de la Marine. Elle est difficile, parce que les propriétaires veulent être indemnisés pour la perte de leurs esclaves et que ces derniers doivent continuer à vivre dans une société coloniale et raciste.

1 Extrait du décret du 27 avril 1848 abolissant l'esclavage

Le gouvernement provisoire, considérant que l'esclavage est un attentat contre la dignité humaine ; Qu'en détruisant le libre arbitre de l'homme, il supprime le principe naturel du droit et du devoir [...] décrète

Art. 1er. L'esclavage sera entièrement aboli dans toutes les colonies et possessions françaises.

2 Les inquiétudes des colons

Citoyen commissaire général,

La commune de Port-Louis se réjouit de votre arrivée longtemps désirée, impatiemment attendue. Une des premières, elle éleva la voix en faveur de l'abolition de l'esclavage ; depuis longtemps nous avions tous compris que cet état anormal, dont nous nous trouvons les tristes héritiers, devait avoir un terme ; mais ne pouvant opérer la libération gratuite de nos esclaves, sans ruiner nos familles et nuire à nos créanciers(1), nous demandions une indemnité équitable qui pût amoindrir le préjudice réel que cette mesure devait occasionner. [...] Il est de la plus haute importance d'obtenir un dégrèvement(2) sur le sucre et le café qui puisse permettre d'opérer avec quelque avantage la culture de nos uniques productions.

Demande des propriétaires blancs de Port-Louis (Guadeloupe) adressée à Adolphe Gatine, commissaire général de la République, le 6 juin 1848.

(1) Les planteurs blancs s'étaient beaucoup endettés pour l'achat de leurs esclaves au début du XIXe siècle.
(2) Réduction sur les taxes prélevées par l'État.

3 Un rappel à l'ordre

Adolphe Gatine, fervent abolitionniste, est nommé commissaire général de la République pour l'île de la Guadeloupe en mai 1848.

Aux nouveaux citoyens.

Mes amis, depuis vingt ans, j'étais en France l'un de vos défenseurs. Je suis venu au milieu de vous pour être votre père. Écoutez donc mes avis. La Providence a fait pour vous en un jour ce que vous attendiez depuis si longtemps. Vous êtes à la fois libres et citoyens français ! C'est un titre dont vous devez être fiers, il faut montrer que vous en êtes dignes. [...]

Honneur à ceux qui ont repris le travail ! Reprenez-le tous à la voix de votre commissaire général. C'est pour vous désormais que vous cultivez la terre. Elle n'appartient pas à tous les hommes : elle est la propriété de ceux qui l'ont acquise légitimement ; mais, fécondée par vos bras, elle sera pour vous une bonne mère, vous aurez votre part de ses riches produits. [...]

Les cases appartiennent au propriétaire, comme les jardins, parce qu'elles sont sur son terrain, et, en général, construites à ses frais. [...] Mais les propriétaires, si vous travaillez chez eux [...], vous laisseront la jouissance des cases et des jardins que vous cultiverez le samedi.

Adolphe Gatine, *Lettre adressée aux nouveaux citoyens de Guadeloupe*, 10 juin 1848.

4 L'annonce de l'abolition de l'esclavage dans les colonies

François-Auguste Biard, *L'Abolition de l'esclavage dans les colonies françaises, le 27 avril 1848*, 1849, huile sur toile, musée national du château de Versailles.

Analyse du tableau
La IIe République abolit l'esclavage
L'histoire par l'image

5 Nombre d'esclaves dans les colonies françaises en 1842

Guadeloupe	93 000
Martinique	76 000
Réunion	66 000
Guyane	15 000
Total	250 000

ACTIVITÉ

Identifier et contextualiser les documents

1. **Identifiez** la nature, le contexte et l'auteur de chacun des documents.

Prélever les informations pertinentes

2. **Identifiez** les inquiétudes des colons formulées dans le **doc. 2** et **déduisez-en** la réaction des esclaves à l'annonce de l'abolition de l'esclavage.
3. **Résumez** la réponse apportée par le gouvernement [**doc. 3**].
4. **Décrivez** la scène représentée dans le tableau [**doc. 4**].

Confronter les documents pour comprendre un événement

5. **Expliquez** pourquoi la vision du **doc. 4** est en décalage avec la situation décrite dans les **doc. 1** et **2**.
6. À l'aide de vos connaissances et de vos réponses aux questions, **répondez** à la question : « Peut-on dire que l'abolition de l'esclavage change vraiment l'ordre colonial ? »

Différenciation

7 Paris - Rome, même combat pour les républicains ?

Toutes les ressources
lycee.nathan.fr/hist25-126

Proclamation de la République romaine, 9 février 1849

Le Printemps des peuples à Rome

À Rome, le pape Pie IX refuse de soutenir le mouvement national et libéral qui progresse en Italie depuis le printemps 1848, car il aurait pour conséquence la disparition des États de l'Église (➜ **carte**, p. 91). Il est chassé par la révolution menée par Mazzini et Garibaldi : la République romaine est proclamée le 9 février 1849.

Les divisions en France

À Paris, les démocrates-socialistes appellent à soutenir la jeune république romaine, alors que l'Autriche réprime les soulèvements en Italie. Mais la droite, majoritaire aux élections du 13 mai 1849, pousse le président Louis-Napoléon Bonaparte à rétablir le pouvoir du pape. Une armée française chasse les républicains de Rome le 3 juillet 1849.

Biographie

Giuseppe Garibaldi (1807-1882) ➜ p. 303

Giuseppe Mazzini (1805-1872) ➜ p. 305

1 La « démocratie française » solidaire de la République romaine

Citoyens, la démocratie française vient saluer en vous, avec enthousiasme, la République glorieusement fondée sur les bords du Tibre. [...] Rome affranchie, c'est le signal de l'affranchissement de l'Italie entière, c'est le premier pas vers le rétablissement de la nationalité italienne, sous la seule forme où elle soit désormais possible : la république.

Courages, frères ! Déjà la Toscane est libre, Venise combat, la Lombardie est frémissante, le Piémont s'agite, le sang versé à Naples aura ses vengeurs ; bientôt de tous ces États émancipés sortira resplendissante l'unité italienne. Jusque-là, Romains, veillez sur votre victoire, ne vous en laissez pas ravir les fruits par aucune faction rétrograde. Voyez ce qui se passe en France, que cette leçon ne soit pas perdue pour vous : c'est par l'énergie révolutionnaire que l'on sauve la Révolution. Maintenez le peuple en armes toujours prêt à défendre sa conquête et à foudroyer ses ennemis.

L'Espagne, Naples et l'Autriche forment, dit-on, une alliance sacrilège pour étouffer le pouvoir populaire à Rome ; ces bruits ne peuvent vous troubler, Citoyens, dans l'austère travail de votre Constitution. Les vieux tyrans hésiteront avant d'attaquer les Romains fondant leur indépendance. S'ils l'osaient jamais, citoyens d'Italie, les sympathies de la démocratie française sont avec vous ; ses volontaires, à votre appel, vous viendraient en aide pour chasser les barbares.

Adresse de 59 députés de la gauche française à l'Assemblée constituante romaine, 24 février 1849.

Différenciation

ACTIVITÉ

1. **Présentez** le contexte, les auteurs et les destinataires de ce document.
2. **Indiquez** au nom de quoi les auteurs célèbrent la jeune République romaine.
3. **Identifiez** qui est désigné par une « faction rétrograde ».
4. **Montrez** que ce document est avant tout un soutien en faveur d'une victoire loin d'être acquise.

8 Quel rôle pour la poésie et la musique dans le Printemps des peuples ?

Le poète hongrois Sándor Petőfi

Un poème pour la nation hongroise

Depuis le début du XIXe siècle, la littérature hongroise exalte le passé glorieux de son peuple, qui est passé sous la domination des Habsbourg d'Autriche au XVIIIe siècle. Le 3 mars 1848, Kossuth forme un gouvernement national à Budapest. Le 15 mars, le poète Sándor Petőfi déclame un poème qui accompagne ensuite les patriotes hongrois en lutte contre l'Autriche.

Le *Risorgimento* en chanson

En 1847, le poète Goffredo Mameli écrit *Fratelli d'Italia* à Gênes, et son ami Michele Novaro le met en musique à Turin. Ce chant patriotique — devenu l'hymne national italien en 1946 — a d'emblée un grand succès. Il porte tous les espoirs des militants et combattants italiens, qui veulent eux aussi secouer le joug autrichien.

1 Frères d'Italie

Écouter *Fratelli d'Italia*

Frères d'Italie,
L'Italie s'est levée,
[...]

Formons nos cohortes,
Nous sommes prêts à mourir, *(bis)*
L'Italie nous a appelés !

Depuis des siècles, nous avons été opprimés et raillés,
Parce que nous ne sommes pas un peuple,
Parce que nous sommes divisés,
Qu'un seul drapeau,
Qu'un seul espoir nous unisse ;
L'heure a sonné
D'unir nos forces.

Refrain [...]

Goffredo Mameli, *Fratelli d'Italia*, septembre 1847.

Mameli, qui a rejoint les troupes de Garibaldi à Rome, décède, à l'âge de 22 ans, des suites d'une blessure lors des affrontements contre l'armée française en juin 1849.

2 Debout, Hongrois !

Écouter *Debout Hongrois !*

Debout, Hongrois, la patrie nous appelle !
C'est l'heure : à présent ou jamais !
Serons-nous esclaves ou libres ?
Voilà le seul choix : décidez !

De par le dieu des Hongrois nous jurons,
Oui, nous jurons,
Que jamais plus esclaves
Nous ne serons !

Jusqu'à présent, esclaves nous le fûmes
Et nos ancêtres sont damnés :
Qui libre vécut et mourut,
Ne peut dormir en terre serve

Refrain [...]

Hongrois, ce nom sera beau de nouveau,
Digne de son renom d'antan.
Nous le laverons de la honte
Dont les siècles l'ont recouvert.

Refrain [...]

Sándor Petőfi, *Talpra, magyar !*, 15 mars 1848.

Engagé dans les troupes hongroises, **Petőfi** meurt à 26 ans, le 31 juillet 1849, tué par l'armée autrichienne.

ACTIVITÉ

1. **Identifiez** les points communs entre ces deux textes : auteurs, situations politiques.
2. **Présentez** les revendications politiques.
3. **Précisez** ce qui a permis à ces deux poèmes d'être mis en musique et de devenir des chants populaires exaltant les mouvements nationalistes en lutte.

Toutes les ressources
lycee.nathan.fr/hist25-128

1 ANALYSER DES DOCUMENTS

Sujet 1 : Louis-Napoléon Bonaparte, président de la République

1. Présentez les deux documents (nature, date et contexte historique).
2. Relevez dans chaque document les symboles de la République. Montrez qu'elle est présentée dans deux situations radicalement différentes.
3. Identifiez et expliquez, pour chaque document, les éléments associés à Louis-Napoléon Bonaparte. Montrez que les deux représentations sont opposées.

1 **Louis-Napoléon Bonaparte, son serment à la Constitution, 20 décembre 1848**

2 **Casmajou et Ratapoil**

Ratapoil, personnage inventé par le caricaturiste Daumier, est un agent de la propagande bonapartiste. Casmajou est son complice. Ils ont les traits de Louis-Napoléon Bonaparte.

La République rudement menée par Ratapoil et par Casmajou, lithographie de J. Durandin, 19 × 28 cm, 1851, BNF.

Sujet 2 : Le Printemps des peuples

CONSIGNE Après avoir présenté le contexte du document, vous montrerez ce que le Printemps des peuples doit à la révolution parisienne de février 1848, puis analyserez les acteurs et les revendications des révolutionnaires allemands et autrichiens.

1 Les espoirs d'un étudiant allemand en 1848

En 1848, Carl Schurz (1829-1906) est étudiant à Bonn, en Rhénanie (partie occidentale de la Prusse).

Un matin, vers la fin de février 1848, j'étais assis paisiblement dans le grenier qui me servait de chambre [...], quand soudain un ami se précipita hors d'haleine dans la pièce et s'exclama : « Quoi ! Tu es là, assis ! Tu ne sais donc pas ce qui est arrivé ? – Non, quoi ? – Les Français ont renversé Louis-Philippe et proclamé la République ! » [...] Bientôt, le mot démocratie fut dans toutes les bouches et beaucoup pensaient que si les princes refusaient d'accorder au peuple ses droits, les simples requêtes céderaient le pas à la force, même si, bien sûr, chacun espérait que la régénération de la patrie s'accomplisse pacifiquement. Quelque chose forcément devait arriver ici aussi [...]. Il était question des libertés publiques et des droits des citoyens [...]. J'étais persuadé qu'enfin était arrivé le moment de donner au peuple allemand la liberté qui était son droit naturel et à la patrie allemande son unité et sa grandeur [...].

De grandes nouvelles arrivèrent de Vienne. Là-bas, les étudiants de l'université avaient été les premiers à défier l'empereur d'Autriche en réclamant la liberté et des droits pour le citoyen. Le sang avait coulé dans les rues et la chute de Metternich en avait été le résultat. Les étudiants en armes avaient formé une garde de la liberté. Les grandes villes de Prusse étaient également touchées par ce formidable mouvement. Cologne, Coblence et Trèves, mais aussi Breslau, Königsberg et Francfort, avaient envoyé des députations à Berlin, pour porter leurs revendications au roi. Dans la capitale prussienne, les masses avaient envahi les rues, et chacun espérait des événements d'une grande importance. Lorsque [mon professeur] agita le drapeau aux trois couleurs, en prédisant pour la nation allemande libre un grand avenir, on assista à un déchaînement d'enthousiasme. Les gens applaudissaient, criaient, s'embrassaient, pleuraient. En un clin d'œil, la ville fut pavoisée de drapeaux.

Carl Schurz, *Réminiscences*, 1906-1908.

2 RÉPONDRE À UNE QUESTION PROBLÉMATISÉE

Sujet 1 : À quelles difficultés la Deuxième République se heurte-t-elle, qui entravent la réalisation de son projet démocratique ?

CONSIGNE Grâce à vos connaissances, vous répondrez de manière argumentée à cette question.

Vous pourrez suivre le plan suivant :
- Malgré les espoirs suscités par la Deuxième République, son projet démocratique divise les républicains
- L'expérience du suffrage universel constitue un saut dans l'inconnu pour toute la classe politique
- Les conservateurs refusent la remise en cause de leur pouvoir et de leur statut social

Sujet 2 : Les mouvements révolutionnaires du Printemps des peuples parviennent-ils à remettre en cause l'ordre européen issu du congrès de Vienne ?

L'HISTOIRE *par les* OBJETS

Toutes les ressources

lycee.nathan.fr/**hist25-130**

LE TIMBRE-POSTE
UNE RÉVOLUTION

DOC 1.

Lettre envoyée le premier jour d'utilisation du timbre-poste

Lettre du 1er janvier 1849, envoyée de Mirande à Auch (département du Gers), musée de la Poste.

L'échange de lettres : avant 1849, un luxe

Avant l'introduction du timbre-poste, correspondre par lettres était un luxe : la personne destinataire payait le coût du transport, calculé en fonction du poids de la lettre et de la distance parcourue. Ce système rapportait beaucoup d'argent à l'État, même si moins de 15 % de la population française avait les moyens d'échanger des lettres : une journée de travail ne suffisait pas à une ouvrière ou un cultivateur pour payer un envoi.

Le timbre-poste : un symbole de la Deuxième République

En 1840, le premier timbre-poste est lancé au Royaume-Uni : le *Penny Black* porte le profil de la reine Victoria. Ce principe du port payé à l'avance est bientôt adopté par la France. La réforme de la Poste par les républicains, arrivés au pouvoir en 1848, répond en effet au principe d'égalité des territoires : à partir du 1er janvier 1849, le *20 centimes noir*, premier timbre-poste français, permet d'affranchir des lettres dont le poids ne dépasse pas 7,5 grammes, pour la France métropolitaine, la Corse et l'Algérie.

La diffusion du timbre-poste

À partir de 1849, des affiches visent à faire connaître le nouveau système. Beaucoup s'en méfient : si le timbre est déjà payé par l'expéditeur, la Poste remettra-t-elle bien les lettres ? Les usages se mettent en place progressivement. Par exemple, la position du timbre comme celle de l'adresse ne sont pas encore fixées. Combinée aux progrès de l'alphabétisation, la diffusion du timbre accroît considérablement le volume des lettres distribuées par la Poste : le trafic est multiplié par deux entre 1848 et 1859, passant de 122 millions à 259 millions de lettres échangées annuellement.

LE SENS *des mots*

PHILATÉLISTE

Les philatélistes collectionnent les timbres-poste. Leur valeur dépend de leur rareté, de leur état de conservation et de leur oblitération (s'ils ont ou non reçu un cachet). Les timbres neufs ont plus de valeur. Le timbre le plus cher du monde, le *One Cent Magenta*, a été vendu 7 millions d'euros en 2014. Émis en Guyane britannique en 1856, il avait été fabriqué par une imprimerie locale, à la demande du chef des postes, parce que la colonie n'avait plus de timbres. Il n'en existe plus qu'un seul exemplaire.

INTERVIEW d'historien

lycee.nathan.fr/**hist25-130-02**

Louis Hincker, professeur d'histoire contemporaine à l'université Clermont-Auvergne. Il travaille notamment sur l'histoire des révolutions et les liens entre histoire et littérature.

DOC 2.

***20 centimes noir* : une allégorie**

En 1848, Jacques-Jean Barre, graveur général de la Monnaie de Paris, s'inspire des statues antiques pour créer une image de la nouvelle république.

DOC 4.

***Penny Black* : une reine**

Repères

Le choix des visages : reine ou allégorie ?

Sur le *Penny Black*, est représenté le profil de la reine Victoria, qui a régné pendant 63 ans sur le Royaume-Uni (1837-1901). Le premier timbre britannique met donc à l'honneur la souveraine du royaume, reconnaissable à sa couronne.

Sur le *20 centimes noir*, est représentée une allégorie de la République, qui ressemble à la déesse romaine de l'agriculture (Cérès), avec sa couronne d'épis de blé, de grappes de raisin et de branches d'olivier. Le nom « Marianne », donné à cette allégorie, ne se répand qu'à partir de la seconde moitié du XIXe siècle.

DOC 3. **L'utilisation des timbres expliquée au public**

Avis au public : taxe des lettres

Le public est averti qu'à dater du 1er janvier 1849, la taxe des lettres établie d'après la distance parcourue est supprimée et remplacée par une taxe fixe et uniforme de 20 centimes pour toute lettre circulant à l'intérieur. [...]

[Les] timbres consistent dans une petite estampe représentant une tête de la Liberté, imprimée en encre rouge, bleue ou noire sur un papier dont le revers est tendu d'une légère couche de gomme. Le prix de chaque timbre se distingue par la couleur de l'encre.

Pour affranchir une lettre, il suffira donc d'humecter le côté du timbre qui est enduit de gomme, et de l'appliquer sur l'adresse de la lettre, que l'on peut ensuite jeter à la boîte en toute confiance et sans autre formalité.

Avis au public par l'administration des Postes au sujet des tarifs postaux du 1er janvier 1849. Archives départementales du Cantal.

L'atelier d'histoire

Vous êtes un élu républicain de 1848 et vous devez défendre la création du timbre-poste. Présentez les avantages de ce système et ses liens avec le nouveau régime qu'est la Deuxième République.

CHAPITRE 5

Le Second Empire (1852-1870)

COURS

EXPLORER

S'ÉVALUER

L'HISTOIRE PAR LES OBJETS

Tous les textes du chapitre :
• en version DYS
• en version audio
lycee.nathan.fr/**hist25-132**

Les fastes de la monarchie

Le 27 juin 1861, à la manière de Louis XIV deux siècles plus tôt, Napoléon III et l'impératrice Eugénie reçoivent les ambassadeurs du roi de Siam (actuelle Thaïlande) au château de Fontainebleau.

Jean-Léon Gérôme, *Réception des ambassadeurs du Siam au château de Fontainebleau*, 1861-1864, huile sur toile, 120 × 260 cm, musée national du château de Versailles.

Jeu numérique
Découvrir l'image

lycee.nathan.fr/**hist25-133**

Cours à écouter

Toutes les ressources
lycee.nathan.fr/hist25-134

1 De la dictature au régime parlementaire

PPO 25 mai 1864 – Le droit de grève répond à l'une des attentes du mouvement ouvrier.

A Une monarchie aux apparences démocratiques

a. Le retour de la dynastie des Bonaparte

• Après le coup d'État du 2 décembre 1851, une nouvelle constitution est promulguée le 14 janvier 1852, qui donne de larges pouvoirs au « Prince-Président ». Puis le Sénat propose de rétablir l'Empire, ce que les Français approuvent par **plébiscite** en novembre 1852. Le 2 décembre 1852, date anniversaire du sacre de Napoléon Ier et de la bataille d'Austerlitz, Louis-Napoléon Bonaparte devient Napoléon III. Avec son mariage à Eugénie de Montijo et la naissance en 1856 d'un héritier, il restaure la dynastie des Bonaparte.

EXPLORER ① p. 144

b. Un empire démocratique ?

• Napoléon III nomme les ministres et les sénateurs et a l'initiative des lois. Le Corps législatif est élu mais chaque député doit jurer fidélité à l'empereur. Pour le représenter en province, le souverain nomme les préfets dont les pouvoirs sont renforcés [**doc. 2**]. Ils siègent dans les préfectures et sont relayés par les sous-préfets.

• Tous les 6 ans se tiennent les élections législatives et l'empereur interroge directement les citoyens lors des plébiscites [**doc. 1**]. Le maintien du suffrage universel masculin permet à l'empereur d'affirmer tenir sa légitimité du peuple. C'est ce qu'on nomme le **césarisme démocratique**.

• Toutefois, les électeurs sont très fortement encouragés à voter pour des **candidats officiels**. Il n'en reste pas moins qu'en se rendant fréquemment aux urnes, les Français poursuivent leur apprentissage de la citoyenneté.

EXPLORER ② p. 145 et ⑤ p. 148

c. La répression de l'opposition

• Surveillés et pourchassés, royalistes et surtout républicains entrent dans une opposition clandestine ou s'exilent, comme Victor Hugo dans les îles anglo-normandes. Les opposants sont exclus de l'université et les journaux sont soumis à la censure. Après l'attentat d'Orsini, la répression est durcie par la loi de sûreté générale (1858).

EXPLORER ③ p. 146 et ④ p. 147

Vocabulaire

Candidats officiels : candidats soutenus par le gouvernement aux élections législatives.

Césarisme démocratique : régime qui prétend établir un lien direct entre l'empereur et le peuple, en référence au modèle romain de Jules César.

Plébiscite : vote sur une question à laquelle les électeurs répondent par « oui » ou par « non » et témoignent de leur degré d'adhésion au régime.

Biographie

Napoléon III (1808-1873) → p. 306

Victor Hugo (1802-1885) → p. 304

1 Le suffrage universel masculin sous le Second Empire

Date	Plébiscite/ Élections	« Oui » au plébiscite / Vote pour le candidat officiel	« Non » au plébiscite / Vote pour le candidat d'opposition	Abstention
1851	Plébiscite validant le coup d'État	7,5 millions	0,7 million	2 millions
1852	Plébiscite sur l'instauration de l'Empire	7,8 millions	0,25 million	2 millions
1857	Élections législatives	5,5 millions	0,7 million	3,4 millions
1863	Élections législatives	5,3 millions	1,95 million	2,7 millions
1869	Élections législatives	4,4 millions	3,3 millions	2,3 millions
1870	Plébiscite sur les réformes libérales	7,4 millions	1,6 million	1,9 million

Population française sous le Second Empire : entre 36 et 38,5 millions.

B Un régime autoritaire qui se libéralise lentement

a. La recherche de nouveaux soutiens

PPO

- En favorisant l'unité italienne au détriment du pape (1859), Napoléon III mécontente les catholiques. En signant ensuite un traité de libre-échange avec le Royaume-Uni (1860), il inquiète les milieux d'affaires. L'empereur a besoin de nouveaux soutiens et se tourne alors vers les ouvriers. Il leur accorde le droit de grève en 1864, mais ne parvient pas à les rallier à l'Empire.

- Napoléon III se rapproche alors des libéraux : il autorise les députés à amender les projets de loi (1866) et à interpeller le gouvernement (1867), puis rétablit les libertés de la presse et de réunion (1868). Ces mesures permettent à l'opposition républicaine de progresser aux élections législatives de 1869 [**doc. 1**]. Les paysans, eux, demeurent fidèles au régime tout au long de la période.

EXPLORER ⑨ p. 154

b. Un régime quasiment parlementaire

- La constitution est révisée en 1870 : le Corps législatif et le Sénat ont désormais l'initiative des lois. Un ancien républicain, Émile Ollivier, prend la tête du gouvernement. On semble entrer dans un **régime parlementaire**. Mais Napoléon III fait approuver ces réformes par un plébiscite [**doc. 1**], montrant ainsi sa volonté de garder un lien direct avec les Français.

- À l'inverse des régimes précédents, ce n'est pas une révolution qui met fin au Second Empire, mais une défaite militaire : le 2 septembre 1870, l'empereur vaincu se rend aux Prussiens ; deux jours plus tard, une nouvelle république est proclamée à Paris.

EXPLORER ⑫ p. 160

2 Les institutions du Second Empire (avant la révision de 1870)

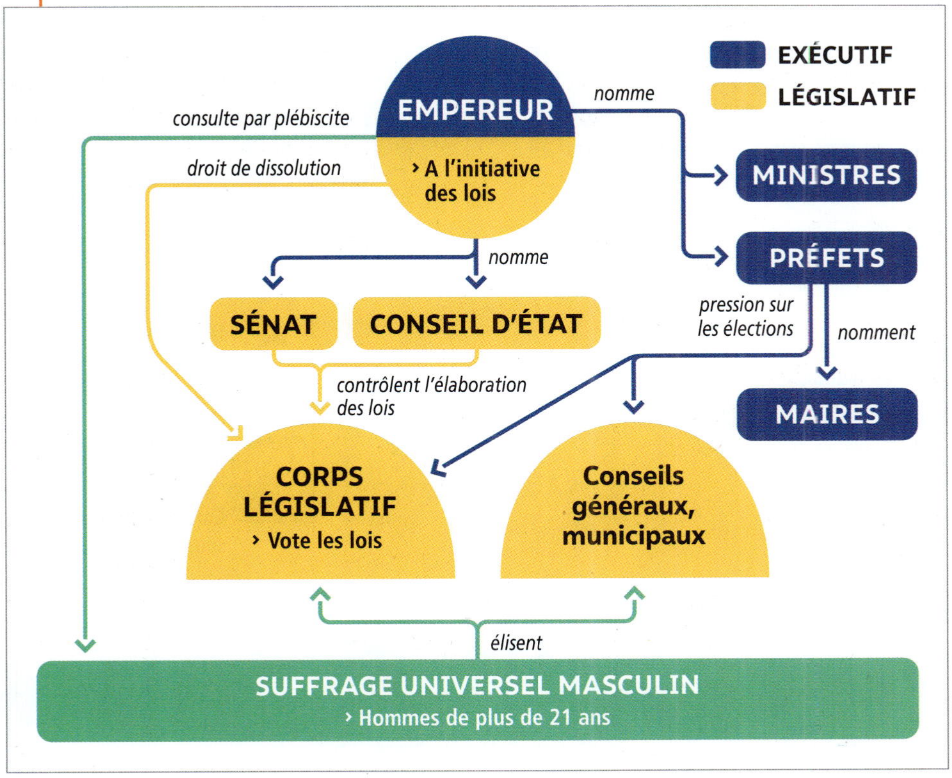

Vocabulaire

Régime parlementaire : régime fondé sur un équilibre entre le pouvoir exécutif, qui peut dissoudre le Parlement, et le pouvoir législatif, qui peut renverser le gouvernement (parce que celui-ci est responsable devant le Parlement).

LE SENS des mots

LES MINISTRES : UNE RESPONSABILITÉ FLOUE

L'article 19 de la constitution révisée en mai 1870 dit que les ministres « sont responsables », autrement dit qu'ils doivent répondre de leur politique, sans préciser devant qui : l'Empereur ? le Corps législatif ? C'est seulement dans le second cas que l'on pourrait parler d'un régime parlementaire. Mais le Second Empire a été renversé avant que la question ne soit tranchée.

FICHE À COMPLÉTER

À l'aide du cours, repérez :
- les idées principales ;
- les repères essentiels ;
- le vocabulaire.

Cours à écouter

② Économie et société sous le Second Empire

Toutes les ressources
lycee.nathan.fr/**hist25-136**

PPO 1 Les frères Pereire, acteurs de la modernisation économique.

PPO 2 Paris haussmannien : la transformation d'une ville.

PPO 3 25 mai 1864 – Le droit de grève répond à l'une des attentes du mouvement ouvrier.

A L'entrée de la France dans la modernité

a. Esprit d'entreprise et industrialisation

PPO 1

- Proche du **saint-simonisme**, Napoléon III pense que la prospérité économique est un facteur de paix sociale. Il veut rattraper le retard sur le Royaume-Uni, première puissance industrielle. Il favorise l'investissement et la création de **sociétés anonymes**. De grandes banques naissent alors comme le Crédit lyonnais, la Société générale ou le Crédit mobilier des frères Pereire ; elles investissent dans l'industrie les économies des petits épargnants.
- L'industrie se développe autour des mines de charbon, dans le Nord, à Saint-Étienne, au Creusot ou en Aveyron. Fonte et acier sont transformés en rails, poutres, locomotives, etc. Par ailleurs, Napoléon III signe en 1860 un traité de **libre-échange** avec le Royaume-Uni, qui oblige les industriels français à innover pour être compétitifs face aux produits britanniques.

EXPLORER ⑧ p. 153

b. Un territoire et sa capitale transformés

- L'État développe considérablement le secteur ferroviaire et trace de nouvelles routes et canaux [**doc. 1**]. De grands aménagements rendent exploitables des régions marécageuses (la Sologne, les Landes), ou arides (la Provence).

PPO 2

- Paris est transformé par le préfet de la Seine Haussmann : aménagement d'espaces verts, percement d'avenues, création de canaux. Par ailleurs, les premiers grands magasins sont fondés. Immenses temples de la consommation, ils contribuent à remodeler la ville. L'exemple parisien est suivi à Lyon, Marseille ou encore Rouen.

EXPLORER ⑥ p. 150

Vocabulaire

Libre-échange : politique qui favorise le commerce international en supprimant les barrières douanières entre les États.

Société anonyme : entreprise dont le capital est divisé en actions. En cas de perte, ses actionnaires ne sont responsables qu'à hauteur des sommes qu'ils ont investies, les risques de faillite personnelle sont donc limités.

Biographie

Georges Eugène Haussmann (1809-1891) → p. 304

Repères

Le saint-simonisme

D'après Saint-Simon (1760-1825), la force d'un pays repose sur ses « industriels », c'est-à-dire tous ceux qui contribuent à la production des richesses : paysans, ouvriers, chefs d'entreprise, banquiers, ingénieurs, etc. L'État doit encourager la production et la circulation des biens (jusqu'au libre-échange entre les nations), mais également veiller à une juste répartition des richesses. Le saint-simonisme peut donc à la fois séduire libéraux et socialistes.

1 La modernisation des transports

Carte interactive

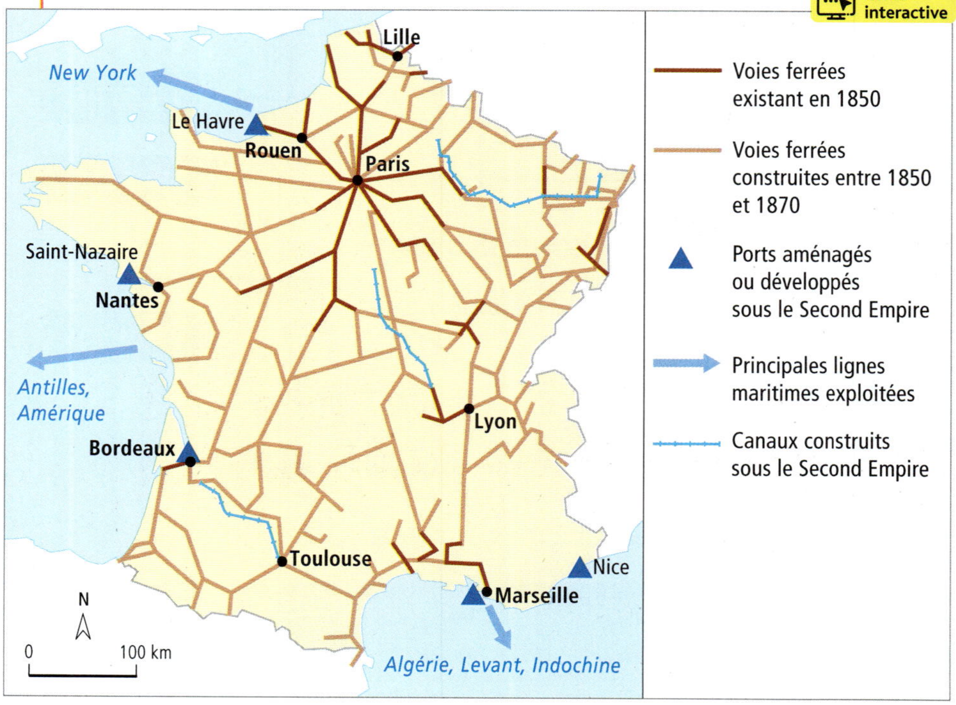

B Les mutations de la société française

a. Grande et petite bourgeoisie

• Au sommet de la société s'affirme la grande bourgeoisie (industriels, banquiers). Proches du pouvoir, ses membres mènent un train de vie luxueux. Viennent ensuite les professions libérales (avocats, notaires, médecins, ingénieurs). Enfin, commerçants, fonctionnaires et employés divers composent la petite bourgeoisie. Ce sont les **« cols blancs »**, catégorie intermédiaire entre la classe dirigeante et les milieux populaires.

EXPLORER ⑦ p. 152

b. Les ouvriers

PPO 3

• Dans les grandes villes et les centres industriels et miniers (Nord, Pas-de-Calais, Alsace), la population ouvrière explose. C'est la naissance du **prolétariat**. Les ouvriers logent dans des quartiers marqués par la misère et la précarité [**doc. 2**]. Napoléon III, sensible à la **question sociale**, encourage l'amélioration de leurs conditions de vie. À leurs yeux toutefois, l'Empire reste un régime répressif et favorable aux patrons.

EXPLORER ⑩ p. 156

c. L'« âge d'or » des campagnes

• La mécanisation progresse dans les campagnes et le chemin de fer permet la spécialisation des régions (privilégier une production pour l'exporter). L'émigration vers les villes engendre le plein-emploi dans les campagnes et un meilleur accès à la propriété. Les conditions de vie s'améliorent. Sous-préfets, maires, gendarmes et gardes-champêtres assurent par ailleurs une présence visible de l'État dans les campagnes, souvent jugée positive. Les populations rurales, majoritaires dans le pays [**doc. 3**], adhèrent ainsi au régime.

EXPLORER ⑨ p. 154

Vocabulaire

« Cols blancs » : employés (portant la chemise blanche et la cravate) par opposition aux « cols bleus » (ouvriers portant la blouse ou bleu de travail).

Prolétariat : par ce terme, Karl Marx désigne ceux qui n'ont que la force de leurs bras pour travailler et subvenir à leurs besoins, par opposition aux patrons qui possèdent les moyens de production.

Question sociale : ensemble des problèmes posés par la misère et le chômage et qui font l'objet d'un débat politique.

FICHE À COMPLÉTER

À l'aide du cours, repérez :
- les idées principales ;
- les repères essentiels ;
- le vocabulaire.

2 Le budget annuel d'une lingère

Sophie-Victoire T., 39 ans, est une ouvrière lilloise, mère célibataire. Elle travaille chez elle à la confection de chemises pour le compte d'un patron.

Temps de travail : 10 h/jour

Taille du logement : 10 m²

Dépenses couvertes par des dons : 152 francs
- Loyer du logement : 72 francs
- Vêtements usagés pour le fils de 7 ans : 14 francs
- Éducation du fils : 66 francs

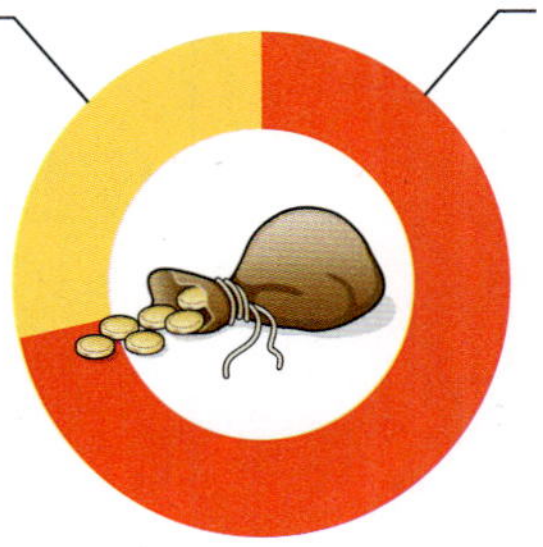

Dépenses : 388,45 francs
- Nourriture : 311 francs
- Chauffage, éclairage : 55,45 francs
- Vêtements et hygiène : 10,40 francs
- Intérêts des dettes : 5,60 francs
- Livre, papier, plumes : 6 francs

Salaire : 410 francs

Source : Enquête sociale réalisée en 1858, dirigée par Frédéric Le Play.

3 Une majorité de Français vivant de la terre

La population active sous le Second Empire

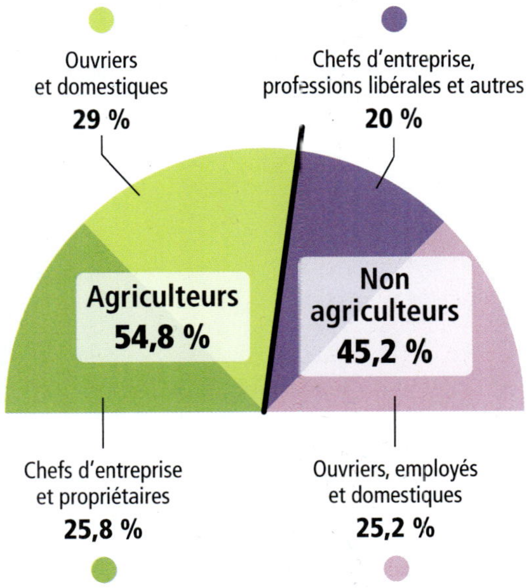

Source : Sylvie Aprile, *La Révolution inachevée*, Belin, 2014.

Cours à écouter

Toutes les ressources
lycee.nathan.fr/hist25-138

3 La politique étrangère de Napoléon III

PPO 1 Le rattachement de Nice et de la Savoie à la France.
PPO 2 1871 – Bismark et la proclamation du Reich.

Documentaire
Aperçu de la politique internationale de Napoléon III
Xavier Mauduit, Fondation Napoléon
3'26"

A Le retour de la France sur la scène diplomatique et militaire

a. La gloire de l'Empire

• Depuis la défaite de Napoléon Ier en 1815, la France a dû se contenter d'un rôle effacé en Europe. Napoléon III, en proclamant en 1852 « l'Empire c'est la paix », entend rassurer les Français et les États voisins. Mais il veut aussi renouer avec la gloire nationale qui est associée au nom des Bonaparte. En 1854, aux côtés du Royaume-Uni, il prend la défense de l'Empire ottoman contre la Russie : c'est la guerre de Crimée. Elle se termine en 1856 par une conférence de la paix organisée à Paris, ce qui replace la France au cœur de la diplomatie européenne.

b. La France pour l'unité italienne ?

PPO 1

• Napoléon III se dit sensible à la question des nationalités, particulièrement en Italie. Celle-ci est morcelée en plusieurs États et en partie sous domination autrichienne [**doc. 1**]. Napoléon III entre en guerre en 1859 aux côtés du royaume de Piémont-Sardaigne contre l'Autriche et la France obtient en retour Nice et la Savoie en 1860. Ce succès est applaudi en France, même par certains républicains.

• Mais la politique italienne de l'empereur est dépendante de sa politique intérieure. Napoléon III ne peut pas perdre le soutien des catholiques français, il empêche donc le Piémont-Sardaigne, devenu royaume d'Italie, d'annexer les **États de l'Église**.

EXPLORER ⑪ p. 158

Repères

États de l'Église

Il s'agit des territoires placés sous la souveraineté du pape depuis le Moyen Âge, autour de Rome et en Italie centrale. En 1848-1849, la France les protège en chassant les républicains de Rome. En 1860, le pape doit céder ses territoires d'Italie centrale au nouveau royaume d'Italie, mais conserve la région de Rome grâce à la protection française. À partir de l'annexion de Rome, en 1870, il se considère comme « prisonnier », jusqu'aux accords du Latran, en 1929 : Mussolini redonne alors au pape un territoire propre, le Vatican.

1 L'Italie en 1859

Carte interactive

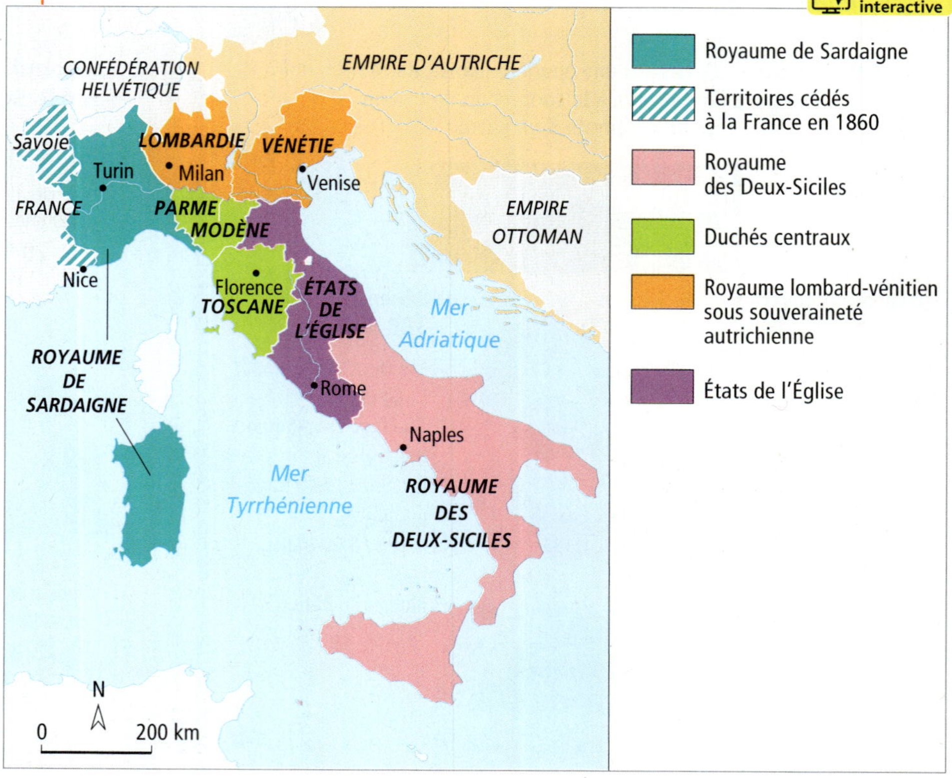

B Une politique aventureuse

a. Entre échecs et réussites

• Durant la décennie 1860, la France est très active hors d'Europe. Elle poursuit la colonisation, intervient au Liban (1860), supervise la construction du **canal de Suez**, inauguré en 1869. Elle lance une expédition au Mexique, qui tourne au fiasco (1861-1867).

• En 1866, la Prusse remporte la victoire de Sadowa contre l'Autriche et s'affirme comme moteur de l'unification allemande [**doc. 2**]. Napoléon III ne s'y oppose pas, espérant obtenir en retour le Luxembourg. L'échec humiliant de cette négociation déclenche une première crise franco-prussienne en 1867.

b. La guerre fatale contre la Prusse

• En 1870, un prince prussien est candidat au trône d'Espagne. La France s'y oppose, et le chancelier prussien, Bismarck, instrumentalise habilement cette crise. Il pousse Napoléon III à déclarer la guerre à la Prusse, le 19 juillet 1870. Or, les alliances défensives signées avec les autres États allemands permettent d'entraîner toute l'Allemagne dans cette guerre. Mal préparée, l'armée française est vaincue à Sedan. C'est la fin du Second Empire.

c. L'Allemagne unifiée

PPO 2

• La IIIe République poursuit la guerre face aux Allemands qui assiègent Paris. Le 18 janvier 1871, dans la galerie des Glaces du château de Versailles, ils proclament l'Empire allemand (*Reich*). Le roi de Prusse, Guillaume Ier, en est le premier empereur. Définitivement défaite au printemps, la France est temporairement occupée et elle cède l'Alsace et la Moselle au Reich.

EXPLORER ⑫ p. 160 et ⑬ p. 162

2 Les différents États allemands avant 1870

Carte interactive

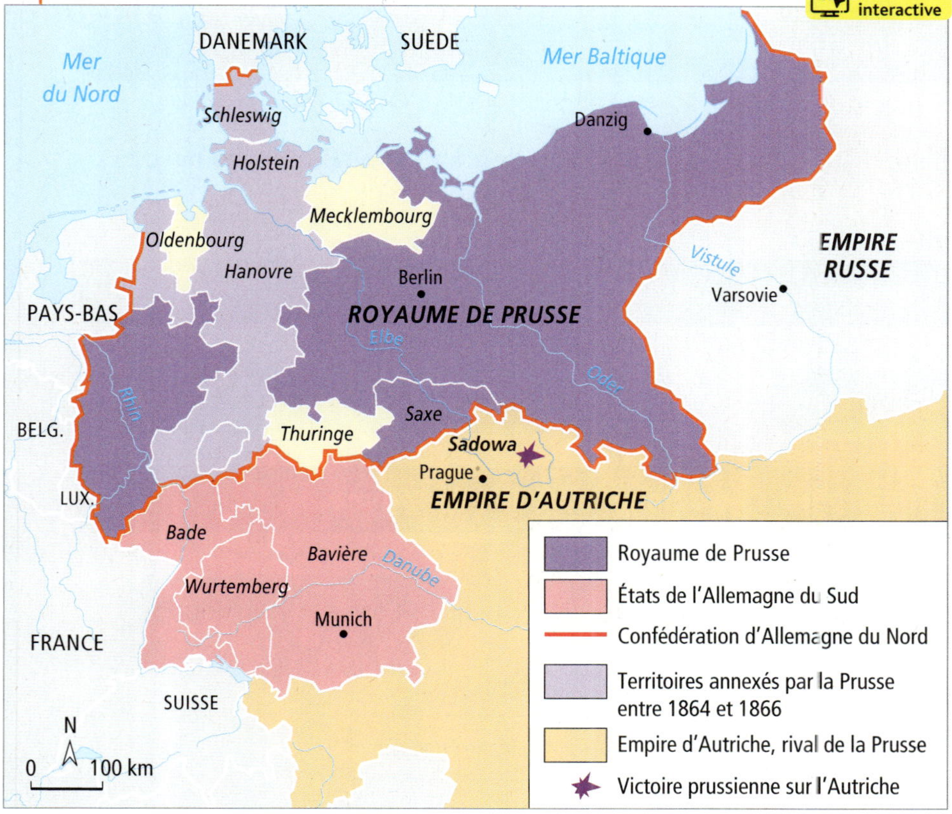

PASSÉ Présent

LE CANAL DE SUEZ

Initiative de l'ingénieur français Ferdinand de Lesseps, il relie la mer Méditerranée à la mer Rouge et à l'océan Indien sur 193 km et facilite grandement le commerce entre l'Europe et l'Asie. Surtout, Napoléon III y voit l'occasion de s'immiscer dans un espace sous influence britannique : l'Égypte. La Compagnie universelle du canal maritime de Suez, société anonyme fondée par Lesseps, finance ces travaux grâce à l'épargne de 21 000 Français. Le canal appartient ainsi conjointement à la compagnie (56 %) et à l'Égypte (44 %). Endettée, cette dernière cède ses parts au Royaume-Uni en 1875.

Biographie

Otto von Bismarck (1815-1898) → p. 302

Documentaire

Chute et légende noire du Second Empire
Xavier Mauduit, Fondation Napoléon
3'38''

FICHE À COMPLÉTER

À l'aide du cours, repérez :

- les idées principales ;
- les repères essentiels ;
- le vocabulaire.

Toutes les ressources
lycee.nathan.fr/hist25-140

Le Second Empire (1852-1870)

1852 — 1855 — 1860 — 1865 — 1870

POLITIQUE
- **2 décembre 1852** Proclamation du Second Empire
- **1853** *Les Châtiments* (Victor Hugo)
- Droit d'amendement **1866**
- Quasi-liberté de la presse **Mai-juin 1868**
- Élections, succès républicains **1869**
- Parlementarisation du régime **1870**
- Plébiscite **Mai 1870**
- **4 sept. 1870** Proclamation de la IIIe République

SOCIÉTÉ ET ÉCONOMIE
- **1852** Crédit mobilier des frères Pereire
- **Juillet 1853 à janvier 1870** Travaux d'Haussmann
- **1864** Droit de grève

DIPLOMATIE
- **1854-1856** Guerre de Crimée
- **Mai-juillet 1859** Guerre contre l'Autriche
- **1860** Traité de libre-échange avec l'Angleterre
- **Avril 1860** Rattachement de Nice et de la Savoie
- **19 juillet 1870** Déclaration de guerre à la Prusse
- **18 janvier 1871** Proclamation du Reich à Versailles

DE L'EMPIRE AUTORITAIRE À L'EMPIRE LIBÉRAL

Napoléon III instaure une monarchie autoritaire…
- **Coup d'État mettant fin à la IIe République** (2 décembre 1851)
- **Rétablissement de l'Empire dynastique** (2 décembre 1852)
- **Suffrage universel masculin truqué** par le système de candidature officielle
- **Censure et répression** des oppositions royaliste et républicaine

… dont la politique étrangère…
- Aide à l'unification italienne (1859)
- Traité de libre-échange avec le Royaume-Uni (1860)

… mécontente une partie des soutiens…
- Mécontentement des catholiques
- Mécontentement du patronat

… favorisant une progressive démocratisation du régime.
- Octroi du droit de grève (1864)
- Liberté de la presse et de réunion (1868)
- Initiative parlementaire des lois (1870)

Légende : Société — Politique intérieure — Politique étrangère

LA POLITIQUE EXTÉRIEURE DU SECOND EMPIRE

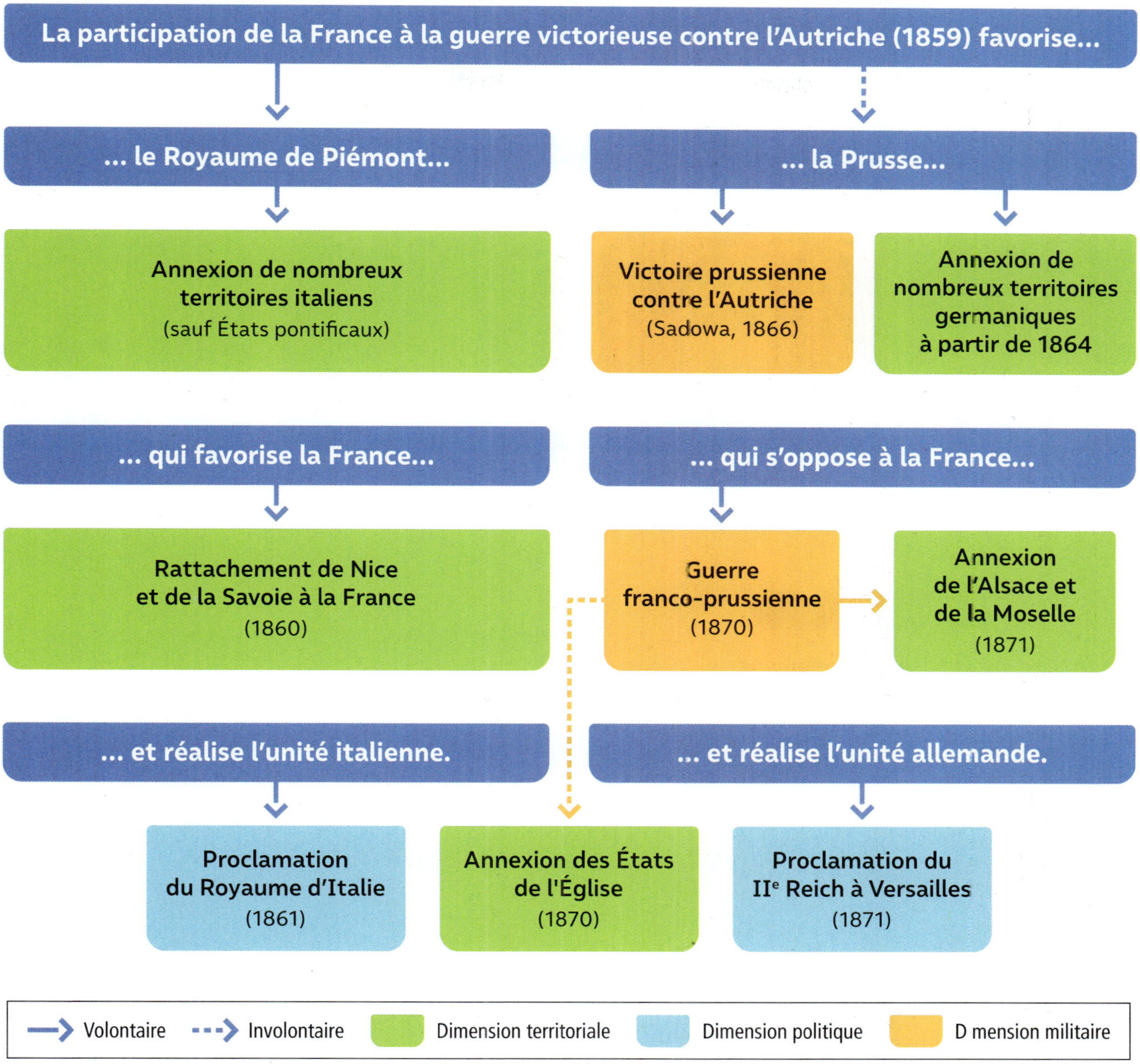

LES NOTIONS-CLÉS

Césarisme démocratique : régime qui prétend établir un lien direct entre l'empereur et le peuple, en référence au modèle romain de Jules César.

Libre-échange : politique qui favorise le commerce international en supprimant les barrières douanières entre les États.

Question sociale : ensemble des problèmes posés par la misère et le chômage et qui font l'objet d'un débat politique.

LES POINTS DE PASSAGE ET D'OUVERTURE

Paris haussmannien : la transformation d'une ville.

- Cours p. 136
- Explorer p. 150

Les frères Pereire, acteurs de la modernisation économique.

- Cours p. 136
- Explorer p. 153

25 mai 1864 – Le droit de grève répond à l'une des attentes du mouvement ouvrier.

- Cours p. 135 et 137
- Explorer p. 156

Le rattachement de Nice et de la Savoie à la France.

- Cours p. 138
- Explorer p. 158

1871 – Bismarck et la proclamation du Reich.

- Cours p. 139
- Explorer p. 160

Toutes les ressources
lycee.nathan.fr/**hist25-142**

Le Second Empire (1852-1870)

EXERCICE 1 CONNAÎTRE LES PRINCIPAUX ACTEURS

Exercices interactifs

Présentez en une phrase chacun de ces acteurs du Second Empire.

a

Napoléon III (1808-1873)

b

Baron Georges-Eugène Haussmann (1809-1891)

c

Otto von Bismarck (1815-1898)

d

Victor Hugo (1802-1885)

EXERCICE 2 SAVOIR DATER

Associez la date sur la frise à l'événement qui lui correspond.

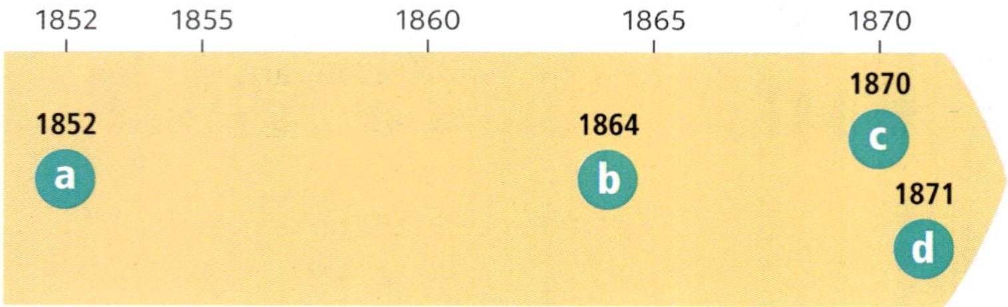

1. Défaite de Sedan et fin du Second Empire
2. Droit de grève
3. Proclamation du IIe Reich allemand
4. Début du Second Empire

EXERCICE 3 SAVOIR VALIDER UNE CONNAISSANCE

Choisissez la bonne réponse.

1. **Pourquoi Napoléon III a-t-il recours au plébiscite ?**
   a. Pour élire les membres du Corps législatif.
   b. Pour affirmer sa légitimité et maintenir un lien direct avec le peuple.
   c. Pour choisir ses ministres et conseillers.
   d. Pour décider de la politique étrangère de l'Empire.
2. **Nice et la Savoie ont rejoint le territoire français par la guerre et...**
   a. par la négociation.
   b. par achat.
   c. par le mariage de Napoléon III avec une princesse savoyarde.
   d. par décision du pape.
3. **Quel événement met fin au Second Empire ?**
   a. Une révolution soutenue par les républicains.
   b. Un coup d'État militaire.
   c. Une défaite militaire face aux Prussiens.
   d. Un plébiscite défavorable à l'empereur.

EXERCICE 4 MAÎTRISER LE VOCABULAIRE

Associez chaque mot à sa définition.

a. Candidat officiel
b. Préfet
c. Maire
d. Col blanc
e. Prolétaire

1. Personnel d'une usine effectuant une tâche (non salissante) de gestion ou de direction.
2. Sous le Second Empire, représentant du pouvoir exécutif dans les communes.
3. Individu ne disposant pour vivre que de la seule force de ses bras. Ce terme devient un synonyme d'« ouvrier ».
4. Lors d'élections, personne dont la candidature est encouragée et soutenue par le gouvernement, qui fait participer les fonctionnaires à la campagne.
5. Représentant du pouvoir exécutif dans les départements.

EXERCICE 5 SAVOIR LOCALISER

Retrouvez sur la carte les espaces décrits dans chaque proposition.

a. État avec lequel la France conclut un traité de libre-échange.
b. Territoires annexés par le Second Empire.
c. Territoires perdus par le Second Empire.
d. Territoire où se réfugie Victor Hugo sous le Second Empire.
e. Royaume sans monarque, situation à l'origine d'une crise diplomatique entre la Prusse et la France.
f. Nouvel empire, né sur les ruines du Second Empire.
g. Capitale des États pontificaux, sous la protection de Bonaparte.

EXERCICE 6 COMPRENDRE LE FONCTIONNEMENT DES INSTITUTIONS

Recopiez le schéma et complétez-le.

1. Complétez la légende avec les espaces concernés.
   Paris — Département — Sous-préfecture — Préfecture
2. Placez les acteurs au bon endroit sur le schéma.
   Gouvernement — Sous-préfets — Préfets — Corps législatif — Sénat

Schéma à compléter

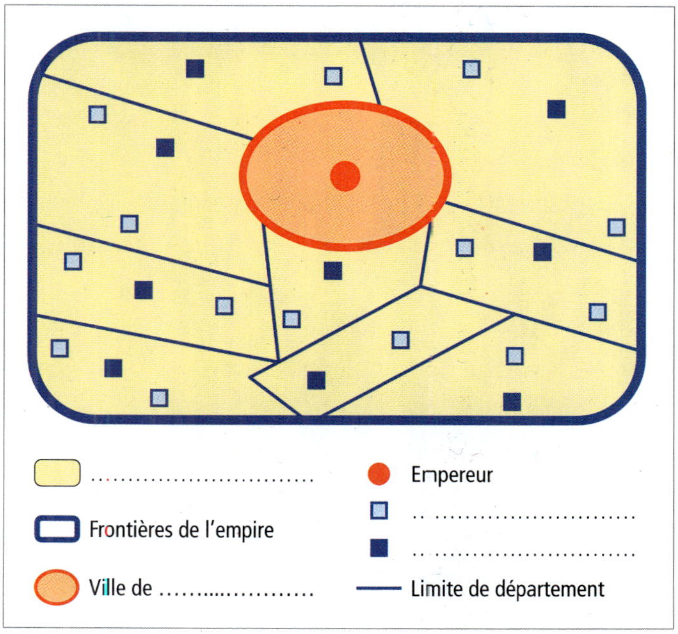

Toutes les ressources
lycee.nathan.fr/hist25-144

1 Comment le nouvel empereur se met-il en scène ?

La famille impériale en 1865

Les supports variés de la propagande impériale

Pour exister, le régime de Napoléon III doit être visible partout et de tous, au quotidien. Statues, noms de rue, articles de presse, poèmes et chansons font ainsi la promotion du Second Empire. Surtout, l'invention de la photographie permet de diffuser très largement les portraits de l'empereur et de sa famille, sur des formats variés, notamment de petites images à porter avec soi.

La peinture pour représenter la majesté

Les traditionnels portraits en majesté sont également incontournables pour cette dynastie de retour au pouvoir. Entre 1855 et 1870, environ 600 copies du portrait officiel de Napoléon III sont produites, dont 500 sur commande de l'État. Sur tout le territoire, dans les préfectures, sous-préfectures, conseils généraux et mairies, ces portraits installent l'image du souverain. Après 1870, la République fait de même, en exposant partout le buste de Marianne.

Animation

1 Portrait officiel de Napoléon III

a Manteau d'hermine : étoffe précieuse portée notamment par Louis XVI sur son portrait officiel.

b Légion d'honneur : décoration créée en 1802.

Franz Xaver Winterhalter, *Napoléon III empereur des Français*, 1855, huile sur toile, 245 × 158 cm, musée du Louvre.

ACTIVITÉ

Identifier et contextualiser le document

1. **Présentez** le document (auteur, nature, contexte, destinataire et but).

Extraire des informations pertinentes

2. **Relevez** les éléments du portrait qui montrent que Napoléon III s'inscrit dans la tradition des rois de France.
3. **Relevez** les éléments du portrait qui rappellent Napoléon Ier.

Tableaux de Louis XV et Napoléon Ier

Rassembler les connaissances

4. **Expliquez** comment le nouvel empereur se met en scène.

Méthode

2 Qu'est-ce que la « fête impériale » ?

Programme de la Saint-Napoléon (15 août)

Matin	*Te Deum* (chanté à l'église pour remercier Dieu)
Après-midi	• Revue militaire (ou des pompiers à la campagne) • Lancers de montgolfières, régates sur la Seine (Paris) • Concerts et spectacles gratuits, jeux, etc.
Soirée	Bals et feux d'artifice (ou feux de joie à la campagne)

Rallier les élites

Le Second Empire, comme toutes les monarchies, a organisé une vie de cour. L'impératrice Eugénie donne, au début de chaque année, des bals masqués ou costumés aux Tuileries ainsi qu'à chaque réception de souverain. À l'automne, une cour plus restreinte accompagne l'empereur et son épouse au château de Compiègne. Comme jadis Versailles pour Louis XIV, ces fêtes contribuent à détourner les élites de la politique.

Divertir le peuple

Mais les fêtes sont aussi un moyen de renforcer les liens de Napoléon III avec tous les Français. Le 15 août devient ainsi la première véritable fête nationale. Ce jour est pour les catholiques la fête de l'Assomption (montée au ciel de la Vierge Marie) et aussi l'anniversaire de la naissance de Napoléon Ier et, depuis son règne, la Saint-Napoléon.

1 Le préfet, relais de la fête en province

Monsieur le Préfet,

Une autre exigence de votre situation, dont, j'en suis sûr, vous serez également préoccupé, c'est la nécessité de vous mettre en contact avec la société de Lille par des réceptions fréquentes et étendues. Vous n'ignorez pas à quel point les relations du monde sont souvent un moyen d'influence, et vous savez d'ailleurs que partout, mais principalement dans un pays de grandes fortunes industrielles, le préfet doit avoir un état de maison en rapport avec les hautes fonctions qu'il remplit.

Recevez, M. le Préfet, l'assurance de ma considération très distinguée.

Lettre du ministre de l'Intérieur au préfet, novembre 1857.

Il y avait hier soir à la Préfecture, une réunion nombreuse et choisie malgré la rigueur du temps et les indispositions qu'elle entraîne. Mme Vallon et M. Le Préfet ont fait les honneurs de leurs salons avec la distinction gracieuse et la courtoisie affable qu'on leur connaît. Le bal était charmant et à voir l'entrain des danses on se prenait à oublier qu'il gelait dehors à 18 ou 20 degrés.

Coupure de journal envoyée par le préfet au ministre (1861).

Correspondance entre le ministre de l'Intérieur Adolphe Billault et le préfet du département du Nord, Paul Vallon.

LE SENS des mots

LA « FÊTE IMPÉRIALE »

La multiplication des bals et spectacles sous le Second Empire a été très tôt dénoncée par les républicains, par l'expression « la fête impériale ». Elle serait, selon eux, la caractéristique d'un régime décadent, fondé sur le règne de l'argent et la corruption des élites.

ACTIVITÉ

Rédigez une réponse argumentée à la question : « Qu'est-ce que la fête impériale ? »

Vous pourrez l'organiser de la manière suivante :

1. **Montrez** que la fête impériale poursuit un objectif politique double : mettre en valeur le régime et y rallier les Français (1er paragraphe).
2. **Montrez** que la fête impériale est une réalité pour toute la France, géographiquement, et pour tous les Français, sociologiquement (second paragraphe).

3 Quel sort pour les opposants sous le Second Empire ?

Toutes les ressources
lycee.nathan.fr/hist25-146

Felice Orsini (1819-1858)

Carbonaro proche de Mazzini, il reprochait à Napoléon III d'avoir fait échouer la république romaine en 1849. Il est guillotiné le 13 mars 1858.

Un régime policier face à ses opposants

Royalistes, républicains mais aussi nationalistes italiens déçus constituent une opposition variée au Second Empire. Face à eux, une législation sévère est mise en place. Journaux, théâtres et éditeurs sont surveillés ou interdits et une police nombreuse place ses informateurs partout. Les dénonciations sont encouragées et les arrestations fréquentes.

L'attentat d'Orsini

La dictature pousse les *carbonari* à renouer avec l'action clandestine et violente. En visant l'empereur, ils espèrent faire tomber le régime. Le 14 janvier 1858, Felice Orsini et trois autres conjurés font exploser plusieurs bombes sur le passage du cortège impérial. Le blindage du carrosse épargne Napoléon III et Eugénie, mais 156 personnes sont touchées et 12 meurent. La répression est durcie par la loi de sûreté générale ou « loi des suspects », adoptée le 27 février 1858.

1 La loi de sûreté générale

Article 1 – Est puni d'un emprisonnement de deux à cinq ans et d'une amende de cinq cents francs à dix mille francs, tout individu qui a provoqué(1) publiquement, d'une manière quelconque, aux crimes prévus par les articles 86 et 87 du Code pénal(2), lorsque cette provocation n'a pas été suivie d'effet.

Article 2 – Est puni d'un emprisonnement d'un mois à deux ans, et d'une amende de cent francs à deux mille francs, tout individu qui, dans le but de troubler la paix publique ou d'exciter à la haine ou au mépris du Gouvernement de l'Empereur, a pratiqué des manœuvres ou entretenu des intelligences, soit à l'intérieur, soit à l'étranger.

Article 3 – Tout individu qui, sans y être légalement autorisé, a fabriqué ou fait fabriquer, débité ou distribué, 1° des machines meurtrières agissant par explosion ou autrement, 2° de la poudre fulminante, [...] est puni d'un emprisonnement de six mois à cinq ans et d'une amende de cinquante francs à trois mille francs. [...]

Article 5 – Tout individu condamné pour l'un des délits prévus par la présente loi peut être, par mesure de sûreté générale, interné dans un des départements de l'Empire ou en Algérie, ou expulsé du territoire français. [...]

Article 7 – Peut être interné dans un des départements de l'Empire ou en Algérie, ou expulsé du territoire, tout individu qui a été, soit condamné, soit interné, expulsé ou transporté, par mesure de sûreté générale, à l'occasion des événements de [...] juin 1848 [...] ou de décembre 1851, et que des faits graves signaleraient de nouveau comme dangereux pour la sûreté publique. [...]

Loi relative à des Mesures de Sûreté générale, 27 février 1858.

(1) Incité.
(2) Attentat et complot visant à détruire ou changer le régime.

Différenciation

ACTIVITÉ

Identifier et contextualiser

1. **Présentez** le document en le replaçant dans son contexte.

Extraire des informations et comprendre le document

2. **Relevez** les actes poursuivis par cette loi.
3. **Identifiez**, à l'aide du chapitre 4, les événements mentionnés dans l'article 7.
4. **Identifiez** l'utilité que trouvent ici les colonies.

Analyser le document

5. **Analysez** le passage souligné : en quoi la formulation laisse-t-elle une très large marge de manœuvre au gouvernement ?

4 Pourquoi et comment Victor Hugo s'oppose-t-il à l'Empire ?

La fuite et l'exil de Victor Hugo

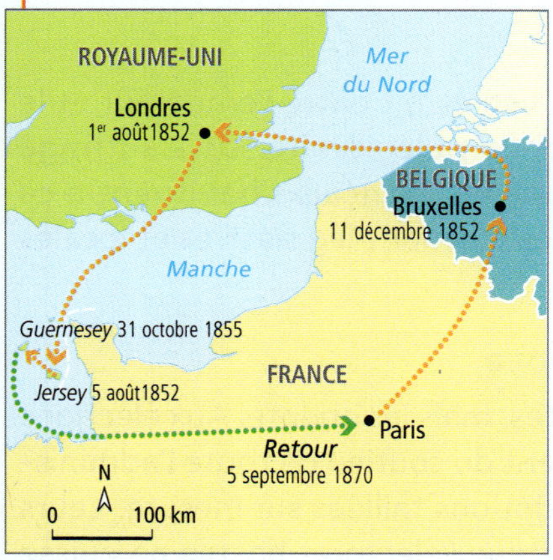

Un écrivain en exil

Victor Hugo se range définitivement dans l'opposition à partir du coup d'État de 1851. Réfugié en Belgique, il publie *Napoléon le Petit*, un pamphlet si violent que les autorités belges lui demandent de quitter le territoire, de crainte de froisser le nouveau pouvoir français. Il s'installe dans les îles anglo-normandes, à Jersey (1852-1855), puis à Guernesey (1855-1870).

L'opposant le plus célèbre

Victor Hugo publie des œuvres très hostiles au Second Empire qui circulent clandestinement. Le retour de la liberté de la presse (1868) lui permet de signer des articles virulents. Par sa plume et sa célébrité, il contribue ainsi à la construction d'une image très négative de Napoléon III, encore bien installée de nos jours.

1 Un poème contre Napoléon III

[...] Nous disons, de dégoût et d'horreur soulevés :
— Citoyens, marchons ! Peuple, aux armes, aux pavés !
À bas ce sabre abject qui n'est pas même un glaive !
Que le jour reparaisse et que le droit se lève ! [...]
Forcer quatre-vingt-neuf qui marche à reculer ;
Supprimer lois, tribune et presse ; museler
La grande nation comme une bête fauve ;
Régner par la caserne et du fond d'une alcôve(1) ; [...]
Prendre gaîment pour soi palais et millions ; [...]
Torturer des héros dans le bagne exécré ; [...]
Oui, nous, les vagabonds dispersés sur les routes,
Errant sans passeport, sans nom et sans foyer,
Nous autres, les proscrits qu'on ne fait pas ployer,
Nous nous déclarons prêts, [...] à donner notre vie
[...] Vivant, nous sans patrie, et vous sans liberté !

« Le Parti du crime », 28 janvier 1853, Jersey, *Les Châtiments*.

(1) Espace retiré à l'intérieur d'une chambre, lieu des confidences et des rapports amoureux.

2 Victor Hugo dans la presse d'opposition
Illustration de Frid'Rick pour le journal *La Lanterne*, 20 novembre 1868.

ACTIVITÉ

Extraire des informations et comprendre un document

1. **Identifiez** ce que reproche Victor Hugo à Napoléon III [doc. 1].

Mettre en relation les documents

2. **Montrez** que Victor Hugo prétend incarner la France, par opposition à Napoléon III [doc. 1 et 2].
3. **Montrez** que Victor Hugo appelle à renverser le Second Empire [doc. 1 et 2].

EXPLORER

ANALYSER UNE SITUATION HISTORIQUE

5 Comment le vote est-il manipulé sous le Second Empire ?

Toutes les ressources
lycee.nathan.fr/**hist25-148**

Chronologie

Voter sous le Second Empire

- 1852 Plébiscite et élections législatives
- 1857 Élections législatives
- 1863 Élections législatives
- 1869 Élections législatives
- 1870 Plébiscite

À ces scrutins nationaux, s'ajoutent les élections locales. Aux élections cantonales, sont élus les membres du Conseil général (département). Aux élections municipales, sont élus les conseillers municipaux. Mais les maires sont désignés par le préfet dans les communes de moins de 3 000 habitants et par l'empereur dans les communes de plus de 3 000 habitants.

Le principe du suffrage universel

Le césarisme démocratique veut établir un lien étroit entre l'empereur et le peuple, c'est pourquoi le Second Empire fonde sa légitimité sur le suffrage universel. Régulièrement appelés aux urnes, les Français s'habituent à ce geste démocratique : outre les plébiscites, les élections législatives et locales rythment la vie politique.

Les pratiques de manipulation du vote

Le régime ne falsifie pas les résultats des votes, mais les oriente. Aux élections législatives, les « candidats officiels » profitent du soutien de toute l'administration. Ils bénéficient en outre de circonscriptions taillées sur mesure. Leurs limites sont redécoupées si nécessaire, pour que l'électorat hostile ne puisse être majoritaire. Et pour gêner l'opposition, ces circonscriptions sont souvent dévoilées juste avant le scrutin. Si, malgré tout, le candidat officiel n'est pas élu, les électeurs sont pénalisés.

— M'sieu l'maire quoi donc que c'est qu'un bibiscite ?
— C'est un mot latin qui veut dire oui.

1 La pratique du plébiscite vue par un caricaturiste

Honoré Daumier, caricature parue dans *Le Charivari* le 30 avril 1870.

DOCUMENT *clé*

2 La préparation d'élections législatives dans un département rural

Une réunion se tient à la maison d'école de Fournels (Lozère), en présence du conseil municipal, du préfet, du sous-préfet, du candidat officiel, des autres maires et conseillers municipaux du canton, ainsi que des instituteurs.

M. le Préfet prenant la parole nous dit : « Je viens ici vous présenter le candidat désigné à vos suffrages par le gouvernement, M. Joseph Barrot. Je dois, au surplus, vous prévenir contre les démarches que fait M. de Chambrun pour obtenir de nouveau votre mandat. M. de Chambrun n'a rien obtenu, rien pu obtenir du gouvernement dont il a perdu la confiance qu'il ne mérite pas. S'il était renommé, rien ne lui serait accordé, je vous le déclare. La Lozère n'aurait aucune part aux libéralités(1) du gouvernement, aux distributions de fonds dont il dispose pour secours de toute nature. Si vous éprouviez des pertes de bestiaux, si la grêle endommageait vos récoltes, vous ne pourriez prétendre à aucune indemnité. Le département de la Lozère, en un mot, et ses habitants, seraient délaissés, abandonnés, et le gouvernement cesserait de se préoccuper de vos besoins si vous nommiez le candidat qu'il repousse. » Puis, s'adressant aux instituteurs, M. le Préfet leur a dit : « Et vous, [...] allez de hameau en hameau, dans chaque maison, chez tous les électeurs, obtenez leurs suffrages pour cette candidature. »

Témoignage de Pierre Batifol, conseiller municipal de Fournels, cité dans Jules Ferry, *La Lutte électorale en 1863*, Dentu, 1863.

(1) Faveurs, dons.

Différenciation

3 Un bureau de vote sous le Second Empire

Gabriel Gostiaux, *Le Suffrage universel*, lithographie, fin du XIXe siècle, musée d'Art et d'Histoire d'Avranches.

ACTIVITÉ

Prélever et expliquer des informations

1. **Identifiez** les trois leviers utilisés par les préfets pour faire gagner le camp gouvernemental [**doc. 2**].
2. **Montrez** que les élections sont un moment familier pour les Français, mais qu'elles sont bien contrôlées et placées au service du pouvoir en place [**doc. 3**].

Croiser des documents

3. **Montrez** que le [**doc. 2**] fait écho à la caricature de Daumier [**doc. 1**].

MÉTHODO

La question 3 invite à confronter deux documents et à prouver qu'ils se confirment mutuellement. Pour cela il faut extraire des éléments précis de chaque document (citations du texte, descriptions de l'illustration) et les mettre en regard.

Mettre en pratique pour comprendre

Info

4. **Recopiez** le schéma ci-dessous et **identifiez** le camp de chacun des deux députés élus d'après le découpage des circonscriptions de ce département.
5. **Changez** ce résultat en modifiant le tracé des circonscriptions.

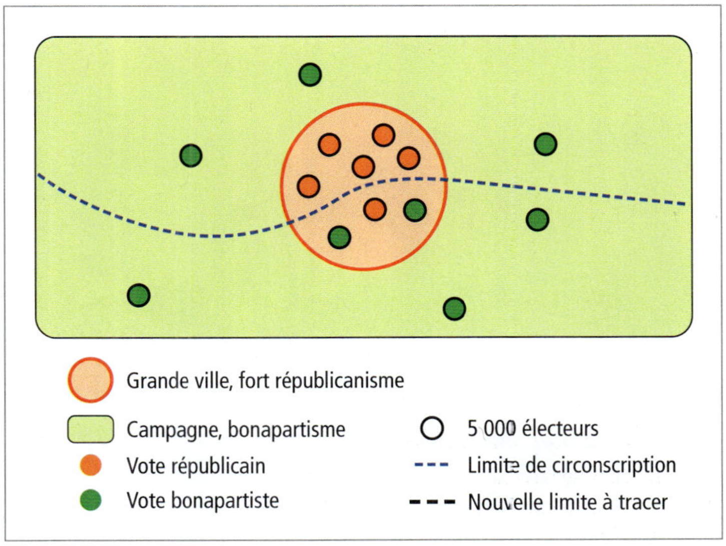

Schéma à télécharger

6 Pourquoi et comment transformer Paris ? PPO

Toutes les ressources
lycee.nathan.fr/hist25-150

Repères

Les changements sous Haussmann (1853-1870)

- **70** voies nouvelles (boulevards, avenues, rues)
- **40 000** nouveaux immeubles
- **9** ponts construits ou élargis
- **585** km d'égouts
- **20** squares
- **2** grands parcs

Chiffres

La population de Paris

1851 : 1 053 262 habitants (12 arrondissements)
1861 : 1 696 141 habitants (20 arrondissements)
1872 : 1 851 792 habitants
2024 : 2 087 600 habitants

Biographie

Georges Eugène Haussmann (1809-1891) → p. 304

Une capitale indigne de l'Empire

Au milieu du XIXe siècle, les rues de Paris sont étroites et surpeuplées. On ne peut guère s'y déplacer qu'à pied et elles sont facilement bloquées par des barricades quand surgit une insurrection. Sans égouts, mal éclairées, elles sont insalubres et dangereuses. La capitale de l'Empire ne ressemble pas à Londres, modèle de Napoléon III. Celui-ci décide donc de faire de Paris une vitrine de la modernité et de l'ordre impérial.

Le nouveau visage de Paris

Haussmann, préfet de la Seine, œuvre pendant 17 ans à l'embellissement et à la modernisation de la ville. Cette dernière annexe en 1860 les communes alentour, passant de 12 à 20 arrondissements. Mais l'État n'est pas seul à la manœuvre : l'Empire est l'âge d'or des entrepreneurs, comme les frères Pereire. Ils créent un nouveau paysage urbain, avec de larges avenues, uniformément bordées par les fameux immeubles haussmanniens.

1 Un bilan de l'œuvre d'Haussmann

Nous manquions d'eau, de marchés, de lumières, dans ces temps reculés qui ne sont pas encore à trente ans de nous. [...] Les chemins de fer existaient cependant ; ils versaient tous les jours dans Paris des torrents de voyageurs, qui ne pouvaient ni se loger dans nos maisons, ni circuler dans nos rues tortueuses. Un des prédécesseurs de M. Haussmann s'était illustré pour avoir percé la rue Rambuteau. Pour lui, il fit, en dix ans, plus qu'on avait fait en un demi-siècle. Il démolit des quartiers ; on pourrait dire : des villes entières. On criait qu'il nous donnerait la peste ; il laissait crier et nous donnait, au contraire, par ses intelligentes percées, l'air, la santé et la vie. Tantôt c'était une rue qu'il créait ; tantôt une avenue ou un boulevard ; tantôt une place, un square, une promenade. Il fondait des hôpitaux, des écoles, des groupes d'écoles. Il nous apportait toute une rivière. Il creusait des égouts magnifiques. Il élevait des casernes, des théâtres. Il tirait de leur néant les Champs-Élysées, le bois de Boulogne, le bois de Vincennes. Il achevait les Halles centrales. Il généralisait l'usage du gaz ; il multipliait les lignes d'omnibus ; il jetait sur la Seine les bateaux qui l'animent, et qui facilitent la circulation. Il introduisait, dans sa belle capitale, les arbres et les fleurs. Il la peuplait de statues.

Article de Jules Simon, opposant républicain sous le Second Empire, publié dans *Le Gaulois* en mai 1882.

2 Un vaste chantier à ciel ouvert

Travaux de démolition et d'aplanissement du sol préalables à la construction de l'opéra Garnier et au percement de l'avenue Napoléon (actuelle avenue de l'Opéra), début des années 1860.

Photographie de Charles Marville, musée Carnavalet, Paris.

3 Le Paris haussmannien en peinture

Créée en 1854, la rue Halévy mène à l'Opéra, dont on aperçoit les statues dorées.

Gustave Caillebotte, *Rue Halévy, vue du sixième étage*, 1878, huile sur toile, 59,5 × 73 cm, coll. particulière, Dallas.

4 Un quartier populaire non modernisé

Zola décrit le Montmartre des années 1860, ancien village rattaché à Paris.

Le cœur serré, Madame Caroline examinait la cour [...]. On jetait tout là, il n'y avait ni fosse ni puisard(1), c'était un fumier sans cesse accru, empoisonnant l'air ; et heureusement qu'il faisait froid, car la peste s'en dégageait sous les grands soleils. D'un pied inquiet, elle cherchait à éviter les débris de légumes et les os, en promenant ses regards aux deux bords, sur les habitations, des sortes de tanières sans nom, des rez-de-chaussée effondrés à demi, masures en ruine consolidées avec les matériaux les plus hétéroclites. Plusieurs étaient simplement couvertes de papier goudronné. Beaucoup n'avaient pas de porte, laissaient entrevoir des trous noirs de cave, d'où sortait une haleine nauséabonde de misère. Des familles de huit et dix personnes s'entassaient dans ces charniers [...]. Lorsqu'une épidémie de fièvre typhoïde ou de variole soufflait, elle balayait d'un coup au cimetière la moitié de la cité.

Émile Zola, *L'Argent*, 1891.

(1) Puits de pierre où sont déversées les eaux sales.

Documentaire

« Le Paris du baron »
Karambolage, Arte

ACTIVITÉ

Validez, à l'aide du cours et des documents, les hypothèses suivantes :

1. La transformation de Paris répond aux objectifs de salubrité, de sécurité et de prestige.
2. L'ampleur des transformations est gigantesque, mais elles sont prises en charge par l'État et par des acteurs privés.
3. Ces transformations embellissent Paris, mais laissent de côté des quartiers et des populations extrêmement défavorisés.

MÉTHODO

En histoire, la recherche se fonde sur le croisement de sources, qui se complètent, se confirment ou se corrigent. Pour valider les hypothèses proposées ci-dessus, il faut donc que vous confrontiez les différents documents les uns aux autres.

Par exemple, les **Repères**, les **Chiffres** et les **doc. 2** et **3** se complètent très bien pour mettre en évidence la première hypothèse. En revanche, séparément, ils ne donneraient qu'une vision partielle de la réalité.

Toutes les ressources
lycee.nathan.fr/hist25-152

7 Dans quelle mesure l'instruction des filles progresse-t-elle sous le Second Empire ?

Julie-Victoire Daubié (1824-1874)

Un siècle de progrès scolaire

Alors que le lycée, payant, est réservé à une élite masculine très restreinte, l'enseignement primaire se démocratise tout au long du XIXe siècle. Le Second Empire contribue à ces progrès, en particulier avec Victor Duruy, républicain rallié au régime, ministre de l'Instruction publique de 1863 à 1869.

Un bilan mitigé

Duruy ouvre davantage l'école primaire aux plus pauvres et aux filles, mais il ne parvient pas à la rendre obligatoire, à cause de l'opposition des conservateurs catholiques. Il échoue aussi à créer un enseignement secondaire pour les filles. La première femme qui réussit à obtenir le baccalauréat, Julie-Victoire Daubié (1824-1874), le passe en candidate libre et il faut l'intervention de l'impératrice pour qu'on lui remette son diplôme !

EMPIRE FRANÇAIS.

Diplôme de Bachelier ès Lettres.

AU NOM DE L'EMPEREUR.

Le Ministre Secrétaire d'État au département de l'Instruction publique et des Cultes,

Vu le certificat d'aptitude au grade de Bachelier ès Lettres accordé, le 17 Août 1861 par les Professeurs de la Faculté des Lettres de Lyon Académie de Lyon au Sieur Melle Daubié, Julie-Victoire née à Bains département des Vosges le 26 Mars 1824.

Vu l'approbation donnée à ce certificat par le Recteur de ladite Académie ;

Ratifiant le susdit certificat,

Donne, par les présentes, audit Sieur Daubié le Diplôme de Bachelier ès Lettres, pour en jouir avec les droits et prérogatives qui y sont attachés par les lois, décrets et règlements.

Fait à Paris sous le Sceau du Ministère de l'Instruction publique et des Cultes, le 7 Décembre 1861

Le Ministre Secrétaire d'État au département de l'Instruction publique et des Cultes,
Signé : Rouland.

Pour Expédition conforme :
Le Chef de la Division de l'Enseignement Supérieur,

Le Directeur du Personnel et du Secrétariat général,
Secrétaire général

Signature de l'Impétrant : J V Daubié

Délivré par le Recteur de l'Académie de Lyon, le 17 mai 1862.

1 Une exception : l'obtention du baccalauréat par une femme
Bibliothèque Marguerite Durand, Paris.

ACTIVITÉ

Déchiffrer et comprendre le document

1. **Identifiez** la lauréate : nom et prénom ; le département d'origine ; l'académie ; l'année et l'âge d'obtention du baccalauréat.
2. **Calculez** le temps inhabituel d'attente, entre la réussite des épreuves et l'obtention du diplôme.
3. **Relevez** les éléments du document prouvant que ce diplôme n'est pas destiné aux femmes.

Utiliser ses connaissances pour raisonner

4. **Montrez** que le Second Empire est une période de progrès relatif de l'instruction des filles.

MÉTHODO

→ La paléographie est l'art de déchiffrer les textes anciens. **Procédez** progressivement en identifiant les lettres, puis des mots. Vous **déduirez** du contexte ce que vous ne parvenez pas à déchiffrer.

→ Pour analyser un document, la maîtrise des règles du français est toujours utile ! [question 3]

Vidéo
« Le jour où » La première femme bachelière en 1861
Le Parisien

8 En quoi les frères Pereire sont-ils des entrepreneurs d'un genre nouveau ?

PPO

Jacob Émile Pereire (1800-1875) et Isaac Pereire (1806-1880)

Saint-simonisme et modernisation

Jacob Émile Pereire (1800-1875) et son frère Isaac (1806-1880) ont participé au mouvement saint-simonien, avant d'entrer dans le monde des affaires. Le **saint-simonisme** (→ p. 136), qui inspire Napoléon III, valorise les entrepreneurs et encourage le développement industriel pour améliorer le sort des travailleurs.

Finance et politique

Les frères Pereire se lancent d'abord dans les chemins de fer en 1835. Mais c'est la création en 1852 de leur banque, le Crédit mobilier, qui leur permet d'investir dans tous les domaines et dans le monde entier. Députés de 1863 à 1869, ils symbolisent les liens étroits entre la finance et le régime, jusqu'à leur faillite, en 1869.

DOCUMENT clé

1 « Les capitaux de la masse »

Paul Lafargue, gendre de Karl Marx, est un militant socialiste.

Dans les premières années du règne de Napoléon III, Rothschild[1], [...], s'en tenait à l'ancienne manière de spéculer ; il n'entreprenait que des opérations sûres et manipulait exclusivement des millions qui lui appartenaient ou dont répondait sa banque. Mais les Pereire et autres, imbus des théories de Saint-Simon, dirigeaient la spéculation dans d'autres voies. Ne possédant pas de fortune, ils se faisaient verser par le public des capitaux dont ils avaient besoin, et, comme ils spéculaient avec l'argent des autres, ne couraient aucun risque et n'avaient rien à perdre. [...] Ils ont centralisé dans leurs mains l'épargne des bourgeois et des masses populaires, pour en diriger les flots tumultueux vers l'industrie et le commerce [...]. Les chemins de fer et les organismes économiques modernes sont des entreprises si vastes qu'il est impossible de les construire et de les faire marcher à l'aide de capitaux individuels. Il fallait les capitaux de la masse, leur concentration gigantesque. Ainsi, ils ont pu trouver les capitaux dont avait besoin à ses débuts la grande industrie en plein essor.

Paul Lafargue, dans la revue socialiste allemande *Die Neue Zeit*, 1892.

(1) James de Rothschild (1792-1868) : banquier, première fortune de France sous la monarchie de Juillet.

Différenciation

2 Les secteurs d'activité des frères Pereire

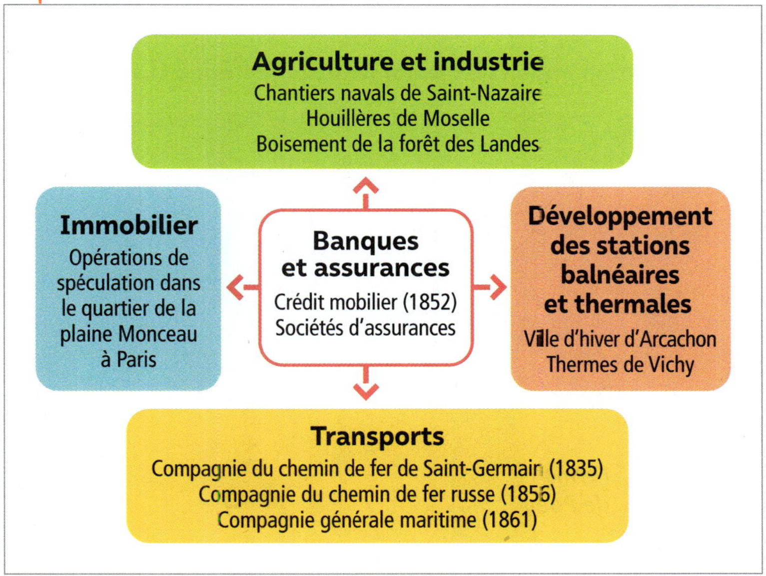

ACTIVITÉ

Identifier et contextualiser le document

1. **Présentez** le document clé.

Extraire des informations et comprendre

2. **Identifiez** la grande différence entre James de Rothschild et les frères Pereire [doc. 1].
3. **Expliquez** pourquoi la principale activité des frères Pereire, la banque, permet toutes les autres [doc. 1 et 2].
4. **Expliquez** en quoi les frères Pereire sont des entrepreneurs d'un genre nouveau.

EXPLORER

CROISER DES DOCUMENTS

9 Quelle est l'action impériale dans les campagnes ?

Toutes les ressources

lycee.nathan.fr/hist25-154

Repères

Le poids de la terre

	1846	1861	1872
Population totale (en millions)	35,4	37,4	36,1
Population rurale (en millions)	26,8	26,6	24,9
Pourcentage de la population rurale par rapport à la population totale	76 %	71 %	69 %

La baisse de la population en 1872 s'explique par la guerre de 1870-1871 et la perte de l'Alsace et de la Moselle.

Une France rurale bonapartiste

Petits et grands propriétaires, agriculteurs, artisans, fonctionnaires : ensemble, ces habitants des campagnes aux profils variés représentent 70 % de la population française. Devenus propriétaires grâce à la fin des privilèges et à la vente des biens du clergé, les paysans en tirent un attachement à l'ordre (qui garantit la propriété), et aux acquis de 1789. Ils se tournent donc volontiers vers Louis-Napoléon Bonaparte en 1848, puis soutiennent son régime.

Les progrès de l'agriculture encouragés par l'Empire

Sous Napoléon III, l'administration encourage l'innovation en organisant concours agricoles (dans les préfectures) et comices (au niveau local) : les agriculteurs y présentent leurs plus belles productions et reçoivent prix et récompenses. Le régime lance également de grands aménagements (assèchement de marais, vastes reboisements), pour mettre en valeur la Sologne et les Landes. Toutefois, ces progrès réduisent le besoin de main-d'œuvre : de plus en plus de paysans partent vers les villes et bassins industriels, pour une installation provisoire ou définitive.

1 Une création impériale : le domaine de Solférino (Landes)

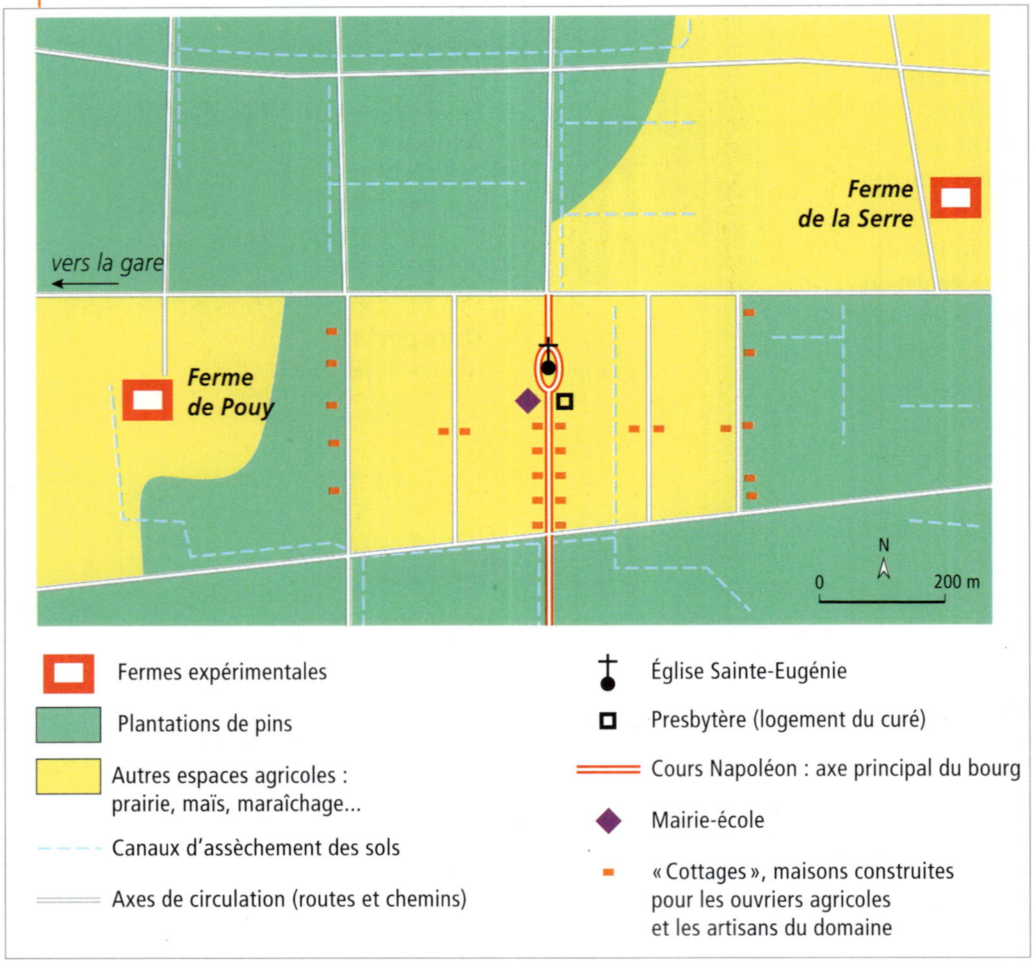

Info

Les terrains marécageux des Landes furent drainés et plantés en pins, pour devenir la plus grande forêt d'Europe. En 1857, Napoléon III acheta 7 400 ha de landes à plusieurs communes pour fonder un domaine pilote. Le village devient en 1863 la commune de Solférino (en hommage à la victoire de 1859, → p. 158).

Documentaire

Sur les traces de Napoléon III : la forêt des Landes de Gascogne
France 3 Nouvelle-Aquitaine
4'03"

Documentaire

Solférino, une ville idéale au cœur des Landes
France 3 Nouvelle-Aquitaine
4'07"

2 Napoléon III et Eugénie au concours agricole de Rouen

Voyage de leurs majestés l'empereur Napoléon III et l'impératrice Eugénie à Rouen, remise de récompenses au concours agricole, 1868.

3 Concours et comices agricoles

Il est encore une 3e espèce [...] à laquelle le Parisien prodigue à toute occasion ses plus aimables quolibets(1), c'est l'*agriculteur orateur* [...], président d'une société d'agriculture ou d'un comice agricole quelconque.

On le représente annuellement atteint de la maladie de couronner des laboureurs. Il fait de l'éloquence facile sur une estrade grotesque, ornée de fleurs de trèfle, de brome de Schrader(2), de betteraves et de potirons, aux applaudissements des naturels(3) aux mains calleuses, accompagnés du mugissement des durhams, du grognement des hampshires, du bêlement des south-down(4), se mêlant aux symphonies discordantes d'une fanfare d'amateurs [...].

[C'est que] nos travailleurs ruraux lisent peu [...] : il faut les instruire par la parole, beaucoup par l'exemple, leur faire voir des produits qu'ils ignorent, des instruments dont ils n'auraient jamais eu l'idée ; [...] stimuler leur zèle, éveiller leur émulation. Mais pour que cet enseignement sensible ait son effet, il est indispensable que ces travailleurs se rendent au canton, siège ordinaire du comice, et pour les attirer on leur offre, mon Dieu, ce qui plaît à tous les hommes, le bruit, la musique, les oriflammes, les feux d'artifice. [...] Il faut être témoin du naïf enthousiasme de l'heureux possesseur [...] d'une modeste médaille que le *Monsieur du gouvernement* en habit brodé lui a remis en pressant la main, pour être convaincu que l'amour-propre de son art, condition essentielle au progrès, s'est éveillé dans cette nature insouciante.

Eugène de Lentilhac, membre de la Société d'agriculture de la Dordogne, « De l'instruction agricole », *Annales agricoles et littéraires de la Dordogne*, 1866.

(1) Moqueries. (2) Plante fourragère originaire d'Amérique. (3) Autochtones, indigènes.
(4) Races bovine et ovines originaires de Grande-Bretagne, introduites en France sous le Second Empire.

Attention aux titres de chaque fonction. Ici, le « Monsieur du gouvernement » n'est pas le président de la société agricole ou du concours, c'est un invité plus important car représentant l'État.

ACTIVITÉ

Appréhender le contenu d'un document

1. **Décrivez** les comices et concours agricoles et expliquez leur utilité [**doc. 2** et **3**].
2. **Identifiez** le « Monsieur du gouvernement en habit brodé » [**doc. 3**] : de quelle fonction peut-il être question ? Justifiez votre réponse.

Prélever des informations pertinentes

3. **Montrez** que l'agriculture progresse à la fois dans le domaine de l'élevage et dans la mise en valeur des sols [**doc. 1** et **3**].

Analyser et synthétiser

4. **Montrez** que pour Napoléon III, l'espace rural peut être le terreau d'une société idéale : ordonnée et productive [**doc. 1**].
5. **Montrez** que Napoléon III laisse une empreinte significative sur les campagnes.

EXPLORER

CONSTRUIRE UNE ARGUMENTATION HISTORIQUE

10 Quel est le sort des ouvriers sous le Second Empire ? PPO

Toutes les ressources
lycee.nathan.fr/hist25-156

Napoléon III et la question sociale

De nombreux conservateurs considèrent les ouvriers comme une population dangereuse, qu'il faut étroitement surveiller. Napoléon III, lui, veut améliorer la condition des ouvriers. Lors de son exil en Angleterre, il a visité les usines, et durant son emprisonnement sous la monarchie de Juillet, il a écrit en 1844 *De l'extinction du paupérisme*, où il cherche des solutions à la **question sociale**.

Vocabulaire

Question sociale : ensemble des problèmes posés par la misère et le chômage et qui font l'objet d'un débat politique.

Entre réformes et répression

Napoléon III fait construire des logements ouvriers et encourage les sociétés de secours mutuels, auxquelles cotisent les ouvriers pour s'entraider. Il accorde en 1864 le droit de grève, alors que les « coalitions ouvrières » étaient interdites depuis 1791. Mais il n'abroge qu'en 1868 l'article 1781 du Code civil par lequel le patron est cru sur parole contre l'ouvrier. Il maintient le livret ouvrier, rempli par les employeurs pour contrôler les déplacements. Enfin, l'armée réprime les grèves ; en 1869, elle ouvre le feu à la Ricamarie et à Aubin.

1 Un asile pour les ouvriers invalides

L'Asile impérial de Vincennes, ouvert en 1858, accueille des ouvriers convalescents. Le ministre de l'Intérieur demande au photographe Charles Nègre de promouvoir la politique sociale du régime.

Photographie de Charles Nègre, 1859, Metropolitan Museum, New York.

2 La condition des mineurs

La répression de la grève des mineurs d'Aubin (Aveyron) fit 14 morts le 8 octobre 1869.

– Quel âge as-tu ? – Seize ans. – De quel pays es-tu ?
– D'Aubin. – N'est-ce pas là, dis-moi, qu'on s'est battu ?
– On ne s'est pas battu, l'on a tué. – La mine
Prospérait. Quel était son produit ? – La famine.
– Mais toi, faisais-tu donc ce travail, jeune fille ?
– Avec tout mon village et toute ma famille, [...]
Oui. Pour chaque hottée on me donnait un sou.
Mon grand-père était mort, tué du feu grisou(1).
Mon petit frère était boiteux d'un coup de pierre.
Nous étions tous mineurs, lui, mon père, ma mère,
Moi. L'ouvrage était dur, le chef n'était pas bon.
Comme on manquait de pain, on mâchait du charbon. [...]
Sitôt qu'on est sous terre on devient des fantômes.
Les pauvres paysans qui vivent sous les chaumes
Respirent du moins l'air des cieux. On étouffait.
– Pourquoi ne pas vous plaindre aussi ? – Nous l'avons fait.
Nous avons demandé, ne croyant pas déplaire,
Un peu moins de travail, un peu plus de salaire.
– Et l'on vous a donné, quoi ? – Des coups de fusil. [...]

Victor Hugo, « Aubin » ou « Ode à la misère », rédigé en 1869, puis publié en 1898 dans le recueil *Les Années funestes*, 1898.

(1) Le grisou est un gaz qui émane des roches dans certaines mines de houille. Au contact de l'air, il provoque des explosions, souvent meurtrières.

Documentaire

Napoléon III et la question sociale
Xavier Mauduit, Fondation Napoléon
2'26''

3 Droit de grève... et de réunion ?

La loi qui fut promulguée le 25 mai 1864 mit les patrons et les ouvriers sur la même ligne [...]. Ainsi l'ancien délit de coalition disparaissait [...]. On reconnaissait hautement aux ouvriers le droit de se concerter au sujet de leur salaire et de se mettre en grève dans les cas où ils le jugeraient utile. Seulement, pour user de cette faculté, il fallait pouvoir se réunir. [...] L'inconvénient des grèves était en effet accru par la nécessité de les organiser clandestinement. [...]

La loi du 6 juin 1868 est venue [...] leur donner satisfaction, en autorisant toutes les réunions publiques qui n'ont point pour objet de traiter de matières politiques et religieuses. Elle laisse bien encore subsister quelques difficultés ; elle demande un local clos et couvert, ce qui peut gêner souvent les réunions. Enfin il y a l'article 13 de la loi, par lequel les préfets peuvent ajourner et le ministre de l'Intérieur interdire toute réunion qui leur paraîtrait de nature à troubler l'ordre ou à compromettre la sécurité publique.

Edgar Saveney, « Les délégations ouvrières à l'Exposition universelle de 1867 », *Revue des Deux Mondes*, 1868.

COMMENT L'EMPIRE PROTÉGEAIT LES OUVRIERS

Massacre des mineurs à la Ricamarie.

4 La vision d'un journal républicain d'opposition

La répression de la grève des mineurs de la Ricamarie (Loire) fit 14 morts le 16 juin 1869, dont un bébé.

Illustration parue dans *La Lanterne*, 1869.

ACTIVITÉ

Historien(ne), vous êtes invité(e) à un colloque intitulé « Napoléon III et le peuple » et vous présentez une conférence sur la situation du monde ouvrier sous le Second Empire. Vous y montrez la précarité de la condition des ouvriers, les efforts d'amélioration sous Napoléon III, et les difficultés qui subsistent à la fin de son règne.

MÉTHODO

Attention, il faut utiliser tous les documents mais aussi votre cours ! Pour proposer une argumentation solide :

→ **Citez** précisément les documents.
→ **Croisez-les** pour confronter leurs contenus et leurs points de vue.

*Par exemple, le poème de Victor Hugo [**doc. 2**], hostile au régime, dépeint une situation particulièrement misérable et suggère que le pouvoir néglige voire maltraite les ouvriers. Le **doc. 1** montre l'inverse, mais il faut prêter attention au commanditaire de cette photographie...*

11 Dans quelle mesure la France contribue-t-elle à l'unité italienne ? PPO

Toutes les ressources
lycee.nathan.fr/hist25-158

Giuseppe Garibaldi (1807-1882)
joue un rôle important dans l'unification de l'Italie, avec ses volontaires, les « chemises rouges ».

>> Biographie p. 303

Napoléon III soutient Victor-Emmanuel II

Au milieu du XIXe siècle, l'Italie est animée par le mouvement du *Risorgimento* dont l'objectif est d'unifier le pays. Napoléon III y est sensible, lui qui a participé en 1831 à une insurrection de patriotes italiens. Il accepte donc en 1858 de soutenir le Piémont-Sardaigne de Victor-Emmanuel II et son ministre Cavour. Français et Piémontais battent les Autrichiens en 1859, à Solferino et Magenta. En « remerciement », la Savoie et Nice sont rattachées à la France en 1860.

L'empereur et le pape

Cependant, pour ne pas perdre le soutien des catholiques français, Napoléon III doit ménager le pape. Il empêche donc les Piémontais d'annexer les États pontificaux, en plaçant des troupes françaises à Rome. Le sud de l'Italie est rattaché au Piémont en 1860 grâce aux volontaires de Garibaldi. Mais c'est à Turin, et non à Rome, que Victor-Emmanuel II prend la tête du nouveau royaume d'Italie en 1861. Il faut attendre la chute de Napoléon III et le départ des troupes françaises pour que Rome devienne enfin la capitale du royaume d'Italie, le 1er août 1871.

1 Napoléon III à la bataille de Solférino, le 24 juin 1859
Ange-Louis Janet, *Napoléon III et sa maison militaire à la bataille de Solférino*, 1861, huile sur toile, 300 × 400 cm, musée des Châteaux de Versailles et de Trianon.

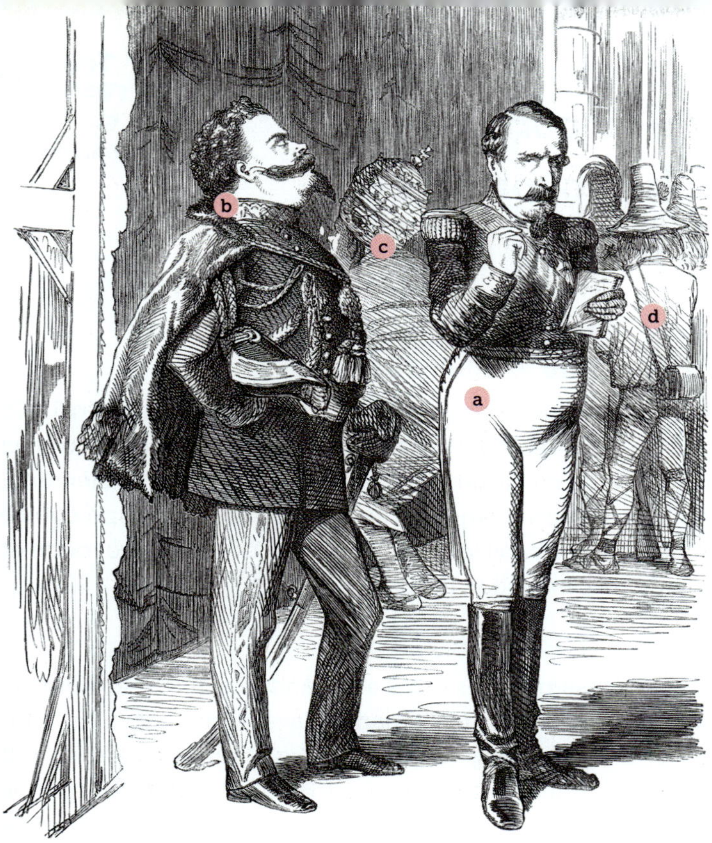

THE LAST ACT OF THE ITALIAN DRAMA.

VICTOR. — "*Shall we 'ring up' for the last act? The audience are getting very impatient.*"
LOUIS. — "*Not just yet — they must wait till I'm ready.*"

2 Le dernier acte du drame italien

Caricature anglaise, 1861.

Victor (Emmanuel) : Levons-nous le rideau pour le dernier acte ? Le public s'impatiente vraiment.
Louis (Napoléon) : Pas encore – ils doivent attendre que je sois prêt.

- a Napoléon III
- b Victor-Emmanuel II
- c Le pape Pie IX
- d Les combattants de Garibaldi

3 Aux habitants de la Savoie et de Nice

Un traité conclu le 24 mars établit que la réunion de la Savoie et de Nice à la France aura lieu avec l'adhésion des populations et la sanction du Parlement.

Quelque pénible qu'il me soit de me séparer des provinces qui ont fait si longtemps partie des États de mes ancêtres et auxquelles tant de souvenirs me rattachent, j'ai dû considérer que les changements territoriaux, amenés par la guerre en Italie, justifiaient la demande que mon auguste allié l'empereur Napoléon m'a adressée pour obtenir cette réunion. J'ai dû en outre tenir compte des services immenses que la France a rendus à l'Italie, des sacrifices qu'elle a faits dans l'intérêt de son indépendance, des liens que les traités ont forgés entre les deux pays. Je ne pouvais méconnaître, d'ailleurs, que le développement du commerce, la rapidité et la facilité des communications augmentent chaque jour davantage l'importance et le nombre de rapports de la Savoie et de Nice avec la France. Je n'ai pu oublier enfin que des grandes affinités de race, de langages et de mœurs rendent ces rapports de plus en plus intimes et naturels. [...]

Proclamation de Victor Emmanuel II aux habitants de la Savoie et de Nice, 1er avril 1860. Archives départementales de la Savoie.

4 Les étapes de l'unité italienne

Carte interactive

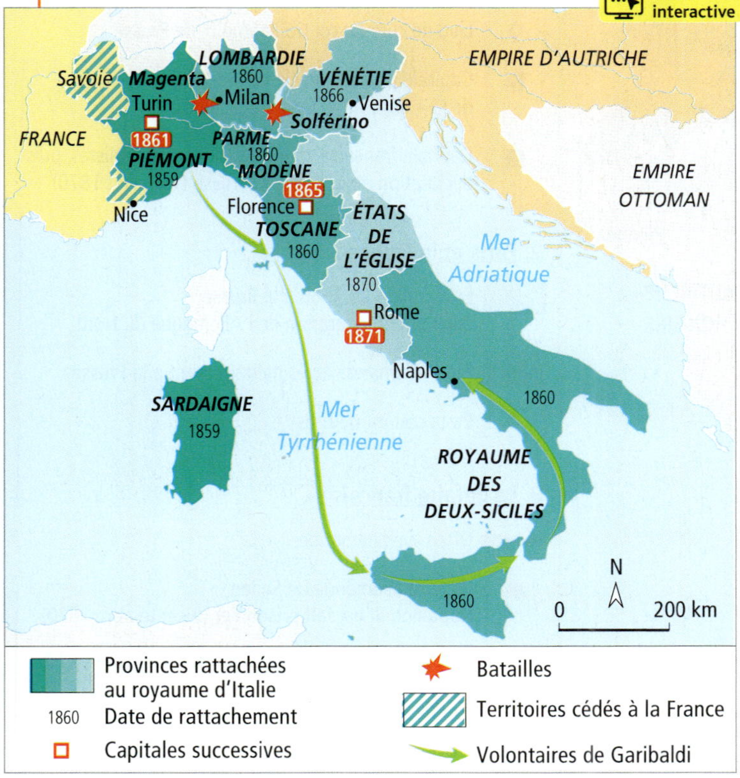

ACTIVITÉ

Ambassadeur/Ambassadrice d'Italie en France, vous prononcez en 2021 à Paris un discours célébrant le 150e anniversaire de l'indépendance de votre pays et son unification.
Vous y racontez ce que l'Italie unie doit à Napoléon III... et ce qu'elle ne lui doit pas.

Vous pouvez suivre le plan suivant :

1. Napoléon III s'est engagé au service de l'unité italienne [cours, **doc. 1** et **2**]
2. Napoléon III et la France sont récompensés [cours, **doc. 1** et **3**]
3. Napoléon III n'est pas étranger au long délai entre le début de l'unification et sa fin en 1871 [cours, **doc. 2** et **4**]

MÉTHODO

- Pour mieux capter l'attention de votre public, **citez** avec précision et pertinence les documents et **utilisez** le cours de cette page.
- **Étudiez** bien chaque document et **confrontez-les** : ils se répondent.

12 Pourquoi et comment Bismarck provoque-t-il Napoléon III en 1870 ? PPO

Toutes les ressources
lycee.nathan.fr/hist25-160

Médaille satirique

Les médailles commémoratives sont souvent frappées pour célébrer des événements. Ici, c'est l'inverse, la médaille dénonce férocement la politique de Napoléon III et la défaite.

1870, musée Carnavalet, Paris.

Réaliser l'unité allemande autour de la Prusse

Après s'être agrandie face au Danemark en 1864, la Prusse bat en 1866 l'Autriche, puissance rivale pour réaliser l'unité allemande. La France prend alors conscience de la puissance de ce voisin remuant. Quand un prince allemand, Léopold de Hohenzollern, se porte candidat au trône espagnol, Napoléon III exige son retrait. Il tombe alors dans le piège de Bismarck, qui le provoque et le pousse à déclarer la guerre en juillet 1870.

Humiliation française, triomphe prussien

La Prusse est rejointe par l'ensemble des États allemands, ce qui déséquilibre le rapport de force : 500 000 Prussiens et Allemands s'avancent contre 280 000 Français. Après une série de défaites, Napoléon III, à la tête de l'armée, est fait prisonnier avec le maréchal de Mac-Mahon et 85 000 soldats à Sedan le 2 septembre 1870. Cette humiliation entraîne la chute du Second Empire le 4 septembre 1870 et la naissance du Deuxième Reich allemand le 18 janvier 1871.

1 L'Empire français et le royaume de Prusse en 1870

Carte interactive

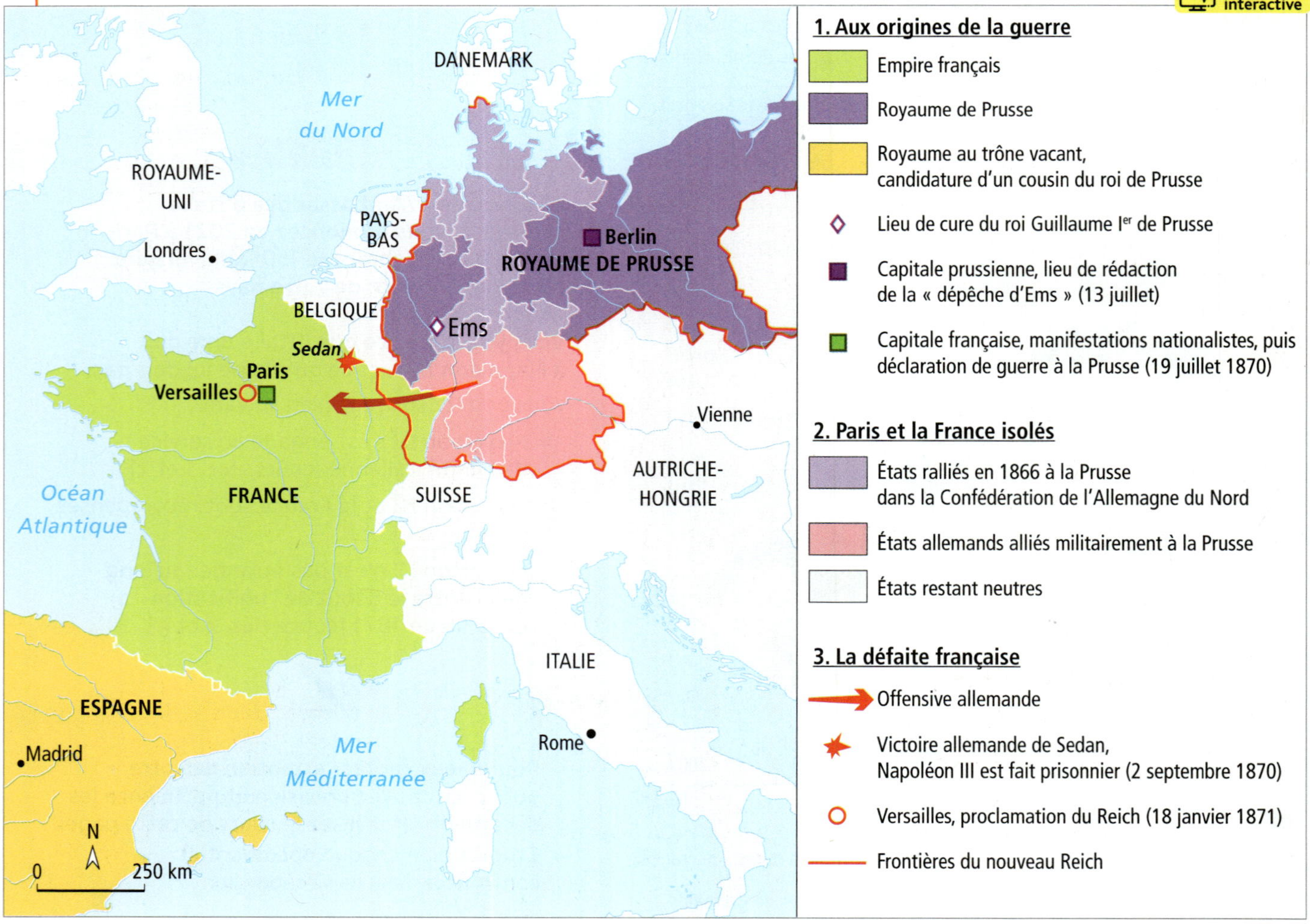

2 La « dépêche d'Ems », le piège de Bismarck

Bismarck reçoit un télégramme en provenance de la ville d'Ems où le roi Guillaume Ier est en cure. Il le modifie légèrement en l'abrégeant pour piéger le gouvernement de Napoléon III. Il explique ici son stratagème à deux généraux prussiens.

[Voici le texte abrégé issu du télégramme :] « Après que la renonciation du prince Léopold de Hohenzollern eut été communiquée au gouvernement français par le gouvernement espagnol, l'ambassadeur de France a encore exigé de sa Majesté l'autorisation de faire connaître à Paris que pour tout l'avenir, Sa Majesté le roi s'engageait à ne plus donner son autorisation, si les Hohenzollern revenaient sur leur candidature. Là-dessus, Sa Majesté le roi a refusé de recevoir encore une fois l'ambassadeur et lui a fait dire par l'adjutant[1] de service que Sa Majesté n'avait plus rien à lui communiquer. » [...]

Si je transmets immédiatement ce texte, qui ne contient aucun changement ni aucun ajout par rapport au télégramme initial, non seulement à la presse mais aussi par télégramme à toutes nos ambassades, il sera connu à Paris avant minuit, et il y fera l'effet, non seulement pour son contenu mais aussi pour son mode de publication, d'un chiffon rouge agité devant le museau du taureau gaulois. [...] Mais le succès dépend essentiellement de l'impression que causera chez nous et les autres l'origine de la guerre. Il est important que nous soyons les agressés, et c'est ainsi que l'arrogance et l'irritabilité gauloises nous feront paraître.

Otto von Bismarck, *Gedanken und Erinnerungen*, Stuttgart, 1870, traduit de l'allemand par S. Delpeut.

(1) En allemand, un *adjutant* est un aide de camp, c'est-à-dire un officier directement rattaché au souverain. Mais ce mot ressemble beaucoup au Français « adjudant », qui désigne un simple sous-officier. Ce faux ami a fortement contribué à l'indignation française.

Biographie

Otto von Bismarck (1815-1898) → p. 302

ACTIVITÉ

Identifier et contextualiser

1. **Présentez** le document 2.

Croiser des documents

2. **Expliquez** le passage souligné dans le récit de Bismarck [**doc. 1** et **2**].
3. **Montrez** que cette guerre victorieuse permet à Bismarck de parachever l'unité allemande [**doc. 1** et **3**].

Raisonner en historien

4. **Proposez** une hypothèse expliquant le lieu choisi pour proclamer le Reich [**doc. 1** et **3**].

Synthétiser

5. **Montrez** que Bismarck est l'artisan de l'unité allemande, et que Napoléon III en est la victime collatérale.

MÉTHODO

Les questions 2 et 3 invitent à croiser deux documents, c'est-à-dire extraire des informations précises d'un document et les confronter. Pour la question 4, en revanche, comme pour toute hypothèse, il faut interroger de façon très large vos connaissances sur la situation ; songez notamment à ce que l'année de seconde vous a appris sur Versailles.

Animation

3 Guillaume Ier proclamé *Kaiser*

Dans la galerie des Glaces de Versailles, le roi de Prusse Guillaume Ier devient l'empereur du IIe Reich allemand.

À droite de Guillaume Ier, sur l'estrade, Frédéric Ier de Bade proclamant : « Longue vie à Sa Majesté impériale et royale, l'empereur Guillaume ! » Derrière l'empereur, les princes allemands. Autour de l'estrade et de Bismarck, les généraux.

Anton von Werner, *La proclamation de l'Empire allemand le 18 janvier 1871*, 1885, huile sur toile, 167 x 202 cm, musée Bismarck, Friedrichsruh.

EXPLORER ★★
ANALYSER DES DOCUMENTS

13 Quelles sont les conséquences de l'annexion de l'Alsace et de la Moselle par l'Allemagne ?

Toutes les ressources
lycee.nathan.fr/hist25-162

Repères

Les « optants »

Les optants sont les Alsaciens et Mosellans qui décident de quitter leur région pour s'installer en France. Cela dit, le délai pour émigrer est court, et quitter sa terre est difficile : beaucoup signent la déclaration d'option… et restent finalement en Alsace ou Moselle.

Vidéo

Les optants alsaciens-lorrains de 1871-1872
France 3 Grand Est
Jusqu'à 4'41"

Le règlement de la paix

Le 10 mai 1871, les représentants de la France et du Reich allemand signent le traité de Francfort. Six départements français sont occupés jusqu'au versement d'une indemnité de guerre de 5 milliards de francs (1873). Mais surtout, la France perd l'Alsace et la Moselle, qui deviennent jusqu'en 1919 le *Reichsland Elsaß-Lothringen*, annexé au Reich. La frontière de la France est ainsi décalée vers l'ouest.

Germanisation et esprit de revanche

Le gouvernement du Reich laisse aux Alsaciens et Mosellans le choix entre la nationalité allemande, qui leur permet de rester chez eux, et la nationalité française, qui impose d'émigrer vers la France. C'est ce qu'on appelle « l'option ». Les grandes villes deviennent des vitrines du Reich, qui s'emploie à germaniser le territoire et ses habitants. Côté français, le désir de revanche est très fort dans les premières années de la IIIe République.

1 Territoires français annexés à l'issue du traité de Francfort (19 mai 1871)

Carte interactive

2 Un manuel scolaire français dans les années 1870

Le Tour de la France par deux enfants *est un manuel de lecture pour l'école primaire (niveau CM1).*

On se trouvait alors en 1871, peu de temps après la dernière guerre avec la Prusse. À la suite de cette guerre, l'Alsace et une partie de la Lorraine, y compris la ville de Phalsbourg, étaient devenues allemandes ; les habitants qui voulaient rester Français étaient obligés de quitter leurs villes natales pour aller s'établir dans la vieille France. Le père d'André et Julien, un brave charpentier veuf de bonne heure, qui avait élevé ses fils dans l'amour de la patrie, songea comme tant d'autres Alsaciens et Lorrains à émigrer en France. […] Tout était prêt pour le voyage, l'époque même du départ était fixée, lorsqu'un jour le charpentier vint à tomber d'un échafaudage. On le rapporta mourant chez lui. […] André le voyait inquiet et il cherchait à deviner ; il se pencha jusqu'auprès des lèvres du moribond, l'interrogeant du regard. Un mot plus léger qu'un souffle arriva à l'oreille d'André : « France ! » « Oh ! s'écria le fils aîné avec élan, soyez tranquille, cher père, je vous promets que nous demeurerons les enfants de la France ; nous quitterons Phalsbourg pour aller là-bas ; nous resterons Français, quelque peine qu'il faille souffrir pour cela. »

G. Bruno (pseudonyme d'Augustine Fouillée), *Le Tour de la France par deux enfants*, 1877.

3 Une carte postale de Strasbourg allemande

La *Neustadt* (« ville nouvelle ») est aménagée par les Allemands à Strasbourg. Sur la place de l'Empereur, on voit le palais impérial (*Kaiserpalast*) et le monument à l'empereur Guillaume Ier (*Denkmal Kaiser Wilhelm I*), inauguré en 1911.

4 Le témoignage d'un Alsacien

Jean-Jacques Waltz (1873-1951), plus connu sous le surnom d'Oncle Hansi, est un Alsacien devenu allemand en 1871. Dans cet extrait, il raconte sa jeunesse au lycée impérial de Colmar.

Dans mon enfance, quand dans la journée j'avais été brutalisé au lycée boche, quand le professeur d'allemand nous avait enseigné que la langue allemande était la plus belle et la plus ancienne de toutes les langues, quand le professeur d'histoire avait insulté nos pères et tous les Français, en remontant jusqu'au temps de Charlemagne, quand le professeur de français, originaire de Königsberg, nous avait prouvé que ni les Français ni les Alsaciens ne savaient parler leur propre langue et que ce n'est qu'à Königsberg que l'on parle le français correctement, quand à mon retour du lycée, d'où tous les jours je rapportais quelques gifles et quelles heures d'arrêts, j'avais rencontré les officiers insolents battant le pavé de notre ville, les fonctionnaires, laids et arrogants, et que je rentrais chez moi, triste et découragé, alors, pour me consoler, mon père me racontait combien notre petite ville était belle du temps français. [...] Je m'endormais content et je faisais de beaux rêves : je voyais les soldats français de garde à la maison et le drapeau tricolore au balcon, j'étais moi-même parmi les gosses qui suivaient les régiments et je me sentais heureux. Mais au matin le beau rêve était fini, il fallait aller au lycée et subir les insultes du professeur et la glorification méthodique de l'Allemagne.

Hansi, *Le Paradis tricolore*, 1918.

ACTIVITÉ

Identifier et contextualiser

1. **Présentez** avec précision les documents 2 et 4.

Extraire des informations pertinentes

2. **Présentez** le choix auquel sont confrontés les habitants de l'Alsace et de la Moselle [cours, vidéo, doc. 1 et 2].
3. **Identifiez** les différents aspects de la politique allemande de germanisation [doc. 2, 3 et 4].

Croiser les documents

4. **Montrez** que, face à la situation, les deux régimes misent sur l'école pour emporter l'adhésion de la population [doc. 2 et 4].

Synthétiser

5. **Résumez** les trois conséquences de l'annexion de l'Alsace et de la Moselle par l'Allemagne.

MÉTHODO

L'un des aspects centraux de la présentation d'un document est l'étude du contexte. Les documents 2 et 4 datent respectivement de 1877 et 1918, ce n'est pas un hasard !

Par ailleurs, s'interroger sur le point de vue de l'auteur est indispensable : si celui-ci est partial, le contenu du texte s'en ressent. Par exemple, la nationalité des auteurs des documents 2 et 4 est une information intéressante.

Toutes les ressources
lycee.nathan.fr/hist25-164

1 ANALYSER UN DOCUMENT

Sujet 1 : Le regard d'un républicain

1. Présentez le document.
2. Identifiez les éléments politiques critiqués par l'auteur dans la première phrase.
3. Expliquez les aspects économiques du Second Empire auxquels il est fait allusion dans les passages soulignés.
4. Présentez la grande transformation de Paris que l'auteur évoque dans le second paragraphe.

Pierre Larousse (1817-1875) est un militant républicain et le fondateur d'une maison d'édition célèbre pour ses dictionnaires.

Sous le règne néfaste de Napoléon III, qui débuta par un crime, continua par la suppression de toutes les libertés publiques et se termina par une capitulation honteuse, après avoir déchaîné sur la France une guerre épouvantable, Paris, privé des libertés qui font les peuples virils et forts, devint uniquement une ville de plaisirs et d'affaires. [...] Le besoin de faire des fortunes rapides lança le public vers des entreprises fantastiquement véreuses, vers les jeux de bourse, vers des spéculations étonnantes dans lesquelles des gens tarés s'enrichissaient rapidement aux dépens des naïfs actionnaires, attirés par l'appât de bénéfices irréalisables.

[...] D'immenses travaux furent faits à Paris, d'abord dans le but de percer de grandes voies stratégiques, pour rendre les révolutions impossibles, puis pour rejeter l'élément ouvrier du centre à la circonférence [...]. Paris fut transformé avec une rapidité prodigieuse. On dépensa, sans contrôler, des sommes énormes qui obérèrent pour des siècles le budget de la ville, et si de nombreux spéculateurs sur les terrains y trouvèrent un moyen de s'enrichir, la grande masse de la population eut vivement à en souffrir, par suite d'une rapide augmentation dans les loyers, désastreuse pour les petits budgets. Toutefois, on ne saurait contester que ces grands travaux, lorsqu'ils ont été pratiqués dans des quartiers vieux et malsains, n'aient été utiles au point de vue de l'hygiène et de la salubrité publique.

Pierre Larousse, « Paris », *Grand Dictionnaire universel du XIXe siècle*, tome XII, 1874.

MÉTHODO

- Présenter un document est indispensable pour le comprendre. Ici, il faut notamment être bien attentif à l'identité de l'auteur et à son rapport au Second Empire : cela a forcément orienté son propos !
- Pour les questions 2 à 4, citez le texte en le confrontant à vos connaissances pour répondre.
- Attention, lorsqu'on cite un texte, il faut sélectionner des éléments précis : rarement plus d'une ligne entière, souvent un simple groupe de mots.

Sujet 2 : Les élections à la fin du Second Empire

CONSIGNE En quoi cette lettre témoigne-t-elle du « césarisme démocratique » ? Vous pouvez commencer par souligner l'implication du gouvernement et de l'administration pour orienter le processus électoral, puis par montrer à l'aide de ce texte les grands changements politiques de la fin des années 1860.

Monsieur le Préfet, la tournée de révision[1] emprunte, cette année, aux circonstances dans lesquelles elle sera faite une importance exceptionnelle. Quand une législature approche de son terme, il est plus que jamais nécessaire d'étudier de très près la situation politique et de se rendre un compte exact des vœux et des tendances des populations. [...]

L'enquête électorale à laquelle vous aurez à procéder demande un certain temps matériel pour être faite avec fruit, et votre présence dans le pays peut, du seul point de vue de l'effet moral, servir puissamment les intérêts politiques que vous avez à défendre.

En pareille matière, vous le savez, les relations personnelles jouent un rôle considérable. Dans votre situation surtout, Monsieur le Préfet, un accueil prévenant peut suffire pour fortifier les amitiés acquises au gouvernement et amortir bien des hostilités. [...]

Plus le rôle du Corps législatif devient considérable, plus vous devez apporter de soin à constituer fortement le parti gouvernemental, à maintenir l'union, à stimuler l'énergie de nos amis comme à soutenir nettement leurs efforts. [...]

Les élections futures, Monsieur le Préfet, ont une importance qui ne vous a certainement pas échappé. Pour user des libertés nouvelles avec cette sagesse qui seule peut les vivifier, pour contenir l'audace des partis qui voudraient exploiter contre l'Empire ces libertés elles-mêmes, il faut à la France des législateurs formant une majorité compacte [...] et toujours disposée à se serrer autour de l'empereur, s'il fallait opposer à des passions hostiles l'infranchissable barrière de son dévouement dynastique.

Recevez, Monsieur le Préfet, l'assurance de ma considération très distinguée.

Le ministre de l'Intérieur, Pinard.

Lettre d'Ernest Pinard, ministre de l'Intérieur, à un préfet. 23 mai 1868.

(1) Chaque année, préfets et sous-préfets parcourent leur département pour les « conseils de révision » : les jeunes garçons tirés au sort pour le service militaire (la conscription) passent devant le conseil qui valide ou non leur enrôlement en tant que conscrit.

MÉTHODO

L'étude critique de document confronte une source à des connaissances dans le but de répondre à une question.

- Vous devez présenter précisément le document : auteur et son but, contexte, nature.
- Vous devez présenter la question (comme dans une question problématisée). Ici, « césarisme démocratique » est évidemment à définir.
- Restez vigilant : le document ne dit pas forcément tout, voire se trompe. Il faut donc confirmer son propos, le corriger ou le compléter.

2 RÉPONDRE À UNE QUESTION PROBLÉMATISÉE

Sujet 1 : Dans quelle mesure le Second Empire était-il démocratique ?

CONSIGNE Vous pouvez commencer par évoquer la prise de pouvoir et le fonctionnement du « césarisme démocratique », puis présenter les changements progressifs de la décennie 1860, et particulièrement de l'année 1869.

MÉTHODO

- **Sujet 1 :** « Dans quelle mesure » suggère que le Second Empire n'est pas complètement démocratique ou complètement non-démocratique. Cette formulation appelle à la nuance !
- **Sujet 2 :** Un « bilan » prend en compte l'ensemble de l'œuvre une fois achevée. Il appelle un plan thématique (chaque partie présente un thème) plutôt que chronologique (chaque partie présente une période).

Sujet 2 : Quel est le bilan de la politique étrangère de Napoléon III ?

L'HISTOIRE par les OBJETS

Toutes les ressources

lycee.nathan.fr/**hist25-166**

LA CRINOLINE

LA MODE FÉMININE DU SECOND EMPIRE

DOC 1.

Femme portant une robe à crinoline

Vers 1860.

Un accessoire né de l'industrialisation

À partir des années 1830, la crinoline désigne un matériau fabriqué à partir de crin de cheval, servant à la confection de sous-jupes rigides. Sous le Second Empire, l'accessoire évolue en une cage formée de cerceaux métalliques, dont le diamètre peut dépasser les deux mètres. Entre 1858 et 1864, les usines Peugeot produisent annuellement près de 5 millions de crinolines. L'industrialisation favorise ainsi une mode féminine qui bouleverse les silhouettes. Initialement portée dans l'aristocratie et la bourgeoisie, elle se répand ensuite dans toute la société.

Une jupe-cage

Ce nom, donné en 1856 aux États-Unis par l'inventeur d'un modèle de crinoline, décrit la forme de l'armature. Il rappelle aussi l'inconfort d'une telle tenue, qui gêne les mouvements. La difficulté à passer les portes ou à s'asseoir est d'autant plus importante que le haut du corps est enserré dans un corset. Le port de la crinoline entraîne plusieurs centaines d'accidents chaque année, dont certains mortels : particulièrement inflammable en raison de sa largeur et des matières qui recouvrent les cerceaux (mousseline et soie en particulier), elle peut aussi se prendre dans les roues d'un carrosse ou entraîner des noyades.

Les débats autour de la crinoline

Les journaux se font l'écho des débats autour de la crinoline. Certains défendent son port au nom d'arguments esthétiques (elle affine la taille et souligne la poitrine), sans souci du confort et de la santé de ses utilisatrices. D'autres la critiquent avec misogynie : elle serait le reflet de la futilité des femmes, permettrait à certaines de cacher les défauts de leurs jambes, voire serait un moyen déguisé d'occuper davantage d'espace. Beaucoup enfin s'insurgent contre un vêtement vu comme un obstacle concret à l'émancipation des femmes. La mode de la crinoline disparaît à la fin du Second Empire, remplacée par la tournure, un « faux-cul » tout aussi inconfortable.

LE SENS des mots

« FAUX-CUL »

Aujourd'hui, dans le langage courant, un « faux-cul » est un hypocrite. L'expression vient du surnom donné à la tournure qui se plaçait à l'arrière de la robe, une sorte de coussin (appelé aussi « pouf ») qui exagérait la forme des fesses.

INTERVIEW d'historienne

lycee.nathan.fr/**hist25-166-2**

Émilie Hammen, professeure des universités junior à Paris I. Elle est spécialiste de la mode et des techniques.

DOC 2.

La crinoline vue par la caricature

Artiste anonyme (français), *Heur et malheur de la crinoline*, 1858, gravure sur papier, 7,2 × 36,5 cm, musée Carnavalet, Paris.

DOC 3. **La charge de la journaliste Olympe Audouard contre la crinoline**

La *Feuille d'annonces* de Nice nous apprend qu'une infortunée jeune fille a été encore la proie des flammes dans cette ville ; et cela en sortant d'un bal, où elle s'était livrée à cette joie, à ce plaisir, apanage de ses seize printemps. Ce fatal événement est encore dû à cette malencontreuse invention de la crinoline. « Ne dirait-on pas, dit ce journal, qu'un génie diabolique a présidé à l'invention de cette malheureuse partie de l'ajustement féminin, la crinoline, si vite et si universellement adoptée par la coquetterie des femmes de tous les rangs et de tous les pays, et qui déjà a été si funeste à un grand nombre d'elles ? » Il est de fait que, depuis quelque temps, les journaux nous signalent tous les jours une nouvelle victime de ce maudit feu... Et toujours il choisit de pauvres jeunes filles... Jamais on n'entend dire : « Un homme s'est brûlé. » Cela tient sans doute à leur costume. Décidément, en tout et pour tout, les désavantages sont toujours pour ces malheureuses femmes ! La mode même s'en mêle, elle les livre sans pitié aux flammes !

Olympe Audouard dans *Le Papillon*, 1er février 1863.

Biographie

Olympe Audouard (1832-1890)

Olympe Félicité de Jouval est une journaliste, conférencière et écrivaine-voyageuse qui publie sous les pseudonymes de Feo de Jouval et Olympe Audouard. Elle défend avec ferveur les droits civils et politiques des femmes dans les journaux qu'elle crée comme dans ses livres. Sa dénonciation de la crinoline rejoint celle du Second Empire : l'importance du paraître et de l'ostentation y pousse les femmes à porter cette pièce inconfortable et dangereuse. Sa crinoline avait d'ailleurs failli causer sa perte lors d'un naufrage en Méditerranée.

L'atelier d'histoire

Effectuez une recherche sur la mode masculine sous le Second Empire et décrivez les tenues portées par les hommes.

THÈME 3

La Troisième République avant 1914 : un régime politique, un empire colonial

Exercices interactifs

VU AU COLLÈGE

en 4e À partir de 1870, la République s'impose en France malgré des difficultés, tandis que la puissance européenne alimente conquêtes et colonisation au XIXe siècle.

en 1re **Thème 2.** La France de 1815 à 1871.

Cours de 4e en PDF

RÉACTIVER 1 LES REPÈRES HISTORIQUES : LA FRANCE

À l'aide de vos connaissances, répondez aux questions.

a. En quelle année la République a-t-elle été proclamée pour la première fois en France ?
b. En quelle année la Deuxième République a-t-elle été proclamée ?
d. À quel régime politique la Troisième République succède-t-elle ?

RÉACTIVER 2 LES REPÈRES HISTORIQUES : LA COLONISATION

À l'aide de vos connaissances, répondez aux questions.

a. En quelle année les Européens ont-ils découvert l'Amérique ?
b. Quel régime politique abolit l'esclavage en France en 1794 ?
c. Quand l'esclavage a-t-il été rétabli en France ?
d. Quand démarre la conquête de l'Algérie ?
e. Quel État fait adopter l'abolition de la traite négrière par le congrès de Vienne en 1815 ?
f. Quelle colonie française devient indépendante en 1804 ?
g. Quel régime abolit définitivement l'esclavage en France en 1848 ?

RÉACTIVER 3 LE VOCABULAIRE POLITIQUE DU XIXe SIÈCLE

Retrouvez le mot qui se cache derrière chaque définition.

a. Loi fondamentale qui définit le régime politique et l'organisation des pouvoirs.

b. Régime politique dans lequel le pouvoir appartient au peuple et les libertés fondamentales sont respectées.

c. Système électoral dans lequel tous les hommes de plus de 21 ans peuvent voter.

d. Régime politique dans lequel les pouvoirs sont exercés par des représentants, désignés par des citoyens.

RÉACTIVER 4 LE VOCABULAIRE DES CONQUÊTES ET DES SOCIÉTÉS COLONIALES

Associez chaque mot à sa définition.

a. Colon
b. Colonie
c. Colonisation
d. Empire colonial
e. Indigène
f. Métropole
g. Traite négrière

1. Ensemble des territoires dominés par un État qui les a conquis.
2. Territoire conquis, dominé et exploité par un État étranger.
3. Conquête et domination d'un territoire par un État.
4. Puissance qui a fondé la colonie et qui la domine.
5. Habitant d'un territoire colonisé originaire de métropole.
6. Commerce de femmes et d'hommes africains capturés, puis vendus à des propriétaires esclavagistes.
7. Nom donné aux populations implantées sur un territoire avant la colonisation.

RÉACTIVER 5 LES ÉVOLUTIONS DU DROIT DE VOTE DE 1815 À 1870

Régime politique	Conditions pour voter	Type d'élections (niveau national)	Pourcentage d'électeurs par rapport à la population totale
Restauration (1815-1830)	Être un **citoyen masculin**, et avoir au moins **30 ans**. Payer au moins **300 francs** de cens.	**Élections législatives**	0,4 %
Monarchie de Juillet (1830-1848)	Être un **citoyen masculin**, et avoir au moins **25 ans**. Payer au moins **200 francs** de cens.	**Élections législatives**	0,5 %
IIe République (1848-1852)	Être un **citoyen masculin**, et avoir au moins **21 ans**.	**Élections présidentielles et législatives**	26,4 %
Second Empire (1852-1870)	Être un **citoyen masculin**, et avoir au moins **21 ans**.	**Plébiscite et élections législatives**	26,8 %

Nombre d'électeurs

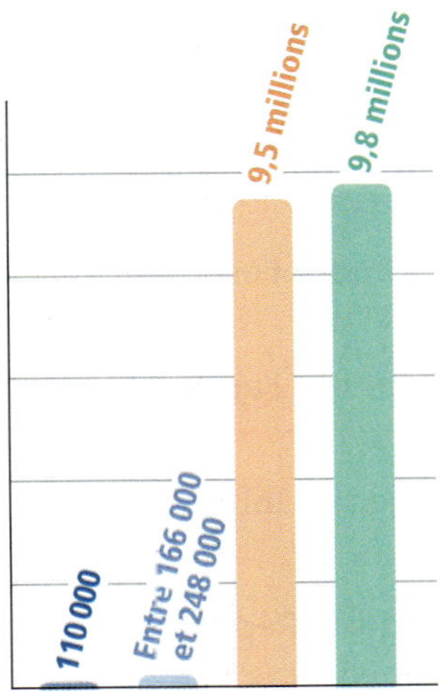

D'après Mathilde Larrère, « Voter en France de 1789 à nos jours », *La documentation photographique*, 2018 et Philippe Bourdin, *Citoyenneté, démocratie, république, 1789-1899*, Belin, 2014.

a. En vous aidant de vos connaissances et du schéma, relevez les régimes politiques qui utilisent le suffrage censitaire ; et ceux qui utilisent le suffrage universel masculin.
b. Quel régime politique marque un tournant dans l'évolution du droit de vote ?
c. Quelle catégorie de la population reste exclue du droit de vote de 1815 à 1870 ?

RÉACTIVER 6 LES PRINCIPAUX ACTEURS HISTORIQUES

Expliquez pourquoi chacun de ces personnages a laissé une empreinte durable sur l'histoire. Effectuez une courte recherche biographique s'il vous manque des éléments d'explication.

Adolphe Thiers (1797-1877)

Émile Zola (1840-1902)

Hubertine Auclert (1848-1914)

Louise Michel (1830-1905)

CHAPITRE 6

La France de la Troisième République (1870-1914)

COURS

EXPLORER

S'ÉVALUER

L'HISTOIRE PAR LES OBJETS

Tous les textes du chapitre :
- en version DYS
- en version audio

lycee.nathan.fr/**hist25-170**

L'exposition universelle de 1889 à Paris

Cette exposition est une grande fête du progrès technique et de la modernité, symbolisée par la tour Eiffel. C'est aussi, pour la République, l'occasion de célébrer le centenaire de la Révolution.

Jean Béraud, *Entrée de l'Exposition universelle de 1889*, 1889, huile sur toile, 30,1 × 40 cm, musée Carnavalet, Paris.

Jeu numérique
Découvrir l'image
lycee.nathan.fr/**hist25-171**

Toutes les ressources
lycee.nathan.fr/hist25-172

Cours à écouter

1 Les débuts difficiles de la République (1870-1879)

PPO

1871 – Louise Michel pendant la Commune de Paris.

A « L'année terrible » (1870-1871)

a. Un régime né de la guerre

• En juillet 1870, la France entre en guerre contre la Prusse. Après la défaite de Sedan le 2 septembre et la capture de l'empereur, la République est proclamée le 4 septembre par Léon Gambetta. Un gouvernement provisoire, dit « de la Défense nationale », est formé, alors que le tiers Nord-Est du pays est occupé [**doc. 1**]. Paris subit un siège à partir du 19 septembre, aggravé par un hiver rigoureux. Le 28 janvier 1871, l'**armistice** est signé avec Bismarck, à la tête d'un État allemand unifié proclamé dix jours plus tôt à Versailles.

b. Une république aux mains des monarchistes

• Les élections du 8 février 1871 donnent une très large majorité à la droite royaliste. Ce résultat s'explique par le souhait d'une paix rapide, alors que les républicains voulaient continuer la guerre. De plus, les campagnes sont méfiantes envers la République. Adolphe Thiers, **orléaniste**, est nommé chef de l'exécutif. Le 10 mars 1871, l'Assemblée nationale s'installe à Versailles.

c. Une guerre civile : la Commune de Paris (mars-mai 1871)

PPO

• Le 18 mars, la Commune de Paris entre en rébellion contre le gouvernement versaillais. Elle veut défendre une république démocratique et sociale. Mais elle est assiégée, puis écrasée lors de la Semaine sanglante, du 21 au 28 mai. Des milliers de personnes sont exécutées, emprisonnées ou déportées en Nouvelle-Calédonie comme Louise Michel. D'autres communes en France sont rapidement réprimées.

EXPLORER ① p. 182

1 La France dans « l'année terrible » (1870-1871)

Carte interactive

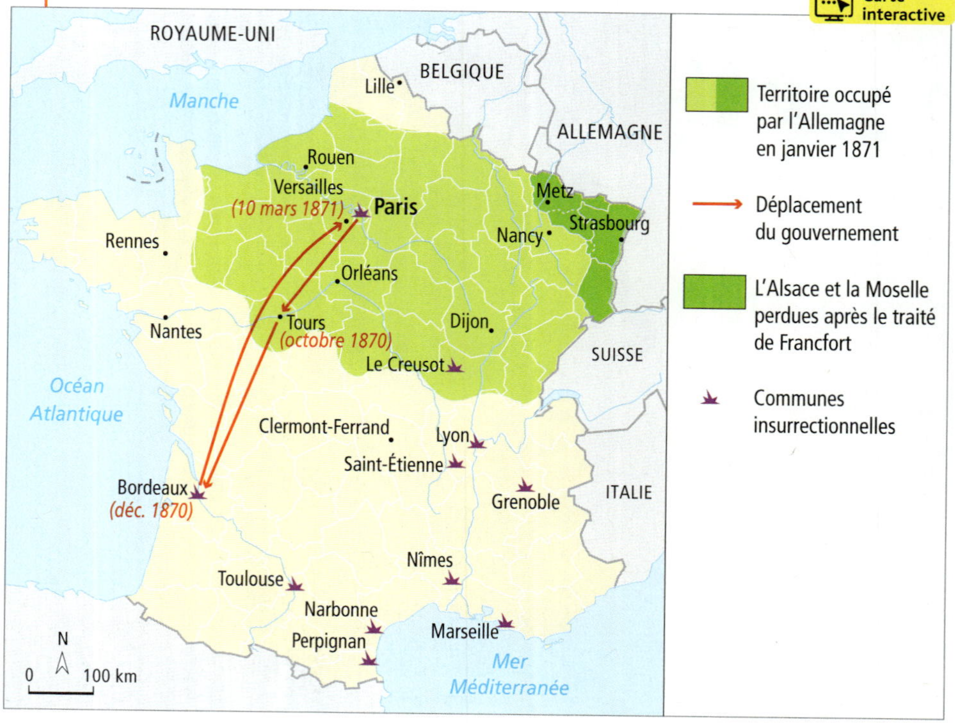

Vocabulaire

Armistice : convention par laquelle les belligérants suspendent les combats en attendant la négociation d'un traité de paix.

Orléaniste : royaliste favorable à la dynastie d'Orléans, représentée par Louis-Philippe, puis par son petit-fils, le comte de Paris (« Philippe VII »).

LE SENS *des mots*

COMMUNARDS ET VERSAILLAIS

Ces deux termes sont à l'origine péjoratifs, utilisés par chaque camp pour disqualifier l'autre. Les Versaillais soutiennent la répression de la Commune par le gouvernement installé à Versailles. Le terme Versaillais laisse entendre que ce sont des royalistes nostalgiques du Versailles de Louis XIV. Les Communards sont les partisans de la Commune, considérée par ses adversaires comme un gouvernement révolutionnaire illégal.

Biographie

Otto von Bismarck (1815-1898) → p. 302

Léon Gambetta (1838-1882) → p. 303

Louise Michel (1830-1905) → p. 305

Adolphe Thiers (1797-1877) → p. 306

B La défaite de la droite royaliste (1871-1879)

a. L'Ordre moral

• Après la Commune, les républicains, menés par Léon Gambetta et Jules Ferry, rassurent l'électorat des campagnes avec un programme modéré. En 1872, Thiers pousse les orléanistes à se rallier à une république parlementaire. Il est renversé en 1873 par la droite royaliste, qui élit Mac-Mahon, un **légitimiste**, président de la République et qui soutient l'**Ordre moral**.

b. Les lois constitutionnelles de 1875

• Mais la restauration échoue, à cause des divisions des royalistes. Le comte de Chambord refuse d'adopter le drapeau tricolore des orléanistes. Ces derniers suivent alors Thiers pour élaborer avec les républicains les lois constitutionnelles de 1875 [**doc. 2**]. Ces lois mettent en place un **régime parlementaire** dans lequel le président dispose de larges pouvoirs. Elles restent floues sur la forme du régime : le terme de « République » n'apparaît qu'avec l'**amendement Wallon** (→ **Repères**).

c. La crise du 16 mai

• Le président Mac-Mahon est contraint de gouverner avec les républicains, majoritaires à la Chambre des députés depuis les élections de 1876. Le 16 mai 1877, il dissout la Chambre en espérant une nouvelle majorité royaliste. Mais les républicains remportent de nouveau les élections législatives d'octobre 1877 et conquièrent le Sénat en janvier 1879, ce qui entraîne la démission de Mac-Mahon.

• La crise du 16 mai 1877 a d'importantes conséquences sur le fonctionnement de la Troisième République. Le nouveau président de la République, Jules Grévy, renonce à utiliser le droit de dissolution de la Chambre des députés, fondant ainsi un **régime d'assemblée**.

2 Les institutions de la IIIe République

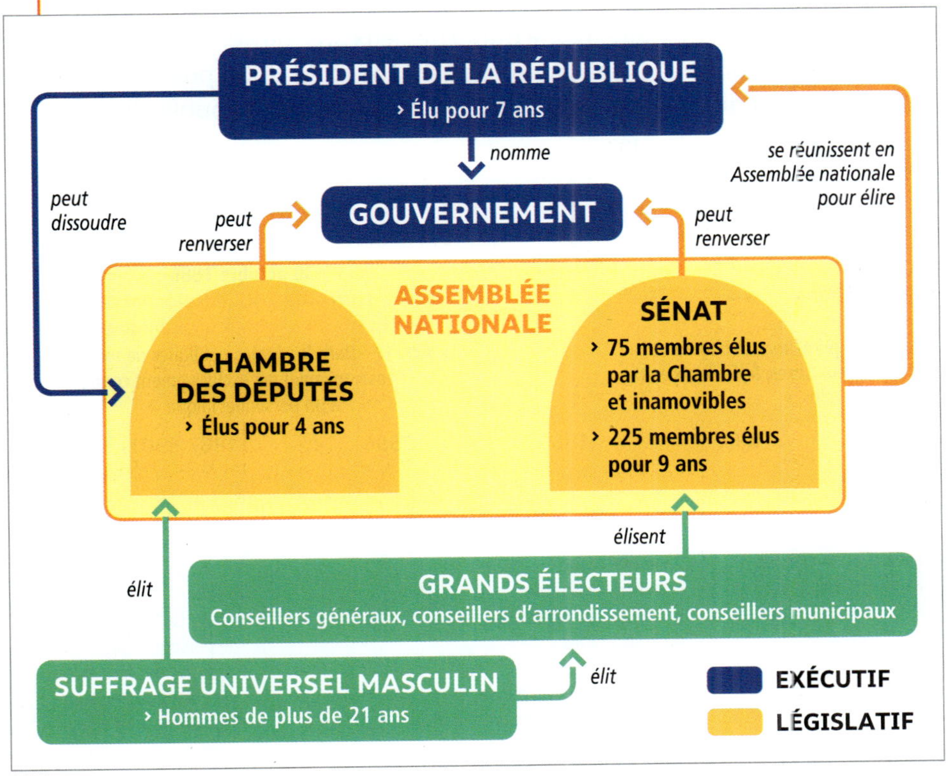

Vocabulaire

Légitimiste : royaliste favorable à la branche aînée des Bourbons, représentée par Charles X, puis son petit-fils le comte de Chambord (« Henri V »).

Ordre moral : nom donné au gouvernement de la droite royaliste sous la présidence de Mac-Mahon.

Régime d'assemblée : régime dans lequel le Parlement peut renverser le Gouvernement, sans que le Gouvernement puisse dissoudre le Parlement. En résulte un ascendant du législatif sur l'exécutif et, généralement, une forte instabilité ministérielle.

Régime parlementaire : régime fondé sur un équilibre entre le pouvoir exécutif, qui peut dissoudre le Parlement, et le pouvoir législatif, qui peut renverser le gouvernement (parce que celui-ci est responsable devant le Parlement).

Repères

La République à une voix près !

Les lois constitutionnelles de 1875 restent floues sur la nature du régime. Le républicain Henri Wallon propose un amendement ainsi rédigé : « Le président de la République est élu à la majorité des suffrages par le Sénat et la Chambre des députés. » Cet amendement est adopté le 30 janvier 1875 par 353 voix contre 352 : il fait apparaître le terme de « république » dans la constitution.

FICHE À COMPLÉTER

À l'aide du cours, repérez :
- les idées principales ;
- les repères essentiels ;
- le vocabulaire.

Cours à écouter

Toutes les ressources
lycee.nathan.fr/hist25-174

2 L'enracinement de la République (1879-1914)

PPO 1 1885 – Les funérailles nationales de Victor Hugo.

PPO 2 1905 – La loi de séparation des Églises et de l'État : débats et mise en œuvre.

A La culture républicaine

a. Une démocratie libérale et laïque

• Arrivés au pouvoir en 1879, les républicains mettent en place une démocratie libérale. Elle est fondée sur les libertés fondamentales héritées de 1789 [**doc. 1**], et sur le suffrage universel masculin et l'idéal d'égalité hérités de 1848.

• Après avoir combattu le **cléricalisme** de la droite royaliste, les républicains mettent en application la **laïcité**. Elle concerne d'abord l'école primaire (lois Ferry 1881-1882), mais aussi d'autres domaines : le divorce est autorisé (1884), les emblèmes religieux sont retirés des lieux publics. Le processus est achevé en 1905 par la loi de séparation des Églises et de l'État. (PPO 2)

EXPLORER ⑤ p. 188

b. La diffusion d'une imagerie républicaine

• Des symboles, souvent hérités de la Révolution française, sont diffusés dans l'espace public. Marianne, coiffée d'un bonnet phrygien, est l'allégorie de la République. La devise « Liberté – Égalité – Fraternité » est gravée sur tous les bâtiments publics. La *Marseillaise* devient l'hymne national (1879) et le 14 Juillet la fête nationale (1880). Avec les funérailles de Victor Hugo en 1885, le Panthéon s'impose comme le temple de la République. (PPO 1)

EXPLORER ② p. 184

c. L'apprentissage de la citoyenneté

• L'école primaire forme les futurs citoyens, en leur faisant aimer la patrie et la République. Elle promet aussi la promotion sociale par le mérite, mais celle-ci n'est pas toujours une réalité. L'enseignement secondaire reste en effet payant et réservé à la bourgeoisie.

• En 1889, le service militaire, d'une durée de deux ans, devient obligatoire pour tous les jeunes hommes d'une classe d'âge, sans exemption possible. L'armée contribue ainsi à diffuser dans toute la société les valeurs républicaines.

EXPLORER ③ p. 186 et ④ p. 187

Vocabulaire

Cléricalisme : idéologie conférant au clergé un statut public et un rôle politique.

Laïcité : principe selon lequel la religion relève de la sphère privée et l'État est neutre. Il reconnaît toutes les religions sans en adopter aucune.

Biographie

Alfred Dreyfus (1859-1935) → p. 303

Jules Ferry (1832-1893) → p. 303

Jean Jaurès (1859-1914) → p. 304

Émile Zola (1840-1902) → p. 307

1 Les grandes lois républicaines

1881 – 1882 – 1883 – 1884 – 1885 – 1886 – 1887 1901

16 juin 1881
Gratuité absolue de l'enseignement primaire dans les écoles publiques
« **Art. 1** - Il ne sera pas perçu de rétribution scolaire dans les écoles primaires publiques. »

30 juin 1881 - Liberté de réunions publiques
« **Art. 1** - Les réunions publiques sont libres. Elles peuvent avoir lieu sans autorisation préalable. »

29 juillet 1881
Liberté de presse et d'affichage
« **Art. 5** - Tout journal ou tout périodique peut être publié sans autorisation préalable et sans dépôt de cautionnement. »

28 mars 1882
École primaire publique obligatoire et laïque
« **Art. 4** - L'instruction primaire est obligatoire pour les enfants des deux sexes, âgés de six ans révolus, à treize ans révolus. »

21 mars 1884
Liberté syndicale
« **Art. 2** - Les syndicats ou associations professionnelles [...] pourront se constituer librement sans l'autorisation du gouvernement. »

30 octobre 1886
Laïcisation des enseignants des écoles primaires publiques
« **Art. 17** - Dans les écoles publiques de tout ordre, l'enseignement est exclusivement confié à un personnel laïque. »

1er juillet 1901
Liberté d'association
« **Art. 2** - Les associations de personnes pourront se former librement sans autorisation ni déclaration préalable. »

B Limites et contestations

a. Les exclus

• Les femmes restent privées du droit de vote, malgré le combat des féministes, comme Hubertine Auclert, pour un suffrage véritablement universel. Les colonisés n'accèdent pas à la citoyenneté, malgré l'idéal d'assimilation qui est théoriquement celui de la République (→ chapitre 7). Les ouvriers sont mal intégrés à cette république bourgeoise qui fait peu de réformes sociales. Ils s'organisent autour de syndicats, autorisés en 1884.

EXPLORER ⑦ p. 194

b. Les adversaires

• Les anarchistes cherchent à détruire l'État, d'abord par le terrorisme dans les années 1890, puis par le **syndicalisme révolutionnaire**, avec la création de la **CGT** en 1895. Les socialistes appellent les ouvriers à combattre la République bourgeoise. Ils progressent aux élections à partir de 1893 et parviennent à s'unir dans la **SFIO** en 1905.

• L'**antiparlementarisme** est alimenté par plusieurs scandales. Il est utilisé par le **boulangisme** pour contester le régime. C'est la naissance d'une extrême droite nationaliste, antisémite et xénophobe.

EXPLORER ⑥ p. 190

c. L'affaire Dreyfus

• Accusé à tort d'espionnage au profit de l'Allemagne, le capitaine Dreyfus est condamné en 1894. Ce juif alsacien est désigné comme coupable par la presse « antidreyfusarde », ce qui révèle la puissance de l'extrême droite antisémite. La plupart des socialistes refusent au départ de soutenir un « bourgeois ». Mais les « dreyfusards » comme Émile Zola et Jean Jaurès parviennent à mobiliser la gauche en 1898-1899 pour défendre les droits d'un innocent. [doc. 2]

• Une large partie de la gauche se rassemble dans le ministère de « Défense républicaine », formé en 1899 par Waldeck-Rousseau. Le régime a surmonté la crise et les socialistes s'orientent, avec Jaurès, vers une opposition parlementaire mieux intégrée à la République.

Vocabulaire

Antiparlementarisme : opposition au régime parlementaire et au régime d'assemblée, considérés comme favorisant la corruption, l'indécision et l'instabilité ministérielle.

Boulangisme : mouvement d'opposition à la République libérale, dirigé par le général Boulanger de 1887 à 1889 et fondé sur l'antiparlementarisme et le nationalisme.

CGT : Confédération générale du travail, fondée en 1895. Elle rassemble les syndicats avec, comme programme, le syndicalisme révolutionnaire.

SFIO : Section française de l'Internationale ouvrière, ou Parti socialiste unifié, créé en 1905 par Jules Guesde et Jean Jaurès.

Syndicalisme révolutionnaire : doctrine des anarchistes qui font du syndicat et de la grève générale l'arme révolutionnaire contre le capitalisme. C'est « l'action directe », par opposition à « l'action indirecte », parlementaire.

FICHE À COMPLÉTER

À l'aide du cours, repérez :
- les idées principales ;
- les repères essentiels ;
- le vocabulaire.

2 Chronologie de l'affaire Dreyfus

Documentaire
« J'accuse... ! » de Zola
L'histoire par l'image

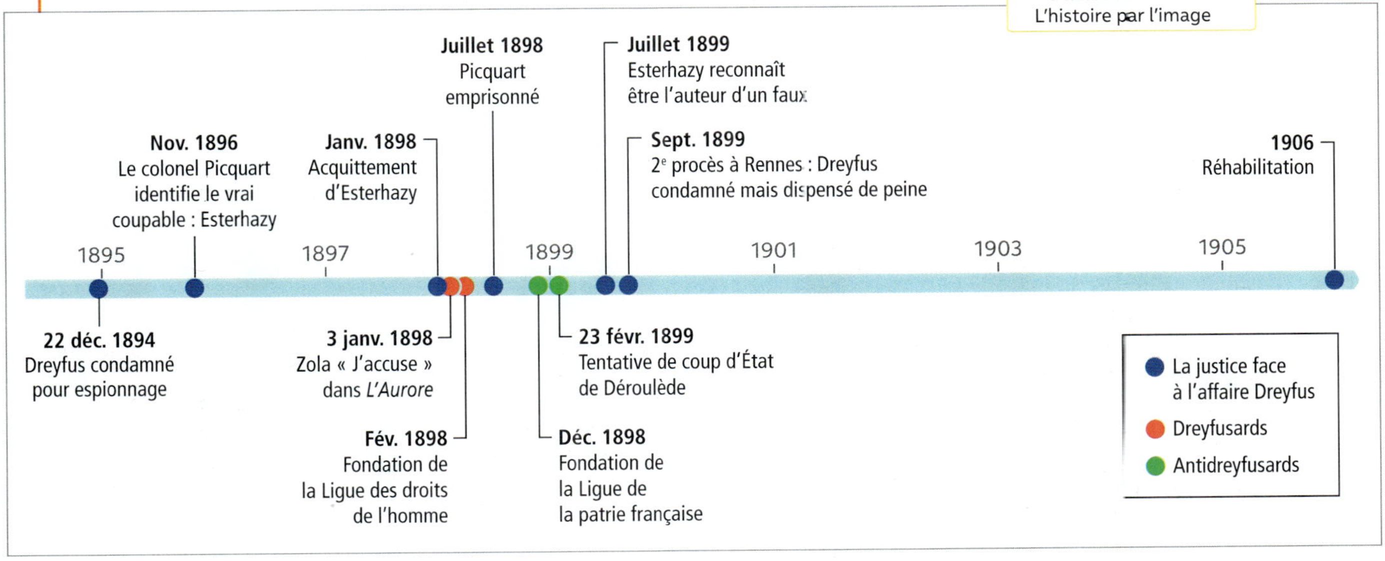

Cours à écouter

3 La société française (1870-1914)

Toutes les ressources
lycee.nathan.fr/hist25-176

PPO 1 1891 – La fusillade de Fourmies du 1er mai.
PPO 2 Les expositions universelles de 1889 et 1900.
PPO 3 Le Creusot et la famille Schneider.

A Une France qui change

a. De la Grande Dépression à la Belle Époque

• De 1873 à 1896, la France subit une crise économique mondiale, appelée « la Grande Dépression », marquée par la **déflation**. L'agriculture française est confrontée à la production des « pays neufs » comme le Canada ou l'Argentine. La concurrence pousse à la concentration des entreprises et au **protectionnisme**.

• De 1896 à 1914, l'économie mondiale retrouve la croissance. Le début du XXe siècle est une période de modernisation et de prospérité, perçue après la Première Guerre mondiale comme un âge d'or et appelée « la Belle Époque ».

b. Industrialisation et urbanisation

• À partir des années 1870, de nouvelles industries émergent (chimie, automobile, aéronautique), grâce aux innovations techniques (électricité, pétrole). Cette seconde industrialisation entraîne la multiplication des usines, où des ouvriers non qualifiés travaillent sur des machines. Ils viennent des campagnes, où commence **l'exode rural**, et des pays voisins comme la Belgique et l'Italie.

• La population rurale reste majoritaire en 1914 (55 %), mais elle recule [**doc. 1**]. Des villes naissent autour des usines, comme Le Creusot autour de l'entreprise métallurgique Schneider. Des banlieues industrielles se développent autour des grandes villes.

PPO 3
EXPLORER ⑫ p. 201

c. Le tertiaire et les classes moyennes

• Les entreprises ont un besoin croissant de **cols blancs**, ingénieurs et cadres. L'administration recrute des fonctionnaires. Les emplois tertiaires se multiplient ainsi, notamment pour les femmes. La République promet l'ascension sociale, grâce à l'école, aux enfants des paysans et des ouvriers. [**doc. 2**]

• Les classes moyennes se développent et la ville leur offre des possibilités de consommation et de loisir, avec les grands magasins, les expositions universelles ou le cinéma (1895).

LE SENS des mots

L'EXODE RURAL

L'expression apparaît en 1903. Le terme « exode », emprunté à la Bible, qualifie un phénomène dramatique. Bien que critiquée, l'expression « exode rural » est encore utilisée aujourd'hui. Elle désigne une migration massive et définitive vers les villes. On l'emploie quand, dans un territoire rural donné, le nombre des décès et des départs est plus grand que celui des naissances et des arrivées.

1 Populations rurales et urbaines en France

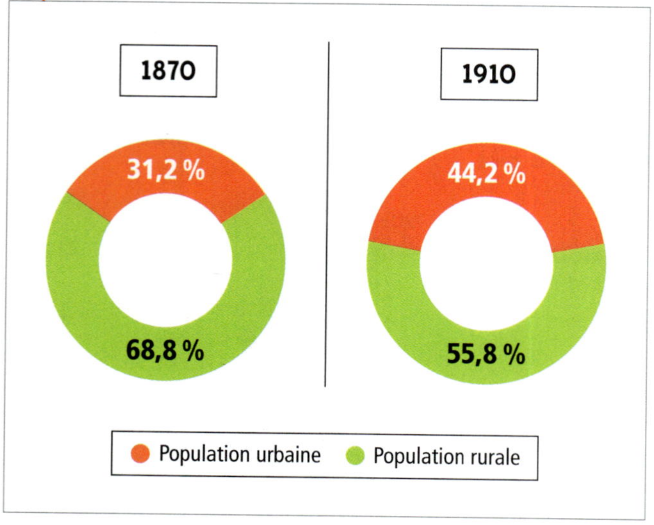

2 Population active française par secteur d'activités

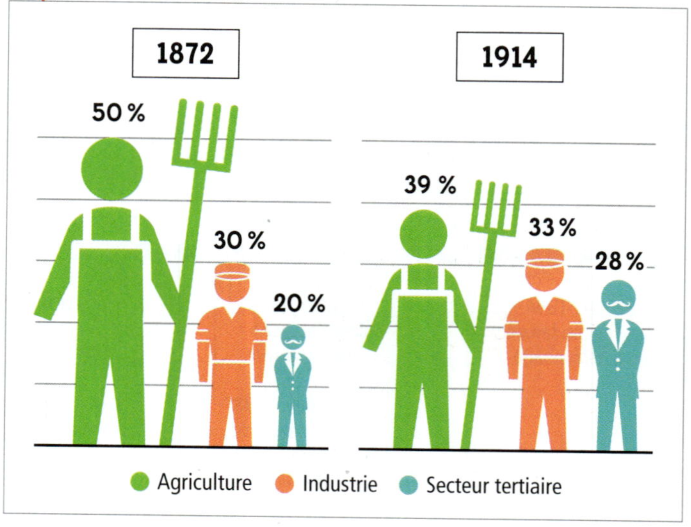

B Quelle politique économique et sociale ?

a. Entre protection et modernisation

• Les républicains savent qu'ils doivent enraciner le régime dans les campagnes, où se trouve la majorité de l'électorat. Gambetta crée en 1881 un ministère de l'Agriculture. Pour protéger les agriculteurs français, les tarifs douaniers sont augmentés en 1892. Ce **protectionnisme** retarde la modernisation, même si les investissements sont encouragés par la création du Crédit agricole en 1894.

PPO 2

• Le **désenclavement** des campagnes est favorisé par les réseaux de transports. Avec le plan Freycinet, lancé en 1878-1879, l'État finance, en coopération avec les entreprises privées, le développement des voies ferrées et des canaux. La Troisième République encourage la modernisation technique et économique, mise en scène lors des expositions universelles de Paris en 1889 et 1900.

EXPLORER ⑩ p. 199 et ⑪ p. 200

b. La question sociale

PPO 1

• Le principal défi pour les gouvernements est le développement d'un **prolétariat** mal intégré à la République. Les syndicats et les partis socialistes comme le Parti ouvrier contestent le régime « bourgeois ». Le libéralisme pousse les républicains modérés à intervenir le moins possible dans le domaine économique et social. Ils s'en remettent au **paternalisme** des patrons, comme Schneider au Creusot, et ils répriment durement les grèves, comme à Fourmies en 1891.

• Mais la nécessité d'une vraie réponse de l'État à la question sociale s'impose. Les **radicaux** prônent la redistribution sociale par l'impôt sur le revenu, adopté en 1914 après des années de débats. Ils poussent aussi à la création d'un ministère du Travail (1906) et à l'adoption d'une législation sociale [**doc. 3**], pour améliorer la condition ouvrière et diminuer l'influence des socialistes.

EXPLORER ⑧ p. 196 et ⑨ p. 198

Vocabulaire

« Cols blancs » : employés (portant la chemise blanche et la cravate) par opposition aux « cols bleus » (ouvriers portant la blouse ou bleu de travail).

Déflation : diminution générale et durable des prix des marchandises.

Désenclavement : construction d'infrastructures de transport afin de mieux connecter des territoires autrefois isolés.

Paternalisme : stratégie d'un patron qui assimile l'entreprise à une famille dont il est le père et qui traite ses employés comme des enfants.

Prolétariat : → p. 137

Protectionnisme : politique douanière qui vise à protéger l'économie nationale contre la concurrence étrangère.

Radicaux : nom donné aux républicains de gauche, par opposition aux modérés, qui cherchent une troisième voie entre le libéralisme et le socialisme.

3 Les lois sociales de la Troisième République

Travail des enfants

Avant — Travail dès l'âge de 10 ans, voire plus jeunes.

Loi de 1892 — **Le travail est interdit** pour les **enfants de moins de 13 ans** dans l'industrie.

Protection contre les accidents de travail

Avant — Travail dès l'âge de 10 ans, voire plus jeunes.

Loi de 1898 — **Réparation des accidents du travail**. Responsabilité automatique des employeurs. Indemnisation des ouvriers.

Réduction du temps de travail

Avant — Souvent 12 à 14 h / jour.

Loi de 1900 — **10 heures** : durée de travail quotidienne des femmes et des enfants de moins de 16 ans dans l'industrie.

Avant — Travail 7 jours sur 7.

Loi de 1906 — **1 jour de repos hebdomadaire obligatoire** pour tous les salariés.

Sécurité sociale et retraites

Avant — Travail de la main-d'œuvre âgée jusqu'à épuisement.

Loi de 1910 — **Retraite** : système (modeste) de retraite ouvrière et paysanne **à partir de 65 ans**.

Début de **sécurité sociale** généralisée **pour les travailleurs les plus âgés**.

FICHE À COMPLÉTER

À l'aide du cours, repérez :

- les idées principales ;
- les repères essentiels ;
- le vocabulaire.

Toutes les ressources
lycee.nathan.fr/hist25-178

La France de la Troisième République

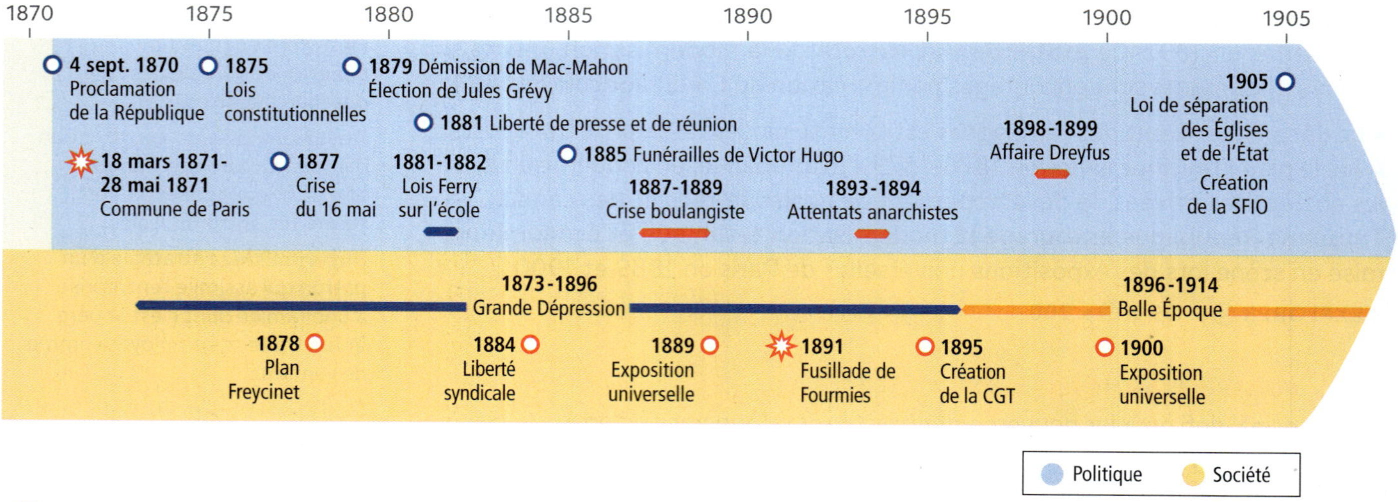

1 La Troisième République et les transformations économiques et sociales

Cartes interactives

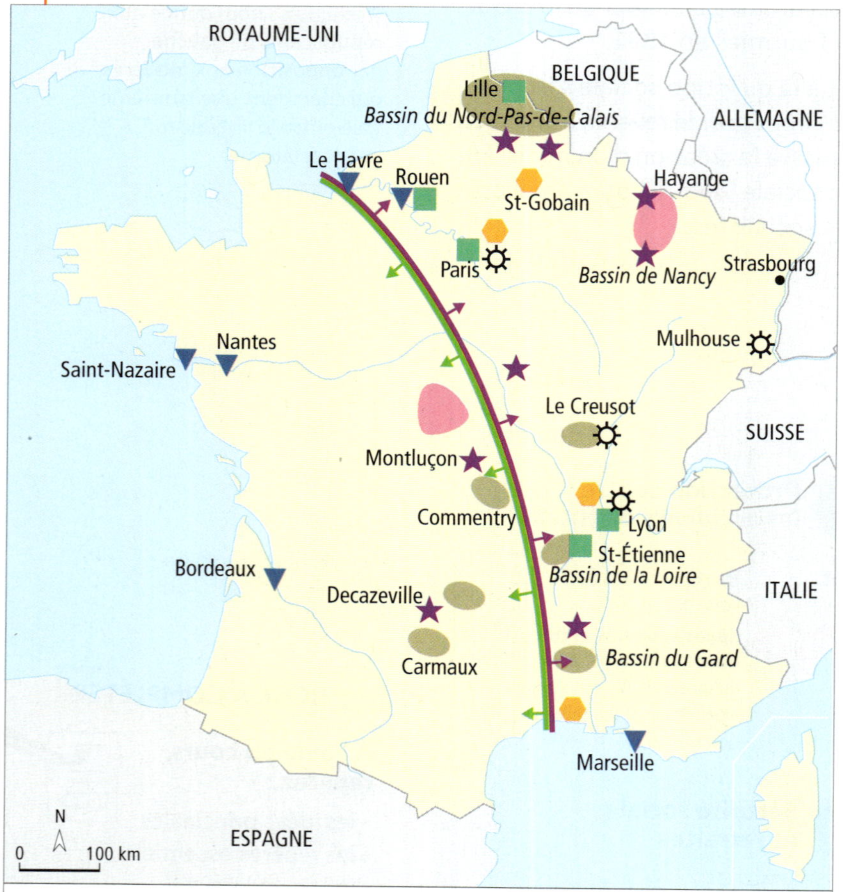

Ligne de partage entre une France **essentiellement industrielle** et une France **encore très rurale**

Secteurs de première industrialisation

- Gisement de charbon
- Bassin ferrifère
- Textile
- Sidérurgie / métallurgie

Secteurs de seconde industrialisation

- Construction mécanique
- Chimie
- Grand port

2 Les étrangers en France

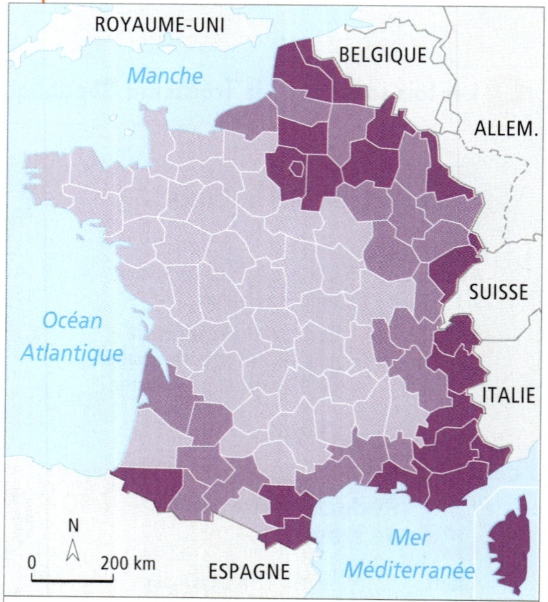

Part des étrangers dans la population active en 1891 (en %)

- Plus de 3,5 %
- De 1 à 3,5 %
- Moins de 1 %

Source : Aurélia Dusserre, Arnaud-Dominique Houte, *Atlas historique de la France*, Les Arènes, 2020.

LE LENT ENRACINEMENT DE LA TROISIÈME RÉPUBLIQUE

La Troisième République naît dans un contexte difficile…

- Défaite face à la Prusse (1870-1871)
- Proclamation de la Commune de Paris par l'extrême gauche (mars 1871)
- Majorité parlementaire royaliste favorable à une Restauration (février 1871)

… mais parvient à s'imposer…

- Progrès électoraux des républicains, majoritaires à la Chambre (1876) et au Sénat (1879)
- Répression de l'extrême gauche (Semaine sanglante, mai 1871)
- Division des royalistes entre légitimistes et orléanistes

… et à enraciner ses valeurs…

- Garantie des libertés fondamentales
- Diffusion de la symbolique républicaine
- Brassage social et acculturation via l'école et le service militaire
- **Laïcisation**
  - › Lois Ferry (1881-1882)
  - › Loi de séparation des Églises et de l'État (1905)

… malgré la persistance d'oppositions.

- **Extrême droite antiparlementaire et nationaliste**
  - › Crise boulangiste (1887-1889)
  - › Affaire Dreyfus (1898-1899)
- **Anarchisme**
  - › Vague d'attentats (1893-1894)
- **Syndicalisme révolutionnaire** (CGT, 1895) **et socialisme** (SFIO, 1905)

Contexte | Mesures républicaines | Opposition de gauche | Opposition de droite

LES NOTIONS-CLÉS

Antiparlementarisme : opposition au régime parlementaire et au régime d'assemblée, considérés comme favorisant la corruption, l'indécision et l'instabilité ministérielle.

Démocratie libérale : régime politique fondé sur les principes de 1789 (égalité civile, libertés fondamentales, souveraineté nationale) et sur les acquis ultérieurs de la démocratie (suffrage universel).

Laïcité : principe selon lequel la religion relève de la sphère privée et l'État est neutre. Il reconnaît toutes les religions sans en adopter aucune.

Question sociale : ensemble des problèmes posés par la misère et le chômage et qui font l'objet d'un débat politique.

Régime parlementaire : régime fondé sur un équilibre entre le pouvoir exécutif, qui peut dissoudre le Parlement, et le pouvoir législatif, qui peut renverser le gouvernement (parce que celui-ci est responsable devant le Parlement).

LES POINTS DE PASSAGE ET D'OUVERTURE

1871 – Louise Michel pendant la Commune de Paris.
• Cours p. 172
• Explorer p. 182

1885 – Les funérailles nationales de Victor Hugo.
• Cours p. 174
• Explorer p. 184

1905 – La loi de séparation des Églises et de l'État : débats et mise en œuvre.
• Cours p. 174
• Explorer p. 188

1891 – La fusillade de Fourmies du 1er mai.
• Cours p. 177
• Explorer p. 196

1871 – Les expositions universelles de 1889 et 1900.
• Cours p. 177
• Explorer p. 200

1871 – Le Creusot et la famille Schneider.
• Cours p. 176
• Explorer p. 196

Toutes les ressources
lycee.nathan.fr/hist25-180

La France de la Troisième République

EXERCICE 1 SAVOIR DATER

Exercices interactifs

Retrouvez, sur la frise, les dates de ces événements.

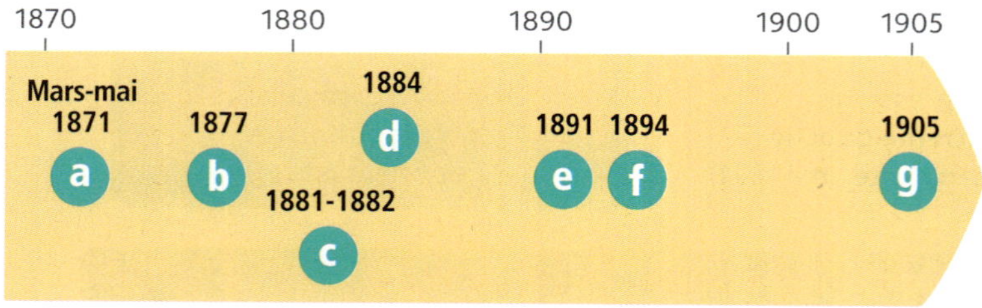

1. Crise du 16 mai
2. Première condamnation d'Alfred Dreyfus
3. Loi de séparation des Églises et de l'État
4. Lois scolaires de Jules Ferry
5. Fusillade de Fourmies
6. Commune de Paris
7. Liberté syndicale

EXERCICE 2 MAÎTRISER LES NOTIONS

Retrouvez les notions qui correspondent à ces définitions.

a Opposition à l'égard du régime parlementaire, dans lequel les pouvoirs du Parlement seraient trop importants et conduiraient à la corruption.

b Principe reposant sur la liberté religieuse et la neutralité religieuse de l'État.

c Travailleurs qui n'ont que la force de leurs bras pour travailler.

d Régime politique dans lequel les citoyens choisissent librement leurs dirigeants et voient leurs droits fondamentaux garantis.

e Politique économique et douanière qui vise à protéger l'économie nationale contre la concurrence étrangère.

EXERCICE 3 CONNAÎTRE LES PRINCIPAUX ACTEURS

Identifiez chaque personnage à l'aide de l'indice proposé.

a

Républicain convaincu, je proclame la IIIe République à l'Hôtel de Ville le 4 septembre 1870.

b

Chef de l'exécutif de la IIIe République de 1871 à 1873, j'écrase la Commune de Paris.

c

Je fais partie des membres les plus influentes de la Commune de Paris.

d

Officier, je suis injustement accusé d'espionnage au service de l'Allemagne.

e

Je dénonce l'exclusion des femmes du suffrage.

EXERCICE 4 SAVOIR VALIDER UNE CONNAISSANCE

Indiquez si les affirmations suivantes sont vraies ou fausses et justifiez votre réponse.

1. Les lois constitutionnelles de 1875 détaillent les droits et libertés fondamentaux des Français.
2. Les lois constitutionnelles de 1875 sont le résultat d'un compromis entre républicains et orléanistes.
3. En 1879, toutes les institutions de la Troisième République sont contrôlées par les républicains.
4. « L'ordre moral » est un courant politique proche du socialisme.
5. La laïcité empêche le libre exercice des cultes en 1905.

EXERCICE 5 CONNAÎTRE LES MOUVEMENTS POLITIQUES

Associez chaque mouvement à ses objectifs et caractéristiques politiques.

a. Républicain modéré
b. Orléaniste
c. Légitimiste
d. Anarchiste
e. Socialiste

1. Je suis favorable à une monarchie libérale et parlementaire, dirigée par un descendant de Louis-Philippe.
2. Je suis favorable à un régime monarchiste inspiré de l'Ancien Régime, dirigé par un descendant de Charles X.
3. Je suis favorable à une République qui mène des réformes graduelles. Je suis au pouvoir de 1879 à 1899.
4. Je souhaite améliorer les conditions de vie des ouvriers et je critique la République bourgeoise.
5. Je souhaite abolir les relations de domination en renversant la société bourgeoise. Je ne participe pas aux élections mais j'organise des attentats.

EXERCICE 6 CONNAÎTRE LES ENJEUX ÉCONOMIQUES ET SOCIAUX

Choisissez la bonne proposition.

1. La période 1896-1914, appelée « Belle Époque » est caractérisée par :
a. une crise économique majeure.
b. une période de réchauffement du climat.
c. une période de croissance et de modernisation.

2. La deuxième phase d'industrialisation en France se traduit par :
a. une mécanisation limitée et un travail essentiellement artisanal.
b. l'émergence de grandes usines employant une main-d'œuvre nombreuse et utilisant de nouvelles énergies (électricité, pétrole).
c. l'émergence d'industries utilisant le charbon et la vapeur.

3. En 1914, la population rurale représente :
a. 35 % de la population.
b. 55 % de la population.
c. 65 % de la population.

4. Entre la fin du XIXe siècle et le début du XXe siècle, les travailleurs immigrés viennent majoritairement :
a. de Belgique et d'Italie.
b. d'Afrique du Nord et d'Italie.
c. d'Italie et du Portugal.

5. Les « cols blancs » sont :
a. les ouvriers des usines.
b. les paysans propriétaires.
c. les employés du secteur tertiaire et les fonctionnaires.

6. Face à la question sociale, les républicains modérés :
a. mettent immédiatement en place une politique sociale ambitieuse.
b. privilégient le libéralisme, interviennent peu et répriment les grèves.
c. interdisent totalement les syndicats.

Toutes les ressources
lycee.nathan.fr/hist25-182

1 Comment la Commune fracture-t-elle la société française ? PPO

La guerre civile à Paris

Les Communards s'opposent à la majorité monarchiste élue en février 1871, qui a installé l'Assemblée à Versailles. Ils veulent faire de Paris le laboratoire d'une république démocratique et sociale. Mais le gouvernement de Versailles, dirigé par Thiers, écrase la Commune lors de la Semaine sanglante (21-28 mai 1871). Les Communards incendient certains bâtiments pour retarder l'avancée de l'armée versaillaise. Les combats sont acharnés. De nombreux prisonniers sont victimes d'exécutions sommaires. Les autres sont jugés par des tribunaux militaires. Plusieurs milliers sont déportés en Nouvelle-Calédonie, comme Louise Michel.

Une opposition durable entre deux visions de la France

La société française est traumatisée par ces événements. Les Versaillais, favorables à la monarchie ou à une république conservatrice, déplorent les destructions commises à Paris et accusent les Communards de tous les maux. Les partisans de la Commune dénoncent une répression démesurée et continuent de prôner la révolution sociale.

Repères

Combien de morts ?

Après la fin de la Commune, certains de ses partisans ont avancé le chiffre de 20 000 à 30 000 morts. Le bilan précis est très difficile à établir, du fait notamment des nombreuses exécutions sommaires, et il divise encore aujourd'hui les spécialistes. Les estimations des historiens varient de 6 000 à 20 000 morts.

5'30"

Les pétroleuses de la Commune : à l'origine d'un mythe
France Culture

Les Versaillais ont créé le mythe des « pétroleuses », des Communardes qui auraient volontairement incendié Paris par haine de la civilisation.

1 La vision versaillaise

Le crime de lèse-nation ne se pardonne pas[1].

J'étais à Londres au moment où les journaux ont porté à l'Europe épouvantée la nouvelle de l'attentat sans nom commis par les bandits de la Commune contre Paris, c'est-à-dire contre la civilisation tout entière. [...]

On ne pouvait, on ne voulait pas croire que des hommes, quelles que fussent leurs opinions, leur degré de folie ou d'ivresse sauvage, pussent se livrer à de semblables forfaits. On disait que ces récits étaient exagérés, que l'épouvante surtout les dictait, et qu'il était impossible que le dix-neuvième siècle eût enfanté ces Érostrates[2] furieux, ces monstres déchaînés dont Paris était la victime, et que les Parisiens laissaient être leurs bourreaux.

J'espérais moi-même, quoique je connusse de longue date [...] ces membres de l'*Internationale*, qui se sont abattus sur la France épuisée comme une proie sans défense ; j'espérais moi-même, quoi que je n'ignorasse pas le nombre de repris de justice que la Commune avait accueillis à bras ouverts [...]. J'espérais, dis-je, et cependant ce qui m'a surpris plus encore que ces monuments détruits, ces églises profanées, ces cadavres exposés, cette dévastation qui rappelle les ruines des cités légendaires, c'est l'insouciance que j'ai lue sur tant de visages, c'est le langage indifférent de certains hommes ; c'est surtout, je dois avoir le courage de le dire, ces mots de clémence et de pardon que quelques gens murmurent déjà et qu'un journal a déjà osé imprimer.

René de Pont-Jest, « Aux Parisiens », *Le Figaro*, 5 juin 1871.

(1) Apparaît en sous-titre.
(2) Incendiaire du temple d'Artémis à Éphèse (une des sept merveilles du monde) en 356 avant notre ère.

2 Louise Michel face à ses juges

Louise Michel (1830-1905)

>> Biographie p. 304

M. le président : Vous avez entendu les faits dont on vous accuse ; qu'avez-vous à dire pour votre défense ?

L'accusée : Je ne veux pas me défendre, je ne veux pas être défendue ; j'appartiens toute entière à la révolution sociale, et je déclare accepter la responsabilité de tous mes actes. [...] On me dit aussi que je suis complice de la Commune ! Assurément oui, puisque la Commune voulait avant tout la révolution sociale, et que la révolution sociale est le plus cher de mes vœux. [...] Nous n'avons jamais voulu que le triomphe de la Révolution. Je le jure par nos martyrs tombés sur le camp(1) de Satory, par nos martyrs que j'acclame encore si hautement, et qui un jour trouveront bien un vengeur. [...]

M. le président : Il paraît que vous portiez divers costumes sous la Commune.

L'accusée : J'étais vêtue comme d'habitude, j'ajoutais juste une ceinture rouge sur mes vêtements.

M. le président : N'avez-vous pas porté plusieurs fois un costume d'homme ?

L'accusée : Une seule fois, c'était le 18 mars ; je m'habillai en garde nationale pour ne pas attirer les regards [...].

M. le président : Accusée, avez-vous quelque chose à dire pour votre défense ?

L'accusée : Il faut me retrancher de la société. [...] Puisqu'il semble que tout cœur qui bat pour la liberté n'a droit qu'à un peu de plomb, j'en réclame une part, moi ! Si vous me laissez vivre, je ne cesserai de crier vengeance.

Compte rendu du premier procès tenu par le VIe Conseil de guerre, *La Gazette des tribunaux*, 16 décembre 1871.

(1) Camp de Satory : camp militaire proche de Versailles où ont été exécutés des Communards prisonniers.

3 Paris après la « Semaine sanglante »

Anonyme, *Scène de la Commune de Paris*, 1871, huile sur toile, 0,89 × 0,61 m, musée des Civilisations de l'Europe et des Méditerranées, Marseille.

ACTIVITÉ

Identifier et contextualiser les documents

1. **Présentez** chaque document, en précisant sa nature et son point de vue sur la Commune.

Prélever des informations dans les documents

2. **Relevez** le vocabulaire utilisé dans chaque texte pour qualifier les acteurs et les événements.
3. **Repérez** les arguments avancés par chaque camp [**doc. 1** et **2**].
4. **Décrivez** la scène représentée dans le **doc. 3** et **montrez** en quoi elle témoigne de la violence des affrontements.

Confrontez des points de vue et conclure

5. **Comparez** la façon dont chaque source traduit l'opposition entre Communards et Versaillais.
6. À l'aide de vos réponses aux questions précédentes, **rédigez** un paragraphe pour montrer pourquoi la Commune a profondément fracturé la société française.

MÉTHODO

Pour vous aider à confronter les points de vue, vous pouvez compléter le tableau suivant. Prélevez des citations dans les documents et explicitez-les à l'aide de vos connaissances. Vous pouvez vous aider de l'exemple.

	Doc. 1	Doc. 2	Doc. 3
Description des acteurs	*Communards = « bandits », « monstres déchaînés »...*		
Description des événements			
Position sur les lendemains de la Commune	Refus du pardon	Appel à la vengeance	

2 Pourquoi enterre-t-on des personnes illustres au Panthéon ? PPO

Toutes les ressources
lycee.nathan.fr/hist25-184

Le Panthéon a été construit de 1764 à 1790 sur la montagne Sainte-Geneviève à Paris, dans le style néoclassique, par l'architecte Soufflot.

Une invention révolutionnaire (1791)

L'église Sainte-Geneviève est transformée en 1791 en édifice laïc pour accueillir les restes des grands hommes, comme Mirabeau et Voltaire. On lui donne le nom de « Panthéon », qui désignait dans l'Antiquité un temple dédié à tous les dieux, et on grave sur son fronton : « Aux grands hommes, la patrie reconnaissante. » En 1806, Napoléon Ier rend l'édifice au culte catholique, mais conserve la crypte comme mausolée des grands hommes.

Une décision républicaine (1885)

De 1815 à 1885, personne n'a les honneurs du Panthéon. Il est redevenu l'église Sainte-Geneviève de 1815 à 1830, puis de 1851 à 1885. L'émotion suscitée par la mort de Victor Hugo, le 22 mai 1885, permet au gouvernement républicain de recréer le Panthéon, pour y déposer la dépouille de l'écrivain. Le verbe *panthéoniser*, au départ ironique, est devenu aujourd'hui banal pour dire « transférer au Panthéon les restes d'une personnalité illustre ».

1 Le Panthéon retrouve sa destination

Le président de la République française [...]. Considérant que la France a le devoir de consacrer, par une sépulture nationale, la mémoire des grands hommes qui ont honoré la Patrie, et qu'il convient, à cet effet, de rendre le Panthéon à la destination que lui avait donnée la loi des 4-10 avril 1791,

Décrète :

Art. 1er – Le Panthéon est rendu à sa destination primitive et légale. Les restes des grands hommes qui ont mérité la reconnaissance nationale y seront déposés.

Art. 2 – La disposition qui précède est applicable aux citoyens à qui une loi aura décerné des funérailles nationales. Un décret du président de la République ordonnera la transformation de leurs restes au Panthéon. [...]

Art. 4 – Les ministres de l'Instruction publique, des Beaux-Arts et des Cultes, de l'Intérieur et des Finances seront chargés, chacun en ce qui le concerne, de l'exécution du présent décret.

Jules Grévy. *Journal officiel*, 27 mai 1885.

2 Les personnes entrées au Panthéon de 1885 à 1920

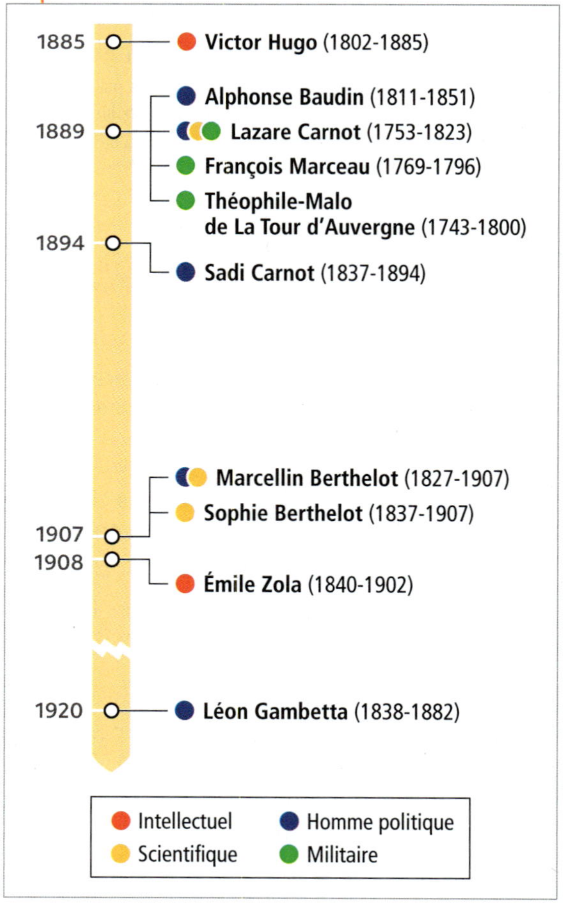

3 **Un président de la République inhumé au Panthéon**

Sadi Carnot (1837-1894), petit-fils de Lazare Carnot, est président de la République de 1887 à 1894. Il est assassiné par l'anarchiste italien Caserio en 1894.

Georges Jules Bertrand, *Funérailles du président Sadi Carnot célébrées au Panthéon, le 1er juillet 1894*, 1903, huile sur toile, 605 × 928 cm, musée national du château de Versailles.

4 Un couple de scientifiques au Panthéon

Marcellin (1827-1907) et Sophie (1837-1907) Berthelot sont deux chimistes. Marcellin a été ministre de l'Instruction publique (1886-1887), puis des Affaires étrangères (1895-1896). Les deux époux meurent le 18 mars 1907. Des funérailles nationales au Panthéon sont décidées pour Marcellin le 20 mars ; quatre jours plus tard, à la demande de la famille, une disposition similaire est prise pour Sophie.

Le savant illustre, le grand Français que nous pleurons, fut un de ces hommes prodigieux qui honorent tous les pays et tous les temps. Il considérait que nul citoyen ne doit se désintéresser des affaires de la cité, et c'est pourquoi sa vie fut si multiple, pourquoi son activité s'exerça dans les directions les plus diverses. [...]

Mme Berthelot avait toutes les qualités rares qui permettent à une femme belle, gracieuse, douce, aimable et cultivée d'être associée aux préoccupations, aux rêves et aux travaux d'un homme de génie. Elle vécut avec Berthelot dans une communauté de sentiments et de pensées qui les groupa en un couple parfait où n'auraient tressailli qu'un même cœur et brillé qu'un seul esprit. [...]

Vous avez connu les détails pathétiques de cette mort. Elle a été d'une beauté noble et touchante. La compagne dévouée de sa vie s'en allant, Berthelot ne put lui survivre et, pour la première fois, sa volonté renonce à commander aux forces de la nature qui se brisent en lui. Il consent à mourir.

Discours d'Aristide Briand aux funérailles de Marcellin et Sophie Berthelot, dans *Revue internationale de l'enseignement*, n° 53, 1907.

ACTIVITÉ

À l'aide des documents, du cours et de vos connaissances, construisez une carte mentale afin de répondre à la question : « Pourquoi enterre-t-on des personnes illustres au Panthéon ? »

Vous pouvez utiliser cette carte mentale et la compléter.

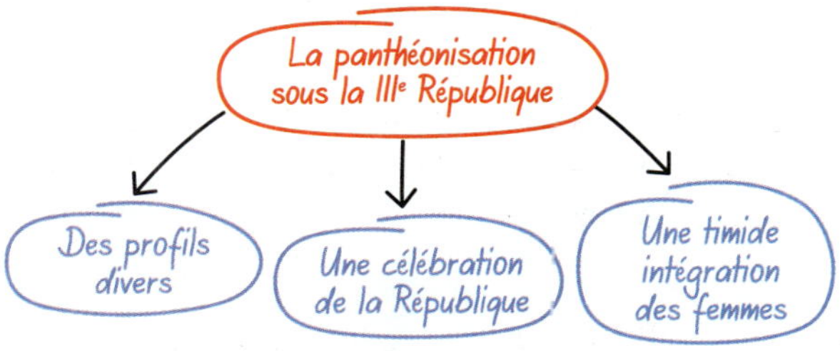

MÉTHODO

- Lisez le cours et les documents et prélevez des informations correspondant à chaque branche de votre carte mentale.
  Exemple : pour la branche « Une timide intégration des femmes », vous pourrez utiliser les doc. 2 et 4.
- Illustrez chaque branche avec des références précises tirées des documents.
- Vous pouvez ajouter des « sous-branches » pour préciser votre carte mentale.
  Exemple : pour détailler la branche « Une célébration de la République », vous pouvez ajouter une sous-branche « Célébrer les personnalités qui ont servi la patrie » ou encore « Créer un culte républicain »...
- Utilisez des flèches pour établir des liens entre les éléments.

ANALYSER UN DOCUMENT ICONOGRAPHIQUE

3 Comment l'école fait-elle aimer la République ?

Toutes les ressources
lycee.nathan.fr/hist25-186

Un écolier en uniforme
L'uniforme n'était pas obligatoire pour les écoliers en France métropolitaine, mais les élèves étaient encouragés à porter celui des bataillons scolaires.

Enraciner les valeurs de la République

Les lois Ferry de 1881-1882 rendent l'enseignement primaire obligatoire, gratuit et laïque pour les filles et les garçons de 6 à 13 ans. Les enfants apprennent à maîtriser le français, notamment ceux qui ont une autre langue maternelle (breton, basque...). Les cours d'histoire, de géographie, d'instruction civique contribuent à leur faire aimer la patrie, identifiée à la République. Le patriotisme pousse à entretenir le souvenir des « provinces perdues », l'Alsace et la Lorraine (Moselle), annexées en 1871 par l'Allemagne. Des bataillons scolaires sont organisés dans les écoles publiques à partir de 1882. En initiant les enfants, à partir de 12 ans, aux pratiques militaires, ils préparent la revanche.

1 Défilé des bataillons scolaires le 14 juillet 1883
Inauguration de la statue des frères Léopold et Charles Morice *La République* sur l'ancienne place du Château-d'eau, devenue en 1879 la place de la République.
Chromolithographie du XIXe siècle, musée Carnavalet, Paris.

ACTIVITÉ

Décrire un document iconographique

1 **Décrivez** le décor dans lequel s'inscrit cette scène.

2 **Décrivez** les différents personnages, leur apparence, leurs attitudes, leurs actions.

Contextualiser un document iconographique

3 **Montrez** que le document est révélateur du culte de la patrie enseigné à l'école de la IIIe République.

4 **Montrez** que les élèves, sous la IIIe République, sont aussi considérés comme de futurs soldats.

Utiliser un document iconographique à l'appui d'une argumentation

5 À l'aide de vos réponses aux questions précédentes et de vos connaissances, **expliquez** comment l'école fait aimer la République.

4 Comment l'armée fait-elle aimer la République ?

Jean Jaurès (1859-1914)
>> Biographie p. 304

Une armée républicaine

Si les écoliers ressemblent parfois à des soldats, l'armée apparaît comme une école de la République. Elle a bien sûr un rôle militaire : tirant les leçons de la défaite de 1871, elle doit se moderniser. Mais elle a aussi une fonction politique : unir les jeunes Français de tous les milieux sociaux autour du drapeau de la patrie et de la devise de la République.

Le service militaire universel

C'est pourquoi la IIIe République veut mieux appliquer le principe de la conscription. Les jeunes en âge de faire leur service militaire sont tirés au sort ; mais ceux qui tirent un « mauvais numéro » peuvent échapper au service en payant un remplaçant. Ce système inégalitaire est supprimé en 1889 : le service militaire devient alors universel, c'est-à-dire obligatoire pour tous pendant deux ans.

1 « L'armée, école démocratique et républicaine »

Jean Jaurès (1859-1914), le plus jeune député de France élu en 1885, est alors un républicain modéré, avant de devenir le leader des socialistes.

En même temps qu'il est une grande école patriotique, le régiment(1) est une grande école démocratique et républicaine. D'abord, les hommes du peuple, ouvriers ou paysans, quand ils sont conservateurs, le sont surtout à raison des influences sociales qui les dominent et les enveloppent ; tel gros propriétaire réactionnaire les fait travailler de temps en temps ; sans trop réfléchir, ils votent à sa suite ; au régiment, ce cercle étroit qui les enserrait se brise, ils sont entrés dans la grande famille française, où il n'y a d'autres maîtres que l'honneur et la loi.

Le monde de l'armée, ardent et jeune, ignore la puissance sotte des écus, il est soumis non à la hiérarchie de la fortune, mais à la hiérarchie du mérite. [...] De plus, les soldats causent beaucoup entre eux ; et quels sont ceux qui causent le plus parce qu'ils tiennent le plus à leurs idées ? Ce sont les républicains. Les conservateurs, quand ils sont du peuple, sont conservateurs par inertie, et l'inertie est muette ; les nôtres ont la foi au cœur, et cette foi exubérante et passionnée se répand et se communique. [...] Voilà comment l'idée républicaine passe d'homme en homme à travers l'armée, comme un courant électrique qui suit les anneaux d'une chaîne.

Jean Jaurès, « En revenant du régiment », *La Dépêche*, 1887.

(1) Régiment : unité commandée par un colonel. Le terme désigne par extension l'armée, le service militaire.

Différenciation

ACTIVITÉ

Identifier et contextualiser le document

1. **Présentez** l'auteur et son positionnement politique.
2. **Montrez** que ce document s'inscrit dans un contexte d'universalisation du service militaire.

Extraire des informations pertinentes et les expliquer

3. **Relevez** le passage qui montre que le service militaire permet un brassage des populations.
4. **Montrez** comment le régiment permet aux hommes du peuple de s'émanciper des influences conservatrices.
5. **Identifiez** les valeurs de l'armée républicaine.
6. **Expliquez** la métaphore utilisée par Jaurès pour décrire comment l'idée républicaine se propage dans l'armée.

Conclure

7. À l'aide de vos réponses aux questions précédentes et de vos connaissances, **montrez** comment l'armée est une institution qui fait aimer la République.

Toutes les ressources
lycee.nathan.fr/hist25-188

5 En quoi la loi de 1905 est-elle une loi de compromis ? PPO

Aristide Briand (1862-1932)
Député socialiste de la Loire, il est, avec Jean Jaurès, le principal artisan de la loi votée en 1905.

Des tensions entre la République et l'Église catholique

Malgré l'appel du pape Léon XIII au ralliement à la République (1892), de nombreux catholiques français restent monarchistes. Leur hostilité à la République est accentuée par la politique anticléricale du gouvernement d'Émile Combes (1902) et par l'intransigeance du nouveau pape Pie X (1903). Ce dernier s'oppose au projet de séparer l'Église et l'État en rompant le Concordat de 1801 (→ chapitre 2, p. 59).

La recherche d'un compromis

Le projet de loi préparé par le gouvernement Combes veut affaiblir l'Église catholique, perçue comme une menace pour la République. Il inquiète les catholiques mais aussi les libres penseurs, les juifs et les protestants. Après le départ de Combes, Aristide Briand reprend et transforme le projet pour trouver un compromis. La loi de séparation des Églises et de l'État est finalement adoptée en 1905.

1 Une loi de combat contre l'Église

Mais nous, quelle est la séparation que nous voulons ? Ce ne peut être que celle qui amènera la diminution de la malfaisance de l'Église et des religions. [...]

Aussi, qu'est-ce que je demande à la gauche ? Je lui demande [...] de décider que l'Église, danger politique et danger social, doit être combattue de toutes les façons, et je m'étonne qu'au moment où nous entreprenons contre l'Église le combat décisif, on nous demande de déposer les armes et d'offrir à l'Église un projet dit libéral, tel qu'elle-même n'aurait jamais osé le souhaiter. [...] Mais après l'avoir examiné, j'établirai et je prouverai que ce projet dit libéral n'est en somme qu'un nouveau régime de privilège que l'on nous demande d'instituer en faveur de l'Église. [...]

Je ne vous dissimule pas que tout mon contre-projet tend à ce que la religion devienne la chose anormale et à ce que l'areligion (avec un a privatif) devienne la chose normale. Je ne vous cache pas que mon contre-projet tend à déchristianiser le pays *(vives réclamations à droite)*. [...]

Je crois, Messieurs, que le christianisme est un obstacle permanent au développement social de la République et à tout progrès vers la civilisation *(applaudissements à l'extrême gauche)*.

Maurice Allard, député socialiste du Var, Discours à la Chambre des députés, 10 avril 1905.

Différenciation

2 Une loi « acceptable par l'Église »

La loi que nous avons faite [...], c'est bien une loi de liberté qui fera honneur à la République. [...] Dans ce pays où des millions de catholiques pratiquent leur religion — les uns par conviction réelle, d'autres par habitude, par tradition de famille —, il était impossible d'envisager une séparation qu'ils ne puissent accepter. Ce mot a paru extraordinaire à beaucoup de républicains, qui se sont émus de nous voir préoccupés de rendre la loi acceptable par l'Église. [...]

Outre qu'on ne fait pas une réforme contre une aussi notable portion du pays, je vous demande s'il ne serait pas imprudent de provoquer par des vexations inutiles tant d'autres citoyens, aujourd'hui indifférents en matière religieuse, mais qui demain ne manqueraient pas de se passionner pour l'Église s'ils pouvaient supposer que la loi veut leur faire violence. [...]

Eh bien ! Je dis que, telle que nous l'avons conçue, telle que nous l'avons réalisée, laissant aux catholiques, aux protestants, aux israélites ce qui est à eux, leur accordant la jouissance gratuite et indéfinie des églises, leur offrant la pleine liberté d'exercer leurs cultes sans autres limites que le respect de l'ordre public, [...] une telle réforme pourra affronter, sans péril pour la République, les critiques de ses adversaires ! La loi que nous aurons faite ainsi sera une loi de bon sens et d'équité.

Aristide Briand, Discours à la Chambre des députés, 3 juillet 1905.

Différenciation

3 **Une carte postale célébrant la loi de 1905**

4 La loi du 9 décembre 1905

Article 1 – La République assure la liberté de conscience. Elle garantit le libre exercice des cultes sous les seules restrictions édictées ci-après dans l'intérêt de l'ordre public.

Article 2 – La République ne reconnaît, ne salarie, ni ne subventionne aucun culte. En conséquence, à partir du 1er janvier qui suivra la promulgation de la présente loi, seront supprimées des budgets de l'État, des départements et des communes, toutes dépenses relatives à l'exercice des cultes. Pourront toutefois être inscrites auxdits budgets les dépenses relatives à des services d'aumônerie et destinées à assurer le libre exercice des cultes dans les établissements publics tels que les lycées, collèges, écoles, hospices, asiles et prisons. [...]

Article 26 – Il est interdit de tenir des réunions politiques dans les locaux servant habituellement à l'exercice d'un culte. [...]

Article 32 – Seront punis des mêmes peines(1) ceux qui auront empêché, retardé ou interrompu les exercices d'un culte par des troubles ou désordres causés dans le local servant à ces exercices.

Loi de séparation des Églises et de l'État, 9 décembre 1905.

(1) Amende de seize francs à deux cents francs et emprisonnement de six jours à deux mois.

ACTIVITÉ

Répondrez de manière argumentée et structurée à la question suivante : « En quoi la loi de 1905 est-elle une loi de compromis ? » Vous pouvez suivre le plan suivant :

1. Plusieurs visions de la séparation s'affrontent
2. Les débats de 1905 aboutissent à un compromis

MÉTHODO

- **Commencez** par analyser le sujet, définir ses termes clés et réfléchir à leur articulation. *Vous devrez définir le mot « compromis ».*
- **Exploitez** l'ensemble documentaire. Que vous apprend chaque document sur la loi de 1905 ? *Observez les dates : les* ***doc. 1*** *et* ***2*** *sont des discours prononcés* ***avant*** *l'adoption de la loi. Quelles visions opposées de la séparation des Églises et de l'État reflètent-ils ? Comparez ensuite ces visions au contenu de la loi de 1905 [****doc. 4****].*
- Dans chaque partie de votre réponse, **avancez** plusieurs arguments et appuyez-vous sur des exemples extraits des documents.

EXPLORER

RÉALISER UNE PRÉSENTATION ORALE EN ÉQUIPES

6 Par qui la République libérale est-elle contestée ?

Toutes les ressources
lycee.nathan.fr/hist25-190

En équipe

ÉTAPE 1 Étudier l'idéologie et les modes d'action d'un mouvement politique

1 Répartissez-vous en plusieurs équipes.
Chaque équipe étudie un mouvement politique contestataire de la Troisième République.

Équipe 1
Les boulangistes
→ p. 191

Équipe 2
Les anarchistes
→ p. 192

Équipe 3
Les guesdistes
→ p. 193

2 Suivez ce plan de travail pour étudier votre mouvement politique.

A. **Identifiez** les documents et **situez-les** dans leur contexte historique.
B. **Repérez** les éléments centraux de l'idéologie du mouvement politique étudié.
C. **Analysez** son positionnement vis-à-vis de la République.
D. **Analysez** ses modes d'action.
E. **Montrez** que cet exemple témoigne des contestations de la Troisième République.

ÉTAPE 2 Comparer plusieurs mouvements politiques

3 Formez de nouvelles équipes composées d'un membre de chaque équipe initiale.
Chaque équipe comprend donc un expert des boulangistes, un expert des anarchistes, un expert des guesdistes.

4 Chaque expert présente à son équipe, à l'oral, les résultats de l'étude réalisée à l'étape 1.
Votre présentation devra montrer les spécificités du mouvement politique étudié et expliquer en quoi il conteste la Troisième République.

5 À l'aide des différentes présentations, remplissez le tableau suivant. Tableau à compléter

	Positionnement politique (droite ? gauche ?)	Principaux traits idéologiques	Attitude vis-à-vis de la République	Modes d'action
Les boulangistes				
Les anarchistes				
Les guesdistes				

6 À partir du tableau final complété, chaque groupe produit une réponse argumentée à la question :
« **Par qui la république libérale est-elle contestée ?** »

EXPLORER

En équipe

Les boulangistes

Georges Boulanger (1834-1891)

Un général entré en politique

Le général Boulanger commence sa carrière politique comme ministre de la Guerre en 1886. Il est populaire pour ses réformes visant à améliorer le quotidien des soldats. Lors d'un incident de frontière avec l'Allemagne en 1887, il défend une position très agressive, qui pousse le gouvernement à le muter, puis à le mettre à la retraite. Le « général Revanche » fonde alors un mouvement politique qui réclame un régime plus fort face à l'Allemagne.

Un mouvement nationaliste et populiste

Boulanger rassemble autour de lui tous les opposants à la République libérale et parlementaire, venus de la droite monarchiste comme de la gauche radicale ou socialiste. Il fait campagne en se présentant à toutes les élections partielles, sur un programme nationaliste et populiste. Il est élu à Paris en 1889, mais le mouvement s'étiole face à la fermeté du gouvernement républicain. Pour échapper aux poursuites judiciaires, il se réfugie en 1889 à Bruxelles, où il se suicide en 1891.

1 Le programme politique du boulangisme

La France est lasse jusqu'au dégoût de ce régime qui n'est qu'agitation dans le vide, désordre, corruption, mensonge et stérilité. Il faut le réformer, et on le réformera en modifiant de fond en comble l'assiette du pouvoir. [...]

L'expérience a démontré que la responsabilité des ministres devant la Chambre équivaut à l'absorption du pouvoir exécutif par le pouvoir législatif, et à l'avilissement du premier. La Chambre doit légiférer, elle ne doit pas gouverner. [...] Dans une démocratie, les institutions doivent se rapprocher autant que possible du gouvernement direct. Il est juste et bon qu'on interroge le peuple par voie directe chaque fois que s'élèveront de graves conflits d'opinions qu'il peut seul résoudre. C'est pourquoi je pense qu'il est indispensable d'introduire dans notre Constitution le référendum. [...] Je crois qu'un gouvernement fondé sur des institutions ainsi renouvelées ouvrirait dans la République une ère de paix et d'ordre, de travail et de crédit, d'harmonie et de réconciliation que le régime parlementaire ne peut même pas essayer de réaliser.

Georges Boulanger, Discours à la Chambre des députés, 4 juin 1888.

Guidage pour comprendre le document

2 Un journal boulangiste

Une du journal *La Bombe*, 14 juillet 1899, illustration de Paul de Sémant, BNF.

THÈME 3 · CHAPITRE 6 · EXPLORER

En équipe

Les anarchistes

Toutes les ressources
lycee.nathan.fr/**hist25-192**

Sante Geronimo Caserio (1873-1894)

Militant anarchiste italien exilé en France et boulanger de profession, il est guillotiné le 16 août 1894 pour avoir poignardé le président de la République.

La liberté contre l'État

Comme les socialistes, les anarchistes (appelés aussi « libertaires ») veulent défendre les ouvriers contre l'oppression capitaliste. Mais pour eux, l'État est par définition oppresseur de la liberté individuelle : le pouvoir doit donc venir d'en bas et non d'en haut. La propriété doit revenir non à l'État (comme chez les marxistes), mais à des coopératives autogérées et fédérées librement.

Violence et répression

Les anarchistes prônent la « propagande par le fait », c'est-à-dire l'action spectaculaire et violente. Ils multiplient les attentats contre les symboles du capitalisme et de la République bourgeoise. Une bombe est jetée dans la Chambre des députés en 1893 et le président de la République est assassiné en 1894 par Caserio. Le gouvernement répond par des lois très répressives, dénoncées par la gauche comme des « lois scélérates ».

1 Qu'est-ce que l'anarchisme ?

Ce qu'est l'anarchie, ce que sont les anarchistes, nous allons le dire : les anarchistes, messieurs, sont des citoyens qui, dans un siècle où l'on prêche partout la liberté des opinions, ont cru de leur devoir de se recommander de la liberté illimitée. [...]

Nous voulons la liberté, et nous croyons son existence incompatible avec l'existence d'un pouvoir quelconque, quelles que soient son origine et sa forme, qu'il soit élu ou imposé, monarchique ou républicain, qu'il s'inspire du droit divin ou du droit populaire, de la Sainte-Ampoule(1) ou du suffrage universel.

C'est que l'histoire est là pour nous apprendre que tous les gouvernements se ressemblent et se valent. Les meilleurs sont les pires. Plus de cynisme chez les uns, plus d'hypocrisie chez les autres ! [...]

Le mal, en d'autres termes, aux yeux des anarchistes, ne réside pas dans telle forme de gouvernement plutôt que dans telle autre. Il est dans l'idée gouvernementale elle-même ; il est dans le principe d'autorité. [...]

Nous croyons, nous, que le capital, patrimoine commun de l'humanité, puisqu'il est le fruit de la collaboration des générations passées et des générations contemporaines, doit être à la disposition de tous, de telle sorte que nul ne puisse en être exclu ; que personne, en revanche, ne puisse accaparer une part au détriment du reste.

Déclaration des prévenus au procès des anarchistes de Lyon, tribunal correctionnel de Lyon, 19 janvier 1883.

(1) Fiole contenant une huile utilisée pour sacrer les rois.

Guidage pour comprendre le document

Le Petit Journal

TOUS LES JOURS Le Petit Journal 5 Centimes

SUPPLÉMENT ILLUSTRÉ

Huit pages : CINQ centimes

TOUS LES DIMANCHES Le Supplément illustré 5 Centimes

Cinquième Année — LUNDI 2 JUILLET 1894 — Numéro 189

ASSASSINAT DU PRÉSIDENT CARNOT

LE CRIME

2 La propagande par le fait

« L'assassinat de Sadi Carnot, le 24 juin 1894 », Une du *Petit journal*, 2 juillet 1894.

En équipe

Les guesdistes

Jules Guesde (1845-1922)
Il est élu député de Roubaix en 1893. Les guesdistes sont bien implantés dans le Nord : le Parti ouvrier conquiert les mairies de Roubaix (1892-1901) et de Lille (1896-1904).

Le Parti ouvrier français

Journaliste favorable à la Commune, Jules Guesde vit en exil de 1871 à 1876. Rentré en France, il participe à la création du premier parti socialiste en 1879, qui rassemble plusieurs tendances. Puis il crée en 1882 le Parti ouvrier, devenu Parti ouvrier français en 1893. Il en a écrit le programme à Londres avec Karl Marx et le gendre de celui-ci, Paul Lafargue, qui devient son bras droit.

Le marxisme contre la République bourgeoise

Le parti guesdiste applique strictement le marxisme. Il entend rassembler les prolétaires pour préparer la révolution qui renversera le capitalisme. Il joue le jeu des élections pour faire connaître son programme, mais dénonce les socialistes « réformistes » prêts à coopérer avec la bourgeoisie.

1 Le programme du Parti ouvrier

Guidage pour comprendre le document

Considérant,

Que l'émancipation de la classe productive est celle de tous les êtres humains sans distinction de sexe ni de race ;

Que les producteurs ne sauraient être libres qu'autant qu'ils seront en possession des moyens de production [...]

Que cette appropriation collective ne peut sortir que de l'action révolutionnaire de la classe productive — ou prolétariat — organisée en parti politique distinct ;

Qu'une pareille organisation doit être poursuivie par tous les moyens dont dispose le prolétariat y compris le suffrage universel transformé ainsi d'instrument de duperie qu'il a été jusqu'ici en instrument d'émancipation ;

Les travailleurs socialistes français, en donnant pour but à leurs efforts l'expropriation politique et économique de la classe capitaliste et le retour à la collectivité de tous les moyens de production, ont décidé, comme moyens d'organisation et de lutte, d'entrer dans les élections avec les revendications immédiates suivantes : [...]

1° Abolition [...] de tous les articles du Code civil établissant l'infériorité de l'ouvrier vis-à-vis du patron et l'infériorité de la femme vis-à-vis de l'homme ; [...]

4° Abolition des armées permanentes et armement général du peuple.

Jules Guesde et Paul Lafargue, *Programme du Parti ouvrier*, 1882.

2 Carte de membre du Parti ouvrier français, 1901

EXPLORER

ARGUMENTER À L'ORAL

7 Comment Hubertine Auclert mène-t-elle la lutte pour le suffrage des femmes ?

Toutes les ressources

lycee.nathan.fr/hist25-194

Hubertine Auclert (1848-1914)

>> Biographie p. 302

Une féministe pour le droit de vote

Sous la IIIe République, le suffrage « universel » reste masculin. L'exclusion des femmes repose sur des arguments sexistes (elles seraient naturellement inférieures aux hommes) et politiques (sous l'influence de l'Église, elles voteraient pour les monarchistes). Refusant cette exclusion, Hubertine Auclert crée un mouvement féministe — le suffragisme — qui milite pour le droit de vote des femmes.

Médiatiser la lutte

Hubertine Auclert fonde un journal en 1881 (*La Citoyenne*), puis un mouvement féministe en 1883 (le Suffrage des femmes). Elle multiplie les actions spectaculaires pour frapper l'opinion publique, comme l'attaque des bureaux de vote. Elle lance des pétitions pour appeler à la grève de l'impôt, puis réclamer les droits politiques pour les veuves et les célibataires. Elle veut aussi lier le combat des femmes à celui des autres catégories dominées : les ouvriers et les colonisés. Elle a vécu quelques années en Algérie et enquêté sur la condition des femmes arabes.

1 ***La Citoyenne*, un journal revendiquant le suffrage des femmes**

Une du journal *La Citoyenne*, 2 avril 1883.

La paix du monde et l'harmonie de la société, le bien-être de l'humanité existeront seulement lorsque, comprises dans le suffrage, les femmes aideront aux hommes à faire les lois !

2 Le rejet d'une pétition d'Hubertine Auclert

Au mois d'août 1880, [Hubertine Auclert] demandait au conseil de préfecture de la décharger de ses contributions sous prétexte que, n'ayant aucune part aux affaires publiques, elle ne pouvait, par suite, exercer aucun droit de contrôle sur l'emploi des fonds qu'elle versait à l'État. [...]

Aujourd'hui, [...] avec une subtilité d'imagination que nous ne pouvons pas lui contester, la demoiselle Hubertine Auclert sollicite l'exercice des droits politiques pour les veuves et les célibataires dont les intérêts ne sont, dit-elle, représentés par personne. [...] Dès lors, il est facile de prévoir jusqu'où cette théorie peut conduire : la représentation des femmes dans nos grandes assemblées syndicales, financières, municipales ou législatives. La commission ne veut pas s'appesantir sur les graves inconvénients d'ordre moral ou physiologique qu'entraînerait une telle innovation. [...]

Pour nous, nous sommes convaincus, avec un de nos moralistes modernes, que si « les hommes font les lois, les femmes font les mœurs » et nous croyons que la femme a sa place marquée au sein du foyer domestique et que, fille, épouse, ou mère, son principal rôle, celui qui, loin de l'asservir, l'élève et la rend belle et chère à l'humanité, consiste précisément dans l'exercice des vertus privées à l'aide desquelles elle exerce dans la famille, et par suite, dans la société, une autorité réelle pour y faire régner l'harmonie et la paix.

M. de Lévis-Mirepoix, rapporteur de la Commission de l'Assemblée nationale chargée d'examiner la pétition d'Hubertine Auclert, 24 juin 1886.

3 Une pensée féministe et socialiste

Différenciation

Citoyens, Citoyennes,

[...] Je viens, toute pénétrée d'estime pour cette grande assemblée, le premier des corps librement élus en France depuis tant de siècles, qui permette à une femme, non parce qu'elle est ouvrière, mais parce qu'elle est femme — c'est-à-dire exploitée —, esclave déléguée de neuf millions d'esclaves, de faire entendre les réclamations de la moitié déshéritée du genre humain. Écouter nos plaintes, c'est commencer à vouloir être juste. Admettre les femmes au milieu de vous, au même titre que les prolétaires, c'est faire avec elles un pacte d'alliance défensif et offensif contre nos communs oppresseurs. [...]

Si vous, prolétaires, vous voulez aussi conserver des privilèges, des privilèges de sexe, je vous le demande, quelle autorité avez-vous pour protester contre les privilèges des classes ? Que pouvez-vous reprocher aux gouvernants qui vous exploitent, si vous êtes partisans de laisser subsister dans l'espèce humaine des catégories de supérieurs et d'inférieurs ? [...]

Nous voulons pour les femmes, comme pour les hommes, voix délibérative dans la commune, dans l'État [...] : parce que les femmes comme les hommes, sont intéressées aux lois et règlements qui se font ; parce que les femmes payant des impôts ont autant de droits que les hommes d'exiger une bonne répartition de ces impôts, parce que dans une vraie République, il n'y a plus de privilégiés, il n'y a que des intéressés qui, se soumettant aux mêmes devoirs, doivent posséder les mêmes droits.

Hubertine Auclert, Discours prononcé au congrès ouvrier socialiste de Marseille, 1879.

4 Le suffragisme

Des militantes attaquent un bureau de vote lors des municipales de 1908.

Le Petit Journal, supplément illustré, 17 mai 1908.

ACTIVITÉ

Au cours d'un exposé oral, répondez de manière argumentée et structurée à la question : « Comment Hubertine Auclert mène-t-elle la lutte pour le suffrage des femmes ? »

Vous pouvez suivre le plan suivant :

1. La dénonciation de l'infériorité politique des femmes sous la IIIe République
2. Des moyens d'action variés cherchant à mobiliser l'opinion publique
3. Femmes et ouvriers : une convergence des luttes ?

MÉTHODO

- Commencez par exploiter chaque document. *Quelles sont les revendications exprimées ? Comment sont-elles exprimées ?*
- Mobilisez des exemples précis issus des documents.
- Préparez un support (type *Powerpoint*) pour appuyer votre argumentation.
- Lors de votre présentation, cherchez à vous détacher le plus possible de vos notes (succinctes et non intégralement rédigées) et à attirer le regard de vos camarades.

⑧ Quelles réponses apporter à la question sociale ? PPO

Toutes les ressources
lycee.nathan.fr/hist25-196

Nombre moyen de grèves par an en France

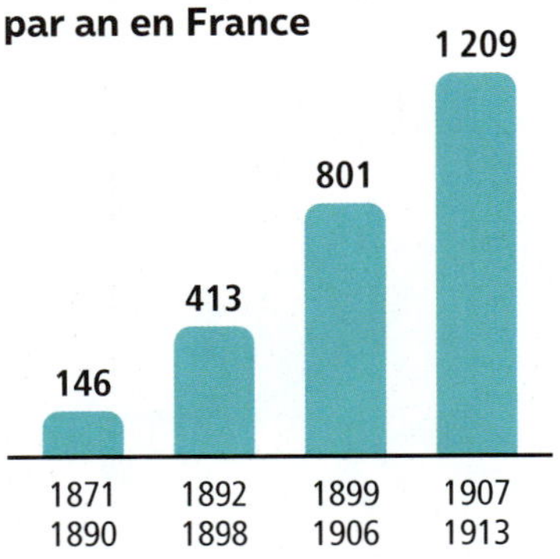

Source : Michelle Perrot, *Les ouvriers en grève, Tome 1, France 1871-1890*, éditions de l'EHESS, 2001.

Un monde ouvrier à intégrer

À la fin du XIXe siècle, les usines se multiplient en France : des ensembles industriels employant des milliers de salariés voient le jour, comme l'entreprise métallurgique Schneider au Creusot. Le mouvement ouvrier s'organise, pour exiger de meilleures conditions de vie et de travail, avec des partis socialistes et des syndicats, dont le moyen d'action principal est la grève. La question sociale est alors au centre des débats.

Le rôle de l'État

Les grèves sont souvent réprimées brutalement, comme à Fourmies en 1891. Certains cherchent à éviter les conflits par le paternalisme : l'entreprise est considérée comme une famille, le patron traite les ouvriers comme ses enfants, il leur accorde des avantages (logement, loisirs) en échange de leur obéissance. D'autres demandent à l'État des réformes sociales, pour améliorer la condition ouvrière et éviter une révolution socialiste.

Repères

La fusillade de Fourmies

Le 1er mai 1891, le Parti ouvrier organise une grève à Fourmies (Nord), où 37 usines textiles emploient environ 5 000 hommes, femmes et adolescents. Depuis 1889, le 1er mai est une journée de revendications pour le mouvement ouvrier en France. L'armée tire sur les manifestants et fait 9 morts, dont 8 filles et garçons entre 11 et 20 ans.

Vidéo
L'histoire du 1er mai
DécodActu !
3'20''

1 Le paternalisme

Le journaliste Jules Huret interroge un contremaître des usines Schneider au Creusot.

Y a-t-il souvent des grèves ici ?

[...] Des grèves, pour quoi faire ? On fait tout pour les ouvriers ici. [...] Pour les accidents, il y a une infirmerie gratuite, un chirurgien gratuit aussi, pour les opérations, parce que vous savez ici, les accidents ne sont pas rares, il y en a même tous les jours, plus ou moins ; pensez donc ! Sur des milliers d'ouvriers, il y en a toujours qui ne font pas attention.

Ils sont payés, les ouvriers, quand ils sont blessés ?

Oh, je crois bien, on leur donne un tiers de leur journée et les pharmacies pour rien. [...] M. Schneider fait bien les choses, c'est un brave homme qui a le cœur sur la main ; il est député d'ailleurs, conseiller général et maire du Creusot, ce qui prouve bien qu'on connaît son bon cœur.

On a une retraite aussi ?

Et c'est la compagnie qui paye, s'il vous plaît ! On ne retient pas un sou sur nos journées, comme on fait dans presque toutes les usines. [...] D'ailleurs, ils ne se plaignent pas, encore bien contents, allez, de trouver de l'ouvrage jusqu'à 60 ou 65 ans. Qu'est-ce que vous voulez qu'ils demandent de plus, du moment qu'ils peuvent élever leurs enfants et qu'ils sont à peu près sûrs d'avoir du pain jusqu'à la fin de leurs jours. Ça n'est-il pas le bonheur pour un ouvrier ?

Jules Huret, *Enquête sur la question sociale en Europe*, Perrin, 1897.

2 La grève

Jules Adler, *La grève au Creusot*, 1899, huile sur toile, 231 × 302 cm, musée des Beaux-Arts de Pau.

3 Le dialogue

Sommes-nous bien sûrs d'avoir fait tout ce qu'il fallait pour éviter les conflits, de nous être préoccupés comme nous l'aurions dû des questions si graves et si aiguës que soulève l'état social actuel, d'avoir eu toujours présentes devant nous les questions si troublantes, si impérieusement urgentes, que la vie pose quotidiennement pour tant d'hommes qui n'ont eu d'autre tort que de naître ? […] Assurément non ! […] Mais, encore une fois, il y a disproportion monstrueuse entre l'attaque et la répression ; il y a quelque part, sur le pavé de Fourmies, une tache de sang innocent qu'il faut laver à tout prix ! […]

Oh ! je ne viens pas apporter ici des paroles de haine ; je dis que le fait capital de la politique actuelle, c'est l'inévitable révolution qui se prépare. C'est l'organisation de ce quatrième État, dont je parlais tout à l'heure. Il faut en prendre votre parti ; ce quatrième État, vous devez ou bien le recevoir par la violence, ou bien l'accueillir à bras ouverts. *(Très bien ! Très bien ! à gauche)*.

Georges Clemenceau,
Discours à la Chambre des députés, 8 mai 1891.

ACTIVITÉ

À l'aide des documents, du cours et de vos connaissances, répondez de manière argumentée et structurée à la question suivante : « Quelles réponses apporte la Troisième République à la question sociale ? »

Vous pouvez suivre le plan suivant :

1. Les conflits sociaux et la répression comme première réponse [Cours, **Repères**, **doc. 2 et 3**]
2. Le paternalisme, réponse des patrons [**doc. 1**]
3. L'émergence du dialogue social [**doc. 3**]

MÉTHODO

- Commencez par analyser le sujet, définir ses termes clés et réfléchir à leur articulation. *Exemple : définir la « question sociale », notion clé du cours* (→ p. 179).
- Exploitez l'ensemble documentaire.
- Expliquez l'expression « Quatrième état » utilisée par Clemenceau [**doc. 3**].
- Dans chacue partie de votre réponse, avancez plusieurs arguments que vous devrez appuyer sur des exemples issus de l'ensemble documentaire.

9 Comment les ouvriers sont-ils vus par la Troisième République ?

Toutes les ressources
lycee.nathan.fr/**hist25-198**

Jules Adler (1865-1852)

Un monde inquiétant

En 1911, les ouvriers constituent 30 % de la population active. L'industrialisation a fait naître un nouveau paysage urbain. Dans les grandes agglomérations, les ouvriers habitent les quartiers déshérités du centre ou les banlieues « rouges ». Ce monde ouvrier fait peur et il n'est pas un thème habituel pour les peintres. Il est pourtant choisi par Jules Adler, surnommé « le peintre des humbles ». Proche des radicaux et dreyfusard, il voyage dans les villes ouvrières et dépeint notamment les quartiers populaires parisiens, comme celui de la place de la République.

1 ***Les las***

Jules Adler, huile sur toile, 151 × 281 cm, 1897, musée Calvet, Avignon.

Ce tableau illustre un passage de *L'Assommoir*, roman d'Émile Zola : « Ils marchaient toujours sans un rire, sans une parole dite à un camarade, les joues terreuses, la face tendue vers Paris, qui un à un les dévorait. »

ACTIVITÉ

Décrivez la scène représentée, puis expliquez comment Jules Adler représente les rapports entre les ouvriers et la Troisième République.

Différenciation

ANALYSER UNE PEINTURE

10 Comment les paysans sont-ils vus par la Troisième République ?

Léon-Augustin Lhermitte (1865-1852)

Un monde rassurant

La France reste majoritairement rurale à la fin du XIXe siècle. Plus de six Français sur dix vivent à la campagne dans les années 1880. Cette France paysanne, qui se modernise très lentement, est considérée par les républicains comme une base du régime. Ce tableau exposé au Salon de 1882 est immédiatement acheté par l'État, parce qu'il offre une image rassurante des campagnes. Léon-Augustin Lhermitte peint les paysans de sa région natale, près de Château-Thierry (Aisne). Dans une grande exploitation céréalière, le fermier paie les ouvriers agricoles qui viennent de faire la moisson.

1 ***La Paye des moissonneurs***
Léon-Augustin Lhermitte, huile sur toile, 214 × 272 cm, 1882, musée d'Orsay, Paris.

ACTIVITÉ

Décrivez la scène représentée, puis montrez que Léon-Augustin Lhermitte représente les paysans sous la Troisième République comme un monde stable, laborieux et rassurant.

Différenciation

11 Que célèbre-t-on lors de l'Exposition universelle de 1889 ? PPO

Toutes les ressources
lycee.nathan.fr/hist25-200

Chronologie

Les expositions universelles

1851 – Londres	1889 – Paris
1855 – Paris	1893 – Chicago
1862 – Londres	1894 – Anvers
1867 – Paris	1897 – Bruxelles
1873 – Vienne	1900 – Paris
1876 – Philadelphie	1904 – Saint-Louis
1878 – Paris	1905 – Liège
1880 – Melbourne	1906 – Milan
1888 – Barcelone	1913 – Gand

Des vitrines de la modernité

La première exposition universelle, organisée à Londres en 1851, remporte un franc succès. Les expositions se multiplient ensuite, les États occidentaux rivalisant entre eux pour afficher leurs réalisations scientifiques et techniques. Chaque pays dispose d'un pavillon et l'exposition ressemble à un parc d'attractions, où le public découvre les merveilles de la modernité.

L'exposition de Paris en 1889

L'exposition universelle organisée à Paris en 1889 coïncide avec le centenaire de la Révolution française. Les spectateurs peuvent y admirer une reconstitution de la Bastille et surtout la tour de 300 mètres de hauteur construite par l'ingénieur Gustave Eiffel. Cette prouesse technique entend montrer au monde entier ce dont la République française est capable.

1 Le centenaire de 1789

Aujourd'hui nous venons contempler dans son éclat et dans sa splendeur l'œuvre enfantée par ce siècle de labeur et de progrès. Nous venons saluer les travailleurs du monde entier qui ont apporté ici le fruit de leurs efforts et les productions de leur génie. [...] Nous venons souhaiter la bienvenue aux visiteurs qui, déjà de tous les points de l'horizon, en deçà ou au-delà des frontières, arrivent, sans compter les distances, pour prendre part à nos fêtes. [...] Notre chère France est digne d'attirer à elle l'élite des peuples. <u>Elle a le droit d'être fière d'elle-même, et de célébrer, la tête haute, le centenaire économique comme le centenaire politique de 1789</u>. [...]

Elle a trouvé dans ses institutions la force de vivifier le travail, de ranimer l'activité du commerce et de l'industrie, de rendre courage à l'agriculture atteinte par de redoutables fléaux. [...] On ne saurait mieux le faire que par cet admirable concours de peuples, qui, venus de toutes les parties du monde, se donnent rendez-vous pour rassembler les merveilles de l'industrie et les splendeurs de l'art de notre époque.

Sadi Carnot, président de la République,
Discours pour l'ouverture de l'Exposition universelle, 6 mai 1889.

Différenciation

Construction de la tour Eiffel pour l'Exposition universelle de 1889
Gravure colorisée.

ACTIVITÉ

Identifier et contextualiser le document

1. **Présentez** l'auteur et son intérêt pour l'Exposition universelle de 1889.
2. **Montrez** que ce document s'inscrit dans un contexte de transformations économiques pour la France.

Extraire les informations pertinentes et expliquer

3. **Relevez** le passage dans lequel Sadi Carnot présente l'Exposition universelle comme un moment de dialogue entre les nations.
4. **Montrez** que l'auteur fait l'éloge de la modernité économique de la France.
5. **Expliquez** la phrase soulignée : pourquoi la France célèbre-t-elle le centenaire de 1789 ?

Synthétiser

6. **Montrez** que Sadi Carnot lie progrès économique et progrès politique en commémorant en 1889 le centenaire de la Révolution.

12 Quelle est la situation des étrangers dans la France de la fin du XIXe siècle ?

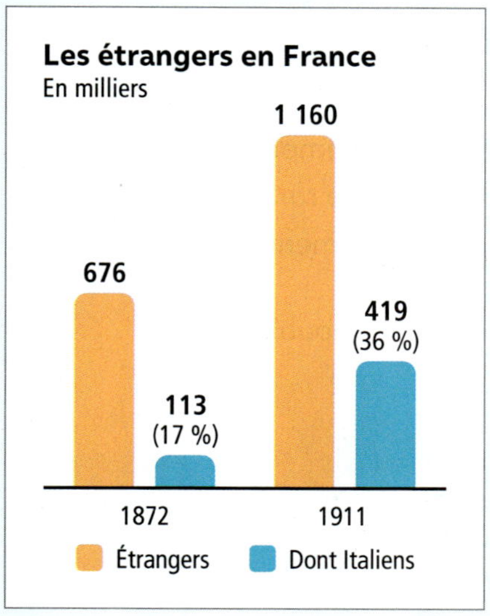

La France, un pays d'immigration

Au XIXe siècle, contrairement à ses voisins, la France est un pays d'immigration et non d'émigration. Ceci s'explique par sa faible croissance démographique et son besoin de main-d'œuvre dans l'agriculture et l'industrie. Entre 1872 et 1911, le nombre d'étrangers double presque. Une loi de 1889 facilite leur intégration, en accordant la nationalité française aux étrangers nés en France, mais la xénophobie persiste.

Le massacre d'Aigues-Mortes (1893)

Dans la ville camarguaise d'Aigues-Mortes, la Compagnie des salins du Midi emploie de nombreux ouvriers italiens. Les 16 et 17 août 1893, une rixe entre ouvriers français et italiens dégénère en émeute meurtrière, alimentée par des rumeurs et un contexte diplomatique tendu entre la France et l'Italie. Selon le bilan officiel, huit ouvriers italiens ont été tués. Mais le nombre réel de victimes reste aujourd'hui discuté.

1 La réaction d'un journaliste au massacre d'Aigues-Mortes (1893)

Tout le monde s'est ému au récit des scènes sanglantes qui ont mis en deuil la paisible ville d'Aigues-Mortes. [...] Ils ont remis d'actualité cette question brûlante de la présence en France d'ouvriers étrangers. [...]

Deux écoles principales se combattent : l'une se plaçant sous l'autorité des principes de liberté et de fraternité inscrits dans nos constitutions, estime qu'ici comme en matière commerciale ou industrielle, il ne doit pas exister de règlementation. Le travail est soumis, comme toute chose, à la loi de l'offre et de la demande : on n'a pas à considérer la nationalité de l'ouvrier, mais seulement son aptitude au travail et l'importance de salaire qu'il exige. [...]

En face de cette école s'en place une autre, qui est composée de divers éléments. On y trouve à la fois des socialistes et des protectionnistes. Les premiers ont en vue le maintien du taux actuel des salaires, c'est-à-dire le bien-être plus grand des ouvriers. Les autres, se plaçant sur le terrain du bon sens, font le raisonnement suivant : « On protège le blé, on protège les sucres et les vins, pourquoi ne protègerait-on la main-d'œuvre nationale ? » [...] La présence d'étrangers en France constitue un danger permanent, souvent ces ouvriers seront des espions ; leur moralité est souvent douteuse, la criminalité est chez eux très élevée, 20 pour mille au lieu qu'elle n'est que de 5 pour mille chez les nôtres [...].

Mais tous ces arguments de morale sont réduits à néant par ce fait brutal, l'ouvrier étranger travaille à plus bas prix que l'ouvrier français. [...]

Le Petit Méridional, journal quotidien républicain, 21 août 1893.

ACTIVITÉ

Identifier et contextualiser le document

1. Dans quel journal cet article a-t-il été publié ?
2. À quelle distance des événements cet article a-t-il été écrit ?

Comprendre l'argumentation d'un article de presse

3. **Expliquez** l'introduction de l'article : l'auteur se réjouit-il du massacre des ouvriers italiens ?
4. De quel « problème » ces événements sont-ils révélateurs selon l'auteur ?
5. **Expliquez** les arguments avancés par l'auteur pour limiter la présence de travailleurs étrangers en France.

Exercer un recul critique sur un document

6. **Montrez** que cet article est révélateur d'un point de vue politique particulier sur les événements étudiés.

Toutes les ressources

lycee.nathan.fr/hist25-202

1 ANALYSER UN DOCUMENT

Sujet 1 : La République, un héritage révolutionnaire ou une garantie de stabilité ?

1. Expliquez à quel événement cette affiche fait référence.
2. Présentez les symboles républicains présents sur l'affiche et expliquez leur importance.
3. Montrez que, pour l'auteur de l'affiche, la République s'appuie sur le monde rural.
4. Montrez que, pour l'auteur de l'affiche, la République permet le développement économique de la France.
5. Nuancez de manière critique et grâce à vos connaissances la vision de la République présentée par cette affiche.

Affiche anonyme, éditeur E. Pinchot, 1892, Bibliothèque nationale de France.

Sujet 2 : La République face à la question sociale

CONSIGNE Après avoir présenté le document en tenant compte de son contexte, vous montrerez que Jean Jaurès reconnaît aux républicains au pouvoir la mise en place d'un régime où s'incarne la souveraineté nationale, puis qu'il souhaite l'avènement du socialisme afin de bâtir une réelle démocratie.

Jean Jaurès est un homme politique et journaliste français, élu député dans le Tarn en 1885 pour la première fois. Il siège alors parmi les républicains « opportunistes », c'est-à-dire modérés. Battu en 1889, il est réélu en 1893 et siège désormais parmi les socialistes.

Oui, par le suffrage universel, par la souveraineté nationale qui trouve son expression définitive et logique dans la République, vous avez fait de tous les citoyens, y compris les salariés, une assemblée de rois. C'est d'eux, c'est de leur volonté souveraine qu'émanent les lois et le gouvernement ; ils révoquent, ils changent leurs mandataires, les législateurs et les ministres, mais, au moment même où le salarié est souverain dans l'ordre politique, il est dans l'ordre économique réduit à une sorte de servage. [...]

Il est la proie de tous les hasards, de toutes les servitudes et, à tout moment, s'il veut exercer son droit légal de coalition(1) pour défendre son salaire, il peut se voir refuser tout travail, tout salaire, toute existence par la coalition des grandes compagnies minières. [...]

Et c'est parce que le socialisme apparaît comme seul capable de résoudre cette contradiction fondamentale de la société présente, c'est parce que le socialisme proclame que la République politique doit aboutir à la République sociale, c'est parce qu'il veut que la République soit affirmée dans l'atelier comme elle est affirmée ici, c'est parce qu'il veut que la Nation soit souveraine dans l'ordre économique pour briser les privilèges du capitalisme oisif, comme elle est souveraine dans l'ordre politique, c'est pour cela que le socialisme sort du mouvement républicain.

Jean Jaurès, Discours à la Chambre des députés, 21 novembre 1893.

(1) La liberté syndicale et le droit de grève.

Jean Jaurès (1859-1914)

>> Biographie p. 304

2 RÉPONDRE À UNE QUESTION PROBLÉMATISÉE

Sujet 1 : En quoi la Troisième République connaît-elle un difficile enracinement de 1870 à 1914 ?

CONSIGNE Grâce à vos connaissances, vous répondrez de manière argumentée à cette question. Vous pourrez suivre le plan suivant :

- Un régime né d'un contexte désastreux et dominé par les monarchistes
- Un régime enraciné par des institutions et la diffusion de symboles
- Un régime confronté à des contestations et des crises

MÉTHODO

- ➔ En introduction n'oubliez pas de définir les termes essentiels (République/ enracinement /mutations sociales et économiques), de recopier clairement la question posée et d'annoncer votre plan.
- ➔ Dans chaque partie, avancez votre idée principale, puis justifiez-la, illustrez-la grâce à un ou deux exemples.
- ➔ En conclusion, faites le bilan de votre travail et répondez à la question posée.

Sujet 2 : Comment l'État réagit-il aux mutations économiques et sociales que connaît la France entre 1870 et 1914 ?

L'HISTOIRE *par les* OBJETS

Toutes les ressources

lycee.nathan.fr/**hist25-204**

LE VÉLO
SYMBOLE DE LA BELLE ÉPOQUE

DOC 1.

Le vélo, moyen de locomotion des facteurs à partir de 1893

Photographie anonyme, vers 1910.

D'un loisir de luxe à une pratique répandue

Inventé au début du XIXe siècle, le vélo est d'abord réservé à une élite. Il connaît des évolutions techniques importantes dans les années 1860, comme l'ajout des pédales. À partir des années 1890, les modèles sont de plus en plus variés et accessibles : ouvriers, pompiers, médecins, agriculteurs ou militaires utilisent des vélocipèdes, que l'on commence à appeler « bicyclettes ». Le vélo n'est plus seulement un objet de loisir, il devient un moyen de locomotion pour une clientèle en expansion. Il est le symbole d'un progrès technique qui favorise la mobilité.

Les femmes à bicyclette : un débat de société

Cependant, la pratique du vélo est d'abord masculine. Son utilisation par les femmes fait peur à beaucoup : elle causerait chez elles des maladies (maux de tête, palpitations cardiaques, dépression, insomnie...), serait indécente et leur procurerait une trop grande autonomie. En France, le port du pantalon leur étant interdit, une circulaire de 1892 autorise le port de vêtements spéciaux pour celles qui font du vélo. Au Royaume-Uni, l'objet devient le symbole des suffragettes, ces militantes féministes qui réclament le droit de vote des femmes. Pour beaucoup de femmes, il est synonyme d'émancipation.

Un objet populaire et médiatique

Dans une société de consommation en plein essor, les fabricants, comme Peugeot ou Manufrance, multiplient les modèles adaptés à différents publics. La publicité fait la promotion de cet objet de plus en plus populaire. La presse invente des événements sportifs en organisant des courses de vélos : *Le Petit journal* crée par exemple le Paris-Brest-Paris (1891), avant le Tour de France (1903). Les «véloce-clubs» se multiplient et regroupent les adeptes d'une pratique sportive du vélo.

Repères

Évolution du nombre de vélos en France, en milliers

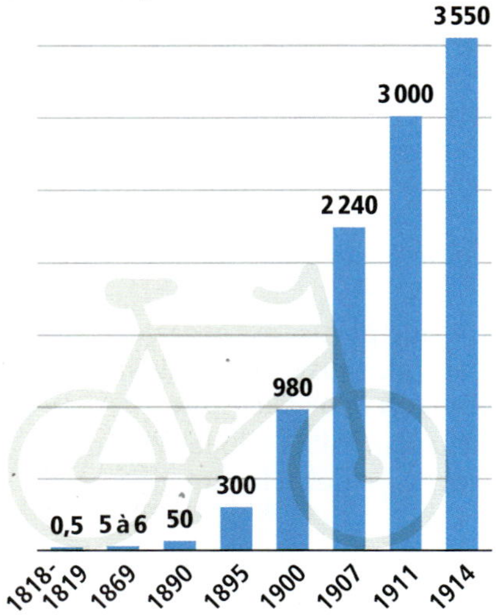

INTERVIEW d'historienne

lycee.nathan.fr/**hist25-204-02**

Anaïs Albert, maîtresse de conférence à l'université Paris-Cité. Elle est spécialiste d'histoire économique et sociale, de l'histoire du genre et des classes populaires dans la France du XIXe siècle.

DOC 2. Les femmes à vélo

Andrée Téry (1870-1950) est une célèbre journaliste. Elle s'engage sur de nombreux sujets, en particulier les droits des femmes. Elle écrit dans le journal féministe La Fronde, *fondé en 1897.*

J'ai même entendu dire par une de mes amies, très ardente féministe : « Je suis convaincue que lentement, silencieusement, sournoisement, la bicyclette est en train d'accomplir dans nos mœurs une révolution imprévue, et qu'elle accélère en particulier l'émancipation féminine. C'est la jupe qui a fait de la femme un être débile[1], l'enfant malade, car elle interdit l'exercice, arrête son développement physique. La jupe est à la fois la cause et le symbole de notre faiblesse et par suite de notre servitude. N'a-t-elle pas la forme d'un éteignoir[2] ? Béni soit le cyclisme libérateur ! [...] La culotte de bicyclette a commencé notre affranchissement ».

Andrée Téry dans *La Fronde*, 7 juillet 1900.

(1) Qui manque de force physique.
(2) Ustensile en forme de cône servant à éteindre une bougie.

DOC 4.

Affiche publicitaire pour les vélocipèdes Clément, 1895

Affiche de Jean de Paléologue dit Pal, imprimée par Paul Dupont. Lithographie, musée des Arts décoratifs, Paris.

DOC 3. « Un homme plus vite »

Maurice Leblanc (1864-1941) est l'auteur de nombreux romans policiers, dont les aventures d'Arsène Lupin. Le vélo est au cœur de l'intrigue de Voici des ailes !, *roman d'abord publié en feuilleton, dans lequel deux couples entreprennent un voyage à vélo entre la Normandie et la Bretagne.*

Certes l'homme n'a pas à se plaindre de sa taille, ni de sa force, ni de la largeur de sa poitrine, ni du développement de ses poumons, mais comparez son appareil de locomotion à celui des animaux, depuis le lion et le cerf jusqu'au chien et au lièvre : quelle infériorité ! Il n'avance pas, il se traîne. [...] Or, la bicyclette a résolu le problème. Elle remédie à notre lenteur et supprime notre fatigue. L'homme maintenant est pourvu de tous ses moyens. La vapeur, l'électricité n'étaient que des progrès servant à son bien-être. La bicyclette est un perfectionnement de son corps lui-même, l'achèvement, pourrait-on dire. C'est une paire de jambes plus rapides qu'on lui offre. Lui et sa machine ne font qu'un. Ce ne sont pas deux êtres différents comme l'homme et le cheval, deux instincts en opposition. Non, c'est un seul être, un automate d'un seul morceau. Il n'y a pas un homme et une machine. Il y a un homme plus vite.

Maurice Leblanc, *Voici des ailes !*, roman-feuilleton publié dans *Gil Blas* du 11 au 29 décembre 1897.

L'atelier d'histoire

Imaginez une affiche de publicité pour un nouveau modèle de vélo dans les années 1890 (image, slogan, arguments publicitaires).

CHAPITRE 7

Métropole et colonies

COURS

EXPLORER

L'HISTOIRE PAR LES OBJETS

Tous les textes du chapitre :
• en version DYS
• en version audio
lycee.nathan.fr/**hist25-206**

Les colonies à l'honneur

Les colonies participent à l'Exposition universelle de 1889 : elles contribuent au prestige de la France et elles permettent à la République de célébrer sa « mission civilisatrice ».

Henri Gervex, *Distribution des récompenses à l'Exposition universelle de 1889*, 1897, huile sur toile, 615 x 982 cm, Musée national du château de Versailles.

Jeu numérique
Découvrir l'image

lycee.nathan.fr/**hist25-207**

Toutes les ressources
lycee.nathan.fr/hist25-208

1 L'expansion coloniale de la France

Cours à écouter

PPO

1898 – Fachoda, le choc des impérialismes.

A Les raisons de l'expansion

a. Des motivations économiques et sociales

• En pleine période d'industrialisation, les pays européens convoitent les **colonies** comme des réservoirs de matières premières à bas prix et des débouchés pour les produits manufacturés de la **métropole** [**doc. 1**].

• Alors que les sociétés européennes sont de plus en plus inégalitaires, les colonies attirent les populations pauvres en quête d'un monde meilleur. Les États y trouvent un lieu où éloigner les populations indésirables (opposants politiques, criminels, etc.).

b. Une concurrence géopolitique

• La colonisation apparaît aussi comme un moyen pour les pays européens d'affirmer leur puissance. La France, vaincue en 1871 par l'Allemagne, cherche ainsi des territoires et du prestige hors d'Europe. Cet **impérialisme** permet de renforcer le sentiment national.

c. Une « mission civilisatrice »

• Le sentiment de supériorité des Européens sur le reste du monde s'accompagne d'un désir d'apporter la « civilisation » aux peuples « sauvages » ou « arriérés ». L'idéologie coloniale repose le plus souvent sur la volonté de diffuser à la fois l'universalisme des Lumières et le christianisme. Même la République française, laïque, coopère avec les **missionnaires** dans les territoires qu'elle contrôle.

• Certains justifient la colonisation par un racisme encore plus brutal, fondé sur la notion pseudo-scientifique de race, sur l'idée d'une hiérarchie définitive entre les races.

EXPLORER ⑧ p. 226 et ⑨ p. 228

Vocabulaire

Colonie : territoire soumis directement à la domination d'une puissance étrangère.

Impérialisme : domination exercée par un État sur un autre grâce à sa supériorité technique, économique, culturelle, etc. Quand cette domination est territoriale et politique, on parle de colonisation.

Métropole : terme employé dans un empire colonial pour désigner l'État colonisateur par rapport à ses colonies.

Missionnaire : religieux ayant pour mission d'évangéliser les populations non chrétiennes.

1 Le fonctionnement du commerce colonial

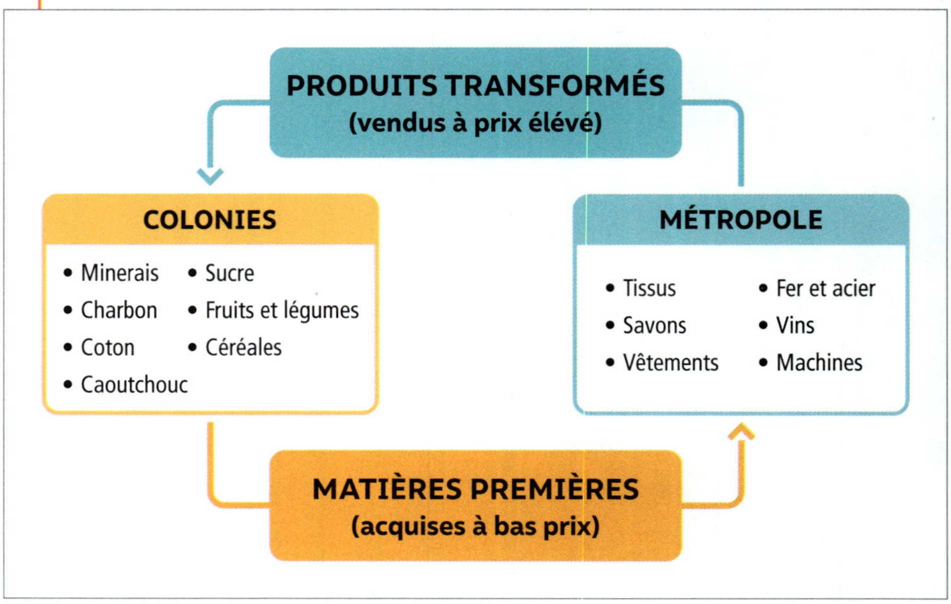

Podcast

4'02"

« 18 septembre 1898 : la crise de Fachoda »
Emmanuel de Waresquiel, historien
France Inter

B Les modalités de l'expansion

a. De multiples acteurs

• Marchands et industriels intéressés par le développement du commerce, géographes, explorateurs et militaires avides de découvertes et de conquêtes, hommes politiques soucieux de conforter leur position sur la scène nationale, missionnaires rêvant d'évangélisation… tous prennent part au processus d'expansion. Ils constituent même, à la fin du XIXe siècle, un « parti colonial » informel qui coordonne les projets et légitime la colonisation par de nombreux arguments.

b. La supériorité technique des puissances européennes

• L'industrialisation de l'Europe offre aux puissances du continent une supériorité technique sur les peuples qu'elles entendent soumettre. Le développement de la navigation à vapeur, le perfectionnement des armes à feu, les progrès de la médecine sont autant d'éléments qui permettent aux Européens de se lancer à la conquête du monde.

c. L'accélération de la colonisation

• Jusqu'en 1880, l'empire français reste assez limité et centré sur l'Algérie, dont la conquête a commencé en 1830. À partir des années 1880, les pays européens s'engagent dans une course aux territoires qui accélère la colonisation. Les vieilles puissances coloniales, le Royaume-Uni et la France, sont concurrencées par l'Allemagne, la Belgique ou l'Italie [**doc. 2**].

PPO

• En 1884-1885, lors de la conférence de Berlin, les puissances européennes discutent des règles du partage de l'Afrique. Mais cette apparente coordination n'empêche pas les tensions comme à Fachoda en 1898 entre la France et le Royaume-Uni, ou au Maroc en 1905 (Tanger) et 1911 (Agadir) entre la France et l'Allemagne.

EXPLORER ③ p. 219

Chronologie

La constitution de l'empire français

- 1830 Début de la conquête de l'Algérie
- 1853 Conquête de la Nouvelle-Calédonie
- 1862 Conquête de la Cochinchine
- 1881 Protectorat sur la Tunisie
- 1884 Protectorat sur l'Annam et le Tonkin
- 1895 Création de l'A.O.F. (Afrique occidentale française)
- 1910 Création de l'A.E.F. (Afrique équatoriale française)
- 1911 Protectorat sur le Maroc

FICHE À COMPLÉTER

À l'aide du cours, repérez :
- les idées principales ;
- les repères essentiels ;
- le vocabulaire.

2 Les empires coloniaux en 1914

Carte interactive

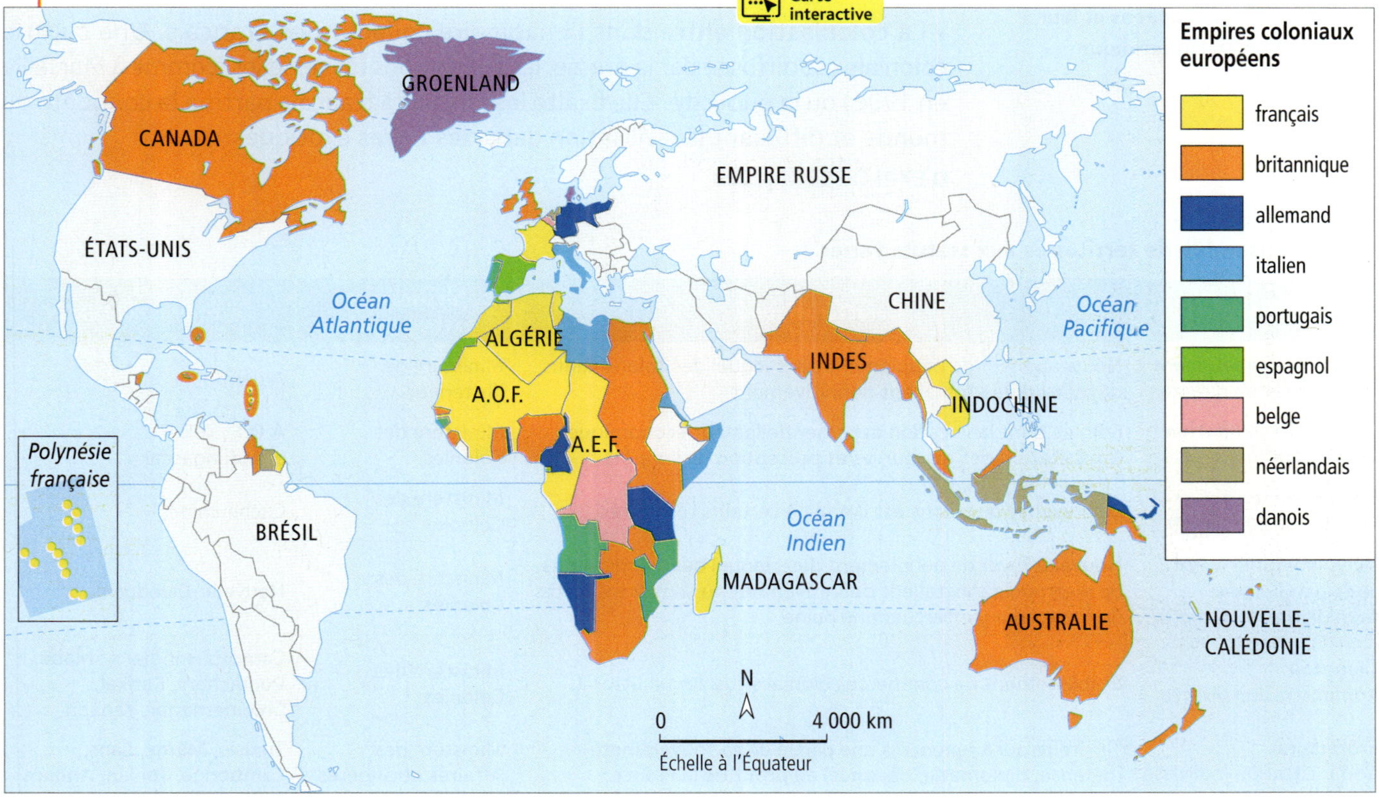

Cours à écouter

2 Le fonctionnement des sociétés coloniales

Toutes les ressources

lycee.nathan.fr/hist25-210

PPO 1 Saigon, ville coloniale.

PPO 2 1887 – Le code de l'indigénat algérien est généralisé à toutes les colonies françaises.

A La République coloniale

a. Une administration plus ou moins directe des territoires

• Certaines colonies sont administrées directement. La métropole encadre alors tous les aspects de la vie politique, économique et sociale. Des militaires et des fonctionnaires sont envoyés dans la colonie. C'est le cas de l'Algérie ou de nombreuses colonies d'Afrique subsaharienne [doc. 1].

• D'autres colonies sont administrées indirectement. La métropole assure alors le contrôle de la politique étrangère, mais laisse aux élites locales leur rôle d'encadrement de la vie sociale tout en les surveillant étroitement. On parle de « protectorat ».

EXPLORER ① p. 216

b. Le discours de l'assimilation

• La République prétend exporter les valeurs universelles qui sont les siennes dans les territoires soumis : y développer la « civilisation » et « éclairer les **indigènes** ». Cette ambition d'**assimilation** se traduit dans des efforts timides au niveau de la scolarisation [doc. 2].

• Cependant, les populations locales sont dotées d'un statut inférieur à celui des habitants de la métropole et subissent de nombreuses discriminations. Cela contredit l'objectif d'assimilation affiché par la République. Un « code de l'indigénat », qui se diffuse dans l'empire à partir de 1881, rassemble par exemple des règles et infractions spécifiques aux **colonisés**.

EXPLORER ⑤ p. 222 et ⑧ p. 226

c. Le développement d'une culture coloniale

• La colonisation entre dans l'imaginaire collectif des Français. Une culture coloniale est diffusée par la presse, les expositions universelles (comme à Marseille en 1906) ou la publicité. Elle exalte les « héros » français partis à la conquête du monde et diffusant la civilisation dans des terres exotiques.

EXPLORER ⑨ p. 228

Vocabulaire

Assimilation : politique qui vise à supprimer toute différence entre colons et colonisés, en faisant de ces derniers des citoyens.

Colonisés : habitants des colonies, qui subissent la domination coloniale.

LE SENS des mots

INDIGÈNE

Le terme « indigène » désigne une personne originaire du pays où elle se trouve. Il est synonyme d' « autochtone ». Ce terme a pris, avec la colonisation, un sens péjoratif, désignant les peuples soumis par les Européens et leur assignant un statut juridique et social inférieur.

1 Un ensemble de territoires aux statuts variés

Statut du territoire	Caractéristiques	Ministère de rattachement	Territoires concernés
Colonie de peuplement Administration directe	Nouveau foyer de peuplement dans lequel des colons venus de métropole s'installent définitivement.	Ministère de l'Intérieur	Algérie
Colonie d'exploitation Administration directe	Colonie dont la vocation est essentiellement économique (exploitation des ressources et perception de l'impôt).	Ministère des Colonies	A.O.F., A.E.F. et Madagascar
Colonie mixte Administration directe	La présence de colons est limitée à certains territoires.	Ministère des Colonies	Cochinchine
Colonie pénitentiaire et de peuplement Administration directe	Nouveau foyer de peuplement dans lequel des colons venus de métropole s'installent définitivement ou sont transportés de force pour y effectuer une peine.	Ministère des Colonies	Nouvelle-Calédonie
Comptoir Administration directe	Établissement de commerce colonial situé sur un littoral.	Ministère des Colonies	Comptoirs indiens : Mahé, Pondichéry, Karikal, Chandernagor, Yanaon
Protectorat Administration indirecte	Territoire qui a renoncé à une partie de sa souveraineté (défense, diplomatie, douanes) au profit de la France.	Ministère des Affaires étrangères	Tunisie, Maroc, Laos, Cambodge, Tonkin, Annam

B Les colonies : des sociétés dominées et exploitées

a. L'appropriation des richesses

PPO 1

• Outre-mer, les **colons** s'approprient les meilleures terres et exploitent les richesses minières par le biais de **compagnies concessionnaires**. Les territoires conquis sont dotés d'infrastructures qui facilitent l'exploitation et l'exportation des richesses. Des routes, des chemins de fer et des ports sont construits, souvent par le recours au travail forcé. Les villes adoptent l'architecture et l'urbanisme européens.

EXPLORER ② p. 218 et ④ p. 220

b. La violence du système colonial

PPO 2

• Les sociétés colonisées, déjà désorganisées par les guerres de conquête, subissent la violence de la domination coloniale. Les populations sont expropriées de leurs terres, appauvries par la mise en place d'une économie d'exportation (qui délaisse les cultures vivrières) et humiliées par le code de l'indigénat. Le recours au travail forcé, les violences et brimades quotidiennes participent à la déshumanisation des colonisés.

• Le développement modéré de la scolarisation et le recours à des auxiliaires administratifs « indigènes » contribuent à la formation d'une nouvelle élite occidentalisée. Ces « évolués », comme les appellent les Européens, sont souvent méprisés par les colons mais aussi par les colonisés.

c. Des résistances

• Chez les colonisés et parfois en métropole [**doc. 3**], des voix s'élèvent pour dénoncer la spoliation des richesses et des terres et les discriminations. La résistance au système colonial peut prendre des formes violentes. Pour les colons et les **coloniaux**, la moindre insubordination apparaît comme un défi lancé à l'autorité coloniale et doit être réprimée avec la plus grande sévérité. En Nouvelle-Calédonie par exemple, la révolte menée par des chefs kanaks contre la spoliation de leurs terres en 1878 fait l'objet d'une répression féroce de la part des autorités françaises.

EXPLORER ⑥ p. 224 et ⑦ p. 225

Vocabulaire

Colons : personnes venues de métropole pour s'installer définitivement dans une colonie.

Coloniaux : personnes venues de métropole pour un temps limité dans une colonie et avec une fonction précise (administrateurs, médecins, missionnaires).

Compagnie concessionnaire : compagnie ayant obtenu les droits d'exploitation sur un territoire ou une richesse contre une redevance payée à l'État.

FICHE À COMPLÉTER

À l'aide du cours, repérez :
- les idées principales ;
- les repères essentiels ;
- le vocabulaire.

2 Un inégal accès à l'école en Algérie (1911)

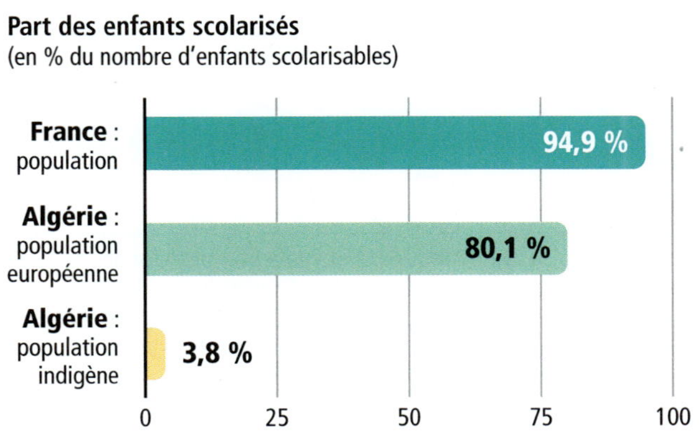

Source : *Annuaires statistiques de France et d'Algérie*. Cité par Kamel Kateb, « Les séparations scolaires dans l'Algérie coloniale », *Insaniyat*, 25-26, 2004.

3 Le rapport Brazza

« Le rapport Brazza : un secret d'État au grand jour »
RFI, 22 octobre 2021.
4'02"

En 1905, **Pierre Savorgnan de Brazza (1852-1905)** est envoyé en inspection au Congo français, avec une douzaine d'adjoints. Leur rapport, qui dénonce la violence du système colonial, ne sera jamais rendu public : le rapport Brazza devient un secret d'État…

Toutes les ressources
lycee.nathan.fr/hist25-212

Métropole et colonies

1830 – 1840 – 1850 – 1860 – 1870 – 1880 – 1890 – 1900 – 1910

EXPANSION MODÉRÉE de la COLONISATION

- **1830** Début de la conquête de l'Algérie
- **1848** Abolition de l'esclavage
- **1853** Conquête de la Nouvelle-Calédonie
- **1862** Conquête de la Cochinchine
- **1881** Protectorat sur la Tunisie

ACCÉLÉRATION de la COLONISATION

- **1884-1885** Conférence de Berlin
- **1887** Généralisation du code de l'indigénat
- **1895** Création de l'A.O.F.
- **1898** Crise de Fachoda
- **1905** Crise de Tanger
- **1906** Exposition coloniale de Marseille
- **1910** Création de l'A.E.F.
- **1911** Crise d'Agadir
- Protectorat sur le Maroc

1 La métropole et son empire

Carte interactive

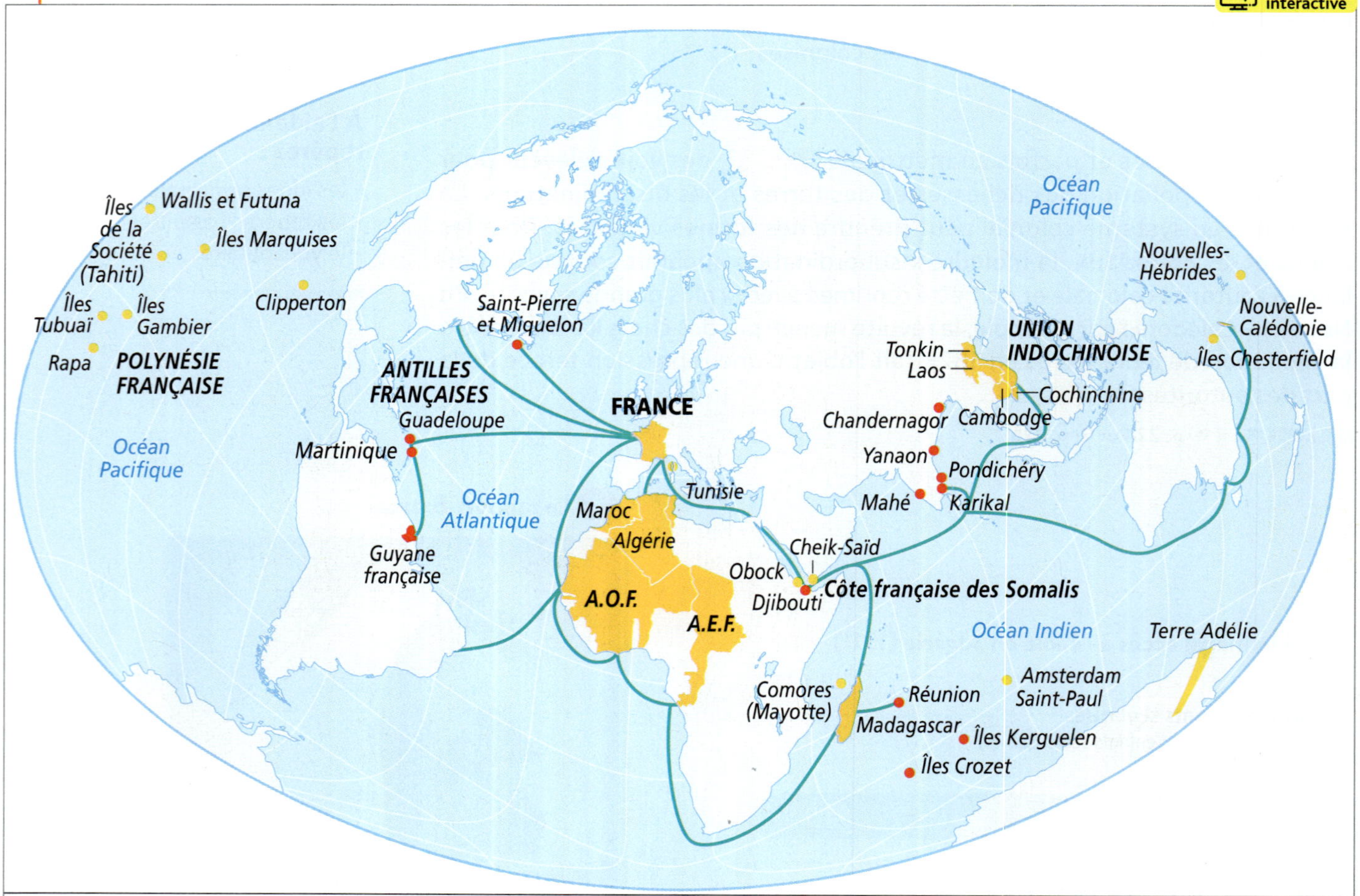

1. L'empire colonial français en 1914

- Acquisitions antérieures à 1830
- Acquisitions de 1830 à 1914

2. Le commerce colonial

- Les lignes maritimes

A.O.F. *(Afrique Occidentale française)* fondée en 1895, comprend le Sénégal, le Soudan (actuel Mali), la Mauritanie, le Niger, la Guinée, la Côte d'Ivoire, le Dahomey (actuel Bénin) et la Haute-Volta (actuel Burkina Faso).

A.E.F. *(Afrique Équatoriale française)* fondée en 1910, comprend le Gabon, le Tchad, le Moyen-Congo, l'Oubangui-Chari (actuelle République centrafricaine).

LA FORMATION DE L'EMPIRE COLONIAL FRANÇAIS

À la fin du XIXe siècle, plusieurs facteurs...

- Recherche de matières premières à bas prix. Création de débouchés pour les produits manufacturés *(Économie)*
- Quête de puissance et de prestige. Volonté d'effacer l'humiliation de 1871 *(Guerre / Diplomatie)*
- Sentiment de supériorité des Européens. Prétention à « civiliser » et volonté d'évangéliser des populations considérées comme « arriérées » *(Idéologie)*

... motivent la constitution d'un empire colonial français...

Conquête
› Guerres coloniales

→ **Administration**
› Fonctionnaires coloniaux

- **Indirecte**
  › Protectorat
- **Directe**
  › Comptoirs
  › Colonies (de peuplement, d'exploitation, mixte ou pénitentiaire)

→ **Exploitation**
› Appropriation des terres
› Extraction et exportation des richesses par des compagnies concessionnaires
› Recours au travail forcé

... qui fait l'objet de contestations.

Crises et tensions internationales
› Avec le Royaume-Uni : Fachoda (1898)
› Avec l'Allemagne : crises marocaines (1905 et 1911)

Protestations en métropole
› Contestation de l'utilité de la colonisation
› Dénonciation des violences

Opposition dans les colonies
› Émergence d'élites « indigènes » dénonçant le système colonial

Légende : Économie · Guerre / Diplomatie · Idéologie · Administration

LES NOTIONS-CLÉS

Colonie : territoire soumis directement à la domination d'une puissance étrangère.

Impérialisme : domination exercée par un État sur un autre grâce à sa supériorité technique, économique, culturelle, etc. Quand cette domination est territoriale et politique, on parle de colonisation.

Indigène : le terme « indigène » désigne une personne originaire du pays où elle se trouve, il est synonyme d'autochtone. Ce terme a pris avec la colonisation un sens péjoratif, désignant les peuples soumis par les Européens et leur assignant un statut juridique et social inférieur.

Métropole : terme employé dans un empire colonial pour désigner l'État colonisateur par rapport à ses colonies.

LES POINTS DE PASSAGE ET D'OUVERTURE

1887 – Le code de l'indigénat algérien est généralisé à toutes les colonies françaises.
• Cours p. 211
• Explorer p. 222

1898 – Fachoda, le choc des impérialismes.
• Cours p. 209
• Explorer p. 219

Saigon, ville coloniale.
• Cours p. 211
• Explorer p. 220

Toutes les ressources
lycee.nathan.fr/hist25-214

Métropole et colonies

EXERCICE 1 SAVOIR DÉFINIR

Exercices interactifs

Associez chaque terme à la définition qui lui correspond.

- a Assimilation
- b Colonisés
- c Coloniaux
- d Compagnies concessionnaires
- e Métropole

1. Terme employé dans un empire colonial pour désigner l'État colonisateur par rapport à ses colonies.
2. Personnes venues de métropole pour un temps limité dans une colonie et avec une fonction précise (administrateurs, médecins, missionnaires).
3. Politique qui vise à supprimer toute différence entre colons et colonisés, en faisant de ces derniers des citoyens.
4. Compagnies ayant obtenu les droits d'exploitation sur un territoire ou une richesse contre une redevance payée à l'État.
5. Personnes qui subissent la domination coloniale.

EXERCICE 2 SAVOIR DATER

Retrouvez sur la frise les dates de ces événements.

1. Crise de Fachoda
2. Crise marocaine de Tanger
3. Clôture de la conférence de Berlin
4. Début de la conquête de l'Algérie

EXERCICE 3 VALIDER UNE CONNAISSANCE

Indiquez si les affirmations suivantes sont vraies ou fausses, et justifiez votre réponse.

1. Le processus de colonisation s'accélère dans les années 1880.
2. La conférence de Berlin partage le Maroc entre la France et l'Allemagne.
3. L'administration directe permet aux élites locales de conserver leurs pouvoirs.
4. La République considère qu'elle a pour mission de civiliser les colonisés.
5. La colonisation est acceptée sans résistance par les populations dominées.
6. Les populations colonisées subissent des discriminations.
7. Les colonisateurs ont recours au travail forcé pour construite des routes, des chemins de fer…
8. L'impérialisme des pays européens renforce le nationalisme de chacun d'entre eux.
9. Un protectorat est une colonie administrée de manière directe.
10. Une culture coloniale se diffuse aussi en métropole.

EXERCICE 4 CONNAÎTRE ET UTILISER LES NOTIONS

Complétez le schéma ci-dessous à l'aide des mots et expressions proposés.

« Mission civilisatrice » | Sociales | Renforcement du sentiment national | Géopolitiques | Diffusion du christianisme | Contrôle de l'accès aux matières premières | Débouchés commerciaux | Espoir d'une vie meilleure

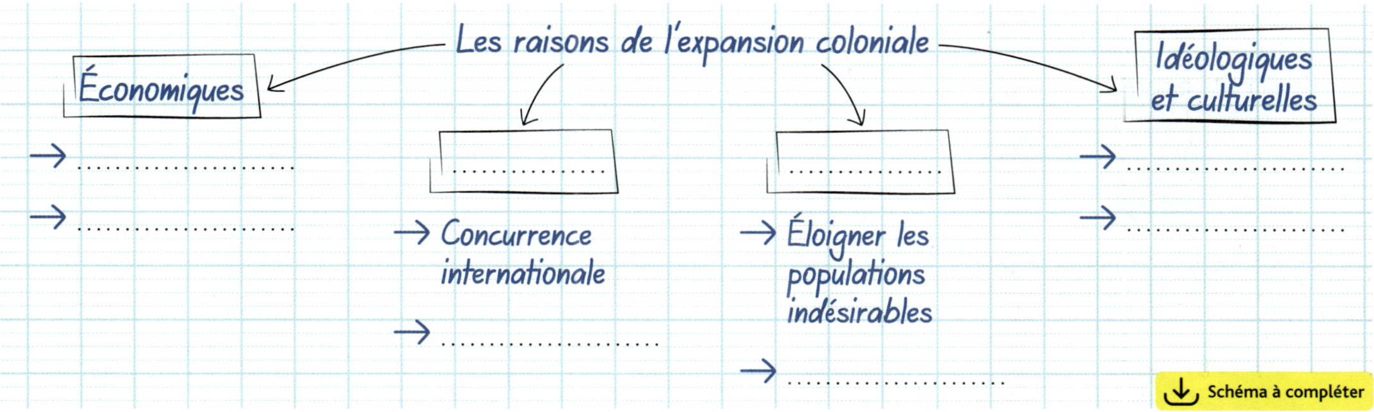

EXERCICE 5 SAVOIR LOCALISER

Associez chaque lettre de la carte à la bonne colonie française.

1. A.O.F | **2.** Indochine | **3.** Algérie | **4.** Nouvelle-Calédonie | **5.** Madagascar

L'empire colonial français en 1914

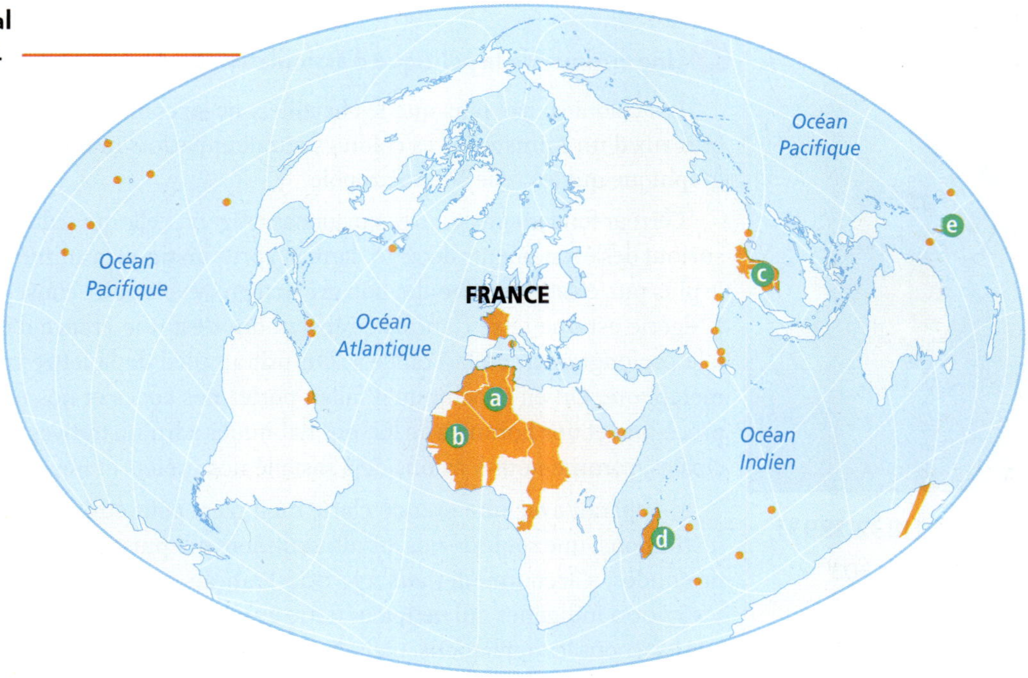

EXERCICE 6 PRÉCISER LA MAÎTRISE DES NOTIONS

Associez chaque territoire au statut qui le caractérise.

1. Algérie
2. A.O.F.
3. Maroc

a. Colonie d'exploitation
b. Protectorat
c. Colonie de peuplement

EXPLORER

ANALYSER UN TEXTE

1 En quoi l'Algérie a-t-elle une place à part dans les colonies françaises ?

Toutes les ressources
lycee.nathan.fr/hist25-216

Vue d'Alger en 1880

Une colonie de peuplement

L'Algérie est colonisée par la France depuis 1830, mais la prise de contrôle du territoire est lente et difficile. La Kabylie est soumise en 1857 et les dernières grandes révoltes ont lieu en 1871. L'Algérie est une colonie de peuplement : la métropole y favorise l'arrivée de colons (français ou européens) pour mettre en valeur le territoire.

Une extension de la France ?

L'Algérie est divisée en trois départements à partir de 1848. En 1870-1871, elle passe sous le contrôle d'un administrateur civil. L'armée ne conserve un rôle que dans les « territoires militaires » et les « territoires mixtes », où les colons sont rares. Ils sont nombreux dans les « territoires civils », dont l'administration est similaire à celle de la métropole. L'Algérie, qui dépend du ministère de l'Intérieur et pas de celui des Colonies, est considérée comme une extension de la France.

DOCUMENT *clé*

Jules Ferry (1832-1893)

>> Biographie p. 303

1 Une critique de la politique d'assimilation en Algérie

Les colonies, pas plus que les batailles, ne se commandent de loin, dans les bureaux d'un ministère. Les colonies auraient parfois intérêt à couper le fil télégraphique qui les relie à la métropole.

L'erreur fondamentale, en ce qui touche l'Algérie, celle qui séduisit, au lendemain surtout des événements de 1870, tant d'esprits distingués animés du patriotisme le plus pur, c'est d'avoir voulu, bon gré mal gré, y voir autre chose qu'une colonie. L'Algérie est une terre française, répétait-on, c'est une France d'outre-mer, c'est « le prolongement de la France ». On prit au pied de la lettre cette patriotique métaphore. On en conclut qu'il fallait porter nos codes et nos magistrats, notre procédure et nos hommes de loi, nos habitudes administratives et nos lois municipales, comme nous y avions déjà installé nos préfets et nos sous-préfets. [...]

Il apparaît avec une grande clarté qu'il n'est peut-être pas une seule de nos institutions, une seule de nos lois du continent qui puisse, sans des modifications profondes, s'accommoder aux 272 000 Français, aux 219 000 étrangers et aux 3 267 000 indigènes qui peuplent notre empire algérien. [...] Nous promulguons nos lois, nous les appliquons, mais, après dix ans, vingt ans au plus, elle se meurent de stérilité et d'impuissance, comme des arbres séchés sur pied.

Jules Ferry, rapport fait au Sénat le 27 octobre 1892, *Journal officiel*, 1892, *Documents parlementaires : Sénat.*

Différenciation

Documentaire

« Comment vivait-on en Algérie pendant la période coloniale ? »
Le Monde Afrique
3'42''

2 Les étapes du peuplement colonial de l'Algérie

Carte interactive

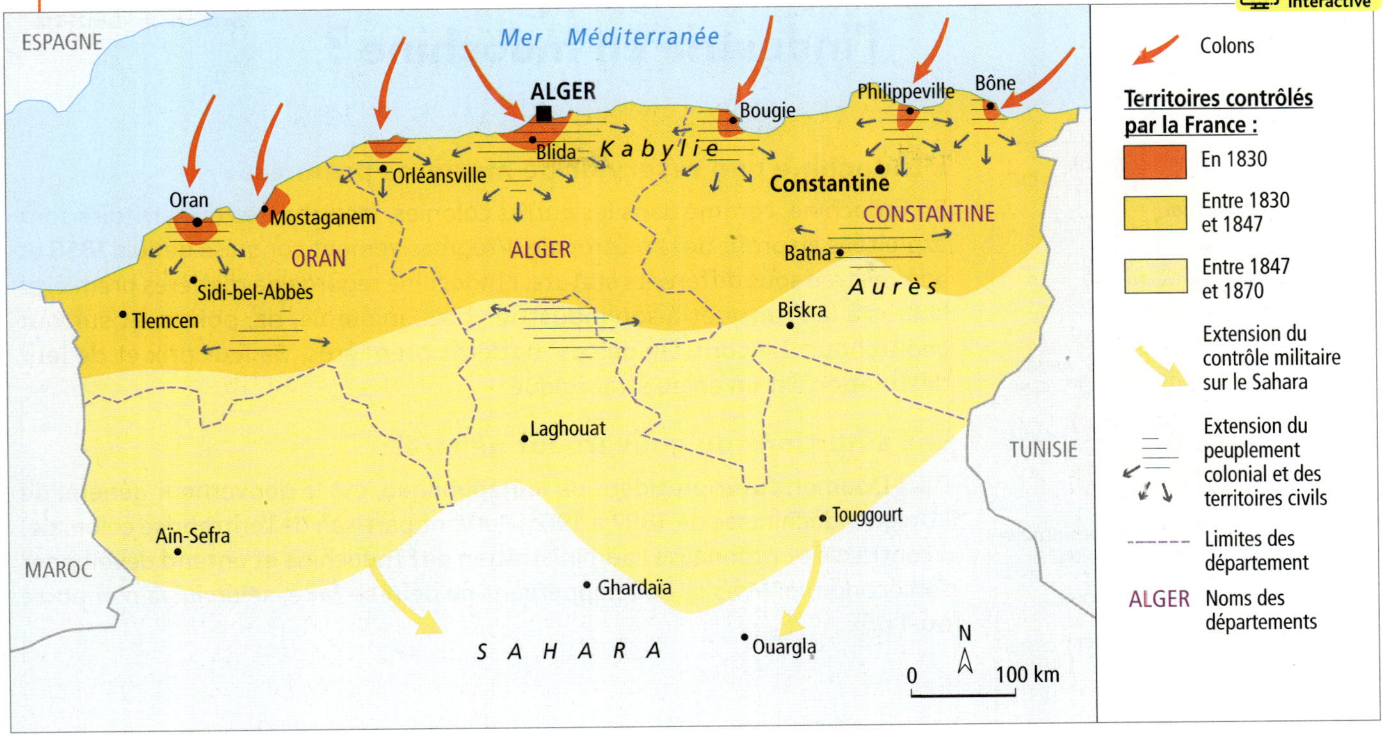

Repères

Les décrets Crémieux (1870)

Les décrets Crémieux sont des décrets organisant l'Algérie après la chute du Second Empire, signés par Adolphe Crémieux, ministre de la Justice en 1870 (gouvernement de la Défense nationale). Un décret fait des indigènes juifs d'Algérie des citoyens français. Les indigènes musulmans, eux, restent des sujets de l'empire ; ils peuvent demander la citoyenneté, mais doivent, dans ce cas, renoncer à la loi musulmane.

3 La population de l'Algérie en 1881

	Nombre d'habitants	Pourcentage
Musulmans	2 842 497	87,4 %
Français	195 418	6 %
Espagnols	112 047	3,5 %
Juifs naturalisés	35 663	1,1 %
Italiens	31 865	0,9 %
Autres nationalités	37 442	1,1 %
Total	3 254 932	100 %

Remarque : les catégories employées sont celles du dénombrement de 1881.

ACTIVITÉ

Identifier et contextualiser le document

1. **Présentez** l'auteur et la nature du document clé [**doc. 1**].
2. Quelle est la situation de l'Algérie au moment où l'auteur écrit ce texte ? Utilisez les **doc. 2** et **3** pour répondre à cette question.

Prélever des informations

3. **Identifiez** le reproche fait par Jules Ferry à la manière dont est administrée l'Algérie par la France. [**doc. 1**]

Utiliser ses connaissances pour analyser le document

4. **Expliquez** l'expression employée par Jules Ferry « le prolongement de la France. » [**doc. 1**]
5. **Expliquez** pourquoi, selon lui, l'Algérie mérite d'être administrée comme une colonie et non comme un département de métropole [**doc. 1, 2** et **3**].

MÉTHODO

Pour répondre à chaque question :

→ Prélevez une citation, un élément de réponse dans le document clé.
→ Contextualisez grâce à vos connaissances, au cours, aux autres documents.
→ Rédigez de manière synthétique et complète vos réponses.

② Faut-il développer l'industrie en Indochine ?

Toutes les ressources
lycee.nathan.fr/hist25-218

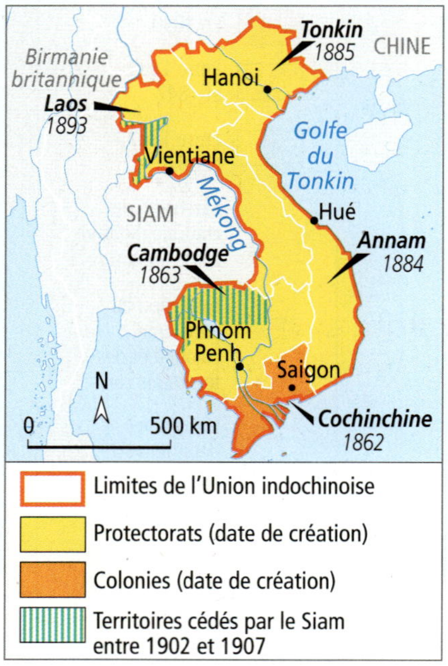

L'Indochine : un réservoir de matières premières

En Indochine, comme dans les autres colonies, les richesses du territoire sont exploitées au profit de la métropole. Progressivement conquise depuis 1858 et administrée sous différents statuts, l'Indochine regorge de matières premières chères à la France et à son industrie : bois, minerais, riz, poivre, et surtout caoutchouc. Le contrôle de ces matières premières, de leur prix et de leur destination est un enjeu stratégique.

Les ambitions du gouverneur général

Paul Doumer, futur président de la République, est le gouverneur général de l'Union indochinoise de 1897 à 1901. Fervent partisan de l'entreprise coloniale, il centralise et rationalise l'administration de l'Indochine et entend développer son économie. Mais ce développement ne peut se faire, selon lui, à n'importe quel prix.

1 La culture du riz au Tonkin, 1916

DOCUMENT clé

2 La question de la colonisation industrielle en Indochine

L'un des objets de la colonisation agricole doit être de fournir à la France les matières premières dont son industrie a besoin... Mais on peut se demander si ces matières ne pourraient pas être utilement manufacturées(1) sur place, avec les avantages que comporte une main-d'œuvre parfois habile et toujours à bon marché.

C'est la question de la colonisation industrielle, ou plus exactement, de l'importation des industries européennes dans la colonie, qui se pose de la sorte. Elle est grave et très controversée.

Si le profit de la colonie à l'établissement d'industries sur son sol n'est pas douteux, encore faut-il mettre, en regard de son intérêt, celui des producteurs métropolitains. Ceux-ci demandent qu'on ne leur crée pas, dans des pays acquis par la France, souvent à grands frais, des concurrences insoutenables et désastreuses.

Il est de fait que tel n'est pas le rôle des colonies et l'objet qu'on a eu en vue dans leur acquisition. Aussi, si l'installation d'industries doit y être encouragée, c'est dans la limite où elles ne peuvent nuire aux industries métropolitaines. Celles-ci doivent être complétées et non ruinées par celles-là. En d'autres termes, l'industrie coloniale est à créer pour faire ce que l'industrie française ne peut pas faire, pour envoyer ses produits là où les produits métropolitains ne peuvent pas aller.

Paul Doumer, *Situation de l'Indochine (1897-1901)*, Hanoi, F. Schneider, 1902.

(1) Transformées.

Différenciation

ACTIVITÉ

À partir de citations prélevées dans le document clé, et grâce à vos connaissances, complétez le tableau de synthèse suivant.

	Citation du doc.	Explication de la citation
Arguments en faveur du développement de l'industrie	...	...
	...	...
Arguments contre le développement de l'industrie	...	...
	...	...

Tableau

③ Comment la crise de Fachoda attise-t-elle le nationalisme ? PPO

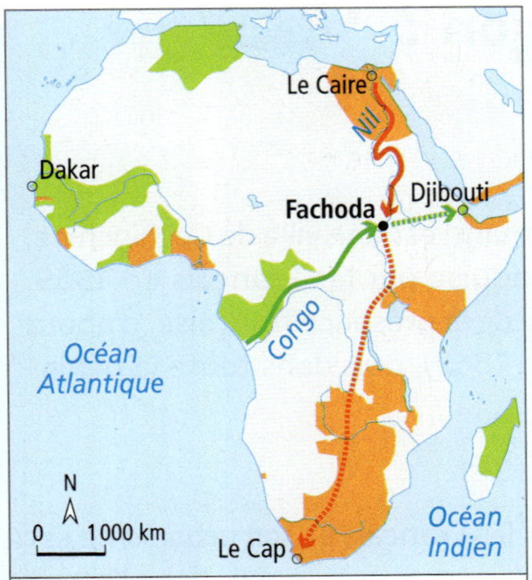

Le Soudan, point de rencontre des impérialismes

À Fachoda, dans le sud du Soudan, en 1898, Français et Britanniques se retrouvent face à face. Le commandant Marchand est parti en 1896 du Congo pour relier les possessions françaises d'Afrique occidentale à Djibouti. Le général Kitchener dirige les troupes anglo-égyptiennes qui luttent alors contre une révolte islamiste.

Une crise réglée par la diplomatie

Ce face-à-face provoque une tension diplomatique entre Paris et Londres, qui revendiquent la souveraineté sur ce territoire. En France, la presse nationaliste pousse à l'affrontement et reproche au gouvernement d'avoir négocié une issue à cette crise. Le ministre français des Affaires étrangères, Delcassé, a en effet ordonné à Marchand de se retirer et conclu un accord diplomatique avec le Royaume-Uni.

1 La crise de Fachoda vue par un journal nationaliste

La Libre Parole *est le principal journal de l'extrême droite nationaliste.*

Au mois de juillet, Marchand et ses compagnons arrivaient à Fachoda, s'y établissaient solidement et attendaient les renforts qu'on leur avait tant de fois promis et qu'on ne leur envoya jamais. [...] Le sirdar(1) Kitchener, pourvu de tout ce que le confort anglais peut procurer, jetant l'or sans compter, aura parcouru 2 000 kilomètres de moins que Marchand et ses compagnons, sans appui, sans chemins de fer, sans ravitaillement, presque sans ressources. Dès que le général Kitchener apprit la présence de Marchand, il partit pour Fachoda avec 2 000 hommes. Aussitôt la presse anglaise et les hommes d'État anglais commençaient contre la France une campagne d'outrages et de menaces.

Au lieu de tenir tête, le ministère français de trahison céda tout ce que demandait l'Angleterre. Le capitaine Baratier(2), envoyé à Paris par Marchand, fut reçu avec enthousiasme. Mais on le renvoya immédiatement au Caire, où Marchand lui-même était arrivé. Delcassé a consenti à l'évacuation de Fachoda et de tous les postes créés par Marchand dans la région du Haut-Nil et nous a ainsi couverts de honte. Mais l'expédition Marchand ne sera pas inutile. Elle fait voir, en même temps que l'ignominie des gouvernementaux, l'héroïsme de nos braves soldats.

Almanach de La Libre Parole, 1899.

(1) Commandant en chef de l'armée d'Égypte. (2) Membre de la mission Marchand.

2 Le commandant Marchand, héros national

Le commandant Marchand à travers l'Afrique, illustration de Jean Paul Louis Pinayre, 1900.

ACTIVITÉ

À partir des informations prélevées dans les documents, construisez une carte mentale pour montrer que la crise de Fachoda est une crise diplomatique majeure et qu'elle attise le nationalisme.

Aide à la réalisation de la carte mentale

EXPLORER

RÉPONDRE À UNE QUESTION PROBLÉMATISÉE

4 Quelles sont les caractéristiques d'une ville coloniale comme Saigon ? PPO

Toutes les ressources
lycee.nathan.fr/hist25-220

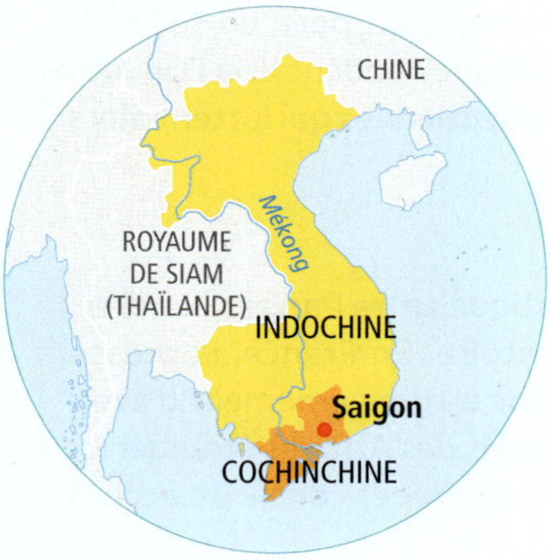

L'implantation française à Saigon

Saigon (aujourd'hui Hô Chi Minh-Ville, au Vietnam) est une ville de Cochinchine, située sur le delta du Mékong. Elle est conquise par les Français en 1859. Rapidement, la ville devient le point d'entrée de la présence française, d'abord en Cochinchine (colonie française à partir de 1862), puis dans toute la péninsule indochinoise.

Le réaménagement de la ville

Progressivement, la ville est réaménagée par les Français et son urbanisme est repensé. Le modèle de la ville européenne s'impose, synonyme, dans l'esprit des colonisateurs, de modernité et de prestige. Cette ville demeure néanmoins une ville multiculturelle et les inégalités du système colonial s'y manifestent par une ségrégation lisible dans l'espace urbain.

1 Plan de la ville de Saigon en 1878

Plan interactif

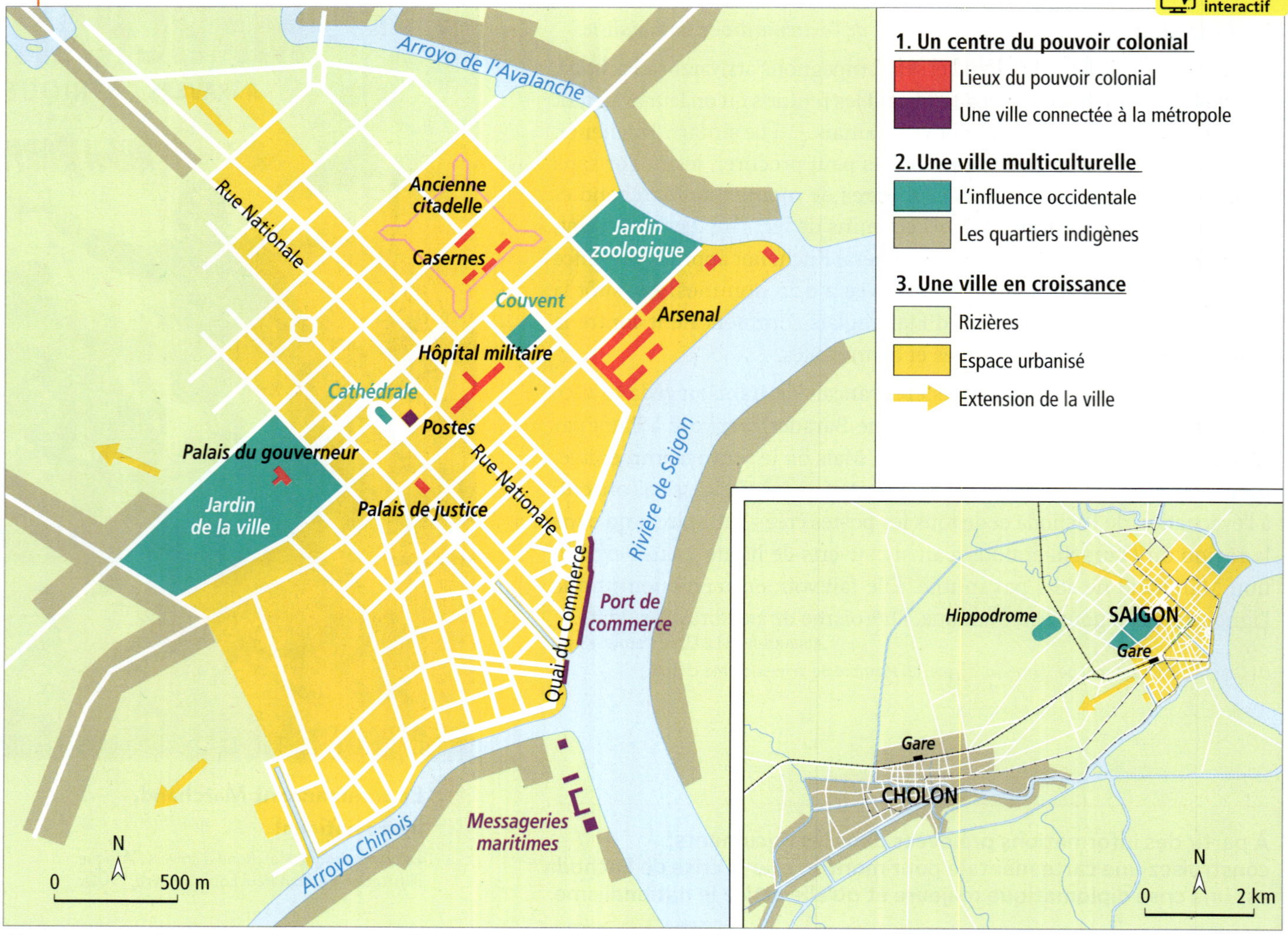

Un arroyo est un ruisseau temporaire qui se remplit d'eau en cas de pluie.

2 Cartes postales de Saigon, début du XXᵉ siècle

- **a** Le palais du gouverneur, inauguré en 1873.
- **b** Le théâtre municipal, construit en 1900.
- **c** Le faubourg chinois de Cholon.
- **d** La cathédrale et l'hôtel des postes. La cathédrale est inaugurée en 1880. L'hôtel des postes en 1891.
- **e** Le départ du train de Cholon pour Saigon.

ACTIVITÉ

À partir des informations prélevées dans les documents, répondez de manière structurée et argumentée, et grâce à l'exemple de Saigon, à la question suivante : « Quelles sont les caractéristiques d'une ville coloniale ? »

Vous pourrez montrer que cette ville est d'abord une capitale coloniale, mais qu'elle est aussi soumise à des influences diverses.

MÉTHODO

Pour répondre à une question problématisée :

→ Dans chaque partie, justifiez vos idées avec au moins deux exemples tirés des documents.

→ Pour vous aider à organiser vos idées au brouillon, vous pouvez faire une carte mentale.

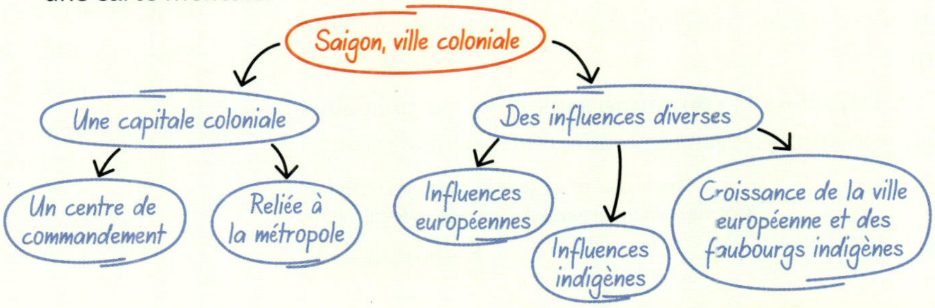

Carte mentale à compléter

5 Dans quel but le code de l'indigénat est-il généralisé ? PPO

Toutes les ressources
lycee.nathan.fr/hist25-222

Chronologie

Dates d'application du code de l'indigénat dans chaque colonie

- 1881 Algérie et Cochinchine
- 1887 Sénégal et Nouvelle-Calédonie
- 1897 Annam et Tonkin
- 1898 Cambodge
- 1901 Madagascar
- 1904 A.O.F.
- 1910 A.E.F.
- 1912 Côte française des Somalis (Djibouti)

Un régime juridique d'exception

Le code de l'indigénat est un ensemble de règles (infractions et sanctions) qui ne s'appliquent qu'aux indigènes dans les colonies. Il est élaboré en Algérie de 1875 à 1881, puis adopté progressivement dans les autres colonies françaises, en contradiction avec l'idéal d'assimilation.

Des sanctions spécifiques

Selon ce code, les sanctions peuvent être prononcées sans jugement par les administrateurs coloniaux, qui bénéficient donc de larges pouvoirs disciplinaires. Elles vont de la simple amende à l'emprisonnement ou l'assignation à résidence. Ces peines peuvent aussi être collectives. À partir du XXe siècle, elles sont de plus en plus souvent converties en journées de travail.

1 Extraits du code de l'indigénat algérien

Sont considérés comme infractions spéciales à l'indigénat et, comme telles, passibles de peines édictées par les articles 465 et 466 du code pénal, les faits et actes ci-après déterminés, savoir : [...]

5. Négligence à se présenter devant l'administrateur ou le maire de la commune après convocation remise par un agent de l'autorité administrative.

6. Acte irrespectueux ou propos offensants vis-à-vis d'un représentant ou agent de l'autorité, même en dehors de ses fonctions, et alors même que cet acte ou ce propos ne réunirait pas les caractères voulus pour constituer un délit ou la contravention d'une injure.

7. Propos tenus en public dans le but d'affaiblir le respect dû à l'autorité. [...]

13. Négligence habituelle dans le payement des impôts et dans l'exécution des prestations en nature, manque d'obtempérer aux convocations des receveurs lorsqu'ils se rendent sur les marchés pour percevoir les contributions. [...]

17. Départ de la commune sans avoir, au préalable, acquitté les impôts et sans être muni d'un permis de voyage.

Arrêté général sur les infractions de l'indigénat, Gouvernement général de l'Algérie, 9 février 1875.

Différenciation

2 Pour le code de l'indigénat en Cochinchine

Charles Le Myre de Vilers est le gouverneur général de la Cochinchine de 1881 à 1883.

Dans un pays où il n'existe pas de citoyens dans la population indigène, mais seulement des sujets, où la langue et les mœurs sont absolument différentes des nôtres, il est essentiel que le représentant du gouvernement soit toujours investi d'un pouvoir propre et personnel qui assure l'efficacité de ses ordres et l'action visible de notre souveraineté. Si pour la moindre infraction aux règlements de police, il est obligé d'avoir recours à un magistrat qui rend la justice à son heure, il ne tarde pas à perdre tout prestige et toute autorité sur le peuple conquis.

En Cochinchine, les pouvoirs disciplinaires appartiennent aux maires et chefs de cantons ainsi qu'aux administrateurs des affaires indigènes, qui sont également des fonctionnaires civils et exercent à peu près les attributions des administrateurs des communes mixtes en Algérie. Si donc, le maintien de ces pouvoirs est jugé nécessaire et légal pour notre possession africaine, il doit être conservé pour les établissements d'Extrême-Orient.

Charles Le Myre de Vilers, *Rapport au président de la République*, 25 mai 1881.

3 La bastonnade

Les châtiments corporels sont largement pratiqués et tolérés par les autorités coloniales, alors qu'ils ne sont pas autorisés par le code de l'indigénat.

Carte postale du début du XXe siècle.

4 Une critique du code de l'indigénat

Dans l'application journalière du code de l'indigénat, et en particulier de l'article sur l'emprisonnement pour retard d'impôt, l'administrateur algérien se montre, neuf fois sur dix, d'une révoltante férocité. [...] Prélever la dîme sur la maigre moisson d'un peuple de misérables, auquel on a volé et auquel on vole chaque jour encore ses meilleures terres, est une de ces monstruosités qu'on reproche couramment au Moyen Âge, dans les écoles de la IIIe République. J'ajoute que nous, les vainqueurs et les maîtres de la Tunisie, sommes à l'égard de nos vaincus, cent fois plus cruels que ne le furent, aux époques les plus reculées décrites par Michelet(1), les bandits seigneuriaux à l'égard de leurs manants et de leurs serfs.

Paul Vigné d'Octon, *La Sueur du burnous. Les crimes coloniaux de la IIIe République*, 1911.

(1) Jules Michelet (1798-1874) est un célèbre historien républicain.

5 Le travail forcé

Construction du chemin de fer à Madagascar.

Photographie anonyme, 1903.

ACTIVITÉ

Vous êtes un député français, récemment élu à la Chambre, au début du XXe siècle. Préparez un discours pour dénoncer les abus du code de l'indigénat et demander son abrogation. Utilisez les informations prélevées dans les documents et donnez des exemples précis.

Parcours guidé

MÉTHODO

Préparer l'oral

Un discours est un exercice d'argumentation dans lequel il faut à la fois convaincre et persuader.

- L'adresse est importante : réfléchissez à qui vous vous adressez.
- Essayez de mettre en récit votre propos, pour capter l'attention de votre auditoire.
- Avancez des idées fortes et illustrez-les par des exemples précis et contextualisés.
- Enfin, gardez en tête qu'un discours est prononcé à l'oral : il faut rythmer votre propos et faire attention à la ponctuation.

EXPLORER ★★

COMPRENDRE UNE SITUATION HISTORIQUE

⑥ Pourquoi les Kanaks se révoltent-ils en 1878 ?

Toutes les ressources

lycee.nathan.fr/**hist25-224**

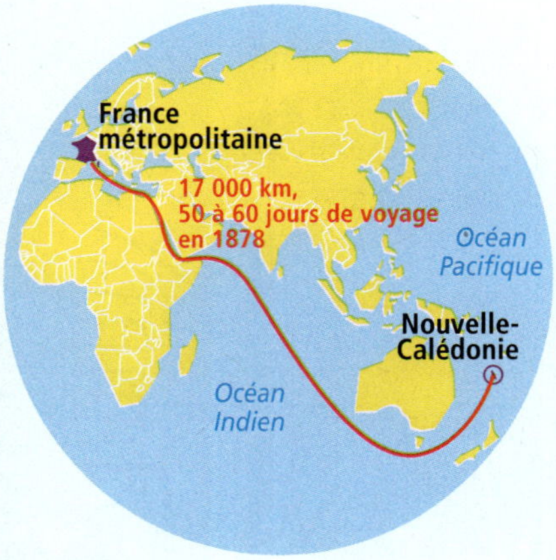

Avant l'ouverture du canal de Suez (1869) la traversée de Bordeaux à Nouméa *via* le cap de Bonne-Espérance dure entre 120 et 130 jours. Après le percement du canal, et grâce aussi aux progrès dans les transports (navires à vapeur), le temps de voyage est réduit à une cinquantaine de jours.

La Nouvelle-Calédonie

Colonie française depuis 1853, la Nouvelle-Calédonie est l'un des territoires les plus éloignés de la métropole, ce qui rend son contrôle difficile. C'est une colonie de peuplement, mais aussi une colonie pénitentiaire : la France y déporte des criminels ou des opposants politiques, comme les Communards après 1871. La colonisation y est marquée par de nombreuses spoliations des populations autochtones : les Kanaks.

La révolte des Kanaks

En 1878, alors que la colonisation s'accélère, une insurrection éclate. Sous la conduite du chef Ataï, plusieurs chefs kanaks se révoltent et massacrent des Européens. Les autorités françaises organisent une répression d'une très grande violence. Plus de 1 000 Kanaks et 200 Européens sont tués ; 1 000 à 1 500 Kanaks sont aussi déportés dans des îles voisines.

ACTIVITÉ

Identifier et contextualiser le document

1. **Présentez** le **doc. 1**, son auteur et sa date.

Prélever des informations pertinentes

2. **Décrivez** la manière dont les colons s'approprient les terres des Kanaks.
3. **Montrez** que les terres accordées aux colons sont de plus en plus nombreuses et **expliquez** pourquoi.
4. **Montrez** que la colonisation bouleverse les équilibres écologiques de l'île.
5. **Listez** les injustices dont sont victimes les Kanaks.

Expliquer une situation historique

6. **Expliquez** pourquoi des chefs kanaks se révoltent en 1878.

1 Les causes de la révolte selon un militaire français

Pendant les premières années, les colons sont assez peu nombreux, on leur accorde des permis d'occupation sans contrôle. Quelques colons traitaient avec le chef indigène pour un prix dérisoire, sans consulter les anciens de la tribu ; aussi pour affirmer leur droit de possession, furent-ils obligés d'employer la violence. Ce système continue jusqu'en 1876 ; les colons ont augmenté, on ne leur accorde plus que des terrains délimités. Ils ne songent qu'en des empiétements successifs, ne respectent bientôt plus que la propriété des blancs, et ne comptent pour rien celle des Canaques, dont ils provoquent la haine. Mais les colons ne sont pas seuls, il y a des déportés, des libérés, des transportés[1] qui forcent de multiplier les concessions. La terre est donnée de tous les côtés, jusque dans les vallées profondes si chères aux Canaques. Où veut-on que les naturels[2] se réfugient ? D'après ce qui était arrivé autrefois, on devait s'attendre à une révolte. [...]

Si le Canaque déteste le blanc, il déteste encore plus le bétail. En effet, le bœuf est un véritable fléau pour eux ; un champ d'ignames[3] traversé par un troupeau est presque entièrement perdu, or une igname représente souvent la nourriture de plusieurs jours pour un Canaque. [...]

Enfin, on décida de remplacer les condamnés employés aux routes et aux autres travaux par des indigènes qui construisirent ainsi plusieurs routes. Pendant ce temps des forçats furent installés sur des terres prises aux natifs.

Extraits du *Rapport sur les causes de l'insurrection canaque de 1878*, par le général de brigade A. de Trentinian, 4 février 1879. Cité dans R. Rousset-Leenhardt, *Colonialisme et contradiction*, Paris, 1978.

(1) Les « déportés » sont des opposants politiques, les « transportés » des criminels de droit commun condamnés aux travaux forcés. Les « libérés » ont effectué leur peine mais n'ont souvent pas les moyens de rentrer en métropole.
(2) Les autochtones.
(3) Tubercule qui constitue la base de l'alimentation des Kanaks à l'époque.

7 Comment « pacifier » Madagascar ?

LE SENS des mots

PACIFIER

Les termes « pacifier » et « pacification » sont des euphémismes, caractéristiques de la langue de bois coloniale. Ils désignent en effet les opérations militaires qui visent à réprimer les résistances des populations opposées à la colonisation.

La difficile soumission de Madagascar

La colonisation de Madagascar commence dans les années 1880. Elle est lente et difficile, en raison des résistances qu'elle rencontre, mais aussi des maladies qui touchent les soldats. Elle est officiellement achevée en 1895, mais elle est suivie par une dizaine d'années de guerre larvée, et de révoltes.

Le rôle de Gallieni

Joseph Gallieni arrive à Madagascar dans ce contexte troublé, en 1896. Gouverneur général, il contribue à la soumission de l'île par ses mesures répressives, les violences qu'il impose et de nombreux massacres. Il double néanmoins l'action militaire d'une politique administrative, économique et éducative ambitieuse.

1 Les instructions de Gallieni

Le meilleur moyen pour arriver à la pacification dans notre nouvelle et immense colonie de Madagascar, avec les ressources restreintes dont nous disposons, est d'employer l'action combinée de la force et de la politique. Il faut nous rappeler que, dans les luttes coloniales que nous impose trop souvent, malheureusement, l'insoumission des populations, nous ne devons détruire qu'à la dernière extrémité, et, dans ce cas encore, ne ruiner que pour mieux bâtir. Toujours, nous devons ménager le pays et ses habitants, puisque celui-là est destiné à recevoir nos entreprises de colonisations futures, et que ceux-ci seront nos principaux agents et collaborateurs pour mener à bien ces entreprises. Chaque fois que les incidents de guerre obligent l'un de nos officiers coloniaux à agir contre un village ou un centre habité, il ne doit pas perdre de vue que son premier soin, la soumission des habitants obtenue, sera de reconstruire le village, d'y créer immédiatement un marché et d'y établir une école. Il doit donc éviter avec le plus grand soin toute destruction inutile. [...]

Au fur et à mesure que la pacification s'affirme, le pays se cultive, les marchés rouvrent, le commerce reprend. Le rôle du soldat passe au second plan, celui de l'administrateur commence. Il faut, d'une part, étudier et satisfaire les besoins sociaux des populations soumises ; favoriser, d'autre part, l'extension de la colonisation qui va mettre en valeur les richesses naturelles du sol, ouvrir des débouchés au commerce européen.

Instructions de Gallieni pour la soumission de Madagascar, *Journal officiel de Madagascar*, mai 1898.

2 L'expédition de Madagascar, 1895

Illustration de F. Méaulle, extraite du *Petit Journal*, 27 octobre 1895.

ACTIVITÉ

Après avoir présenté les documents, analysez la manière dont la France s'empare des territoires et soumet les populations qu'elle entend coloniser.

Vous pourrez montrer les deux aspects de la « pacification » : militaire et administrative.

Podcast

1896 : Une exécution à Madagascar
France inter
3 48''

8 La « mission civilisatrice » de la République fait-elle débat ?

Toutes les ressources
lycee.nathan.fr/hist25-226

Jules Ferry (1832-1893)

>> Biographie p. 303

Georges Clemenceau (1841-1929)

>> Biographie p. 302

La « mission civilisatrice »

Les Européens justifient la colonisation par une « mission civilisatrice » qui leur incomberait. Ce « fardeau de l'homme blanc », selon les mots de l'écrivain britannique Rudyard Kipling, les engagerait à apporter les « lumières » du progrès à des territoires et des peuples restés soit en dehors de toute civilisation, soit considérés comme en retard dans leur processus de développement. Ce complexe de supériorité donne lieu à de nombreux débats en Europe sur le rôle que doivent jouer les puissances coloniales vis-à-vis des colonisés.

Le débat entre Jules Ferry et Georges Clemenceau

Deux figures majeures de la IIIe République prennent part à ces débats en 1885, alors que la conférence de Berlin accélère la colonisation de l'Afrique. Jules Ferry, républicain modéré, à la tête du gouvernement de 1883 à 1885, est un fervent partisan de la colonisation. Georges Clemenceau, député radical d'opposition, est un adversaire du colonialisme.

DOCUMENT clé

1 Le « devoir de civiliser les races inférieures »

Messieurs, il y a un second point que je dois également aborder : c'est le côté humanitaire et civilisateur de la question. Je répète qu'il y a pour les races supérieures un droit, parce qu'il y a un devoir pour elles. Elles ont le devoir de civiliser les races inférieures. [...] Est-ce que quelqu'un peut nier qu'il y a plus de justice, plus d'ordre matériel et moral, plus d'équité, plus de vertus sociales dans l'Afrique du Nord depuis que la France a fait sa conquête ? Quand nous sommes allés à Alger pour détruire la piraterie, et assurer la liberté du commerce dans la Méditerranée, est-ce que nous faisions œuvre de forbans, de conquérants, de dévastateurs ? [...] Est-ce que notre premier devoir, la première règle que la France s'est imposée [...] et que la conférence de Berlin vient de traduire [...] en obligation sanctionnée par tous les gouvernements, n'est pas de combattre la traite des nègres, cet horrible trafic, et l'esclavage, cette infamie ?

Jules Ferry, Discours à la Chambre des députés, le 28 juillet 1885.

Différenciation

Le Petit Journal

ADMINISTRATION 61, RUE LAFAYETTE, 61 — 5 CENT. — SUPPLÉMENT ILLUSTRÉ — 5 CENT. — ABONNEMENTS

22me Année — Numéro 1.096

DIMANCHE 19 NOVEMBRE 1911

LA FRANCE VA POUVOIR PORTER LIBREMENT AU MAROC LA CIVILISATION LA RICHESSE ET LA PAIX

2 Le protectorat français sur le Maroc

Une du *Petit Journal*, 19 novembre 1911.

DOCUMENT *clé*

3 Les crimes commis au nom de la civilisation

Les races supérieures ont sur les races inférieures un droit qu'elles exercent, ce droit, par une transformation particulière, est en même temps un devoir de civilisation. Voilà en propres termes la thèse de M. Ferry, et l'on voit le gouvernement français exerçant son droit sur les races inférieures en allant guerroyer contre elles et les convertissant de force aux bienfaits de la civilisation. Races supérieures ? races inférieures, c'est bientôt dit ! Pour ma part, j'en rabats singulièrement depuis que j'ai vu des savants allemands démontrer scientifiquement que la France devait être vaincue dans la guerre franco-allemande parce que le Français est d'une race inférieure à l'Allemand. Depuis ce temps, je l'avoue, j'y regarde à deux fois avant de me retourner vers un homme et vers une civilisation, et de prononcer : homme ou civilisation inférieurs. [...] Regardez l'histoire de la conquête de ces peuples que vous dites barbares et vous y verrez la violence, tous les crimes déchaînés, l'oppression, le sang coulant à flots, le faible opprimé, tyrannisé par le vainqueur. Combien de crimes atroces, effroyables, ont été commis au nom de la justice et de la civilisation ? Je ne dis rien des vices que l'Européen apporte avec lui : de l'alcool, de l'opium qu'il répand, qu'il impose s'il lui plaît. Et c'est un pareil système que vous essayez de justifier en France dans la patrie des droits de l'homme !

Georges Clemenceau, Discours à la Chambre des députés, le 30 juillet 1885.

Différenciation

Animation

4 Une vision des crimes de l'armée coloniale

« Deux d'un coup ! ... C'est superbe ! Tu auras la croix ! »

Dessin satirique de Gustave-Henri Jossot dans le journal anarchiste *L'Assiette au beurre*, n° 144, janvier 1902.

La « croix » mentionnée sur le document est la croix de guerre, une médaille donnée à un militaire pour le récompenser.

Podcast

Le débat Ferry-Clemenceau de 1885, restitué par les comédiens de la Comédie française
La Marche de l'histoire, France Inter

ACTIVITÉ

Après avoir présenté les documents clés [doc. 1 et 3], vous analyserez l'opposition entre Jules Ferry et Georges Clemenceau concernant la mission civilisatrice de la République vis-à-vis des colonisés.

Vous pourrez tout d'abord souligner la manière dont sont évoqués les colonisés par les deux députés. Vous montrerez ensuite la manière dont ils décrivent le système colonial. Vous pourrez enfin aborder leur positionnement respectif vis-à-vis de la prétendue « mission civilisatrice » qui incomberait aux puissances colonisatrices.

Travail en équipes

MÉTHODO

Relevez dans les documents clés des citations permettant de compléter ce tableau, puis expliquez-les et illustrez-les grâce à vos connaissances et aux documents complémentaires.

	Jules Ferry	Georges Clemenceau
Champ lexical utilisé pour désigner les colonisés et statut accordé à ceux-ci	*Citation*	*Citation*
	Explication / Illustration	*Explication / Illustration*
Description du système colonial	*Citation*	*Citation*
	Explication / Illustration	*Explication / Illustration*
Positionnement dans le débat sur la « mission civilisatrice »	*Citation*	*Citation*
	Explication / Illustration	*Explication / Illustration*

EXPLORER

CONTEXTUALISER DANS UN ARTICLE DE PRESSE

9 Qu'est-ce qu'une exposition coloniale ?

Toutes les ressources

lycee.nathan.fr/hist25-228

LE SENS des mots

EXOTISME

Ce mot désigne le goût pour ce qui est lointain, étranger, différent de sa propre culture. Dans le contexte colonial, c'est le regard que portent les Européens sur les peuples qu'ils dominent, avec tout ce que cela peut impliquer : fascination et curiosité, mais aussi condescendance et stéréotypes.

L'exposition coloniale de Marseille

Après les expositions universelles de 1889 et de 1900 et les expositions internationales et coloniales de Rouen et de Rochefort en 1896 et 1898, la ville de Marseille accueille, en 1906, une grande exposition coloniale. C'est la première exposition de ce type en France : il ne s'agit plus d'une exposition universelle dans laquelle les colonies seraient mises en valeur aux côtés de la métropole, ni d'une exposition internationale, mais bel et bien d'une exposition entièrement consacrée aux colonies.

Le développement d'une culture coloniale en métropole

Cette exposition, avec 1 800 000 visiteurs, est un véritable succès populaire. Une cinquantaine de pavillons se veulent les vitrines des colonies françaises. Dans une ambiance teintée d'**exotisme**, « l'œuvre coloniale » de la France est mise en scène. La culture coloniale se diffuse ainsi en métropole.

1 **Affiche de l'exposition coloniale de Marseille, 1906**

2 **L'exotisme colonial**

À peine entré dans l'enceinte de l'Exposition, c'est un véritable enchantement pour les yeux du visiteur. Il se croit transporté dans des régions lointaines au milieu de la végétation luxuriante des régions tropicales : fleurs aux couleurs éclatantes, cactus, palmiers, arbustes aux formes étranges ou délicates, tous les pays, tous les climats s'y trouvent réunis dans un élégant et harmonieux arrangement. Deux immenses serres complétées par une troisième plus réduite, sont placées au milieu de ces vastes jardins, des deux côtés de la grande allée centrale. [...]

Tout auprès, le Palais de l'Algérie qui fait face au ministère des Colonies et dont les coupoles blanches, les vérandas aux arcs lobés, le minaret aux panneaux émaillés donnent une réelle évocation de notre belle colonie. Celle-ci offre encore à l'admiration du public un merveilleux Pavillon des Forêts en bois d'essences diverses et une cour arabe avec Souks, Café Maure et Goums de spahis[1], le tout d'une allure richement exotique.

Guide officiel de l'exposition coloniale de Marseille, avril-novembre 1906.

(1) Un goum est un contingent recruté en Afrique du Nord. Les spahis sont des unités de cavalerie qui servaient à l'origine le dey d'Alger mais qui ont été intégrés à l'armée d'Afrique par les Français.

3 Cartes postales de l'exposition coloniale, 1906

- **a** Village soudanais
- **b** Visiteurs sur des pousse-pousse
- **c** Palais de l'Algérie
- **d** Orchestre annamite
- **e** Bazar arabe, palais de la Tunisie
- **f** Pavillon du Laos

ACTIVITÉ

Vous êtes journaliste pour un quotidien français. Vous êtes envoyé(e) à Marseille en 1906 pour couvrir la tenue de la première exposition coloniale. Dans votre article, vous décrivez votre parcours dans cette exposition. À travers cette description, vous analysez de manière critique les manières dont sont représentés les colonisés. Vous veillerez à respecter les codes de l'écriture journalistique.

MÉTHODO

Vous pouvez vous aider des éléments suivants pour écrire votre article dans un style journalistique.

- Un article de journal doit comporter : un titre, la date de parution, le nom de son auteur. Il peut être illustré.
- Il est rédigé dans un registre soutenu.
- Il relate des faits et s'appuie sur des sources vérifiables.
- Il peut interroger ces faits de manière critique sans pour autant donner un avis tranché.

Toutes les ressources
lycee.nathan.fr/hist25-230

1 ANALYSER UN DOCUMENT

Sujet 1 : Diffuser la langue française dans les colonies

1. Identifiez les deux moyens évoqués par Jaurès pour développer l'influence de la France dans ses colonies.
2. Expliquez les termes « conquête morale » et « assimilation ».
3. Montrez l'importance, selon Jaurès, de l'apprentissage du français dans la politique d'assimilation.
4. Relevez une phrase qui révèle « la mission civilisatrice » à laquelle l'auteur semble attaché et expliquez cette phrase grâce à vos connaissances.
5. Nuancez de manière critique et grâce à vos connaissances la position que défend Jean Jaurès dans ce texte.

Info

L'Alliance française est une association fondée en 1883 pour diffuser la langue et la culture françaises dans le monde, et notamment dans les colonies.

*Quand il prononce ce discours devant la section de l'**Alliance française** d'Albi (Tarn), Jean Jaurès (1859-1914) est un jeune professeur de philosophie et un républicain modéré, proche de Jules Ferry.*

Pour la France surtout, la langue est l'instrument nécessaire de la colonisation : l'émigration n'est pas abondante chez nous, comme en Angleterre et en Allemagne ; et on aura beau la favoriser, elle ne sera jamais suffisante pour distribuer sur les vastes territoires de l'Algérie, de la Tunisie, de l'Annam et du Tonkin des Français qui, par leur seule présence, propagent notre influence et nos idées. Il faut que des écoles françaises multipliées, où nous appellerons l'indigène, viennent au secours des colons français, dans leur œuvre difficile de conquête morale et d'assimilation. [...] Il n'y a en ce moment en Algérie qu'une multitude vaincue et cent mille conquérants : il n'y aura là un vrai peuple et une autre France que par une large diffusion de la langue française. [...] Comment nos écoles ne seraient-elles pas aimées de ces peuples ! C'est là surtout que la civilisation se montre à eux sous des formes douces : ils apprennent la langue de leurs vainqueurs et se sentent plus près de lui par l'intelligence ; ils acquièrent avec un métier un instrument de richesse ; enfin, un horizon nouveau se découvre à eux et ils s'éprennent des histoires à la fois vraies et merveilleuses de cette France qui est si loin. [...] Voilà pourquoi, quand nous prenons possession d'un pays, nous devons y amener avec nous la gloire de la France, et soyez sûrs qu'on lui fera bon accueil, car elle est pure autant que grande, toute pénétrée de justice et de bonté. Nous pouvons dire à ces peuples sans les tromper que jamais nous n'avons fait de mal à leurs frères volontairement ; que les premiers nous avons étendu aux hommes de couleur la liberté des Blancs et aboli l'esclavage. [...]

Jean Jaurès, Discours pour l'Alliance française, Albi, 1884.

Sujet 2 : Les socialistes contre l'expansion coloniale

CONSIGNE Après avoir présenté le document en tenant compte de son contexte, analysez les raisons qui poussent les socialistes à prendre position contre le colonialisme et la manière dont ils entendent le combattre.

Le Congrès socialiste international tenu à Paris en 1900,

Considérant, que le développement du capitalisme mène fatalement à l'expansion coloniale, cette cause de conflits entre les gouvernements ; que l'impérialisme qui en est la conséquence excite le chauvinisme dans tous les pays et force à des dépenses toujours grandissantes au profit du militarisme ;

Considérant, que la politique coloniale de la bourgeoisie n'a d'autre but que d'élargir les profits de la classe capitaliste et le maintien du système capitaliste tout en épuisant le sang et l'argent du prolétariat producteur, et en commettant des crimes et des cruautés sans nombre envers les races indigènes des colonies conquises par la force des armes,

Le Congrès déclare : que le prolétariat organisé doit user de tous les moyens en son pouvoir pour combattre l'expansion coloniale capitaliste et faire condamner la politique coloniale de la bourgeoisie et flétrir en toute circonstance et de toute sa force les injustices et les cruautés qui nécessairement en découlent dans toutes les parties du monde, livrées aux convoitises d'un capitalisme sans honte et sans remords ;

Dans ce but, le Congrès préconise particulièrement les mesures suivantes :
1° Que les divers partis socialistes mettent à l'étude la question coloniale partout où les conditions économiques le permettront.
2° Encourager d'une façon spéciale la formation de partis socialistes coloniaux adhérents aux organisations métropolitaines.
3° Créer des rapports entre les partis socialistes des différentes colonies.

Résolution du Congrès international socialiste de Paris en 1900. Cité dans *Les congrès socialistes internationaux : ordres du jour et résolutions, [1889-1900]*, 1902.

2 RÉPONDRE À UNE QUESTION PROBLÉMATISÉE

Sujet 1 : Comment la République justifie-t-elle son projet colonisateur ?

CONSIGNE Grâce à vos connaissances, vous répondrez de manière argumentée à cette question. Vous pourrez suivre le plan suivant :
- Des justifications économiques et sociales
- Des justifications géopolitiques et stratégiques
- La « mission civilisatrice »

MÉTHODO

- En introduction n'oubliez pas de définir les termes essentiels (République/projet colonisateur), de recopier clairement la question posée et d'annoncer votre plan.
- Dans chaque partie, avancez votre idée principale, puis justifiez-la, illustrez-la grâce à un ou deux exemples.
- Pensez à contextualiser et à nuancer vos propos.
- En conclusion, faites le bilan de votre travail et répondez à la question posée.

Sujet 2 : En quoi la politique coloniale de la France entre-t-elle en contradiction avec les principes républicains ?

Toutes les ressources

lycee.nathan.fr/**hist25-232**

LE CASQUE COLONIAL

COUVRE-CHEF DE LA DOMINATION

DOC 1.

Un « colon », statuette d'Afrique de l'Ouest

Statuette baoulée en bois, première moitié du XXe siècle, musée du Quai Branly.

Un objectif : lutter contre la chaleur

Porté par les soldats britanniques en Inde à partir de 1857, le casque colonial s'impose progressivement dans les colonies européennes. Les médecins vantent son efficacité contre les maladies alors attribuées à la chaleur, comme la fièvre ou la folie. Des chapeaux légers, parfois à hélices, sont inventés pour lutter contre le soleil. Le modèle le plus courant comporte une structure formée d'une vingtaine de pièces de liège, couvertes de coton blanc, parfois enduit pour résister à la pluie.

Le chapeau des colons

À partir des années 1880, dans les colonies, ce casque couvre la tête de tous les colons, des civils aux militaires, des fonctionnaires aux enfants. En métropole, des « magasins coloniaux » permettent aux futurs colons de s'équiper avant leur départ. Les *colons*, ces statuettes sculptées d'Afrique de l'Ouest et centrale, représentent des Européens portant le casque colonial.

Un signe de domination

Le casque colonial marque visuellement la domination sur les populations colonisées. Il accompagne une tenue blanche et tient mal sur la tête : l'ensemble est manifestement inadapté au travail manuel. Les discours anticolonialistes soulignent sa fonction de différenciation entre les « races », jusqu'au choix de sa couleur. Son succès, des années 1870 à l'entre-deux-guerres, correspond à l'apogée de la domination coloniale européenne.

Repères

Les colons dans l'art africain

En Afrique de l'Ouest, lors de la période coloniale, les artistes africains réalisent des sculptures en bois représentant les colons. Soldats, médecins, missionnaires ou fonctionnaires sont représentés avec leurs attributs caractéristiques : casque colonial, uniforme, parapluie ou cravate révèlent avec ironie les rôles sociaux des colons.

Nombre de ces objets ont été pillés pour alimenter les collections ethnographiques des musées européens ou des particuliers. Ainsi, 88 000 objets de ce patrimoine se trouvent dans les collections publiques françaises, contre quelques milliers dans les collections africaines. La restitution de certains d'entre eux fait l'objet de nombreux débats.

INTERVIEW d'historien

lycee.nathan.fr/**hist25-232-02**

Manuel Charpy, chargé de recherche au CNRS, spécialiste de l'histoire de la culture matérielle et visuelle des XIXe et XXe siècles en Europe et en Afrique de l'Ouest et centrale. Il s'intéresse notamment à l'histoire du vêtement et de la mode.

DOC 2.

Un colon tient son casque lors du passage d'une rivière à Madagascar.

Carte postale de 1902, Bibliothèque nationale de France.

DOC 4.

Vente de casques coloniaux lors de l'Exposition coloniale, Paris, 1931

La mode du casque colonial se prolonge dans l'entre-deux-guerres.

DOC 3. **Conseils vestimentaires pour voyager en Éthiopie en 1935**

À Djibouti, en raison de la chaleur, on ne porte que des vêtements de toile très légers. Le casque est de rigueur du lever au coucher du soleil. À Diré-Daoua, qui se trouve à 1 200 mètres d'altitude, on porte également des vêtements de toile et le casque. Un costume de drap néanmoins est utile pour les matinées et soirées d'hiver. En raison des orages fréquents, il est indispensable de se munir d'un bon imperméable. À Addis-Abeba, la tenue ordinaire est le vêtement de drap. Pendant la saison des pluies, un bon imperméable et de fortes chaussures sont indispensables. Pendant la saison sèche, des sous-vêtements de laine sont souvent utiles le matin et le soir. Comme coiffures, le casque et le chapeau de feutre à double coiffe se portent indifféremment.

« L'Éthiopie », *Le Courrier colonial illustré*, 18 juillet 1935.

L'atelier d'histoire

Effectuez une recherche sur la bande dessinée d'Hergé, *Tintin au Congo*, publiée en 1931 et largement critiquée depuis les années 1960 pour l'imaginaire colonial qu'elle véhicule. À partir d'une case de cette bande dessinée, expliquez en quoi la tenue de Tintin participe à la promotion de la colonisation.

THÈME 4

La Première Guerre mondiale : le « suicide de l'Europe » et la fin des empires européens

VU AU COLLÈGE

en 3e — En 1914, l'Europe connaît une guerre industrielle qui prolonge le siècle du « progrès », tout en transformant les systèmes politiques, les sociétés et les individus, rendant la quête de la paix particulièrement difficile.

Cours de 3e en PDF

Exercices interactifs

RÉACTIVER 1 LES REPÈRES HISTORIQUES

1815
Congrès de Vienne

1848
Printemps des Peuples

1870
Achèvement de l'unité italienne

1871
Achèvement de l'unité allemande

> **Écrivez une phrase pour expliquer ce que vous savez sur chacun de ces événements.**

RÉACTIVER 2 LES REPÈRES GÉOGRAPHIQUES

> **À l'aide de la carte, répondez aux questions suivantes.**

1. Quels États naissent en 1870 et en 1871 ?
2. Citez les quatre empires européens en 1914.
3. En 1914, les minorités nationales ont-elles toutes constitué leur propre État ?
4. Citez deux États comprenant des minorités nationales.

L'Europe en 1914 — 1870 Date d'indépendance — *Basques* Nationalité

RÉACTIVER 3 LE VOCABULAIRE ET LES NOTIONS

Lisez une définition à un camarade qui doit retrouver le mot correspondant.

a Droit des peuples à disposer d'eux-mêmes
b Nation
c Sentiment national
d Romantisme
e Nationalisme
f Industrialisation
g Mondialisation

1. Exaltation du sentiment national. Il peut aussi bien inspirer une politique de conquête que la lutte armée de peuples qui veulent obtenir leur indépendance.

2. Processus d'accélération des échanges (personnes, marchandises, capitaux, informations) à l'échelle mondiale.

3. Principe selon lequel le peuple choisit l'État dans lequel il veut vivre.

4. Communauté humaine vivant sur le même territoire et affirmant sa volonté de vivre ensemble.

5. Mouvement littéraire et artistique de la première moitié du XIXe siècle, qui veut libérer l'individu, la spontanéité du peuple, la nature.

6. Passage d'une société agricole à une société industrielle, marqué par l'usage des machines, la production en série et le travail en usine.

7. Conscience d'appartenir à une nation, constituée d'individus partageant les mêmes caractéristiques (langue, religion, histoire, volonté de vivre ensemble...).

RÉACTIVER 4 LES PRINCIPAUX ACTEURS HISTORIQUES

Retrouvez quel personnage se cache derrière chaque devinette.

?

Empereur des Français, j'ai soutenu l'unité italienne mais ma défaite face à la Prusse en 1870 a précipité la chute de mon régime.
Qui suis-je ?

?

Chancelier prussien, j'ai unifié l'Allemagne grâce à une série de guerres, notamment contre la France en 1870, créant un empire puissant qui dominera l'Europe.
Qui suis-je ?

?

Patriote italien, j'ai mené des expéditions militaires pour libérer et unifier l'Italie, contribuant à affaiblir l'Autriche et à réorganiser l'équilibre des puissances en Europe.
Qui suis-je ?

?

Roi de Prusse, puis empereur d'Allemagne, j'ai soutenu Bismarck dans son projet d'unification et dirigé un empire qui renforça les rivalités européennes avant 1914.
Qui suis-je ?

CHAPITRE 8

La Première Guerre mondiale

Tous les textes du chapitre :
- en version DYS
- en version audio

lycee.nathan.fr/**hist25-236**

La guerre industrielle

En septembre 1916, lors de la bataille de la Somme, les soldats canadiens prennent le village de Courcelette. Pour la première fois, des chars d'assaut sont utilisés.

Louis Weirter, *La Bataille de Courcelette*, huile sur toile, 1918, musée canadien de la Guerre, Ottawa.

Jeu numérique
Découvrir l'image

lycee.nathan.fr/**hist25-237**

1 Le « suicide de l'Europe »

Toutes les ressources
lycee.nathan.fr/hist25-238

Cours à écouter

- PPO 1 Août – septembre 1914 – Tannenberg et la Marne.
- PPO 2 1915 – L'offensive des Dardanelles.
- PPO 3 1916 – La bataille de la Somme.
- PPO 4 Mars 1918 – La dernière offensive allemande.

A Les origines du conflit

a. De nombreuses tensions entre États européens

• Devenue la première puissance industrielle d'Europe, devant le Royaume-Uni, l'Allemagne veut exercer une influence mondiale : c'est la ***Weltpolitik*** prônée par l'empereur Guillaume II. [**doc. 1**]

• Depuis la fin du XIXe siècle, on observe des tensions entre le Royaume-Uni et la France au Soudan, la France et l'Italie en Tunisie, l'Allemagne et la France au Maroc. Mais ces rivalités coloniales trouvent toujours une solution diplomatique.

• Enfin, l'Europe est agitée par les **nationalismes**. La France veut récupérer l'Alsace et la Moselle, annexées en 1871 par l'Allemagne. L'Italie réclame les **terres irrédentes** à l'Autriche-Hongrie. La Russie soutient la Serbie dans son projet de créer un État réunissant les Slaves du Sud (« Yougoslaves ») alors intégrés à l'Empire austro-hongrois. Ces tensions mènent à deux guerres dans les Balkans en 1912-1913, qui affaiblissent l'Empire ottoman. [**doc. 1**]

b. Deux blocs face à face

• Deux alliances opposées s'organisent. En 1882, l'Allemagne, l'Autriche-Hongrie et l'Italie forment la Triple Alliance (Triplice). Après que la France s'est alliée avec la Russie (1893), puis le Royaume-Uni (1904), la Triple Entente est officiellement créée en 1907. Des stratégies offensives sont élaborées par l'Allemagne (plan Schlieffen) et la France (plan XVII).

• Le 28 juin 1914, l'héritier du trône d'Autriche-Hongrie est assassiné en Bosnie-Herzégovine par un étudiant serbe. L'Autriche accuse la Serbie de complicité et lui déclare la guerre le 28 juillet. La Russie, alliée de la Serbie, ordonne la **mobilisation générale**. Cette menace russe est inacceptable pour l'Allemagne, qui lui déclare la guerre. La France mobilise à son tour le 1er août et est attaquée par l'Allemagne le 3 août.

Vocabulaire

Mobilisation générale : rassemblement des troupes et du matériel en vue de préparer la guerre.

Nationalisme : exploitation politique du sentiment national.

Terres irrédentes : terres « non libérées » de la domination autrichienne et revendiquées comme historiquement italiennes (Istrie, Dalmatie, Trentin, Tyrol du Sud).

***Weltpolitik* :** « politique mondiale ». Doctrine géopolitique agressive adoptée par l'Allemagne en 1890 et qui doit lui permettre de devenir une puissance de premier plan.

LE SENS *des mots*

LE « SUICIDE DE L'EUROPE »

L'expression est employée dès 1914 par l'écrivain Romain Rolland et, en 1916, par le pape Benoît XV. Elle ne doit toutefois pas laisser penser que les dirigeants européens avaient conscience de mener les populations à la catastrophe. Rares sont les observateurs qui, comme Jean Jaurès dans son discours du 25 juillet 1914, avaient prédit l'ampleur de la tragédie.

1 Motivations et buts de guerre des belligérants

Belligérants	Objectifs stratégiques
Empires centraux	
Empire allemand	• Faire de l'Allemagne une puissance mondiale • En Europe : s'étendre à l'est de l'Allemagne • En Afrique : créer un empire colonial au détriment de la France et du Royaume-Uni
Empire austro-hongrois	Empêcher le projet d'unification des Slaves, qui entraînerait la perte de certaines parties de l'Empire
Empire ottoman	Lutter contre le démantèlement de l'Empire
Entente	
France	Reconquérir l'Alsace et la Moselle
Royaume-Uni	• Contenir la montée en puissance de l'Allemagne • Prendre le contrôle de régions stratégiques au Moyen-Orient
Russie	• Contrôler les détroits du Bosphore et des Dardanelles pour dégager un accès à la Méditerranée • Soutenir les peuples slaves, notamment ceux de l'Empire austro-hongrois
Italie (à partir de 1915)	Annexer les terres irrédentes sous contrôle austro-hongrois

B Les grandes étapes de la guerre

a. L'espoir d'une guerre courte (août-novembre 1914)

• Après avoir envahi la Belgique, les armées allemandes pénètrent en France et menacent Paris. En septembre, la contre-attaque du général Joffre au niveau de la Marne stoppe cette avancée. Les armées s'enterrent dans des tranchées et le front se fige de la mer du Nord à la Suisse : à l'ouest, la **guerre de mouvement** laisse ainsi place à la **guerre de position**. [**doc. 2**]

• Sur le front de l'Est, les armées autrichiennes pénètrent en Russie, mais sont vaincues. L'Allemagne arrête la Russie à la bataille de Tannenberg. [**doc. 2**]

EXPLORER ① p. 248

b. La réalité d'une guerre longue (novembre 1914-printemps 1918)

• En 1915, l'Entente tente d'ouvrir un front contre l'Empire ottoman, allié de l'Allemagne : c'est l'opération des Dardanelles. En février 1916, les Allemands lancent une offensive sur Verdun. Le 1er juillet, les Alliés attaquent dans la Somme. Ils ne réussissent pas à percer le front mais soulagent le secteur de Verdun, où les Français reconquièrent le terrain perdu. [**doc. 2**]

• En 1917, deux révolutions en Russie contraignent Nicolas II à abdiquer, portent les **bolcheviks** au pouvoir et aboutissent à la signature d'un **armistice** avec les Empires centraux. Les États-Unis entrent en guerre.

EXPLORER ① p. 248 et ⑥ p. 260

C. Le dénouement (printemps-novembre 1918)

• Après le retrait de la Russie, l'Allemagne déploie toutes ses forces à l'ouest. Ses armées percent le front, mais sont stoppées par les chars alliés.

• En septembre, les Alliés, commandés par le général Foch, lancent un assaut général contre les Empires centraux. Supérieurs en hommes et en matériel grâce aux renforts américains et aux industries de guerre (chars, canons, avions), ils contraignent l'Empire ottoman (30 octobre), l'Autriche-Hongrie (3 novembre) et l'Allemagne (11 novembre) à cesser le combat. [**doc. 2**]

Vocabulaire

Armistice : convention par laquelle les belligérants suspendent les combats en attendant la négociation d'un traité de paix.

Bolcheviks : révolutionnaires communistes russes, partisans de Lénine.

Guerre de mouvement : stratégie offensive fondée sur des déplacements rapides pour occuper le terrain de l'adversaire.

Guerre de position : stratégie défensive dans laquelle les armées s'enterrent dans des tranchées et s'efforcent de tenir leurs positions.

FICHE À COMPLÉTER

À l'aide du cours, repérez :
- les idées principales ;
- les repères essentiels ;
- le vocabulaire.

2 Les fronts européens

Carte interactive

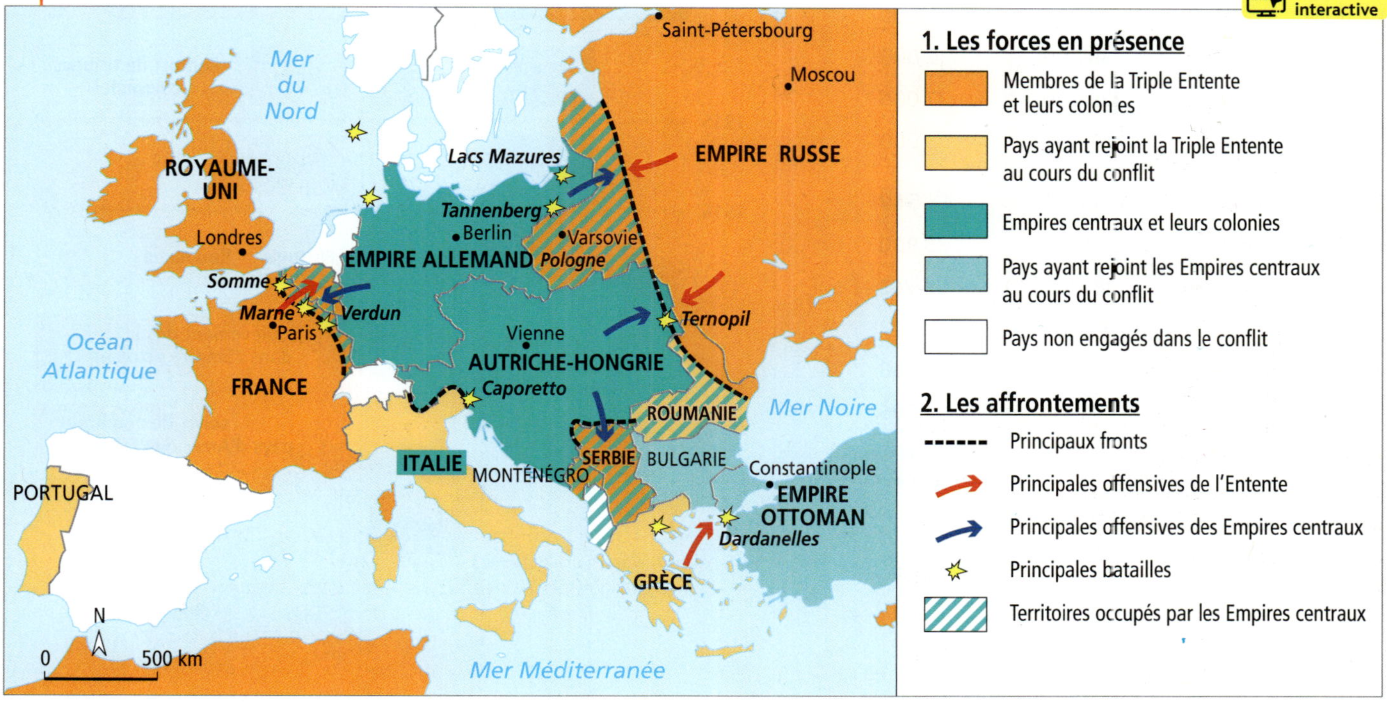

② Une guerre mondiale

Toutes les ressources
lycee.nathan.fr/hist25-240

Cours à écouter

Biographie

Woodrow Wilson (1856-1924) → p. 307

Repères

Le télégramme Zimmermann

Le ministre des Affaires étrangères de l'Allemagne, Zimmermann, envoie le 16 janvier 1917 à son ambassadeur à Mexico un télégramme codé. Il envisage une guerre du Mexique contre les États-Unis pour annexer le Texas, le Nouveau-Mexique et l'Arizona. Le télégramme est déchiffré par les services secrets britanniques et publié aux États-Unis.

A La multiplication des belligérants

a. La mobilisation des colonies

- Dès le début de la guerre, la France et le Royaume-Uni s'appuient sur leurs colonies, qui fournissent des denrées alimentaires, des travailleurs et des soldats [**doc. 1**]. Ces troupes coloniales combattent sur tous les fronts.
- La mobilisation des colonies contribue à faire du conflit une « guerre globale » : les flux d'hommes, de ressources, de capitaux et d'informations alimentent le processus de mondialisation.

EXPLORER ③ p. 256

b. La recherche de nouveaux alliés

- Allié de l'Angleterre, le Japon déclare la guerre à l'Allemagne le 23 août 1914. En octobre, l'Empire ottoman rejoint les Empires centraux. L'Italie change de camp en 1915 et rejoint l'Entente. La Bulgarie s'allie en 1915 aux Empires centraux, le Portugal et la Roumanie en 1916 à l'Entente. [**doc. 2**]
- L'année 1917 constitue un tournant. Le torpillage de navires américains et le **télégramme Zimmermann** choquent l'opinion américaine, jusque-là favorable à la neutralité. Le président Woodrow Wilson annonce le 2 avril l'entrée en guerre des États-Unis aux côtés de l'Entente. Ils sont suivis par de nombreux pays d'Amérique latine et des Caraïbes. Cela compense le retrait de la Russie, en pleine révolution. [**doc. 2**]

1 La mobilisation des colonies

	Mobilisés	Morts et disparus
Colonies britanniques	**2 772 000**	**207 000**
Inde	1 400 000	64 000
Canada	630 000	57 000
Australie	420 000	59 000
Union sud-africaine	136 000	7 000
Nouvelle-Zélande	129 000	17 000
Colonies africaines	57 000	3 000
Colonies françaises	**583 450**	**68 549**
Afrique du Nord	269 950	35 900
Afrique subsaharienne	181 512	24 762
Indochine	48 922	1 123
Madagascar	41 355	2 368
Autres colonies	41 711	4 396

D'après Jacques Frémeaux, « Les contingents impériaux au cœur de la guerre », *Histoire, économie & société*, vol. 23e année, n° 2, 2004.

2 L'entrée de nouveaux pays dans la guerre

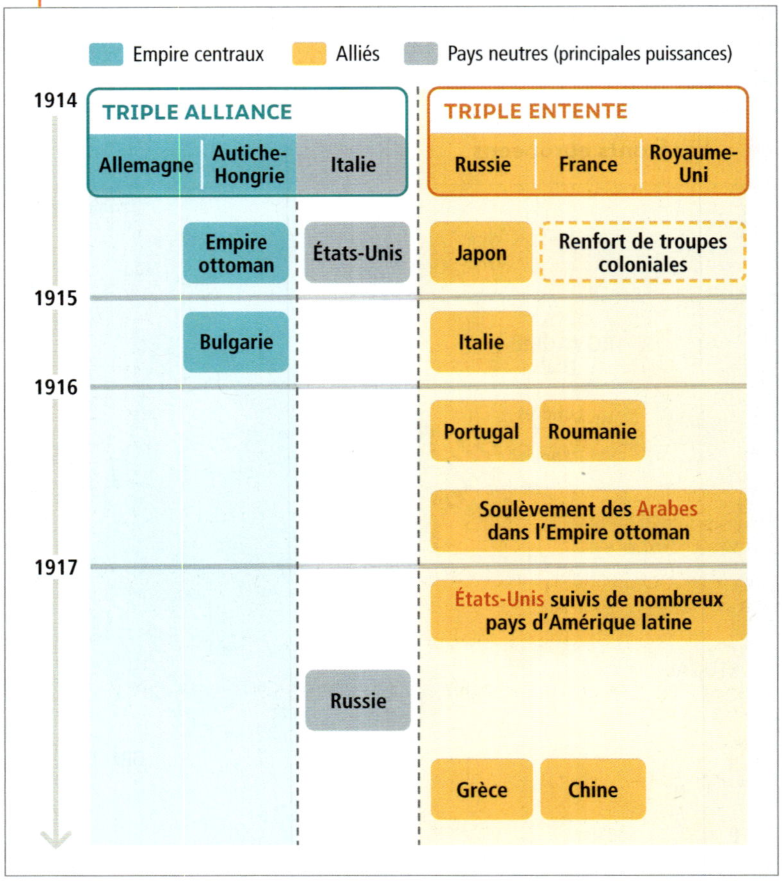

B Des affrontements sur l'ensemble de la planète

a. Une guerre navale dès le départ mondiale

• En octobre 1914, les flottes allemande, française et russe s'affrontent dans le détroit de Malacca. En novembre, la marine allemande inflige à la *Royal Navy* britannique sa première défaite depuis plus d'un siècle, lors de la bataille de Coronel, au large du Chili. [**doc. 3**]

• Les flottes servent aussi à encercler les colonies ennemies et à établir des **blocus**. En 1914, la marine allemande bombarde ainsi l'Inde et la Polynésie française. Le Japon attaque les possessions allemandes en Chine et dans le Pacifique. À partir de 1915, les ***U-Boote*** attaquent les navires marchands alliés dans l'Atlantique, puis déclenchent en 1917 une « guerre sous-marine à outrance ». [**doc. 3**]

b. Une guerre terrestre sur plusieurs continents

• En Afrique, les troupes coloniales françaises, britanniques, belges et portugaises s'emparent des colonies allemandes. Le front africain se démarque du front européen : guerre de mouvement exclusivement, batailles courtes opposant peu d'hommes, offensives stoppées pendant la saison des pluies. [**doc. 3**]

• Au Moyen-Orient, en janvier 1915, les Russes infligent une lourde défaite aux Ottomans à la bataille de Sarikamich. La même année, les Britanniques débarquent dans le sud de l'Irak. Parallèlement, les troupes germano-ottomanes attaquent le canal de Suez, mais sont repoussées par les Alliés. Grâce au soutien des Arabes révoltés contre les Turcs, les Britanniques parviennent à l'emporter en 1917. [**doc. 3**]

EXPLORER ② p. 254

Vocabulaire

Blocus : opération militaire visant à couper le ravitaillement (nourritures, armes) ou les communications d'une région.

***U-Boot* :** abréviation d'*Unterseeboot*, qui signifie « sous-marin » en allemand (*U-Boote* au pluriel).

FICHE À COMPLÉTER

À l'aide du cours, repérez :
- les idées principales ;
- les repères essentiels ;
- le vocabulaire.

3 Une guerre sur terre et sur mer

Carte interactive

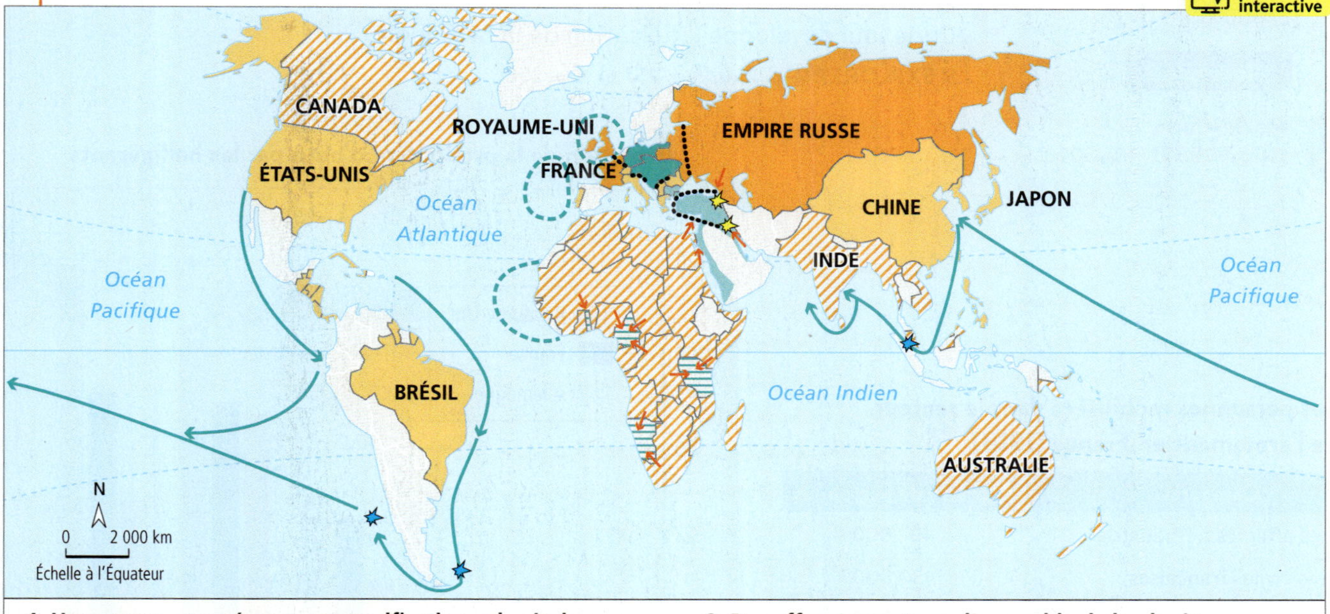

1. Une guerre européenne aux ramifications planétaires

Un conflit d'abord européen
- Pays de l'Entente (août 1914)
- Empires centraux

La mobilisation des empires coloniaux
- Colonies de l'Entente
- Colonies allemandes

La recherche de nouveaux alliés
- Pays ayant rejoint l'Entente
- Pays ayant rejoint les Empires centraux

2. Des affrontements sur l'ensemble de la planète

Une guerre navale dès le départ mondiale
- Trajet de la marine allemande
- Zones de blocus sous-marin établies par l'Allemagne
- Principales batailles navales

Des affrontements terrestres sur plusieurs continents
- Principaux fronts terrestres de la guerre
- Batailles terrestres au Moyen-Orient
- Offensives alliées en Afrique et au Moyen-Orient

3 Une guerre totale

Toutes les ressources
lycee.nathan.fr/hist25-242

Cours à écouter

- PPO 1 Marie Curie dans la guerre.
- PPO 2 Le génocide des Arméniens.
- PPO 3 Les grèves de l'année 1917.

A Les civils, acteurs de la guerre totale

a. La mobilisation économique et idéologique des sociétés

• En 1914, les stratégies offensives sont censées permettre une victoire rapide. Mais le conflit s'enlise et les États doivent mobiliser l'arrière dans un effort de guerre sans précédent. L'économie de paix se transforme en **économie de guerre** [**doc. 1**]. Les États belligérants ont recours à l'emprunt auprès d'autres États et auprès de leur population (emprunt national).

• La mobilisation est aussi idéologique. Les journaux diffusent de fausses informations pour faire croire que la victoire est assurée : c'est le « **bourrage de crâne** ». Dans chaque camp, la guerre est présentée comme la défense de la civilisation contre la barbarie. Le courrier et les journaux sont censurés.

b. L'engagement des civils dans l'effort de guerre

• Alors qu'il faut produire toujours plus, le nombre de travailleurs est considérablement réduit par la mobilisation. Les États font appel à des hommes venus des colonies ou de l'étranger (Chinois en France et au Royaume-Uni), aux prisonniers de guerre et parfois aux civils des régions occupées. [**doc. 2**]

• Comme cette main-d'œuvre masculine ne suffit pas, l'engagement des femmes est nécessaire. Dans les campagnes, elles prennent en main les exploitations. Elles remplacent les hommes dans les usines d'armement, peuvent conduire des camions ou des ambulances. À toutes ces travailleuses s'ajoutent les bénévoles qui s'enrôlent dans les services de santé ou deviennent « **marraines de guerre** ».

PPO 1

• Les scientifiques s'engagent et contribuent à mettre au point de nouvelles armes, mais aussi des techniques médicales innovantes, à l'image de Marie Curie, qui développe l'utilisation de la radiologie.

EXPLORER ③ p. 256, ④ p. 257 et ⑤ p. 258

Vocabulaire

« Bourrage de crâne » : expression popularisée par le journaliste Albert Londres pour désigner les mensonges de la presse et plus généralement la propagande patriotique.

Économie de guerre : économie dirigée par l'État et centrée sur la production du matériel militaire.

Marraines de guerre : femmes qui correspondent avec des soldats au front durant la Première Guerre mondiale pour les soutenir moralement.

Biographie

Marie-Curie (1867-1934) → p. 302

1 Évolution de la production d'obus par les belligérants

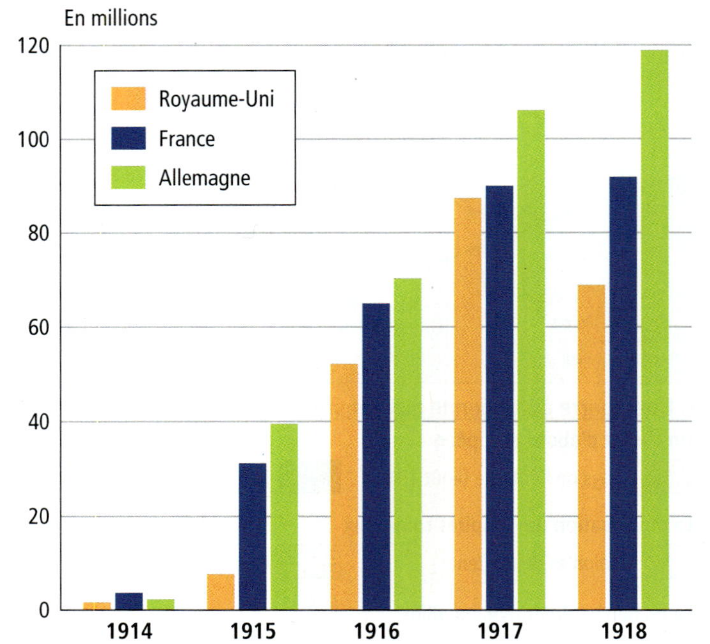

Source : Christian Clavel, *Atlas de la Première Guerre mondiale*, Ouest-France 2014.

2 Les personnes mobilisées dans le secteur de l'armement en France (1918)

Catégorie	Nombre de personnes
Militaires affectés à l'industrie	497 000
Ouvrières civiles françaises	430 000
Ouvriers civils français	425 000
Jeunes de moins de 18 ans	133 000
Travailleurs étrangers	108 000
Travailleurs venus des colonies	61 000
Prisonniers de guerre	40 000
Mutilés	13 000
Total	**1 700 000**

Source : Nicolas Beaupré, *Les Grandes Guerres*, 1914-1945, Belin, 2012.

B Les civils, victimes de la guerre totale

a. Les souffrances des civils sur les trois fronts

• Sur le front de l'avant [doc. 3], les villes et les villages proches sont bombardés et désertés par la population. Au printemps 1918, les tirs des canons allemands sur Paris tuent 256 personnes.

• Sur le front de l'arrière, les civils font face à un surcroît de travail et souffrent d'une pénurie alimentaire et énergétique, amplifiée en Allemagne et en Autriche-Hongrie par le blocus maritime des Britanniques. La France et la Grande-Bretagne mettent en place un système de **rationnement**. Au Liban (Empire ottoman), la « Grande Famine » de 1915-1918 tue environ un tiers de la population. En 1917, une vague de grèves touche les différents pays belligérants et montre un fléchissement du moral.

• Sur le front occupé, les exactions commises par les armées ennemies provoquent la fuite d'une partie de la population. Dans les régions occupées par l'Allemagne, les communes doivent payer une contribution de guerre. Environ 15 000 civils belges et français sont déportés en Allemagne et internés dans des camps.

EXPLORER ⑥ p. 260

b. Le génocide des Arméniens

• Après leur défaite face aux Russes à la bataille de Sarikamich en janvier 1915, les Ottomans accusent les Arméniens vivant dans l'Empire de trahison. Au mois de mars, le gouvernement nationaliste des Jeunes-Turcs décide de les exterminer.

• La déportation systématique des Arméniens commence en juin 1915. Elle s'accompagne de terribles massacres au départ, en chemin ou à l'arrivée dans les camps de concentration situés dans des régions désertiques. Une seconde phase d'extermination a lieu de février à décembre 1916. Sur une communauté de 2 millions d'Arméniens, entre 1,2 et 1,5 million périssent lors du **génocide**.

EXPLORER ⑦ p. 262

Vocabulaire

Génocide : destruction préméditée et méthodique de tout ou partie d'une population en raison de son appartenance nationale, ethnique ou religieuse.

Rationnement : contrôle par l'État des quantités achetables par les consommateurs.

Documentaire

Le génocide des Arméniens
Les Arènes du Savoir
8'55''

FICHE À COMPLÉTER

À l'aide du cours, repérez :
• les idées principales ;
• les repères essentiels ;
• le vocabulaire.

3 Les trois fronts de la guerre en France

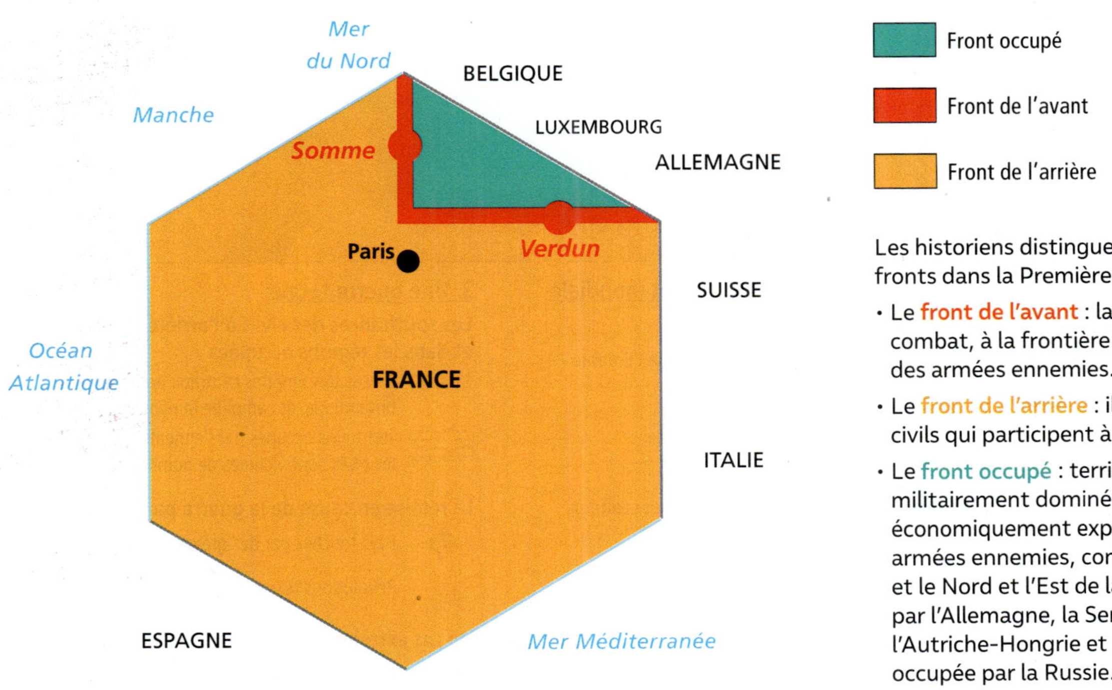

Les historiens distinguent aujourd'hui trois fronts dans la Première Guerre mondiale.

• Le front de l'avant : la zone de combat, à la frontière de l'avancée des armées ennemies.

• Le front de l'arrière : il englobe tous les civils qui participent à l'effort de guerre.

• Le front occupé : territoires militairement dominés et économiquement exploités par les armées ennemies, comme la Belgique et le Nord et l'Est de la France, occupés par l'Allemagne, la Serbie occupée par l'Autriche-Hongrie et la Prusse-Orientale occupée par la Russie.

Toutes les ressources
lycee.nathan.fr/hist25-244

La Première Guerre mondiale

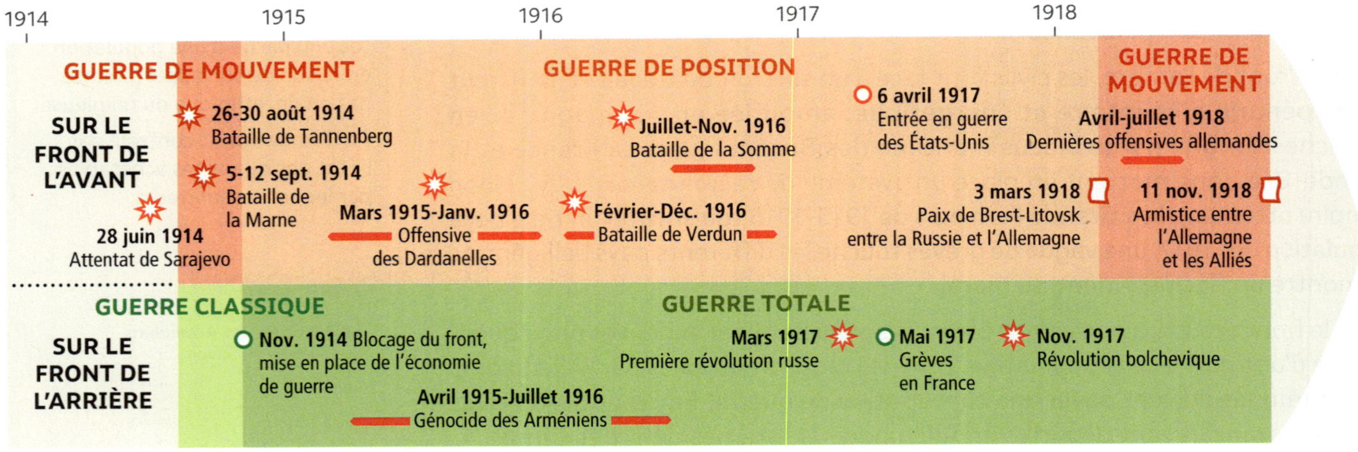

1 De la guerre européenne classique à la guerre mondiale totale

Carte interactive

1. Un conflit européen

Deux alliances opposées à l'été 1914
- Pays membres de la Triple Entente
- Pays membres de la Triple Alliance

Des fronts essentiellement européens
- Principaux fronts
- Principales batailles terrestres

2. Une guerre immédiatement mondiale

L'engagement des colonies
- Colonies engagées auprès de l'Entente

La recherche de nouveaux alliés
- Pays ayant rejoint l'Entente pendant le conflit
- Pays ayant rejoint les Empires centraux pendant le conflit

Une guerre globale qui connecte les continents
- Flux de capitaux, de ressources et de travailleurs

3. Une guerre totale

Les souffrances des civils à l'arrière et dans les régions occupées
- Blocus des Empires centraux par la marine britannique, qui amplifie la pénurie
- Territoires occupés par l'ennemi, dans lesquels les civils sont victimes de nombreuses exactions

La remise en cause de la guerre par les civils
- Pays touchés par des grèves en 1917
- Révolutions russes de février et octobre 1917

Un cas extrême : le génocide des Arméniens
- Principales zones de massacre

UNE GUERRE EUROPÉENNE AUX RÉPERCUSSIONS PLANÉTAIRES

La multiplication des tensions entre puissances européennes...

Essor des nationalismes
- Indépendantisme
- Expansionnisme

Rivalités coloniales

Constitution d'alliances rivales
- Triple Alliance
- Triple Entente

... fait éclater en 1914 une guerre au cœur de l'Europe...

Fronts d'Europe de l'Ouest
- Français et Britanniques contre Allemands

Fronts d'Europe de l'Est
- Allemands et Austro-Hongrois contre Russes
- Austro-Hongrois contre Italiens

... qui se mondialise rapidement...

Fronts océaniques
- Batailles navales (Malacca, Coronel)
- Guerre sous-marine
- Blocus

Fronts africains
- Attaque des colonies allemandes par les Britanniques, les Français, les Belges et les Portugais

Fronts d'Orient
- Russes, Français et Britanniques contre Ottomans

... et bascule en 1917...

Révolutions russes (février-octobre 1917)
- Sortie de la guerre de la Russie

Entrée en guerre des États-Unis (avril 1917)
- Aux côtés de l'Entente

... permettant la victoire de l'Entente (1918).

Europe
Monde

LES NOTIONS-CLÉS

Génocide : destruction préméditée et méthodique de tout ou partie d'une population en raison de son appartenance nationale, ethnique ou religieuse.

Guerre mondiale : guerre dont l'échelle dépasse celle d'un continent et à laquelle participent des pays et des populations de l'ensemble de la planète.

Guerre de mouvement : stratégie reposant sur des déplacements rapides pour occuper le terrain de l'adversaire. Les batailles prennent la forme de charges violentes sur des terrains à découvert.

Guerre de position : stratégie fondée sur la défense de positions pour empêcher l'adversaire de progresser. Les armées s'enterrent dans des tranchées et s'affrontent à distance avec l'artillerie ou dans le *no man's land* avec l'infanterie.

Guerre totale : affrontement qui ne mobilise pas seulement les forces armées des nations belligérantes mais la totalité des sociétés (mobilisation économique, financière, idéologique). La distinction entre combattants et non-combattants est effacée : les civils deviennent acteurs et cibles de la guerre.

LES POINTS DE PASSAGE ET D'OUVERTURE

Les grandes batailles (Tannenberg, Marne, Dardanelles, Somme, dernière offensive allemande).
- Cours p. 239
- Explorer p. 248

Marie Curie dans la guerre.
- Cours p. 242
- Explorer p. 257

Le génocide des Arméniens.
- Cours p. 243
- Explorer p. 262

Les grèves de l'année 1917.
- Cours p. 243
- Explorer p. 260

Toutes les ressources
lycee.nathan.fr/hist25-246

La Première Guerre mondiale

EXERCICE 1 SAVOIR DÉFINIR

Exercices interactifs

Associez à chaque terme la définition qui lui correspond.

a Guerre mondiale

b Guerre totale

c Guerre de mouvement

d Guerre de position

1. Guerre dans laquelle les batailles prennent la forme de charges violentes sur des terrains à découvert.
2. Guerre à laquelle participent des pays et des populations de l'ensemble de la planète.
3. Guerre dans laquelle les armées s'enterrent dans des tranchées et s'affrontent à distance avec l'artillerie ou dans le *no man's land* avec l'infanterie.
4. Guerre dans laquelle l'ensemble de la population participe à l'effort de guerre.

EXERCICE 2 SAVOIR DATER

Associez chaque événement à sa date sur la frise.

1914 – 1915 – 1916 – 1917 – 1918

1914 a – 1915 b – 1916 c – 1917 d – 1918 e

1. Entrée en guerre des États-Unis
2. Signature de l'armistice par l'Allemagne et les Alliés
3. Offensive des Dardanelles
4. Bataille de la Somme
5. Mobilisation générale en France

EXERCICE 3 CONNAÎTRE LES PRINCIPAUX ACTEURS

Identifiez les personnalités à l'aide des indices.

a

Empereur allemand, il est à l'origine de la Weltpolitik.

b

Scientifique, elle met la radiologie au service des blessés.

c

Président américain, il engage son pays aux côtés de l'Entente en 1917.

d

Général français, il lance la contre-offensive victorieuse des Alliés à l'été 1918.

EXERCICE 4 VALIDER UNE CONNAISSANCE

Indiquez si les affirmations suivantes sont vraies ou fausses.

a. Un armistice permet de mettre un terme à la guerre.

b. Les colonies fournissent à leur métropole à la fois des travailleurs et des combattants.

c. La France utilise la propagande et la censure pendant la guerre.

d. Les batailles de la Première Guerre mondiale sont seulement terrestres.

e. Les bolcheviks font entrer la Russie en guerre contre les États-Unis en 1917.

EXERCICE 5 MAÎTRISER LES REPÈRES SPATIAUX

Localisez sur la carte les trois pays qui composent la Triple Entente en 1914 et trois pays issus de trois continents différents qui combattent à leurs côtés.

Carte à imprimer

EXERCICE 6 CONNAÎTRE LES NOTIONS

Complétez la légende de ce schéma sur les trois fronts.

Front de l'avant | Front de l'arrière | Front occupé

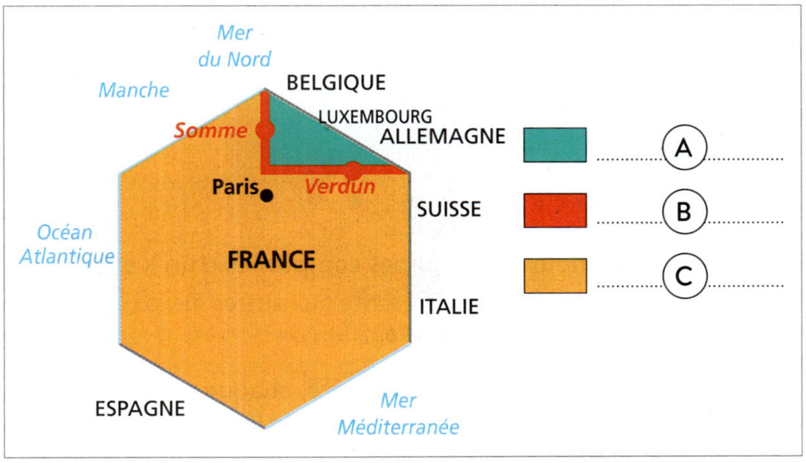

Schéma à imprimer

EXPLORER

COOPÉRER POUR CONSTRUIRE UNE ARGUMENTATION

1 Comment expliquer l'alternance de la guerre de mouvement et de la guerre de position ?

Toutes les ressources

lycee.nathan.fr/**hist25-248**

En équipe

ÉTAPE 1 Comprendre le sujet

Vous allez étudier plusieurs batailles de la Première Guerre mondiale afin de répondre à la question :

« Comment expliquer l'alternance de **la guerre de mouvement** et de **la guerre de position** ? »

La **guerre de mouvement** est une stratégie militaire reposant sur des déplacements rapides pour occuper le territoire de l'adversaire. Les batailles prennent alors la forme de charges violentes sur terrains à découvert.

À l'inverse, **la guerre de position** est une stratégie fondée sur la défense de positions pour empêcher l'adversaire de progresser. Les armées s'enterrent alors dans des tranchées et s'affrontent à distance avec l'**artillerie** ou dans le *no man's land* avec l'**infanterie**.

Vocabulaire

Artillerie : ensemble des armes lourdes permettant d'envoyer des projectiles à distance sur l'ennemi.

Infanterie : ensemble des unités militaires qui combattent à pied et sont au contact direct de l'ennemi.

ÉTAPE 2 Phase « expert »

1 Répartissez-vous en équipes.
Chaque équipe travaille sur un exemple de bataille.

- **Équipe 1** — **La bataille de la Marne** (1914) → p. 249
- **Équipe 2** — **La bataille de Tannenberg** (1914) → p. 250
- **Équipe 3** — **La bataille des Dardanelles** (1915) → p. 251
- **Équipe 4** — **La bataille de la Somme** (1916) → p. 252
- **Équipe 5** — **Les dernières offensives allemandes** (1918) → p. 253

2 Suivez ce plan de travail pour étudier la bataille proposée.

Tableau à compléter

A. **Situez** la bataille dans l'espace et **datez**-la.

B. **Complétez** le tableau suivant pour dresser la fiche d'identité de la bataille.

Nom de la bataille	Dates de la bataille	Belligérants	Résultat de la bataille	Type de guerre	Armes utilisées	Pertes (soldats morts, blessés, capturés)
				Mouvement ou position ?		

3 Préparez une synthèse à restituer à l'oral. Vous devez présenter votre exemple de bataille et expliquer ce qu'il vous a appris sur l'alternance de la guerre de mouvement et de la guerre de position.

ÉTAPE 3 Phase « puzzle »

4 Formez de nouvelles équipes composées d'un « expert » de chaque bataille.
Chaque élève « expert » présente aux autres élèves de son équipe ce qu'il a appris sur sa bataille.
Le tableau final est complété.

5 À partir du tableau final complété, chaque groupe produit une réponse argumentée à la question : « Comment expliquer l'alternance de la guerre de mouvement et de position ? »

Équipe 1

La bataille de la Marne (1914)

PPO

Chronologie

- **3 août 1914** Déclaration de guerre de l'Allemagne à la France, début de l'offensive allemande
- **4 août** Entrée en guerre de la France
- **7 au 24 août** Bataille des frontières, avancée fulgurante de l'Allemagne
- **5 au 12 septembre** Bataille de la Marne
- **Novembre** Blocage du front, début de la guerre de position

L'offensive allemande sur le front Ouest

Le 3 août 1914, conformément au plan Schlieffen, les armées allemandes envahissent la Belgique et le Luxembourg, pourtant neutres, pour contourner les troupes françaises massées à la frontière allemande. Elles se retrouvent en quelques semaines à 40 km de Paris. Le bilan de cette « bataille des frontières » est lourd pour les Français : 200 000 blessés, tués ou prisonniers en trois semaines.

La bataille de la Marne et le blocage du front

Du 5 au 12 septembre, le général Joffre lance une contre-attaque au niveau de la Marne. Sur un front de plus de 200 km, un million de soldats français et britanniques sont opposés à 900 000 Allemands. Les pertes sont lourdes : 227 000 Français, 37 000 Britanniques et 256 000 Allemands tués, blessés ou disparus. Cette contre-offensive surprend les forces allemandes et les pousse à se replier. Le front se bloque et les armées des deux camps s'enterrent dans des tranchées.

Carte animée
La bataille de la Marne
Musée de la Grande Guerre
5'22''

1 Carte de la bataille

Carte interactive

2 Scène de la bataille

Le soldat Alphonse Tellier, affecté au 276e régiment d'infanterie, dans la même section que l'écrivain Charles Péguy, est blessé par balle à l'épaule lors de l'assaut.

Nous sommes repartis jusque dans le fossé de la route d'Iverny. Là nous sommes restés peut-être une heure couchés dans le fossé. Les mitrailleuses tiraient çà et là encore. Un officier d'ordonnance des tabors(1) marocains arrive à cheval sur le talus opposé à nous et dit au capitaine Guérin : « Que faites-vous là ? – J'attends les ordres qu'il répondit. – Moi, officier d'ordonnance(2), vous ordonne d'avancer aussitôt ! » Le capitaine se leva, sabre au clair, et cria « Baïonnette au canon ! » et le commandement « En avant ! » Les mitrailleuses tirèrent un feu si nourri qu'il ne passa presque personne au travers. Le capitaine Guérin tué au départ, le lieutenant Péguy à 15 ou 20 mètres de la route. Seule la demi-section à la droite du lieutenant Péguy, dont je faisais partie, a passé par bonds, après avoir franchi au moins 200 mètres. Nous avons été jusqu'à la garenne ou bosquet en avant de nous à environ 800 mètres. Nous sommes restés jusqu'à la nuit. On entendait les camarades qui étaient blessés crier leur souffrance. On ne savait pas comment faire. Nous étions seuls.

Lettre d'Alphonse Tellier à Auguste Martin, citée par Jean-Pierre Rioux dans *La Mort du lieutenant Péguy*, Tallandier, 2014.

(1) Fantassins marocains dirigés par des officiers français.
(2) Aide de camp d'un officier supérieur.

Équipe 2

La bataille de Tannenberg (1914) PPO

Toutes les ressources
lycee.nathan.fr/hist25-250

Chronologie

- 15 août 1914 : Début de l'offensive autrichienne en Russie
- 20 août : Début de l'offensive russe en Allemagne
- 11 sept. : Victoire des Russes contre les Autrichiens à la bataille de Lemberg
- 30 août : Victoire des Allemands contre les Russes à la bataille de Tannenberg
- 15 sept. : Victoire des Allemands contre les Russes à la bataille des lacs Mazures

L'échec de l'offensive russe sur le front Est

Le 15 août 1914, l'armée autrichienne pénètre en Russie, mais elle est repoussée et vaincue à la bataille de Lemberg (Lviv). Le 20 août, à la demande de la France, les troupes du tsar attaquent l'Allemagne, qui doit se battre sur deux fronts à la fois. Mais les armées russes sont vaincues lors des batailles de Tannenberg et des lacs Mazures. Le front se stabilise jusqu'en 1917.

La bataille de Tannenberg

Lors de la bataille de Tannenberg, 200 000 Allemands affrontent 400 000 Russes. L'armée allemande, dirigée par les généraux Hindenburg et Ludendorff, parvient à encercler l'armée russe et capture 92 000 soldats et 500 canons ; 30 000 soldats russes sont tués ou blessés contre seulement 13 000 Allemands.

1 Carte de la bataille

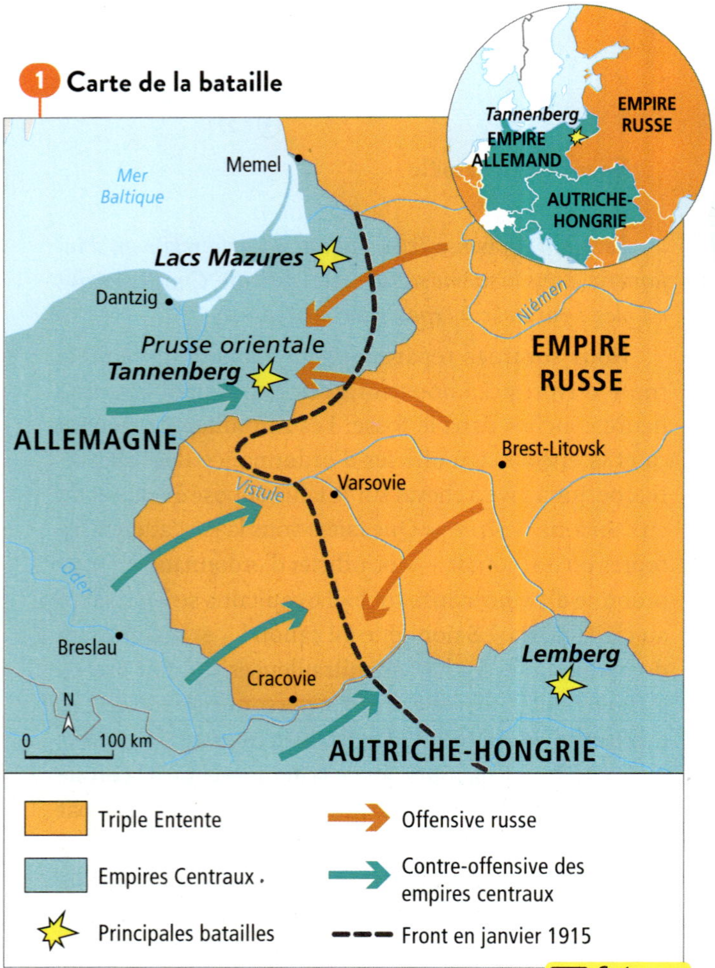

Carte interactive

2 Scène de la bataille

« Victoire éclatante sur les Russes à Tannenberg », lithographie allemande, XXe siècle.

PASSÉ Présent

LES DEUX BATAILLES DE TANNENBERG

La victoire allemande à Tannenberg en 1914 efface la défaite infligée au même endroit, en 1410, aux chevaliers teutoniques par les troupes polonaises et lituaniennes. C'est pourquoi, la propagande allemande célébra particulièrement cette victoire. En 1927, le maréchal Hindenburg y inaugure un monument, devenu sous les nazis un « monument national du Reich ».

EXPLORER

Équipe 3

La bataille des Dardanelles (1915) PPO

Chronologie

- **31 octobre 1914** Entrée en guerre de l'Empire ottoman
- **Février 1915** Bombardements alliés sur les positions ottomanes
- **18 mars** Échec de l'attaque navale franco-britannique
- **25 avril** Premier débarquement des troupes franco-britanniques
- **7 août** Deuxième débarquement des troupes britanniques
- **7 janvier 1916** Retrait des Alliés

Ouvrir un nouveau front

Pour soulager les Russes et rétablir avec eux une liaison maritime, Français et Anglais lancent en février 1915 l'opération des Dardanelles. L'objectif est de remporter une victoire décisive contre l'Empire ottoman, en forçant les détroits des Dardanelles et du Bosphore et en positionnant la flotte alliée devant la capitale, Constantinople.

L'échec de l'offensive

Le 18 mars, l'attaque navale lancée par la flotte franco-britannique se solde par un échec. Les Alliés tentent alors de prendre le contrôle du détroit par la terre. Le 25 avril, leurs troupes débarquent sur la péninsule de Gallipoli. Mais les forces turques ont eu le temps de préparer leur défense et de creuser des tranchées. Après plusieurs mois de combats et des pertes élevées (46 000 morts et 86 000 blessés au combat, 258 000 morts de maladie), les Alliés renoncent définitivement.

1 Carte de la bataille

Carte interactive

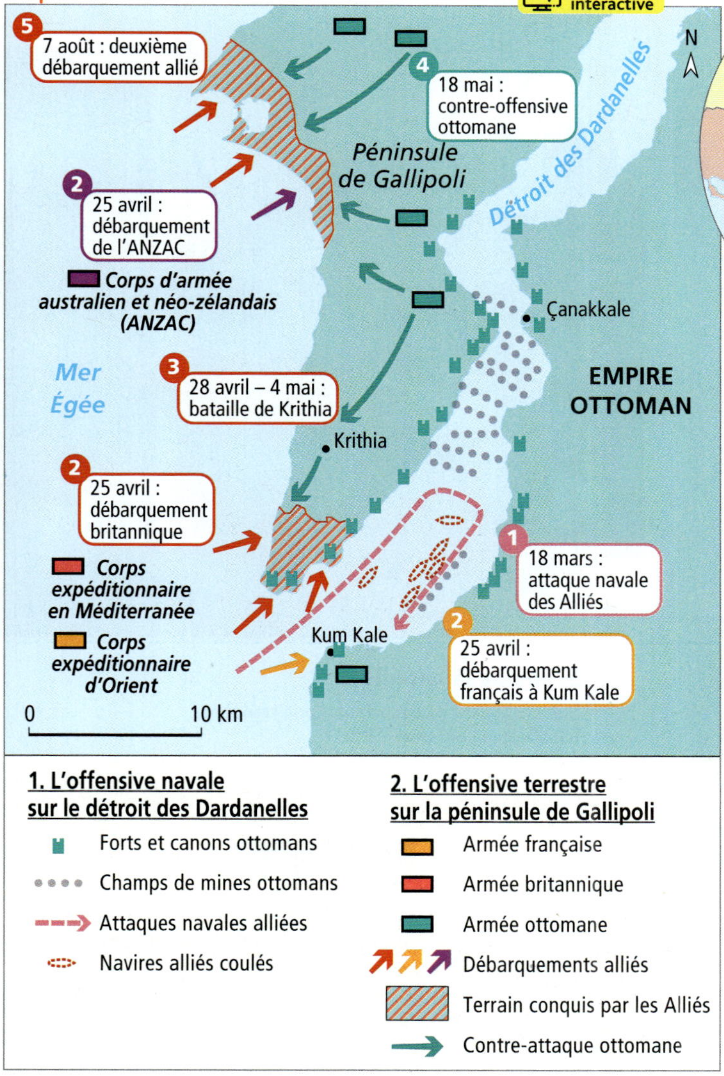

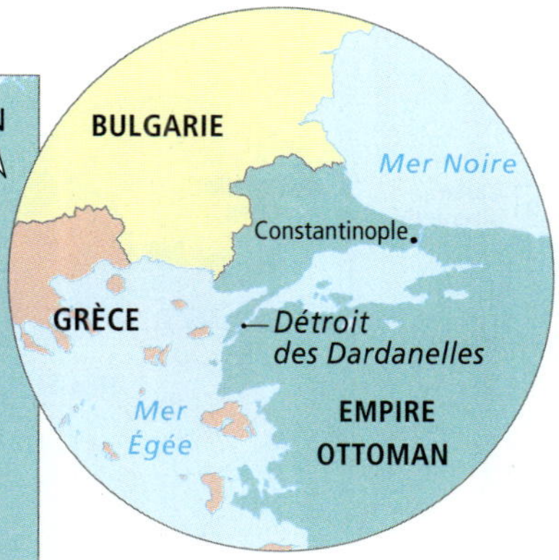

2 Scène de la bataille : soldats australiens dans une tranchée

L'ANZAC (*Australian and New Zealand Army Corps*) a été formé pour affronter les Turcs aux Dardanelles, en 1915. Le 25 avril, jour du débarquement dans la péninsule de Gallipoli, est célébré comme l'ANZAC Day en Australie et en Nouvelle-Zélande.

EXPLORER

Équipe 4

La bataille de la Somme (1916) PPO

Toutes les ressources
lycee.nathan.fr/hist25-252

Chronologie

- Février 1916 : Début de la bataille de Verdun
- Fin juin : Pilonnage des tranchées allemandes dans la Somme
- 1er juillet : Début de l'offensive alliée dans la Somme
- 15 septembre : Première utilisation du char par les Britanniques
- Novembre : Arrêt des offensives britanniques dans la Somme
- Décembre : Arrêt des offensives françaises dans la Somme

Percer le front

Pour tenter de percer le front, les armées française et britannique prévoient en décembre 1915 une offensive dans la Somme, qui doit être coordonnée avec une attaque russe à l'Est et italienne sur le front austro-hongrois. Mais l'offensive allemande sur Verdun modifie ce plan. L'objectif est désormais de soulager le secteur de Verdun, où les Français sont en difficulté.

L'échec de l'offensive

La semaine avant l'attaque, l'artillerie britannique tire 1,7 million d'obus (en moyenne 5 pour chaque soldat allemand). Ce pilonnage n'a que peu d'effets sur les défenses allemandes. Le 1er juillet, lorsqu'ils sortent de leurs tranchées, les soldats britanniques sont fauchés par les mitrailleuses. Les offensives suivantes échouent et le bilan est lourd. Les pertes s'élèvent à plus d'un million d'hommes : plus de 400 000 morts (170 000 Allemands, 206 000 Britanniques et 67 000 Français) et plus de 600 000 blessés (267 000 Allemands, 213 000 Britanniques et 136 000 Français).

1 Carte de la bataille

Carte interactive

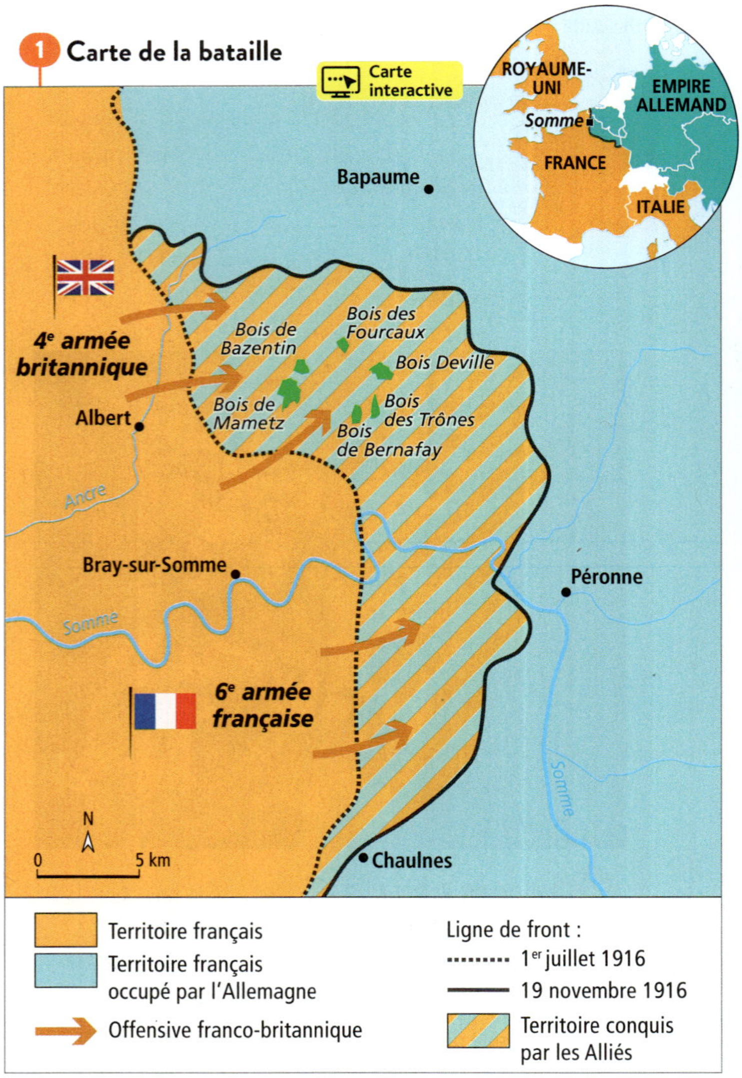

2 Scène de la bataille

Soldats britanniques sortant d'une tranchée, bataille de la Somme, 1916.

Repères

The Bloodiest Day

Le 1er juillet 1916, premier jour de la bataille de la Somme, la Grande-Bretagne perd en une seule journée 60 000 hommes (20 000 tués et 40 000 blessés), dont 30 000 dès la première demi-heure. C'est le jour le plus sanglant de toute l'histoire britannique.

Équipe 5

Les dernières offensives allemandes (1918)

PPO

Chronologie

- 3 mars 1918 : Armistice entre l'Allemagne et la Russie
- 21 mars : Première offensive allemande (*Michael*)
- 15 juillet : Cinquième offensive allemande (*Friedensturm*)
- août : Début de la contre-offensive alliée

La stratégie allemande

À la suite du retrait de la Russie et en raison de la lenteur de l'entrée en guerre des États-Unis, l'Allemagne peut redéployer ses armées à l'ouest et profiter d'un avantage numérique sur les Alliés. Au printemps 1918, une quadruple offensive est lancée. Cette *Kaiserschlacht* (« bataille de l'empereur ») doit permettre la victoire en battant d'abord les troupes britanniques, puis les troupes françaises.

L'échec de l'offensive

Après quatre offensives successives, les lignes françaises et britanniques sont enfoncées. Les pertes sont lourdes : le 21 mars, les Britanniques perdent 38 000 hommes (17 000 tués et 21 000 prisonniers). Les armées allemandes parviennent à 65 km de Paris et bombardent la ville. Une cinquième offensive (*Friedensturm*) est lancée dans la région de Reims, mais elle est arrêtée par les chars alliés. La contre-offensive menée par le général Foch permet aux Alliés de remporter la victoire.

1 Le front occidental en 1918

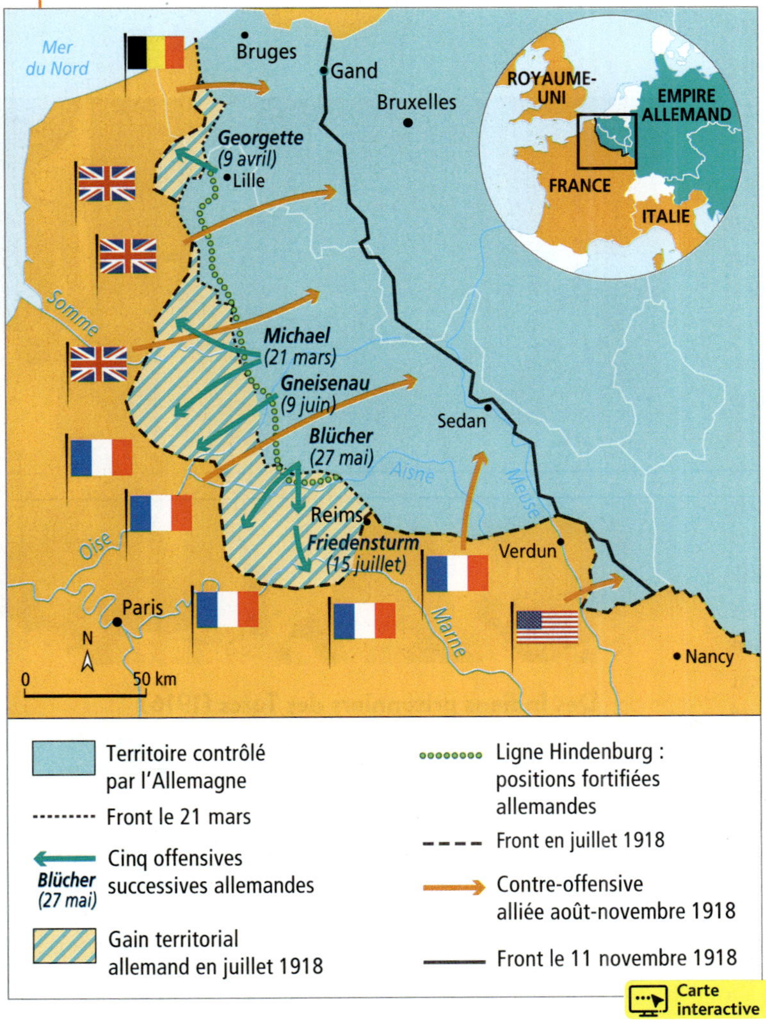

Carte interactive

2 Le plan du général Ludendorff

Le général Ludendorff évoque la situation militaire de l'Allemagne à la suite du transfert des troupes allemandes du front de l'Est vers le front de l'Ouest.

Nous n'avions jamais eu pareille supériorité de forces. La guerre sous-marine n'avait pas encore rendu, du point de vue économique, ce que j'en avais espéré sur la foi du jugement des spécialistes. Je dus faire intervenir dans mes calculs l'arrivée des nouvelles formations américaines, à partir du printemps 1918. La situation chez nous et chez nos alliés, et les conditions dans lesquelles se trouvait l'armée, exigeaient une offensive qui amenât une décision rapide. Pour cela il fallait un matériel formidable et des troupes solides dont les chefs seraient comme elles dressés à l'offensive. [...] Toutes les pensées de l'armée devaient être ramenées de la guerre de tranchées à l'attaque. Nous n'avions pas de tanks en tant qu'arme d'accompagnement de l'infanterie. [...] Pour faire appuyer l'attaque d'infanterie par l'aviation, nous créâmes des groupes spéciaux d'avions de combat. L'aviation acquit ainsi un nouveau champ d'action du plus haut intérêt. Les avions eurent aussi comme l'infanterie, l'artillerie et toutes les autres armes, à intervenir dans la lutte sur terre.

Général Erich Ludendorff, *Souvenirs de guerre*, Payot, 1920.

EXPLORER

ARGUMENTER À L'ÉCRIT

2 Pourquoi le Moyen-Orient est-il un front important de la guerre ?

Toutes les ressources
lycee.nathan.fr/hist25-254

Vocabulaire

Mésopotamie : région située entre les fleuves Tigre et Euphrate, correspondant à l'Irak actuel.

Parole d'historien

Les explications de l'historien Olivier Hanne
FranceTV

L'Empire ottoman contre la Triple Entente

Au Moyen-Orient, l'armée ottomane, encadrée par des officiers allemands, combat en 1914-1915 les Russes dans le Caucase et les Franco-Britanniques dans les Détroits. Les Britanniques interviennent ensuite sur le canal de Suez pour protéger la route des Indes et en **Mésopotamie** pour garantir leur approvisionnement en pétrole. Ils sont battus en 1916 à Kut al-Amara.

La stratégie risquée des Britanniques

Les Britanniques incitent alors les Arabes à se soulever contre les Turcs. Ils leur promettent en échange de créer un grand royaume arabe. En 1917, ils usent de la même stratégie pour encourager les juifs à se révolter (« déclaration Balfour »). Mais ces deux promesses ne sont pas compatibles et elles entrent en plus en contradiction avec les accords Sykes-Picot (1916), qui prévoient que la Grande-Bretagne et la France se partagent la région.

1 Le siège de Kut al-Amara

En 1916, les Turcs assiègent pendant 4 mois la ville de Kut al-Amara, tenue par les soldats Britanniques. Pour permettre à ces derniers de tenir, des pilotes leur larguent de la nourriture et des médicaments. Dans cette lettre, l'un d'entre eux raconte son expérience.

Mésopotamie, le 9 mai 1916

Chère Mère,

Vous devez être au courant de l'échec pour secourir Kut et de nos efforts pour retarder sa prise en larguant de la nourriture. [...] J'ai tracé une ligne droite pour Kut en passant par-dessus les lignes à seulement 6 000 pieds(1) quand « bang », un éclat d'obus a éclaté à 10 pieds à droite de ma queue. Trente secondes plus tard, il y en avait un autre au même endroit. Comme les Turcs n'avaient jamais aussi bien tiré, j'ai mis les gaz et quitté cette région dangereuse. À peine remis de mes émotions et après avoir largué les vivres que je transportais, [...] j'ai aperçu plus haut un Fritz(2) sur un Fokker(3) tout neuf, pointant droit vers moi ; à peine à 50 mètres sur ma droite. Brusquement, je me suis retourné et j'ai plongé sous lui pour lui échapper, il m'a lâché. [...] Les Turcs semblent assez gravement touchés par le choléra et un ou deux cas sont apparus parmi nos hommes, j'ai donc reçu ma première dose de vaccin aujourd'hui. [...] La chaleur ici devient forte – plus de 40° C à l'ombre aujourd'hui – mais cela ne me dérange pas pour l'instant et de fortes doses de quinine(4) évitent beaucoup le rhume des foins.

« Une courte vie dans le ciel » : histoire d'un pilote de la Première Guerre mondiale, Kut al-Amara, avril-mai 1916.

(1) Environ 2 000 mètres.
(2) Terme péjoratif utilisé pour désigner les Allemands.
(3) Avion de chasse allemand.
(4) Médicament utilisé contre le paludisme.

2 Des Indiens prisonniers des Turcs (1916)

Lors du siège de Kut, 13 000 soldats britanniques sont capturés, essentiellement des Indiens, dont les deux tiers décèdent en captivité.

3 Le Moyen-Orient dans la guerre

Carte interactive

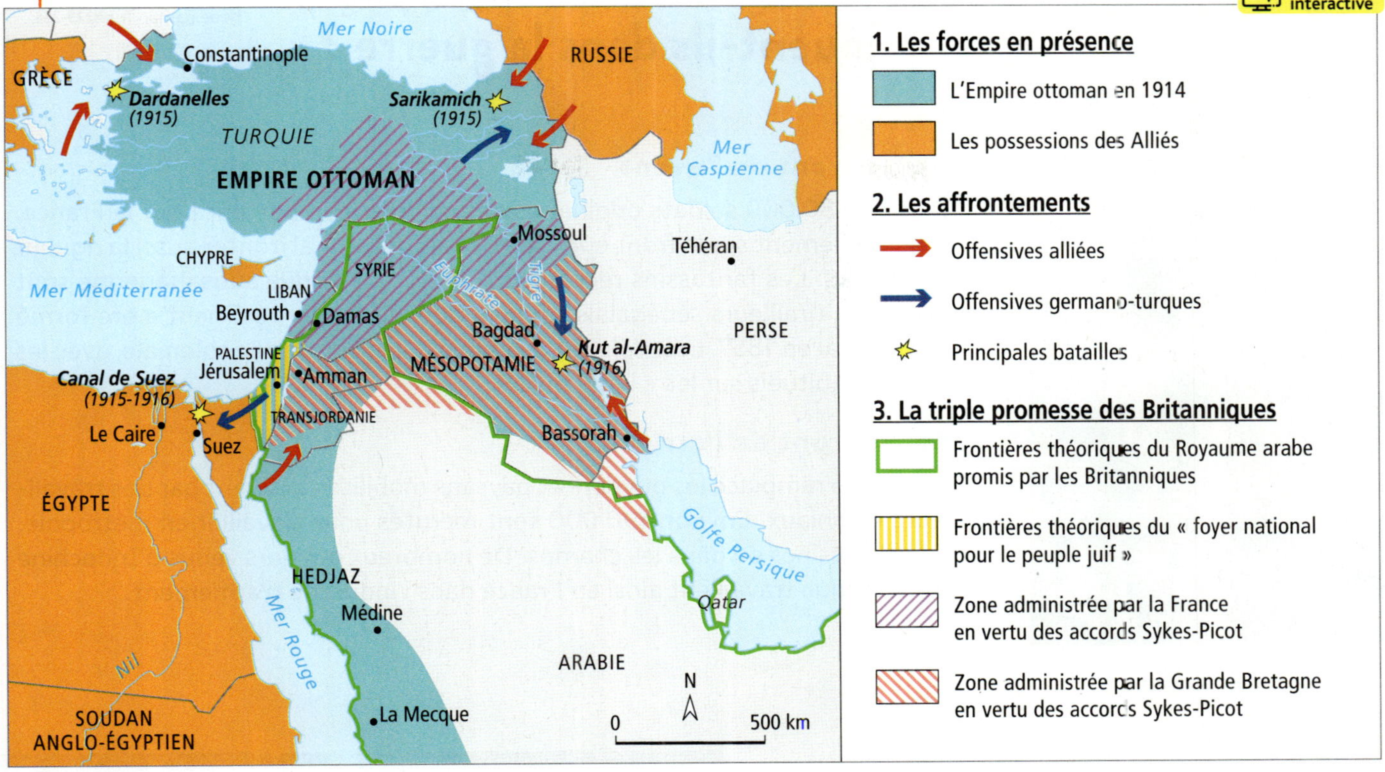

4 Un royaume arabe

Henry McMahon, haut-commissaire britannique au Caire, négocie avec le chérif[1] *Hussein de La Mecque pour que les Arabes se révoltent contre les Turcs. En échange, Londres s'engage à reconnaître l'indépendance d'un royaume arabe.*

1. [...] La Grande-Bretagne est prête à reconnaître et à soutenir l'indépendance des Arabes dans toutes les régions s'étendant à l'intérieur des frontières proposées par le chérif de la Mecque.

2. La Grande-Bretagne apportera sa garantie aux Lieux saints contre toute agression extérieure et reconnaîtra leur inviolabilité. [...]

Je suis convaincu que cette déclaration saura vous convaincre, sans doute possible, de la sympathie de la Grande-Bretagne pour les aspirations de ses amis arabes ; et qu'il en résultera une solide et durable alliance, dont l'une des conséquences immédiates sera l'expulsion des Turcs des territoires arabes et la libération des peuples arabes du joug turc qui a pesé lourdement sur eux pendant de si longues années.

Réponse de Henry McMahon à la note du chérif Hussein du 9 septembre, le 24 octobre 1915.

(1) La Syrie et le Liban sont promis à la France, l'Irak au Royaume-Uni, mais la Palestine est bien censée appartenir au futur royaume arabe.

5 Un foyer national juif

Balfour, ministre britannique des Affaires étrangères, écrit à Lord Rothschild, l'un des dirigeants de la communauté juive au Royaume-Uni.

Le gouvernement de Sa Majesté envisage favorablement l'établissement en Palestine d'un foyer national pour le peuple juif, et emploiera tous ses efforts pour faciliter la réalisation de cet objectif, étant clairement entendu que rien ne sera fait qui puisse porter atteinte ni aux droits civiques et religieux des collectivités non juives existant en Palestine, ni aux droits et au statut politique dont les juifs jouissent dans tout autre pays.

Je vous serais reconnaissant de bien vouloir porter cette déclaration à la connaissance de la Fédération sioniste.

Lettre d'Arthur James Balfour à Lord Rothschild, 2 novembre 1917.

ACTIVITÉ

Rédigez une réponse argumentée à la question : « Pourquoi le Moyen-Orient est-il un front important de la guerre ? »

MÉTHODO

Vous pouvez suivre le plan suivant, en veillant à vous appuyer dans chaque partie sur le cours et sur les documents :

1. Les facteurs
2. La nature des affrontements
3. La conséquence des affrontements

3 Quels rôles les colonisés jouent-ils dans la guerre ?

Toutes les ressources
lycee.nathan.fr/hist25-256

Carte postale française

Sur le front de l'avant

Plus de 580 000 soldats originaires des colonies combattent pour la France, essentiellement sur le front européen, où ils doivent affronter aussi la rigueur des hivers. Les fantassins recrutés dans toute l'Afrique subsaharienne sont appelés « tirailleurs sénégalais », parce que le premier régiment a été formé au Sénégal en 1857. Leur rôle est évoqué par la propagande coloniale, avec les clichés habituels sur les « indigènes ».

Sur le front de l'arrière

La France remplace les ouvriers et paysans mobilisés à l'avant par des travailleurs coloniaux. Environ 190 000 sont recrutés pour travailler en métropole, dans les usines ou dans les champs. De nombreux ouvriers venus d'Indochine ou d'Afrique travaillent ainsi en France dans l'industrie d'armement.

1 Tirailleurs sénégalais au Chemin des Dames

Originaire de l'une des quatre communes du Sénégal possédant des droits politiques, Blaise Diagne est élu à la Chambre des députés en 1914. Pendant la guerre, il se bat en faveur des droits des Africains engagés dans l'armée française.

Ils arrivent le 2 avril au front où, aussitôt, le 66e bataillon est envoyé aux tranchées d'abord pour des corvées(1), ensuite en première ligne, le 10, en face du Chemin des Dames, à Plessy. L'effectif, au 2 avril, du 57e régiment était de 654 Européens et 2 324 indigènes. Du 1er avril au 20, on est obligé d'évacuer pour gelure des pieds 233 hommes et 93 pour affections pulmonaires. [...] Pour moi, c'est chaque fois un crime contre la défense nationale de traiter ainsi ces hommes, qui viennent ici, n'ayant rien d'autre à défendre que la liberté que vous devez demain leur donner d'une façon complète. [...] Alors c'est l'attaque du 16 avril pour ces régiments ; ces troupes ont subi la pluie, la neige [...]. Incapables de mettre baïonnette au canon, incapables de se servir de leurs grenades, ils arrivent quand même à la troisième ligne allemande et y subissent la contre-attaque allemande [...]. Il faut que je vous donne le chiffre des pertes dans ces deux journées des 16 et 18 avril [...]. Blessés : 19 officiers, 124 Européens, 436 indigènes ; tués : 8 officiers, 45 Européens et 541 indigènes ; disparus : 3 officiers, 34 Européens, 304 indigènes(2).

Intervention de Blaise Diagne en comité secret de la Chambre des députés, séance du 29 juin 1917.

(1) Les corvées de bois sont réservées aux tirailleurs sénégalais.
(2) 6 000 tirailleurs sénégalais sont tués lors de la bataille du Chemin des Dames, soit 45 % de l'effectif engagé.

2 Sénégalais fabriquant des obus dans la région de Lyon (septembre 1916)

Photographie parue dans le journal *Excelsior* du dimanche 17 septembre 1916.

ACTIVITÉ

Réalisez une présentation à l'oral pour répondre à la question suivante : « Quels rôles les colonisés jouent-ils dans la guerre ? »

Vous pouvez suivre le plan suivant, en veillant à vous appuyer dans chaque partie sur les documents.

1. Les colonisés se sont battus pour leur métropole
2. Les colonisés ont participé à l'effort de guerre
3. Les colonisés ont payé un lourd tribut

SCHÉMATISER SON ARGUMENTATION

4 Comment Marie Curie et Suzanne Noël ont-elles révolutionné la médecine pendant la guerre ?

PPO

Marie Curie sur le front au volant d'une voiture radiologique (1915)

>> Biographie p. 302

Marie Curie et la radiologie

Première femme récompensée par le prix Nobel (physique en 1903, chimie en 1911), Marie Curie (1867-1934) quitte son laboratoire pour le front. Elle met son invention, la radiographie, au service de plus d'un million de soldats touchés par des éclats d'obus. Pour cela, elle utilise 18 voitures radiologiques surnommées les « petites Curies ».

Suzanne Noël et la chirurgie réparatrice

Suzanne Noël (1878-1954), première femme chirurgienne esthétique, opère de nombreux blessés de la face (les « gueules cassées ») pour leur redonner une dignité en réalisant des greffes de peau et d'os. Au sortir de la guerre, elle s'illustre dans le domaine de la chirurgie réparatrice et esthétique, mettant au point des techniques révolutionnaires encore utilisées aujourd'hui.

1 La radiologie de guerre

Ainsi a été constituée la radiologie de guerre dont l'extension n'a cessé d'augmenter jusqu'à la fin de celle-ci. Et si l'activité des services radiologiques s'est, naturellement, ralentie avec la cessation des hostilités, l'impulsion dont est sorti leur développement ne s'est point épuisée ; elle reste acquise comme élément d'action organisatrice, pour étendre à toute la population française les bienfaits d'une technique médicale dont l'usage reste très limité avant la guerre. Les circonstances ont fait qu'à cette évolution, encore inachevée, j'ai pris une part active. Ayant voulu, comme tant d'autres, me mettre au service de la Défense nationale [...], je me suis presque aussitôt orientée du côté de la radiologie, m'efforçant de contribuer à l'organisation des services radiologiques notoirement insuffisants au début de la guerre. [...] Il m'a fallu faire de nombreux voyages aux hôpitaux et aux ambulances, pour vivre de leur vie et participer à leur travail. Il m'a fallu aussi m'occuper de la formation du personnel pour les besoins du service.

Marie Curie, *La radiologie et la guerre*, 1921.

Documentaire

Suzanne Noël, pionnière féministe de la chirurgie esthétique
France Culture

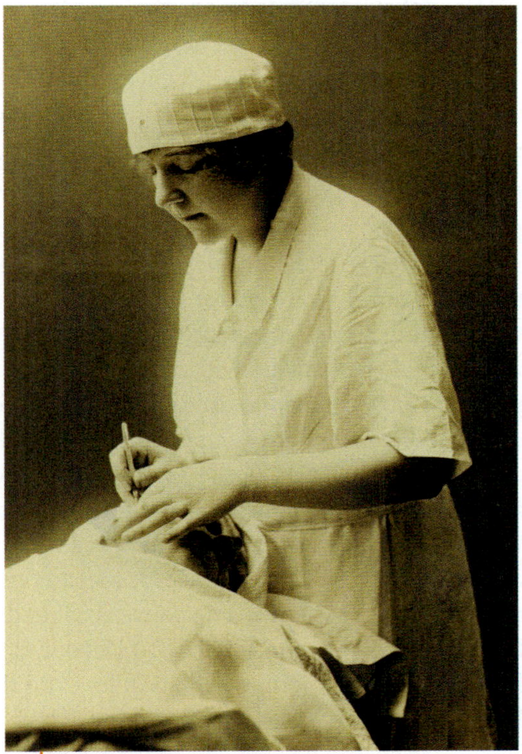

2 Suzanne Noël lors d'une opération

Bibliothèque Marguerite Durand, Paris.

>> Biographie p. 306

ACTIVITÉ

À l'aide du cours, des documents et de vos connaissances, complétez le schéma pour montrer en quoi Marie Curie et Suzanne Noël ont révolutionné la médecine pendant la guerre.

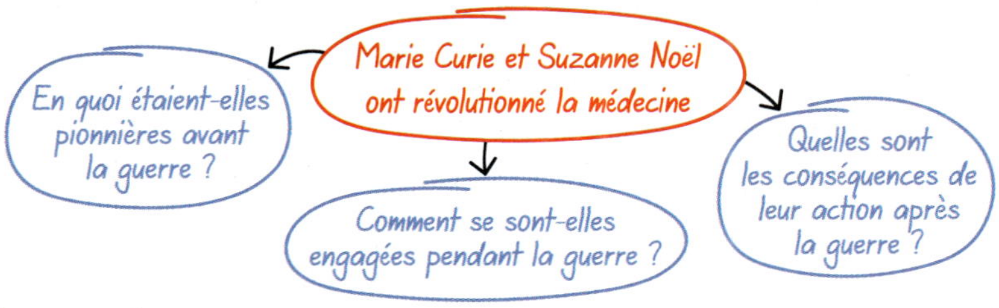

EXPLORER

VÉRIFIER UNE HYPOTHÈSE HISTORIQUE

5 L'engagement des femmes dans la guerre a-t-il permis leur émancipation ?

Toutes les ressources
lycee.nathan.fr/**hist25-258**

Chronologie

Le droit de vote des femmes dans le monde

Date à partir de laquelle les femmes peuvent voter

- 1893 Nouvelle-Zélande
- 1901 Australie
- 1906 Finlande
- 1913 Norvège
- 1915 Danemark, Islande
- 1917 Russie, Uruguay
- 1918 Royaume-Uni, Allemagne, Autriche, Hongrie, Canada, Pologne
- 1919 Pays-Bas, Luxembourg
- 1920 États-Unis
- 1944 France

L'engagement des femmes sur les trois fronts de la guerre

Les femmes ont toujours travaillé, notamment dans les milieux ouvriers et paysans. Pendant la guerre, elles accèdent, sur le front de l'arrière, à des emplois alors réservés aux hommes, mais elles sont toujours moins bien payées. En Russie, 80 femmes se portent volontaires pour combattre sur le front de l'avant. Alors que les armées occidentales refusent d'admettre des femmes, certaines risquent leur vie comme espionnes ou résistantes sur le front occupé.

Le retour au foyer

La fin de la guerre voit le retour des hommes à l'usine et donc des femmes au foyer. Pour récompenser leur engagement, certains pays leur accordent le droit de vote. En France, un baccalauréat féminin est créé en 1919 et permet un accès aux métiers qualifiés du tertiaire. Mais la hantise de la confusion des genres et d'un déclassement des hommes freine cette relative émancipation. Par peur du déclin démographique, la France adopte une politique nataliste : une loi de 1920 durcit la répression de la contraception et l'avortement.

1 L'appel aux femmes françaises

Aux Femmes françaises,

La guerre a été déchaînée par l'Allemagne, malgré les efforts de la France, de la Russie, de l'Angleterre pour maintenir la paix. À l'appel de la Patrie, vos pères, vos fils, vos maris se sont levés et demain ils auront relevé le défi. Le départ pour l'armée de tous ceux qui peuvent porter les armes laisse les travaux des champs interrompus : la moisson est inachevée, le temps des vendanges est proche. Au nom du Gouvernement de la République, au nom de la Nation tout entière groupée derrière lui, je fais appel à votre vaillance, à celle des enfants que leur âge seul, et non leur courage, dérobe au combat. Je vous demande de maintenir l'activité des campagnes, de terminer les récoltes de l'année, de préparer celles de l'année prochaine. Vous ne pouvez pas rendre à la Patrie un plus grand service. [...] Debout, donc, femmes françaises, jeunes enfants, filles et fils de la Patrie ! Remplacez sur le champ du travail ceux qui sont sur le champ de bataille. [...] Il n'y a pas, dans ces heures graves, de labeur infime. Tout est grand qui sert le pays. Debout ! à l'action ! À l'œuvre ! Il y aura demain de la gloire pour tout le monde.

René Viviani, président du Conseil, *Appel aux femmes françaises*, 7 août 1914.

Différenciation

2 « Munitionnettes » au travail

Des ouvrières fabriquent des obus de 75 mm au fort d'Aubervilliers, 31 mai 1917. La journaliste Marcelle Capy, embauchée quelques semaines dans une usine, explique qu'en une journée de 11 heures, une « munitionnette » manipule deux fois 2 500 obus de 7 kg, soit 35 000 kg.

3 Le rôle des femmes pendant la guerre

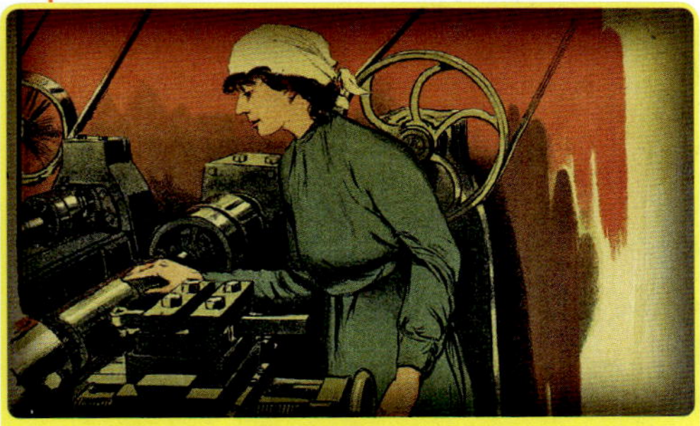

Jusqu'à 2'38'' Entretien avec l'historienne Françoise Thébaud.

4 Les espoirs déçus d'une féministe

Rédigée en 1933 mais jamais parue, l'autobiographie de Madeleine Pelletier vient d'être éditée par l'historienne Christine Bard.

La guerre va devenir le paradis des femmes du peuple. Jamais elles n'auront été aussi heureuses, tout au moins au point de vue matériel. Jamais elles n'ont gagné autant d'argent. Elles sont métallurgistes, chimistes, etc., elles gagnent quarante francs par jour et la vie n'a pas encore augmenté. Aussi que de bas de soie, que de fourrures de lapin, que d'eau de Cologne. Les bourgeoises d'un air pincé leur reprochent ces prodigalités[1]. Elles devraient faire des économies. Comme si on pouvait faire des économies quand on ne sait pas de quoi sera fait demain. Des femmes conduisent les tramways comme Wattwomen[2]. J'assiste aux récriminations jalouses des vieux aiguilleurs.

Mais voilà la paix, les hommes rentrent et les femmes se serrent dans leurs cuisines, se contentant de maugréer. L'affranchissement féminin n'est pas pour demain, hélas.

Madeleine Pelletier (1874-1939), *Mémoires d'une féministe intégrale*, éditions Gallimard, 2024.

(1) Dépenses excessives.
(2) Conductrices de tramways.

Madeleine Pelletier (1874-1939)

>> Biographie p. 306

5 La journée des mères (1918)
Affiche de la Journée nationale des mères de familles nombreuses (1918), BNF, Paris.

ACTIVITÉ

Confronter les documents

1. **Analysez** les causes et les formes de l'engagement des femmes pendant la guerre. En quoi leur action a-t-elle été essentielle ? [**doc. 1, 2, 3** et **4**]
2. **Expliquez** pourquoi l'engagement des femmes suscite l'espoir de Madeleine Pelletier. [**doc. 4**]
3. **Montrez** que cet espoir est rapidement déçu et que l'émancipation des femmes reste limitée. [**docs 3, 4** et **5**]

Vérifier une hypothèse

4. À l'aide des réponses aux questions précédentes, **vérifiez** l'hypothèse historique suivante : « L'engagement des femmes dans la guerre a permis leur émancipation. »

MÉTHODO

Analyser l'hypothèse
- Maîtrisez le sens des notions clés : *engagement, émancipation, conséquences de la guerre.*

Confronter les documents
- Identifiez les idées principales, justifiez-les et croisez les points de vue.
- Relevez les arguments en faveur d'une émancipation durable et ceux qui montrent des limites.

Vérifier l'hypothèse
- Comparez les documents : l'émancipation est-elle effective et durable ?
- Mobilisez des connaissances du cours pour valider ou nuancer.

→ Validez, nuancez ou infirmez l'hypothèse en structurant votre réponse et en justifiant avec les documents et le contexte.

EXPLORER ★★

ANALYSER UNE SITUATION HISTORIQUE

6 Quel sens donner aux refus de guerre de 1917 ?

Toutes les ressources
lycee.nathan.fr/hist25-260

PPO

Sur le front de l'avant : des mutineries

Lancée en avril 1917, l'offensive française sur le Chemin des Dames s'avère rapidement inutile et meurtrière : 147 000 hommes perdus en quinze jours. Dans les semaines qui suivent, les **refus de guerre**, sporadiques et individuels depuis 1914, deviennent collectifs et massifs. Environ 40 000 **poilus** se mutinent : s'ils acceptent de tenir leur tranchée, ils refusent de lancer de nouvelles attaques. L'état-major renonce alors à percer le front, procède à des exécutions pour l'exemple et prend des mesures pour améliorer le quotidien des soldats.

Sur le front de l'arrière : des grèves

Un hiver particulièrement froid, l'aggravation de la pénurie alimentaire et la hausse des prix expliquent le fléchissement du moral des civils en 1917. Une vague de grèves touche les différents pays belligérants. En France, la très grande majorité des grévistes sont des femmes. Cette crise sociale n'empêche pas la poursuite de la guerre, sauf en Russie où le gouvernement porté au pouvoir par la révolution signe un armistice.

Vocabulaire

Poilus : terme d'argot miliaire utilisé en France depuis le XIXe siècle pour désigner les soldats endurants et courageux, le poil étant synonyme de virilité et de force.

Refus de guerre : opposition ou protestation contre la guerre, qui peut revêtir de multiples formes (mutinerie, mutilation volontaire, fraternisation avec l'ennemi, grève, expression intellectuelle ou artistique, émeutes).

1 Paroles de mutins

Nous ne voulons plus faire d'attaques. On nous a trop bourré le crâne avec la dernière et elle a coûté trop cher. Nous voulons la paix et que nos gouvernants ne refusent pas d'entrer en pourparlers avec l'Allemagne. Nous n'admettons pas qu'on nous fasse tuer pendant qu'à l'arrière les embusqués(1) roulent en autos avec des femmes, pendant que les profiteurs s'enrichissent de façon honteuse et pendant que les ouvriers des usines gagnent jusqu'à 25 francs par jour. Nous voulons qu'on respecte les tours de permission et qu'on ne se moque pas de nous en ne nous envoyant pas en permission quand nous sommes en repos [...]. Nous voulons être mieux nourris.

Rapport du chef de bataillon Ménager, commandant le 36e régiment d'infanterie, 29 mai 1917.

Je crois que maintenant il n'y a plus d'attaque possible, la plupart des régiments ne veulent plus marcher et ils ont bougrement raison. Je t'assure, ceux qui veulent l'Alsace-Lorraine n'ont qu'à venir la gagner, les vaches ! Moi je m'en fous de l'Alsace et la patrie je l'ai quelque part ! [...] En attendant le jour où nous pourrons leur cracher à la gueule à ces salauds qui font durer la guerre, je te la serre bien cordialement.

Lettre d'un soldat de la 39e division d'infanterie adressée à son frère et interceptée par la censure.

(1) Nom donné aux « planqués », hommes qui ont obtenu un poste à l'abri du front.

2 La grève des midinettes

Les ouvrières de la couture, appelées « les midinettes », protestent contre la hausse des prix et réclament la « semaine anglaise » (ne pas travailler le samedi après-midi). Cette grève s'étend ensuite aux usines d'armement.

Cortège de midinettes parisiennes, place Vendôme, le 18 mai 1917.

3 La Révolution russe

Manifestations de femmes ouvrières à Petrograd (Saint-Pétersbourg) en mars 1917 pour réclamer du pain. Sur la banderole, on peut lire : « Soyons unis, familles de soldats, défenseurs de la liberté et de la paix, pour la patrie. »

PASSÉ Présent

LA JOURNÉE INTERNATIONALE DES DROITS DES FEMMES

La date choisie par les Nations unies en 1977 pour la Journée internationale des droits des femmes correspond à la grève générale et aux manifestations des femmes russes à Petrograd le 8 mars 1917 pour exiger « le pain et la paix ». Cette action marque le début de la révolution russe.

4 Écrire contre la guerre

Wilfred Owen (1893-1918) est un poète et soldat anglais. Dans ce poème rédigé en 1917, il critique la maxime latine « Dulce et decorum est pro patria mori. » *(« Il est doux et honorable de mourir pour sa patrie. ») Il évoque un soldat gazé.*

Qu'en des rêves suffocants vos pas à vous aussi
Suivent le fourgon où nous l'avons jeté,
Que votre regard croise ces yeux blancs convulsés,
Cette face qui pend, comme d'un démon écœuré de péché ;
Que votre oreille à chaque cahot capte ces gargouillis
De sang jaillissant des poumons rongés d'écume,
Ce cancer obscène, ce rebut d'amertume tel, immonde,
L'ulcère à jamais corrompant la langue innocente,
Ami, avec ce bel entrain plus ne direz
Aux enfants brûlant de gloire désespérée,
Ce Mensonge de toujours :
Dulce et decorum est Pro patria mori

Wilfred Owen, « *Dulce et Decorum Est* », 1917.

ACTIVITÉ

Identifier et contextualiser un document

1. **Présentez** chacun des documents en le situant dans le temps et dans l'espace de la guerre. [doc. 1, 2, 3 et 4]

Extraire des informations pertinentes et expliquer

2. **Identifiez** les raisons qui poussent les combattants à protester contre la guerre. [doc. 1 et 4]
3. **Identifiez** les raisons qui poussent les civils à protester contre la guerre. [doc. 2 et 3]

Réaliser l'analyse critique d'un document

4. **Analysez** les conséquences de ces quatre refus de guerre. Ont-ils un impact sur le conflit ?
5. À l'aide des doc. 2 et 3, **nuancez** la critique formulée par les combattants à l'égard du front arrière. [doc. 1]

Rédiger une synthèse

6. À l'aide de vos réponses aux questions précédentes, **expliquez** le sens des refus de guerre en 1917.

MÉTHODO

Pour rédiger votre réponse à la synthèse, commencez par rappeler en introduction le contexte militaire des années 1916 et 1917. Vous pouvez vous servir du cours p. 238-239.

Pour le développement, vous pouvez organiser vos idées en trois grandes parties :

1. Les raisons pour lesquelles les combattants et les civils en viennent à refuser la guerre en 1917
2. Les différentes formes que prennent ces refus de guerre
3. Les conséquences de ces refus de guerre

7 Pourquoi l'extermination des Arméniens est-elle un génocide ? PPO

Toutes les ressources
lycee.nathan.fr/hist25-262

Les premières persécutions

L'Empire ottoman abrite depuis des siècles des minorités chrétiennes (Arméniens, Grecs orthodoxes, Assyro-Chaldéens). Au XIXe siècle, le recul de l'Empire accroît les tensions entre communautés. Entre 1894 et 1896, le sultan Abdülhamid II fait massacrer 300 000 Arméniens, qu'il soupçonne de nourrir des projets d'autonomie. Au pouvoir à partir de 1908, le parti nationaliste des Jeunes-Turcs veut renforcer le caractère musulman et turc de l'Empire. En 1909, 20 000 Arméniens sont massacrés à Adana.

L'extermination des Arméniens pendant la guerre

En 1915, les défaites ottomanes entraînent le **génocide** des Arméniens, accusés de trahison au profit de la Russie. Le gouvernement des Jeunes-Turcs ordonne des massacres de masse et la déportation de tous les Arméniens vers des camps de concentration. Ces « marches de la mort » s'accompagnent de tueries et du viol massif des femmes. Parallèlement, 250 000 Assyro-Chaldéens, soit la moitié de cette communauté chrétienne originaire de Mésopotamie, sont massacrés.

PASSÉ Présent

UNE RECONNAISSANCE TARDIVE ?

Après l'indépendance de l'Arménie en 1991, les Arméniens réclament que les massacres de *Medz Yeghern* (« la Grande Catastrophe ») soient qualifiés de génocide. Ce dernier est reconnu officiellement par de nombreux États, dont la France en 2001. Depuis 2024, la France reconnaît aussi le génocide des Assyro-Chaldéens. Si la Turquie admet désormais des massacres, elle continue de nier l'existence des deux génocides.

Documentaire

Le génocide des Arméniens en cartes
Collaboration avec l'*Atlas historique mondial*, éditions Les Arènes

LES SOURCES de l'historien

LA DÉCISION D'EXTERMINATION

Dans un télégramme secret de septembre 1915, le ministre de l'Intérieur turc Talaat Pacha écrit : « Le gouvernement a décidé d'exterminer entièrement tous les Arméniens habitant en Turquie [...] sans égard pour les femmes, les enfants, les infirmes, [...] il faut mettre fin à leur existence. »

Vocabulaire

Génocide : destruction préméditée et méthodique de tout ou partie d'une population en raison de son appartenance nationale, ethnique ou religieuse.

Négationnisme : négation de génocides ou de crimes majeurs malgré l'existence de preuves apportées par les historiens.

1 Les étapes de l'extermination

Carte interactive

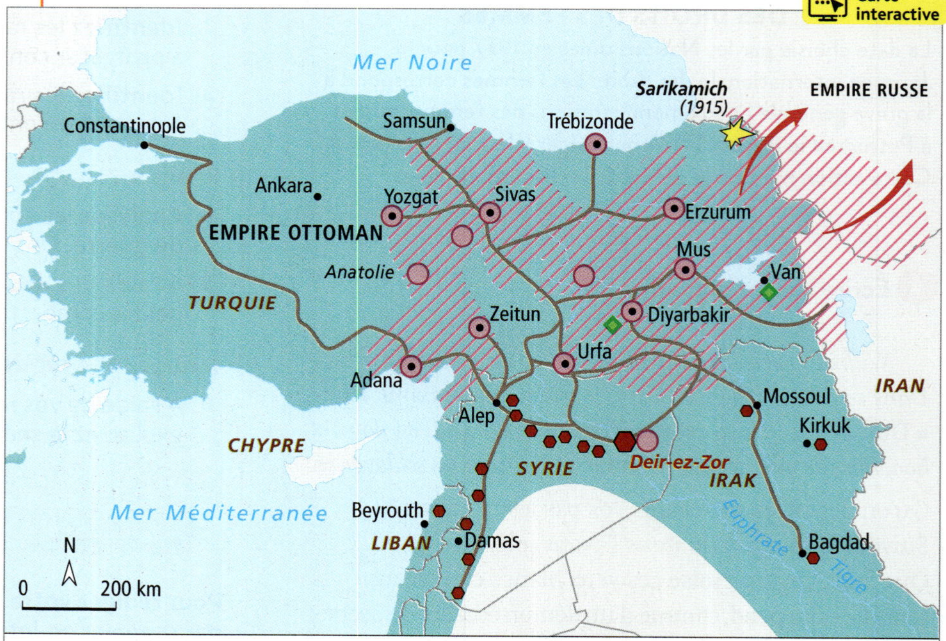

1. La situation des Arméniens dans l'Empire ottoman
- Empire ottoman en 1915
- Région de peuplement arménien
- SYRIE Pays actuels
- Frontières actuelles

2. Les génocides (1915-1916)
- Importante défaite ottomane contre la Russie
- Fuite des Arméniens vers la Russie
- Lieux de massacre des Assyro-Chaldéens
- Principaux lieux d'extermination des Arméniens
- Camps de concentration dans lesquels les Arméniens sont déportés puis exterminés
- Routes de la déportation

2 Une photographie des massacres

Photographie prise par Armin T. Wegner et légendée « Corps d'enfants arméniens massacrés par les Turcs ». L'auteur du cliché est un infirmier de l'armée allemande envoyé sur le front turc. Témoin du génocide, il enfreint les ordres de sa hiérarchie et prend des clichés dans différents camps de concentration turcs en 1915-1916.

3 Le témoignage d'un journaliste allemand

L'auteur est le correspondant allemand de La Gazette de Cologne *dans l'Empire ottoman, alors allié de l'Allemagne.*

Le mouvement anti-arménien de grande envergure a commencé assez inopinément en avril 1915. Certains faits arrivés sur le théâtre de la guerre dit caucasien, faits qu'on ne saurait nier(1), ont fourni très à propos au gouvernement turc le prétexte pour se ruer d'abord, comme des fauves déchaînés, sur les Arméniens des six « vilayets » orientaux(2) ou arméniens proprement dits et de faire table rase d'une façon sanglante, sans aucune distinction entre hommes, femmes et enfants [...]. Les premières centaines de milliers de victimes arméniennes en furent le résultat [...]. Mais ce ne fut pas tout malheureusement ! Le gouvernement turc est allé plus loin, bien plus loin. Car il visait le peuple arménien tout entier, et non seulement en Arménie, mais partout où il habitait, en Anatolie et dans la capitale [...].

En général, les déportés étaient transportés par de longues étapes à pied, mille fois brutalisés et violés en route, jusqu'à la frontière des territoires de population arabe ; et là-bas, dans la montagne aride, sans ressources, sans abris autres que de misérables petites tentes sales et froides, sans vivres, sans la possibilité de gagner un peu leur existence [...], ils attendaient la mort lente, mais presque certaine. Mais toujours, sans exception, les hommes furent séparés des femmes et enfants et transportés dans une autre contrée ; ce fut la caractéristique de ce système des déportations qui devaient détruire la racine même de ce peuple, en brisant tous les liens de famille ! Ainsi disparaissait peu à peu une très grande partie du peuple arménien.

Harry Stuermer, *Deux ans de guerre à Constantinople*, 1917.

(1) Allusion au petit nombre d'Arméniens de l'Empire ottoman qui se sont engagés pour combattre avec l'armée russe.
(2) Provinces de l'Empire ottoman.

4 La déclaration de la Triple Entente

Depuis un mois environ, la population kurde et turque de l'Arménie procède, de connivence et souvent avec l'aide des autorités ottomanes, à des massacres des Arméniens. De tels massacres ont eu lieu vers la mi-avril, à Erzeroum, Dertchun, Eguine, Akn, Bitlis, Mouch, Sassoun, Zeitoun et dans toute la Cilicie ; les habitants d'une centaine de villages aux environs de Van ont été tous assassinés ; dans la même ville, le quartier arménien est assiégé par les Kurdes. En même temps, à Constantinople, le gouvernement ottoman sévit contre la population arménienne inoffensive. En présence de ces nouveaux crimes de la Turquie contre l'humanité et la civilisation, les gouvernements alliés font savoir publiquement à la Sublime-Porte(1) qu'ils tiendront personnellement responsables desdits crimes tous les membres du gouvernement ottoman ainsi que ceux de ses agents qui se trouveraient impliqués dans de pareils massacres.

Déclaration de la Triple Entente tenant pour responsable le gouvernement turc des massacres commis par la Turquie en Arménie, 24 mai 1915.

(1) Gouvernement ottoman.

Différenciation

ACTIVITÉ

À l'occasion du 110e anniversaire du génocide des Arméniens, une commémoration est organisée pour lutter contre le négationnisme. Vous intervenez devant le public pour expliquer, au regard du droit international humanitaire, en quoi l'extermination des Arméniens en 1915-1916 constitue un génocide. En vous appuyant sur le cours, la vidéo et les documents, préparez une prise de parole convaincante.

MÉTHODO

Pour prouver que les Arméniens ont été victimes d'un génocide, vous devez montrer que le gouvernement ottoman a cherché à détruire la minorité arménienne de l'Empire. Cherchez dans le cours et les documents les éléments qui prouvent que :
- les massacres ont été planifiés et ordonnées par le gouvernement ottoman ;
- l'extermination était systématique et visait l'ensemble de la population arménienne ;
- le bilan des massacres est élevé.

Toutes les ressources

lycee.nathan.fr/hist25-264

1 ANALYSER DES DOCUMENTS

Sujet 1 : De la guerre de mouvement à la guerre de position

1. À l'aide du passage souligné, expliquez la stratégie allemande au début de la guerre. Pourquoi la France doit-elle être vaincue rapidement ? [doc. 2]
2. Montrez que l'offensive allemande est couronnée de succès. [doc. 2]
3. Montrez que la bataille de la Marne illustre les logiques de la guerre de mouvement. [doc. 1 et 2]
4. Après avoir défini la guerre de position, expliquez en quoi le passage de la guerre de mouvement à la guerre de position bouleverse les besoins en armement [doc. 1 et 2].

1 Charge de l'armée française lors de la bataille de la Marne

Les tenues voyantes des fantassins (pantalon rouge) en font des cibles faciles pour les mitrailleuses allemandes. La moitié du régiment engagé sur la photo est tuée ce jour-là.

2 Vers la guerre de position

La victoire de la Marne et la rude campagne de deux mois qui l'avaient suivie avaient arrêté l'invasion [...]. Mais il n'en restait pas moins qu'en cette fin d'année de 1914, les Allemands, dont le plan reposait sur une mise hors de cause foudroyante des armées françaises, venaient de perdre tout espoir de gagner la guerre [...]. Faute de mieux, les Allemands s'enterraient devant nous dans un système défensif qui allait chaque jour se perfectionnant. Il s'agissait pour nous d'attaquer cette immense forteresse, de rejeter l'ennemi dans la guerre de rase campagne, de lui imposer notre volonté. Une terrible guerre naissait, à laquelle il allait falloir s'adapter au plus vite. La création d'un matériel puissant d'artillerie s'imposait, doté de stocks de munitions devant l'importance desquels l'imagination reculait. À la fin de 1915, l'artillerie de campagne était plus que doublée [...], l'artillerie lourde de tous les calibres développée dans de grandioses proportions [...], bien que dix de nos départements fussent aux mains de l'ennemi et avec eux le bassin métallurgique de l'Est et nos mines de charbon du Nord.

Maréchal Joffre, *Mémoires (1910-1917)*, 1932.

Sujet 2 : L'engagement des civils dans la guerre totale

CONSIGNE À l'aide du document et de vos connaissances, montrez que la Première Guerre mondiale est une guerre totale.

Vous pouvez d'abord montrer que des civils sont appelés à combattre à l'avant dans le cadre de la mobilisation générale, puis analyser les différentes formes de l'engagement des civils à l'arrière.

Il faut nettoyer[1] ça. Me voici l'eustache[2] à la main. C'est à ça qu'aboutit toute cette immense machine de guerre. Des femmes se crèvent dans les usines. Un peuple d'ouvriers trime à outrance au fond des mines. [...] La foule des grandes villes se rue au ciné et s'arrache les journaux. Au fond des campagnes les paysans sèment et récoltent. Des âmes prient. Des chirurgiens opèrent. Des financiers s'enrichissent. Des marraines écrivent des lettres. Mille millions d'individus m'ont consacré toute leur activité d'un jour, leur force, leur talent, leur science, leur intelligence, leurs habitudes, leurs sentiments, leur cœur. Et voilà qu'aujourd'hui j'ai le couteau à la main. L'eustache de Bonnot[3]. « Vive l'humanité ! » Je palpe une froide vérité sommée d'une lame tranchante. J'ai raison. [...]

Me voici les nerfs tendus, les muscles bandés, prêt à bondir dans la réalité. J'ai bravé la torpille, le canon, les mines, le feu, les gaz, les mitrailleuses, toute la machinerie anonyme, démoniaque, systématique, aveugle. Je vais braver l'homme. Mon semblable. Un singe. Œil pour œil, dent pour dent. À nous deux maintenant. À coups de poing, à coup de couteau. Sans merci. Je saute sur mon antagoniste. Je lui porte un coup terrible. La tête est presque décollée. J'ai tué le Boche. J'étais plus vif et plus rapide que lui. Plus direct. J'ai frappé le premier. J'ai le sens de la réalité, moi, poète. J'ai agi. J'ai tué. Comme celui qui veut vivre.

Blaise Cendrars, *J'ai tué*, 1918.

(1) Cendrars, poète dans le civil, est « nettoyeur de tranchée », soldat spécialement formé pour tuer les ennemis encore en état de combattre lors de l'assaut de leur tranchée.
(2) Couteau.
(3) Anarchiste français à l'origine de plusieurs braquages et meurtres entre 1911 et 1912.

2 RÉPONDRE À UNE QUESTION PROBLÉMATISÉE

Sujet 1 : Pourquoi le conflit entre les puissances européennes prend-il immédiatement une dimension mondiale ?

CONSIGNE À l'aide de vos connaissances, vous répondrez de manière organisée et argumentée à cette question. Vous pouvez d'abord montrer que la guerre européenne a des ramifications planétaires, puis analyser l'extension progressive du conflit à de nouveaux belligérants et enfin étudier la multiplication des fronts sur les différents continents.

Sujet 2 : En quoi les civils sont-ils à la fois des acteurs et des victimes de la guerre ?

Toutes les ressources

lycee.nathan.fr/hist25-266

LES LETTRES DES COUPLES PENDANT LA GRANDE GUERRE

DES OBJETS BANALS ET TRAGIQUES

DOC 1.

Soldat écrivant une lettre dans une tranchée, 1914-1918

De nouvelles habitudes épistolaires

En France, pendant la Première Guerre mondiale, au moins 5 millions de couples se trouvent séparés. À partir du 3 août 1914, la franchise postale est mise en place pour les soldats : les échanges sont désormais gratuits pour les lettres pesant moins de 20 grammes. Nombre de couples qui n'avaient pas l'habitude de correspondre adoptent cette pratique. Les services postaux sont alors dépassés : pendant les premiers mois de la guerre, l'acheminement du courrier est très irrégulier. En outre, un contrôle se met en place pour surveiller ces écrits.

Des échanges banals dans un contexte tragique

La vie quotidienne, sur le front comme à l'arrière, est au cœur des correspondances : évocations de la vie dans les tranchées, nouvelles de la vie professionnelle, des enfants, de l'entourage, mais aussi expression des sentiments, donnent accès à l'intimité des couples et des familles. Les marraines de guerre remplacent la famille pour les soldats isolés. Dans un contexte où la mort est omniprésente, certains écrivent aussi comme si chaque lettre était la dernière. À l'issue du conflit, au moins 600 000 Françaises sont veuves de guerre, ou « veuves blanches » pour les fiancées.

Une source exceptionnelle pour l'étude de la Grande Guerre

Détruites ou oubliées pour certaines, publiées ou données à un centre d'archives pour d'autres, le destin de ces millions de lettres dépend de la valeur accordée à l'objet par les personnes qui ont reçu les lettres, puis celles qui en ont hérité. La « grande collecte », lancée à l'occasion du centenaire de la guerre de 1914-1918, a permis d'en réunir un très grand nombre.

Repères

Les marraines de guerre

En 1915, des associations catholiques ont l'idée de proposer aux soldats coupés de leur famille un soutien psychologique et matériel fourni par des femmes appelées « marraines de guerre ». Les relations épistolaires entre marraine et filleul se changent parfois en lien sentimental. L'image de la marraine se dégrade : femmes légères ou espionnes, une partie de l'opinion comme des généraux les soupçonnent d'avoir des visées autres que patriotiques.

INTERVIEW d'historienne

lycee.nathan.fr/hist25-266-02

Clémentine Vidal Naquet, maîtresse de conférence à l'université de Picardie. Elle est spécialiste de la Première Guerre mondiale et de l'histoire des sensibilités.

DOC 2.
Carte postale éditée pendant la Première Guerre mondiale, 1915

DOC 3. **La première lettre de Césarine Pachoux à son mari Joseph**

Paysans du département de l'Ain, âgés de 40 ans en 1914, Césarine et Joseph Pachoux ont appris à s'écrire au cours de la guerre. 108 de leurs lettres ont été conservées.

5 septembre 1914

Bien cher Joseph,

Un long mois s'est écoulé depuis qu'on a pu causer ensemble. Que de choses à se dire, que de conseils à te demander ! Te dire d'abord qu'il y a quinze jours, les cochons s'étaient bien vendus à la foire de Bourg, à 50 francs. [...]
Le père Maréchal est venu aussi cribler le blé pour faire les semences. Mais il est encore bien sale. Le cousin m'a dit qu'il en aurait encore pour nous. Je l'ai déjà retenu pour les semailles si tu n'étais pas rentré. Je fais tout comme je pense bien faire, mais je voudrais que tu me dises ce que tu penses, si mes idées sont bonnes. Maintenant je veux te dire que tous les parents et voisins sont en bonne santé... Pour les nouvelles du pays, on s'intéresse aux blessés. Il y a André Simard qui est en convalescence. Le fils Copé est aussi blessé, le gendre de Pierre Bozonnet et peut-être d'autres qu'on ne sait pas encore. Marcelle me dit de te demander si tu vois son père.

En attendant le plaisir de recevoir ta réponse, reçois mes amitiés sincères.

Je pense à toi,

Césarine

Extrait de Honoré Sarda-Cochet, *Correspondances de guerre (1914-1918) entre Césarine et Joseph Pachoux de Mézériat (Ain)*, tapuscrit (Ambérieu-en-Bugey, Association pour l'autobiographie).

Estimations

- **1 lettre** rédigée par jour par combattant
- **1 000** lettres par combattant durant le conflit
- **1 à 5 millions** de lettres en transit chaque jour.
- Environ **10 milliards** de lettres échangées entre 1914 et 1918.

L'atelier d'histoire

Sur le site Europeana 1914-1918 (créé pour rassembler les éléments de la « grande collecte »), recherchez une lettre ou une carte postale échangée au sein d'un couple.
À partir des informations trouvées sur le site, rédigez un paragraphe présentant le document et la personne autrice de la lettre.
Imaginez ensuite la réponse apportée par la personne destinataire de la lettre.

www Site internet
Site Europeana 1914-1918

CHAPITRE 9

Sortir de la guerre

COURS

EXPLORER

L'HISTOIRE PAR LES OBJETS

Tous les textes du chapitre :
• en version DYS
• en version audio
lycee.nathan.fr/**hist25-268**

Le poids des morts

La nécropole nationale de Notre-Dame-de-Lorette (Pas-de-Calais), inaugurée en 1925, est le plus grand cimetière militaire français. Elle abrite les tombes de plus de 40 000 soldats morts lors de la Première Guerre mondiale. Haut lieu de la mémoire nationale, elle est inscrite au patrimoine mondial de l'UNESCO depuis 2023.

Philippe Clément, *La Tour-Lanterne et la chapelle Notre-Dame-de-Lorette*, Ablain-Saint-Nazaire, 23 septembre 2013.

Jeu numérique
Découvrir l'image
lycee.nathan.fr/**hist25-269**

Toutes les ressources
lycee.nathan.fr/hist25-270

1 Des sociétés meurtries par la Grande Guerre

Cours à écouter

PPO
1920 – Le soldat inconnu et les enjeux mémoriels.

A De lourdes conséquences

a. Un désastre humain

• Le bilan humain de la Grande Guerre est très lourd avec 10 millions de soldats morts ou disparus et 21 millions de blessés sur 74 millions de mobilisés [doc 1]. Parmi les blessés, 6,5 millions sont **mutilés**, tandis que des millions restent durablement traumatisés. À cela s'ajoutent 9 millions de victimes civiles, 6 millions d'orphelins et 3 millions de veuves. Par ailleurs, la guerre entraîne une chute durable de la natalité. En effet, comme de nombreux hommes âgés de 18 à 35 ans sont morts, les générations en âge de procréer ont moins d'enfants après la guerre.

Vocabulaire

Inflation : augmentation générale et durable des prix liée à la perte de pouvoir d'achat de la monnaie.

Mutilé : personne ayant perdu un membre ou un organe.

b. Des destructions considérables

• Les régions touchées par les combats – Nord-Est de la France, Belgique, Italie du Nord-Est, Balkans, Pologne orientale, Russie occidentale – subissent des destructions majeures. En France, des centaines de milliers de bâtiments sont détruits, plongeant des milliers de personnes dans une situation précaire (**Chiffres**). Le territoire du Royaume-Uni est préservé, mais sa flotte commerciale est détruite aux deux tiers.

EXPLORER ② p. 280

Chiffres

Les destructions en France

- 2,5 millions d'hectares de terres agricoles
- 62 000 km de routes
- 5 000 km de voies ferrées
- 2 000 km de canaux

c. Un choc économique

• Avant 1914, l'Europe dominait l'économie mondiale. Après la guerre, l'économie européenne est fragilisée : les pays sont endettés, leur production agricole et industrielle a diminué, et leur commerce ralentit. Par ailleurs, les monnaies européennes perdent de la valeur et les prix s'envolent du fait de **l'inflation**. À l'inverse, les États-Unis profitent de la guerre : ils prêtent de l'argent aux pays européens et deviennent la première puissance économique mondiale.

1 Les pertes humaines des principaux belligérants

Pays	Morts ou disparus	Blessés	Soldats mobilisés	% de morts ou de disparus par rapport aux mobilisés
Alliés				
Russie	1 997 500	4 950 000	18 100 000	11,0 %
France et colonies	1 400 000	4 266 000	7 891 000	17,7 %
Empire britannique	959 000	2 090 212	8 904 467	10,8 %
Italie	600 000	947 000	5 615 000	10,7 %
États-Unis	87 900	234 000	4 273 000	2,1 %
Serbie	278 000	133 148	750 000	37,1 %
Empires centraux				
Allemagne	2 037 000	4 216 058	13 200 000	15,4 %
Autriche-Hongrie	1 457 000	3 620 000	9 000 000	16,2 %
Empire ottoman	772 000	400 000	2 998 000	25,8 %
Bulgarie	87 500	152 390	400 000	21,9 %
TOTAL	10 001 800	21 219 152	73 799 467	13,6 %

Estimations d'Antoine Prost dans *The Cambridge History of the First World War*, volume III, 2014.

B Les enjeux de la mémoire

a. Une victoire amère

• À l'annonce de l'**armistice**, des scènes de joie éclatent dans toutes les communes de France. Mais la population est également marquée par la lassitude et le deuil, en raison du sacrifice consenti. Le 14 juillet 1919, un grand défilé est organisé à Paris pour célébrer le triomphe des Alliés. Cependant, le souvenir de la victoire est rapidement remplacé par la commémoration des victimes de la guerre.

b. Le poids des morts

PPO

• À partir de 1919, les pays européens érigent de nombreux monuments pour honorer les soldats tombés au combat. En France, presque toutes les communes font construire un monument aux morts. Parallèlement, des cimetières militaires et des mémoriaux sont aménagés à proximité des champs de bataille. Mais de nombreuses familles réclament le retour des corps de leurs proches pour les enterrer près de chez eux. L'inhumation de soldats inconnus dans des lieux emblématiques symbolise le sacrifice de tous les combattants [**doc. 2**].

EXPLORER ① p. 278, ③ p. 282 et ④ p. 284

c. Le poids des vivants

• Le retour à la vie civile des **anciens combattants** s'accompagne de difficultés professionnelles et familiales. Beaucoup de **vétérans** se sentent abandonnés et trahis par les civils pour lesquels ils se sont battus. Dans tous les pays européens, ils fondent des associations pour réclamer des compensations financières et symboliques pour leur sacrifice. Particulièrement nombreuses en France, les associations d'anciens combattants obtiennent des droits sociaux (pensions pour les invalides, les veuves et les orphelins ; postes réservés pour les blessés de guerre) et influencent la vie politique.

• À partir de 1922, des vétérans issus de plusieurs pays se réunissent à Genève pour imaginer des droits communs à tous les anciens combattants, par-delà les frontières. Cependant, plusieurs associations d'anciens combattants refusent de participer à ces conférences internationales, car elles ne peuvent accepter de travailler avec leurs ennemis d'hier. Cela montre bien la lenteur de la « **démobilisation culturelle** ».

EXPLORER ⑤ p. 285

2 Les soldats inconnus (1920-2004)

Pays	Date du transfert d'un soldat inconnu	Lieu d'inhumation
France	11 novembre 1920	Arc de Triomphe (Paris)
Royaume-Uni	11 novembre 1920	Abbaye de Westminster (Londres)
Italie	4 novembre 1921	Autel de la Patrie (Rome)
États-Unis	11 novembre 1921	Cimetière national d'Arlington
Belgique	11 novembre 1922	Colonne du Congrès (Bruxelles)
Roumanie	17 mai 1923	Parc Carol (Bucarest)
Allemagne	1931	Neue Wache (Berlin)
Inde	12 février 1931	Porte de l'Inde (New Delhi)
Australie	11 novembre 1993	*Australian War Memorial's Hall of Memory* (Canberra)
Canada	28 mai 2000	*National War Memorial* (Ottawa)
Nouvelle-Zélande	11 novembre 2004	*National War Memorial* (Wellington)

Vocabulaire

Anciens combattants : hommes qui ont participé à la Grande Guerre et qui s'organisent en associations pour défendre leurs intérêts.

Armistice : convention par laquelle les belligérants suspendent les combats en attendant la négociation d'un traité de paix.

Vétéran : synonyme d'ancien combattant.

LE SENS des mots

LA DÉMOBILISATION CULTURELLE

La démobilisation est le fait de renvoyer les soldats à la vie civile. Le concept de « démobilisation culturelle » a été inventé par l'historien John Horne (2002) pour montrer la difficulté de la sortie de guerre pour les belligérants d'hier, qui conservent une animosité durable envers « l'ennemi ». Les représentations et les mentalités du temps de guerre ne s'effacent pas brutalement une fois la paix conclue.

5'50''

Pourquoi les monuments aux morts ?
CNRS Images

FICHE À COMPLÉTER

À l'aide du cours, repérez :
- les idées principales ;
- les repères essentiels ;
- le vocabulaire.

COURS

Cours à écouter

② Une délicate sortie de guerre

Toutes les ressources
lycee.nathan.fr/hist25-272

PPO 1 1919-1923 – Les traités de paix.

PPO 2 1922 – Le passeport Nansen et le statut des apatrides.

LE SENS des mots

SORTIES DE GUERRE

Les historiens préfèrent aujourd'hui cette expression à celle d'« après-guerre ». Cela permet d'insister sur la lenteur et la complexité du passage de la guerre à la paix dans tous les pays.

Biographie

Clemenceau (1841-1929) → p. 302

Lénine (1870-1924) → p. 304

Woodrow Wilson (1856-1924) → p. 307

A Une tentative d'imposer une paix durable

a. Des négociations difficiles

• Une Conférence de la paix se tient à Paris de janvier 1919 à août 1920, sans la Russie ni les vaincus. Les négociations sont dominées par les quatre grandes puissances victorieuses, mais leurs objectifs diffèrent. Le Français Clemenceau veut des réparations et des garanties de sécurité, le Britannique Lloyd George refuse d'affaiblir excessivement l'Allemagne, l'Américain Wilson défend ses « quatorze points » [**doc. 2**], tandis que l'Italie réclame les **terres irrédentes**, promises en échange de son entrée en guerre en 1915.

EXPLORER ⑥ p. 286

b. Les traités de paix

PPO 1

• Il faut seize traités entre 1918 et 1923 pour mettre fin à la guerre [**doc. 1**]. Ils redessinent les frontières en Europe et au Moyen-Orient, en se fondant souvent sur le droit des peuples à disposer d'eux-mêmes. Mais ils sont imposés aux vaincus et perçus par eux comme une humiliation. Le traité de Versailles (28 juin 1919) est considéré comme un ***Diktat*** en Allemagne. En Europe, les vaincus perdent des territoires au profit de la France, de l'Italie et de la Roumanie, et dix nouveaux États sont créés. L'Italie n'obtient pas toutes les terres irrédentes et se considère comme un « vaincu de la paix ». La France et le Royaume-Uni sont les principaux bénéficiaires des **mandats**, en Afrique et au Moyen-Orient.

EXPLORER ⑦ p. 288 et ⑧ p. 289

c. Fonder un ordre nouveau

PPO 2

• Le pacte de la Société des Nations (SDN), adopté le 28 avril 1919 et intégré aux traités, vise à empêcher les guerres par la **sécurité collective**. Installée à Genève en 1920, la SDN peut sanctionner les États agresseurs, mais son action reste limitée faute de force armée pour appliquer ses décisions. Confrontée à une crise migratoire majeure, elle crée un document d'identité pour les réfugiés **apatrides** en 1922 : le passeport Nansen.

EXPLORER ⑨ p. 290

1 Les traités de paix

3 mars 1918	Russie / Empires centraux **Traité de Brest-Litovsk**
28 juin 1919	Allemagne / Alliés **Traité de Versailles**
10 sept. 1919	Autriche / Alliés **Traité de Saint-Germain-en-Laye**
27 nov. 1919	Bulgarie / Alliés **Traité de Neuilly-sur-Seine**
4 juin 1920	Roumanie / Empire centraux Hongrie / Alliés **Traité de Trianon**
10 août 1920	Empire ottoman / Alliés **Traité de Sèvres**
24 juil. 1923	Puis **Traité de Lausanne**

2 Les « quatorze points » de Wilson pour ramener la paix

Le 8 janvier 1918, le président Wilson propose le plan de paix suivant :

Un nouveau cadre diplomatique	• Diplomatie transparente, sans accords secrets (art. 1) • Limitation concertée des armements (art. 4) • Création d'une Société des Nations (art. 14)
La protection du commerce	• Liberté des mers (art. 2) • Liberté du commerce international (art. 3)
Des modifications territoriales respectant mieux le principe des nationalités	• Règlement « impartial » des « revendications coloniales » en prenant en compte « les intérêts des populations intéressées » (art. 5) • Évacuation et restauration de la Russie (art. 6), de la Belgique (art. 7), de la Roumanie, de la Serbie et du Monténégro (art. 11) • Retour de l'Alsace-Lorraine à la France (art. 8), rectification des frontières italiennes selon le principe des nationalités (art. 9) • Indépendance des peuples de l'Empire austro-hongrois (art. 10) et autonomie des peuples non turcs de l'Empire ottoman (art. 12) • Création d'un État polonais avec libre accès à la mer (art. 13)

B À l'Est, la guerre sans fin (1917-1923)

a. Les guerres russes

• Entre 1917 et 1923, la Russie est ravagée par plusieurs guerres entraînant la mort d'environ 10 millions de civils et militaires. Une guerre civile oppose les Rouges (**bolcheviks**) aux Blancs (**tsaristes** et autres anti-communistes). Ces derniers sont soutenus par plusieurs puissances étrangères. Parallèlement, plusieurs peuples de l'ancien Empire russe (Polonais, Ukrainiens, Baltes, Caucasiens) luttent pour leur indépendance. Après de violents conflits, l'Armée rouge l'emporte, sauf en Pologne et dans les pays baltes, qui restent indépendants. Lénine dirige la Russie soviétique, devenue le 30 décembre 1922 l'URSS (Union des Républiques socialistes soviétiques).

EXPLORER ⑩ p. 292

b. Les guerres en Europe centrale

• L'effondrement des empires allemand et austro-hongrois entraîne plusieurs conflits. Certains sont des affrontements internes entre communistes et contre-révolutionnaires, comme à Berlin en janvier 1919 ou en Hongrie de mars à août 1919. Mais il s'agit surtout de conflits territoriaux, entre la Roumanie et la Hongrie (1918-1919) ou entre la Hongrie et la Tchécoslovaquie (1919).

c. La guerre d'indépendance turque

• En 1920, le traité de Sèvres démantèle l'Empire ottoman et crée la Turquie. Celle-ci doit céder des territoires à la Grèce et à la France (Syrie), accepter d'être occupée par les Alliés, reconnaître l'indépendance de l'Arménie et l'autonomie du Kurdistan. Les nationalistes turcs, menés par le général Mustafa Kemal, s'engagent alors dans une guerre qui aboutit à la « libération » du territoire national. En 1923, le traité de Lausanne remplace le traité de Sèvres. Il reconnaît les frontières actuelles de la Turquie et met fin à l'occupation étrangère.

Vocabulaire

Apatride : personne dépourvue de nationalité.

Bolcheviks : révolutionnaires communistes russes, partisans de Lénine.

***Diktat* :** terme utilisé par les Allemands pour désigner les clauses du traité de Versailles imposées par les Alliés sans négociation.

Mandat : territoire confié par la SDN aux vainqueurs de la guerre, qui ont théoriquement pour mission de les préparer à l'indépendance.

Sécurité collective : organisation des relations internationales visant à maintenir la paix par le droit et l'arbitrage, et non par des alliances militaires et des accords secrets.

Terres irrédentes : → p. 238

Tsaristes : monarchistes, partisans du tsar (l'empereur de Russie).

FICHE À COMPLÉTER

À l'aide du cours, repérez :

- les idées principales ;
- les repères essentiels ;
- le vocabulaire.

3 Les principaux conflits (1918-1923)

Carte interactive

Toutes les ressources
lycee.nathan.fr/hist25-274

Sortir de la guerre

- **8 janvier 1918** Discours des 14 points de Wilson
- **11 nov. 1918** Armistice de Rethondes
- **Nov. 1917-juin 1923** Guerres civiles russes
- **Janvier 1919-janvier 1920** Conférence de la paix à Paris
- **28 avril 1919** Pacte de la SDN
- **28 juin 1919** Traité de Versailles (Allemagne)
- **4 juin 1920** Traité de Trianon (Hongrie)
- **10 août 1920** Traité de Sèvres (Empire ottoman)
- **11 nov. 1920** Cérémonie du Soldat inconnu à Paris et à Londres
- **1922** Création du passeport Nansen
- **24 juillet 1923** Traité de Lausanne (Turquie)

1 L'Europe des sorties de guerre (1917-1923)

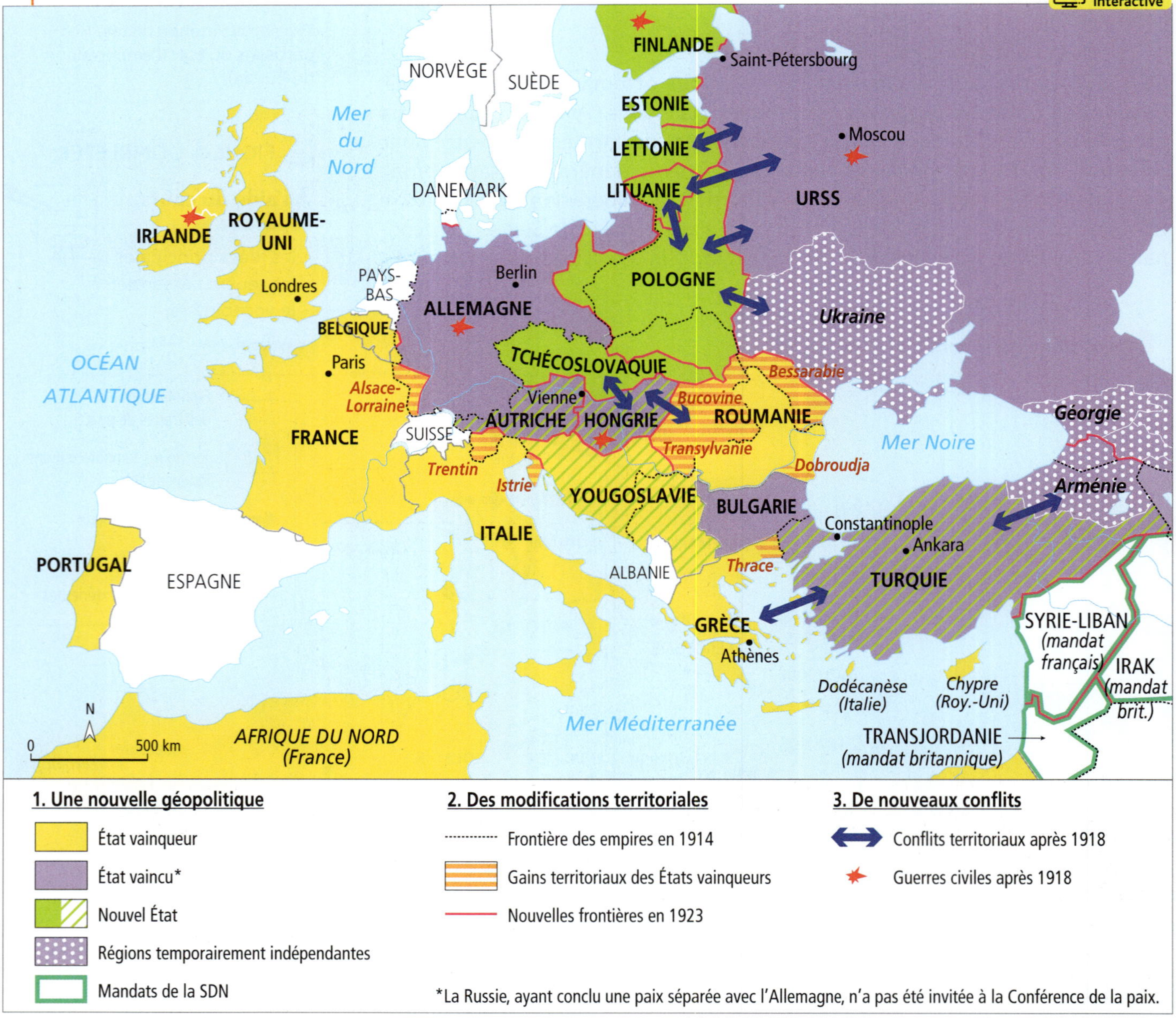

LES CONSÉQUENCES INTERNATIONALES DE LA PREMIÈRE GUERRE MONDIALE

Les vainqueurs de la Première Guerre mondiale négocient la paix avec des objectifs contradictoires...

- **La France** réclame la restitution de l'Alsace-Lorraine et des réparations
- **Le Royaume-Uni** veut maintenir un équilibre européen
- **L'Italie** réclame les terres irrédentes
- **Les États Unis** veulent instaurer un ordre mondial respectueux du droit des peuples à disposer d'eux-mêmes

... et élaborent un nouvel ordre international...

- Lourdes sanctions économiques et territoriales infligées à l'Allemagne
- Instauration de mandats français et britanniques dans les anciennes colonies allemandes et ottomanes
- Dissolution des empires multinationaux (austro-hongrois et ottoman)
- Création de la Société des Nations

... qui fait de nombreux mécontents...

- Rejet de traités considérés comme humiliants par l'Allemagne, la Hongrie et la Turquie
- Colère des Arabes placés sous mandat
- Colère des Italiens qui n'obtiennent pas les territoire réclamés

... et alimente de nouveaux conflits...

- Guerre civile russe
- Guerre d'indépendance turque
- Insurrections communistes (Allemagne, Hongrie)
- Guerres frontalières en Europe centrale (Roumanie/Hongrie ; Pologne/Tchécoslovaquie)

Vainqueur | Vainqueur frustré | Vaincu

LES NOTIONS-CLÉS

Anciens combattants : hommes qui ont participé à la Grande Guerre et qui s'organisent en associations pour défendre leurs intérêts.

***Diktat* :** terme utilisé par les Allemands pour désigner les clauses du traité de Versailles imposées par les Alliés sans négociation.

Quatorze points : programme de paix présenté par le président Wilson lors d'un discours au Congrès des États-Unis le 8 janvier 1918.

Sécurité collective : organisation des relations internationales visant à maintenir la paix par le droit et l'arbitrage, et non par des alliances militaires et des accords secrets.

LES POINTS DE PASSAGE ET D'OUVERTURE

1919-1923 – Les traités de paix.
- Cours p. 272
- Explorer p. 288
- Explorer p. 289

1920 – Le soldat inconnu et les enjeux mémoriels.
- Cours p. 271
- Explorer p. 282

1922 – Le passeport Nansen et le statut des apatrides.
- Cours p. 272
- Explorer p. 290

Toutes les ressources
lycee.nathan.fr/hist25-276

Sortir de la guerre

EXERCICE 1 SAVOIR DÉFINIR

Exercices interactifs

Associez à chaque terme la définition qui lui correspond.

a Anciens combattants
b *Diktat*
c Mandats
d Quatorze points
e Sécurité collective
f Terres irrédentes

1. Organisation des relations internationales visant à maintenir la paix par le droit et l'arbitrage.
2. Territoires confiés par la SDN aux vainqueurs de la guerre, qui ont théoriquement pour mission de les préparer à l'indépendance.
3. Terres « non libérées » de la domination autrichienne et revendiquées comme historiquement italiennes (Istrie, Dalmatie, Trentin, Tyrol du Sud).
4. Hommes qui ont participé à la Grande Guerre et qui s'organisent en associations pour défendre leurs intérêts.
5. Programme de paix présenté par le président Wilson lors d'un discours au Congrès des États-Unis le 8 janvier 1918.
6. Terme utilisé par les Allemands qui désigne les clauses du traité de Versailles imposées par les Alliés sans négociation.

EXERCICE 2 CONNAÎTRE LES PRINCIPAUX ACTEURS

Identifiez les principaux chefs d'État et de gouvernement à la sortie de la guerre.

a *Président du Conseil français de 1917 à 1920.*

b *Premier ministre du Royaume-Uni de 1916 à 1922.*

c *Président des États-Unis de 1913 à 1921.*

d *Dirigeant soviétique de 1917 à 1924.*

EXERCICE 3 SAVOIR DATER

Associez ces dates aux événements qui leur correspondent.

1918 — 1919 — 1920 — 1921 — 1922

- **8 janv. 1918** e
- **28 juin 1919** a
- **4 juin 1920** d
- **11 nov. 1920** c
- **1922** b

1. Création du passeport Nansen
2. Discours des Quatorze points
3. Traité de Trianon
4. Cérémonie d'hommage à un soldat inconnu à Paris et à Londres
5. Traité de Versailles

EXERCICE 4 SAVOIR VALIDER UNE CONNAISSANCE

Indiquez si les affirmations suivantes sont vraies ou fausses.

1. 10 millions de personnes sont mortes pendant la guerre civile russe, soit autant que le nombre de soldats morts pendant la Première Guerre mondiale.
2. Le traité de Sèvres remplace le traité de Lausanne en 1923.
3. Les pays vaincus participent à la Conférence de la paix de Paris.
4. Un monument aux morts est construit dans quasiment toutes les communes de France.
5. Il n'existe une tombe au soldat inconnu qu'en France.
6. L'Italie est mécontente des traités de paix.

EXERCICE 5 RETENIR LES 14 POINTS DE WILSON

Associez chaque point du président Wilson à la bonne catégorie.

UN NOUVEAU CADRE DIPLOMATIQUE

LA PROTECTION DU COMMERCE

DES MODIFICATIONS TERRITORIALES RESPECTANT MIEUX LE PRINCIPE DES NATIONALITÉS

- **a** Diplomatie transparente, sans accords secrets (art. 1)
- **b** Liberté des mers (art. 2)
- **c** Liberté du commerce international (art. 3)
- **d** Limitation concertée des armements (art. 4)
- **e** Règlement « impartial » des « revendications coloniales » en prenant en compte « les intérêts des populations intéressées » (art. 5)
- **f** Retour de l'Alsace-Lorraine à la France (art. 8), rectification des frontières italiennes selon le principe des nationalités (art. 9)
- **g** Indépendance des peuples de l'Empire austro-hongrois (art. 10) et autonomie des peuples non turcs de l'Empire ottoman (art. 12)
- **h** Évacuation et restauration de la Russie (art. 6), de la Belgique (art. 7), de la Roumanie, de la Serbie et du Monténégro (art. 11)
- **i** Création d'un État polonais avec libre accès à la mer (art. 13)
- **j** Création d'une Société des Nations (art. 14)

EXERCICE 6 CONNAÎTRE LES PRINCIPALES IDEES

Choisissez la bonne proposition.

1. La guerre civile russe est un affrontement entre :
- a. les Rouges et les communistes.
- b. les Blancs et les puissances étrangères.
- c. les Rouges et les Blancs.

2. La SDN :
- a. peut sanctionner les États agresseurs.
- b. maintient la paix en Europe grâce à son armée.
- c. est une alliance militaire entre les vainqueurs.

3. Après 1918, il y a des conflits territoriaux :
- a. entre la France et l'Italie.
- b. à l'Est de l'Europe et au Proche-Orient.
- c. entre les États-Unis et l'Allemagne.

4. Le traité de Lausanne :
- a. agrandit le territoire de la Hongrie.
- b. agrandit le territoire de la Suisse.
- c. agrandit le territoire de la Turquie.

5. En 1919, l'Italie se considère comme :
- a. un « vainqueur de la guerre ».
- b. un « vaincu de la paix ».
- c. un « gagnant de la paix ».

Toutes les ressources
lycee.nathan.fr/hist25-278

1 Pourquoi le retour des corps des soldats devient-il une affaire d'État ?

La zone des armées est la partie du territoire français proche des combats et placée sous l'autorité militaire.

Des soldats enterrés près du front

Dès 1914, l'armée française est confrontée à un problème majeur : la « gestion » de centaines de milliers de morts. Les familles veulent récupérer les dépouilles de leurs proches afin de faire leur deuil. Mais les autorités militaires, accaparées par les combats, refusent et font enterrer les corps sur le front, dans des cimetières militaires.

Le retour des corps

Après la guerre, l'État prolonge l'interdiction du retour des corps pour plusieurs raisons : il souhaite consacrer ses ressources à la reconstruction, il craint des problèmes sanitaires et il aimerait préserver les cimetières militaires pour des raisons mémorielles. Les familles s'opposent publiquement à cette décision, avec le soutien de la majorité des élus et de la presse. Le gouvernement cède en juillet 1920 : il autorise la restitution des corps des militaires aux frais de l'État. Cette grande opération de transfert commence en janvier 1921. Entre 1921 et 1926, plus de 250 000 morts sont rendus à leur famille et enterrés dans des cimetières communaux.

1 Un cimetière près du front
Identification et inhumation des soldats morts à Reims, juillet 1918.

2 La demande d'une mère

La revue mensuelle L'Art funéraire et commémoratif, *créée en mai 1919, lance une pétition en faveur du retour des corps des soldats. Dans ce cadre, elle reçoit de nombreuses lettres qu'elle publie.*

Je signe votre pétition, et je la signe avec tout mon cœur. J'avais trois grands fils, et je reste seule et je suis infirme. L'un a été touché en Artois, le deuxième en Champagne, le troisième est tombé à Verdun. Ma seule consolation dans ma douleur immense serait de pouvoir rassembler les restes dispersés de mes trois garçons, et qu'ils reposent enfin tous ensemble dans le petit cimetière de notre chef-lieu de canton, auprès de leur père, qui dort heureux, lui, puisqu'il est mort avant d'avoir vu la guerre. Les savoir tous réunis, c'est tout ce que je demande.

De temps en temps, je pourrai me traîner jusqu'à eux. Oui, je vous en prie, usez de toute votre influence, si vous en avez une, pour que nous soit bientôt donnée cette autorisation qu'on ne nous accorde pas. Des milliers de mères, comme moi, vous seront reconnaissantes.

L'Art funéraire et commémoratif, n° 1, juin 1919.

3 Un défi logistique pour l'État

1 À partir de juillet 1920, des centaines de milliers de familles adressent une demande au ministère de la guerre.

↓

2 De 1921 à 1923, les autorités militaires localisent et identifient les corps dans les cimetières militaires lorsque c'est possible.

↓

3 Les corps sont exhumés, placés dans des cercueils et triés selon la région vers laquelle ils doivent être envoyés (y compris les territoires d'outre-mer).

↓

4 Des convois ferroviaires spéciaux sont organisés à destination des gares régulatrices de Creil et de Brienne-le-Château. Elles regroupent les corps, puis les répartissent dans des trains vers leur région d'origine.

↓

5 Une fois arrivés dans la gare la plus proche, les corps sont transportés jusqu'aux cimetières communaux pour être réinhumés.

↓

6 À partir de 1923, les corps des soldats enterrés en Allemagne et sur le front d'Orient sont restitués. Ils transitent par les gares régulatrices de Sarrebourg et de Marseille.

Vidéo

À la recherche des morts de la Grande Guerre
La loi du 31 juillet 1920 et le « ballet des corps »
L'Atelier d'histoire
De 5'36" à 10'27"

4 Un débat politique

À la Chambre, le député Raoul Pacaud interpelle le ministre de la Guerre au sujet d'un projet de loi visant à interdire, pendant trois ans supplémentaires, le retour des corps des soldats enterrés dans la zone des armées (→ carte p. 278).

Vous savez tous comme moi combien cette question passionne l'opinion publique. Vous recevez, les uns et les autres, des lettres nombreuses de familles inquiètes du sort réservé à leurs enfants qui reposent loin de leur petit pays. Elles voudraient savoir à quelle date le Gouvernement donnera satisfaction au désir qu'elles ont si souvent exprimé, de les ramener auprès d'elles.

Il était naturel que, pendant la guerre, les exhumations(1) et le transport des corps fussent interdits pour des raisons militaires. Mais la guerre est terminée. Le gouvernement a déposé, le 4 février dernier, sur le bureau de la Chambre, un projet de loi tendant à interdire pendant trois ans le transport des militaires tués à l'ennemi. Si ce projet vient en discussion, je suis convaincu que le Parlement ne le ratifiera pas. [...] Il est inadmissible que vous laissiez pendant trois ans des familles privées de leurs enfants morts pour la patrie. [...]

On n'a pas ménagé dans cette enceinte les belles phrases aux morts de la guerre. On a dit qu'ils avaient droit à notre reconnaissance éternelle et on les a couverts de fleurs et d'éloges, qui, d'ailleurs, sont encore au-dessous de leur valeur. Mais je voudrais qu'on le leur prouvât et, au lieu de paroles, qu'on accomplit pour eux des actes de reconnaissance, et qu'on permît à leur famille de les ramener chez elles.

Raoul Pacaud, Discours du 19 septembre 1919, dans *Journal officiel de la République française. Débats parlementaires.*

(1) Exhumation : action de déterrer un corps après l'avoir enterré.

Différenciation

ACTIVITÉ

À l'aide des documents et du cours, construisez une présentation orale dans laquelle vous expliquerez pourquoi le retour des corps des soldats devient une affaire d'État après la fin de la Grande Guerre.
Vous pouvez utiliser ce plan pour organiser votre présentation :

1. Le désir des familles : obtenir le retour des corps de leurs proches [**doc. 2, 4** et cours]
2. D'une affaire privée à une affaire d'État : le débat autour du projet de loi du 4 février 1919 [**doc. 4** et cours]
3. Un défi logistique pour l'État : organiser le transport de centaines de milliers de corps [**doc. 1, 3** et cours]

MÉTHODO

Dans chaque partie, assurez-vous de respecter la méthodologie de l'argumentation.

→ Affirmer une idée : vos arguments.
→ Citer le(s) document(s) pour illustrer cette idée.
→ Ajouter des explications avec vos connaissances.

EXPLORER

ANALYSER UNE SITUATION HISTORIQUE

② Quels défis les sinistrés doivent-ils relever en 1919 ?

Toutes les ressources
lycee.nathan.fr/hist25-280

Ruines d'Arras (Pas-de-Calais)

L'ampleur des destructions

Fin 1918, les départements français envahis pendant la guerre sont ravagés. Certains villages sont intégralement détruits et, dans la « zone rouge », 120 000 hectares sont déclarés inutilisables en raison de la présence de milliers de cadavres et de millions d'obus non explosés. On comptabilise près de 800 000 logements détruits ou endommagés. Le coût des réparations est estimé à 80 milliards de francs, alors que les recettes de l'État sont inférieures à 16 milliards en 1920. De plus, 2 millions de sinistrés doivent être relogés.

La reconstruction

La loi du 17 avril 1919, dite « Charte des sinistrés », reconnaît un droit à réparation des dommages de guerre pour les victimes de la guerre. Dans les années 1920, l'État finance des millions de constructions provisoires dans l'attente de la construction de logements définitifs.

1 L'étendue des destructions

Zones détruites en 1914-1918

- Zone totalement dévastée
- Zone partiellement dévastée

2 Un village détruit

Brebières est une commune du Pas-de-Calais située à 18 km au nord-est d'Arras et à 5 km au sud-ouest de Douai.

Ma chère Thérésa,

Je t'écris cette petite lettre comme je te l'ai promis aussitôt après notre visite à Brebières. [...]

Ce n'est pas moi qui y suis allée, mais maman et Maria. [...] En cours de route [entre Arras et Douai] on ne voit plus de village. À partir de [Vitry-en-Artois], on aperçoit, ou plutôt on devine l'emplacement des maisons, car il n'y a plus rien. Un point c'est tout. Elles disent que notre pays est bien triste à voir. Ce n'est qu'un trou d'obus partout. Rien que dans le champ de M. Leroux en face la maison, Maria en a compté dix-sept, six dans notre cour et neuf dans le jardin. Plus de pont pour aller de l'autre côté de l'eau. Il faut traverser le canal sur des planches que les soldats ont posées.

Maria dit qu'il lui est impossible d'expliquer l'état de notre pauvre Brebières après la quatrième année sans l'avoir vu. Elles ont donc fait le tour du village pour voir un peu partout, et tout est pareil. Elles ont été chez toi, ma chère Thérésa. Il y a encore de gros obus qui n'ont pas éclaté. [...]

Il est impossible de se rendre compte, disent-elles, sans l'avoir vu soi-même. Je crois que nous ne sommes pas prêts à retourner au pays à cause du temps qu'il faudra pour rétablir le tout. [...]

Lettre de Madame Sarrazin, une habitante de Brebières (Pas-de-Calais), publiée dans l'article « Nos pays reconquis » du *Bulletin des réfugiés du Pas-de-Calais*, n° 379, 2 janvier 1919.

3 Un appel à l'aide

Le cri qui retentit en ce moment dans nos pays libérés est celui *Au secours !* et nos compatriotes qui souffrent depuis des années commencent à le pousser en serrant les poings, en serrant les dents.

Va-t-on laisser longtemps encore dans la plus noire misère des familles, des villages, des villes ? Va-t-on enfin secourir ces malheureux qui souffrent du froid et de la faim ? Qu'attend-on pour les aider par tous les moyens ? [...]

Il faut que, sans tarder, les administrations chargées du ravitaillement, de l'hygiène, des transports et de la reconstruction se pénètrent bien de leur devoir. Il faut que tous les services publics non seulement s'adaptent à la paix, mais rivalisent de dévouement pour atténuer les maux des populations les plus sacrifiées.

Je reconnais avec M. Poincaré(1) que les difficultés proviennent des moyens de communication mais n'y a-t-il pas remède à cet état de choses ? Si... il s'agit de vouloir... et l'on doit vouloir lorsque dans des régions entières, qui furent envahies et qui s'étaient cru délivrées, la misère règne ; la famine n'a pas cessé.

On promet de faire... Oui on fera, mais quand ? Je l'ai plusieurs fois dit, on se moque des victimes de la guerre, on les couvre de promesses que l'on ne tient jamais, on leur prodigue de belles paroles dont ils n'ont que faire et pendant ce temps, ils manquent de pain et d'abri.

Éditorial à la une du *Bulletin des réfugiés du Pas-de-Calais*, n° 379, 2 janvier 1919, Archives départementales du Pas-de-Calais.

(1) Raymond Poincaré est le président de la République française de 1913 à 1920.

4 Vivre dans les ruines

Pendant la guerre, des bâtiments préfabriqués sont construits pour les troupes près du front. Les baraques construites par les Britanniques sont surnommées cabanes « Nissen » du nom de l'ingénieur qui les a conçues. Cent mille unités sont réutilisées après la guerre pour loger les sinistrés à leur retour dans les départements dévastés.

Baraques provisoires *Nissen* à Équancourt, village situé à 10 km au nord-est de Péronne, dans le département de la Somme, 13 avril 1919.

ACTIVITÉ

À l'aide du cours et des documents, rédigez une réponse argumentée à la question suivante : « Quels défis les sinistrés doivent-ils relever en 1919 ? »
Vous pourrez suivre le plan suivant :

1. Des conditions de vie précaires dans les régions dévastées
2. De fortes attentes des sinistrés vis-à-vis des autorités

MÉTHODO

→ Pour commencer, **lisez** le cours pour comprendre le contexte historique.
→ **Identifiez** les informations-clés sur chaque document (nature, auteur, date, sujet, source).
→ **Préparez** votre argumentation en remplissant le tableau suivant pour chaque partie :

Idées à développer	Citations des documents	Connaissances pour expliquer, préciser, nuancer

3 Où inhumer le soldat inconnu ? PPO

Toutes les ressources
lycee.nathan.fr/hist25-282

Vocabulaire

Bloc national : alliance de la droite et du centre qui remporte les élections législatives en novembre 1919.

Le soldat inconnu au Royaume-Uni

Au Royaume-Uni, l'idée d'inhumer un soldat inconnu a été proposée pour la première fois en 1916 par David Railton, un aumônier militaire. En 1920, il convainc les autorités politiques, religieuses et militaires de l'enterrer dans l'abbaye de Westminster, l'église des souverains britanniques. Ce choix n'a pas suscité de débat majeur, car le projet était consensuel et qu'il n'existait pas de lieu emblématique alternatif.

Le soldat inconnu en France

En septembre 1919, 87 députés de gauche demandent le transfert au Panthéon d'un soldat anonyme français tombé pour la patrie. Cette proposition, d'abord ignorée, est finalement reprise par le gouvernement du « **Bloc national** ». Le 8 novembre 1920, il dépose un projet de loi afin de rendre « les honneurs du Panthéon » au soldat inconnu (article 1er), puis de l'inhumer sous l'Arc de Triomphe (art. 2). Le choix du lieu d'inhumation suscite un vif débat à l'Assemblée, la gauche préférant le Panthéon et la droite l'Arc de Triomphe.

Repères

L'Abbaye de Westminster

Cet édifice religieux de style gothique est lié à la monarchie britannique depuis la conquête de l'Angleterre par Guillaume Ier en 1066. C'est le lieu des couronnements et des sépultures royales. D'autres personnalités y sont enterrées (Newton, Dickens…) ou honorées (Churchill).

1 Le soldat inconnu à l'abbaye de Westminster

Funérailles du soldat britannique inconnu dans l'abbaye de Westminster, le 11 novembre 1920.

Repères

L'Arc de Triomphe

Ce monument d'inspiration romaine, construit entre 1806 et 1836, a été commandé par Napoléon Ier pour célébrer les victoires de la Révolution et de l'Empire. Il est placé face à l'avenue des Champs-Élysées, lieu de repos éternel des héros dans la mythologie grecque.

3 Le transfert du soldat inconnu à l'Arc de Triomphe

Cortège militaire revenant de l'Arc de Triomphe après y avoir escorté le cercueil du soldat inconnu, le 11 novembre 1920.

DOCUMENT *clé*

2 Un débat politique : Panthéon ou Arc de Triomphe ?

Ferdinand Buisson (1841-1932) est un député du Parti radical, classé au centre gauche.

M. Ferdinand Buisson. Messieurs, ne détruisons pas ce qui reste de l'Union sacrée. L'Union sacrée, c'est au Panthéon qu'elle doit être proclamée et saluée de toute la nation. Du moment que vous avez décidé de porter au Panthéon ceux qui ont contribué au salut de la France et de la République, il ne faut pas en exclure le soldat dont vous avez fait le représentant de la nation. La nation toute entière a fait son devoir, toute entière elle doit être à l'honneur.

[Applaudissements à l'extrême gauche et à gauche.] [...]

L'Angleterre, qui la première a officiellement accueilli l'idée de cet hommage émouvant, comment l'a-t-elle rendu tangible à toute la nation ? Elle ne porte pas seulement à la porte de Westminster ce soldat dont le nom même sera à jamais ignoré. Elle a voulu lui donner sa sépulture définitive à côté de celle des rois, des princes de la science et des grands hommes dont l'Angleterre s'honore depuis des siècles. Ne pouvons-nous pas être aussi démocrates que les Anglais ? [...]

[Débats houleux. Interruption de séance.]

M. Georges Leygues, président du Conseil. En transportant la dépouille du soldat inconnu à l'Arc de Triomphe, [...] nous irons vers le monument qui symbolise non pas seulement un homme ou un régime, [...] mais encore le dévouement à la patrie, l'esprit de sacrifice et l'héroïsme en ce qu'ils ont de plus noble et de plus pur. Nous conduirons la dépouille du soldat là où elle doit reposer : sous l'arche triomphale élevée aux armées anonymes, à la foule des héros ignorés, fils de la Révolution, qui [...] répandirent à travers l'Europe les principes nouveaux que la France avait proclamés à la fin du XVIIIe siècle et qui ont fait le monde moderne.

[Vifs applaudissements prolongés. Une grande partie de l'Assemblée se lève et acclame le président du Conseil.]

Débats à l'Assemblée nationale, 8 novembre 1920

Différenciation

ACTIVITÉ

Vous êtes président du musée de l'Arc de Triomphe. À l'approche des commémorations du 11 novembre, célébrées conjointement avec le Royaume-Uni, vous devez rédiger, puis prononcer un discours comparant l'inhumation du soldat inconnu en France et de l'autre côté de la Manche.

Votre intervention pourra suivre la structure suivante :

1. Une symbolique partagée entre le Royaume-Uni et la France
2. L'abbaye de Westminster, un choix facile au Royaume-Uni
3. L'Arc de Triomphe, un choix controversé en France

MÉTHODO

→ **Lisez** le cours, puis les documents pour comprendre le contexte historique.

→ **Classez** les informations prélevées dans le tableau suivant :

La symbolique du soldat inconnu	Un choix facile au Royaume-Uni : l'abbaye de Westminster	Un choix controversé en France : l'Arc de Triomphe
...	...	...

→ **Conseils :**

- Faites des phrases courtes.
- Soignez le style (vocabulaire, figures de style, connecteurs logiques) pour être plus éloquent.
- Entraînez-vous plusieurs fois pour être à l'aise.
- Pour être plus éloquent : détachez-vous de vos notes, regardez votre auditoire, variez le ton et le rythme de la parole.

4 Les monuments aux morts portent-ils tous le même message ?

Toutes les ressources
lycee.nathan.fr/hist25-284

www Site internet
Recensement des monuments aux morts

Des choix mémoriels

Plus de 36 000 monuments aux morts ont été construits par les communes de France après 1918. Ces lieux de mémoire permettent de comprendre comment les populations ont voulu se souvenir de la guerre et honorer la mémoire des victimes combattantes. La plupart des monuments mettent en avant les valeurs civiques ou le deuil. Les monuments patriotiques mettent l'accent sur l'héroïsme des soldats. De rares monuments pacifistes dénoncent la guerre.

1 Monument de Saint-Julien-du-Terroux (Mayenne)
Construit en 1926 près de l'église paroissiale. Au sommet de la stèle : « On ne passe pas » et une croix de guerre (décoration militaire). Sur la stèle, en lettres dorées : « Saint-Julien, à ses enfants morts pour la patrie. »

2 Monument d'Équeurdreville (Manche)
Construit en 1932 près de la mairie. Sculpture d'Émilie Rolez intitulée *La Veuve*.

ACTIVITÉ

1. **Montrez** qu'il s'agit d'un monument aux morts patriotique [**doc. 1**]. **Justifiez** votre réponse.
2. **Montrez** qu'il s'agit d'un monument aux morts pacifiste [**doc. 2**]. **Justifiez** votre réponse.
3. **Répondez** de manière argumentée à la question suivant : « Les monuments aux morts portent-ils tous le même message ? »

5 Quel est le poids des anciens combattants dans la société française ?

Affiche de l'Association générale des mutilés de la Guerre, 1917
Fondée en 1915, cette association défend les intérêts des mutilés de guerre et de leurs familles.
Illustration de Géo Dorival (1879-1968).

Les associations d'anciens combattants

Les premières associations d'anciens combattants naissent en 1915 pour aider les blessés, mutilés et réformés. Après 1918, le retour à la vie civile des soldats est difficile. Ils font face à des difficultés professionnelles et familiales, et ils se sentent incompris et peu reconnus. Ils créent des milliers d'associations, qui comptent 3 millions d'adhérents dans les années 1930. Les deux plus grosses à l'époque, l'Union fédérale des mutilés (UF) et l'Union nationale des combattants (UNC), réunissent plus de la moitié des effectifs.

Les revendications

Dès 1915, les anciens combattants réclament des pensions pour compenser leurs blessures, des indemnités pour les familles des soldats morts ou blessés, le droit à l'insertion professionnelle et une meilleure protection sociale. Ils exigent également une reconnaissance symbolique de leur sacrifice pour la patrie par l'attribution de médailles, l'organisation de cérémonies officielles et la création de lieux de mémoire.

ACTIVITÉ

Identifier et contextualiser le document

1. **Identifiez** la nature, l'auteur, la date, le sujet et la source du document, puis **replacez-le dans son contexte historique**.

Analyser le texte

2. **Montrez** que l'auteur n'est pas complètement satisfait de la loi Lugol.
3. **Identifiez** la principale revendication de l'auteur et **citez** le texte pour le prouver.
4. **Listez** les termes utilisés pour désigner les anciens combattants. **Expliquez** le choix de ce vocabulaire.

Faire une synthèse

5. À l'aide de vos connaissances et des réponses aux questions précédentes, **expliquez** quel est le poids des anciens combattants dans la société française.

1 Une revendication

La France mutilée *est le journal de l'Union Fédérale des associations françaises de blessés, mutilés, réformés, anciens combattants de la Grande Guerre et de leurs veuves, orphelins et ascendants (UF).*

Une semaine avant le vote de la loi Lugol(1), [...] la Chambre des députés avait adopté un projet extrêmement intéressant de reclassement social des victimes de la guerre. La démobilisation était loin alors d'être terminée et l'on s'apercevait déjà beaucoup trop de l'état d'abandon dans lequel allaient se trouver les mutilés et infirmes de guerre [...]. Si l'on n'y prenait pas garde, une partie des sauveurs du pays [...] allait être jetée dans l'abandon et l'inaction [...]. Il y a en France déjà trop de fonctionnaires ; il est inutile de voir chez nous s'installer un idéal qui ferait de tous nos concitoyens des pensionnaires du budget. [...]

Le seul remède plausible [...], c'est évidemment ce que nous énonçons depuis longtemps en réclamant le droit au travail, l'adoption d'un projet qui oblige nos contemporains à utiliser, autant que faire se peut, la main-d'œuvre des mutilés et même des veuves de guerre sans enfants. Il y va de l'honneur national, car il ne peut être dit qu'un pays riche de gloire comme le nôtre et fort de la victoire qui a coûté tant de sang, marchandera sa reconnaissance en se contentant, de plus en plus faiblement, de faire l'aumône à ceux qui furent réellement ses sauveurs.

Louis Fontenaille, « L'emploi obligatoire des mutilés », *La France mutilée*, 23 janvier 1921.

(1) La loi Lugol, du 31 mars 1919, instaure un droit à indemnisation pour les mutilés.

6 Quels espoirs les 14 points du président Wilson suscitent-ils ?

Toutes les ressources
lycee.nathan.fr/hist25-286

LE SENS des mots

LE DROIT DES PEUPLES À DISPOSER D'EUX-MÊMES

Le droit des peuples à disposer d'eux-mêmes (ou à l'autodétermination) est le droit de chaque nation à exercer sa souveraineté dans un État indépendant. C'est ce qu'on appelle, au XIXe siècle, « le principe des nationalités » (➜ chapitre 3).

Biographie

Woodrow Wilson (1856-1924) ➜ p. 307

Le wilsonisme

Woodrow Wilson est président des États-Unis de 1913 à 1921. Il a engagé son pays dans la Grande Guerre (6 avril 1917) et propose un plan pour établir une paix durable lors du discours des 14 points (8 janvier 1918). Sa doctrine géopolitique, le wilsonisme, promeut la démocratie, le **droit des peuples à disposer d'eux-mêmes** et la coopération internationale. Il est la figure majeure de la conférence de Paris en 1919. Son engagement lui vaut le prix Nobel de la paix en 1920.

Espoirs et désillusions

Wilson fait l'objet d'un engouement populaire exceptionnel en 1918 et 1919. Sa nouvelle façon de concevoir l'ordre mondial suscite un enthousiasme immense en Europe et dans les colonies. Cependant, ces espoirs sont rapidement déçus : les Alliés préfèrent protéger leurs intérêts plutôt qu'appliquer les 14 points, les vaincus sont exclus des négociations et les peuples colonisés sont négligés. Le 19 mars 1920, le Sénat américain rejette le traité de Versailles, signant l'échec du wilsonisme.

Wilson à Paris pendant la Conférence de la Paix (1919)

Documentaire

Wilson en Europe pour la Conférence de paix de Paris
Vidéo INA
7'45''

1 Le père de la paix

Auguste Mangeot (1873-1942), est un musicien français reconnu et un pacifiste. Le 14 décembre 1918, il rate l'arrivée de Wilson à Paris, car son épouse donne naissance à leur enfant. Le même jour, il écrit au président américain.

Monsieur le Président,

Hier, au moment où vous arriviez en France, j'étais dans une chambre remplie de toutes les souffrances d'une femme qui met un enfant au monde. [...] En rapprochant ces deux douleurs, celle de la mère et celle des hommes, je ne puis m'empêcher de croire que si l'humanité a souffert comme elle vient de le faire, c'est parce que va naître pour les peuples le régime du droit et qu'une loi de la nature veut que toute naissance ait lieu au milieu de la souffrance et du sang versé ! Votre arrivée en France nous donne l'espoir de ce prodigieux enfantement. [...]

Si je me suis permis de vous écrire cela, c'est parce que, ce matin, ma femme qui, de son lit, entendait au loin les acclamations qui saluaient votre arrivée, a crié aussi : « Vive Wilson ! » et, jetant un regard tendre sur l'enfant qui dormait dans le berceau, elle m'a dit : « Ce n'est pas assez de l'appeler Jean (nom de mon père qui a été tué près d'Arras), appelons-le aussi Woodrow, comme le grand président des États-Unis. »

Notre désir le plus cher serait, Monsieur le Président, que vous fussiez le parrain du petit Jean Woodrow Mangeot ou, tout au moins, que vous acceptiez de prendre sa naissance sous votre patronage. Mieux que de longs discours, cette pensée vous portera mon souhait de bienvenue et dira ce que nous attendons de votre participation aux conditions de paix pour le bonheur de l'humanité. [...]

Lettre d'Auguste Mangeot, 14 décembre 1918.

2 Le sauveur de l'humanité ?
Carte postale française de 1919.

3 L'espoir dans les colonies

Petit-fils d'Abdelkader, un héros de la guerre contre l'occupation française en Algérie au XIXe siècle, l'émir Khaled milite pour les droits politiques des colonisés algériens. Dans cette lettre adressée au président américain, il demande l'autodétermination de son peuple.

Monsieur le Président,

Nous avons l'honneur de soumettre à votre haute appréciation et à votre esprit de justice un exposé succinct de la situation actuelle de l'Algérie, résultant du fait de son occupation par la France depuis 1830. [...] Depuis 89 ans que nous sommes sous la domination française, le paupérisme ne fait qu'augmenter chez nous, pendant que les vainqueurs s'enrichissent à nos dépens. [...] Avant 1912, les troupes indigènes étaient recrutées par voie d'engagement volontaire moyennant quelques avantages offerts aux engagés. Ces avantages furent supprimés progressivement et on arriva, en 1912, à la conscription obligatoire, d'abord partielle (10 % du contingent) ensuite totale et cela malgré les énergiques protestations des indigènes. [...]

[Nous] venons, au nom de nos compatriotes, faire appel aux nobles sentiments de l'honorable président de la Libre Amérique : nous demandons l'envoi de délégués choisis librement par nous pour décider de notre sort futur, sous l'égide de la Société des Nations. Vos 14 conditions de paix mondiale, monsieur le Président, acceptées par les Alliés et les puissances centrales, doivent servir de base à l'affranchissement de tous les petits peuples opprimés, sans distinction de race ni de religion. Vous représentez au nom du monde entier le digne porte-drapeau du droit et de la justice. Vous n'êtes entré dans cette guerre gigantesque que pour les étendre à tous les peuples. Nous avons une foi ardente en votre parole sacrée. [...]

Lettre de l'émir Khaled adressée à Woodrow Wilson, 23 mai 1919.

ACTIVITÉ

À l'aide du cours et des documents, réalisez une carte mentale montrant les espoirs que suscitent les 14 points du président Wilson en 1919.

MÉTHODO

Après avoir lu le cours et les documents, triez les informations que vous avez identifiées dans les trois branches de cette carte mentale.

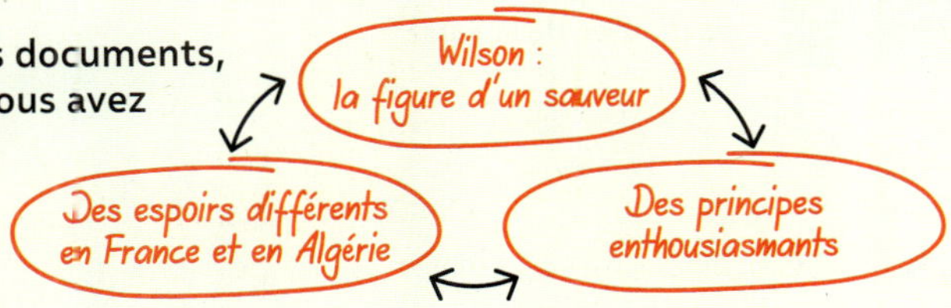

- **Essayez** de placer des informations tirées de chaque document dans chaque partie.
- Pour que votre carte mentale soit lisible, **équilibrez** les trois parties sur la feuille et utilisez des couleurs différentes pour chaque partie.
- Dans votre carte mentale, **citez** de courts extraits des documents en indiquant leur référence [**doc. 1, 2** ou **3**]. Un seul mot ou un seul détail suffit parfois.

EXPLORER

ANALYSER UN DESSIN DE PRESSE

Toutes les ressources
lycee.nathan.fr/hist25-288

7 Pourquoi le traité de Versailles est-il perçu comme une humiliation en Allemagne ? PPO

Vocabulaire

***Diktat* :** terme utilisé par les Allemands pour désigner les clauses du traité de Versailles imposées par les Alliés sans négociation.

Le *Diktat* de Versailles

En novembre 1918, l'armée allemande est sur le point de perdre la guerre. L'Allemagne signe un armistice le 11 novembre. Elle espère négocier des conditions de paix favorables, car son territoire n'a jamais été envahi. Cependant, les Alliés ne l'invitent pas à la conférence de Paris et la contraignent à signer le traité de Versailles le 28 juin 1919. Cet accord, dont les clauses sont très dures, est mal reçu par la population allemande, qui le considère comme un ***Diktat***.

1 Les principales clauses du traité de Versailles

Clauses territoriales et coloniales	• Perte de 13 % de son territoire au profit de cinq pays (France, Belgique, Pologne, Danemark et Lituanie). • Perte d'un dixième de sa population (entre 6,5 et 7 millions d'habitants). • La Sarre est placée sous administration de la SDN jusqu'en 1935. • Perte de toutes ses colonies.
Clauses économiques	• Obligation d'accorder à tous les États des avantages commerciaux sans réciprocité. • Cession d'une grande partie de sa flotte de commerce.
Garanties militaires	• Limitation des effectifs et de l'armement de l'armée allemande. • Démilitarisation de la Rhénanie. • Occupation de la rive gauche du Rhin et des villes de Cologne, Coblence et Mayence.
Réparations	• Responsabilité de tous les dommages de guerre subis par les Alliés. • Paiement de réparations financières : 132 milliards de marks-or (montant fixé en mai 1921). • La France peut exploiter les mines de charbon de la Sarre.

Versailles

„Auch Sie haben noch ein Selbstbestimmungsrecht: wünschen Sie, daß Ihnen die Taschen vor oder nach dem Tode ausgeleert werden

2 Le point de vue allemand

« Même vous, vous disposez encore du droit à l'autodétermination : souhaitez-vous qu'on vous vide les poches avant ou après la mort ? »

Dessin de Thomas Heine, publié dans l'hebdomadaire satirique allemand *Simplicissimus*, 3 juin 1919.

ACTIVITÉ

1. **Décrivez** la scène (les personnages, les objets, le décor, les couleurs choisies) [**doc. 2**].
2. **Expliquez** la légende et **décrivez** le ton employé par l'auteur.
3. **Montrez** que ce dessin de presse reflète l'avis d'une majorité des Allemands sur le traité de Versailles.

Aide méthodo

EXPLORER

VÉRIFIER UNE HYPOTHÈSE HISTORIQUE

8 Pourquoi le traité de Trianon est-il perçu comme une humiliation en Hongrie ? PPO

Repères

Les minorités magyarophones en 1920

En Roumanie	1 650 000
En Tchécoslovaquie	1 000 000
En Yougoslavie	500 000
En Autriche	25 000

Les magyarophones parlent le magyar, c'est-à-dire le hongrois.

Une « petite Hongrie » affaiblie et humiliée

Après la guerre, l'Empire austro-hongrois éclate en sept États. La Hongrie, vaincue, n'est pas invitée à négocier à Paris en 1919. Le 4 juin 1920, elle doit accepter les dures conditions du traité de Trianon. Le pays perd 67,8 % de son territoire, 59 % de sa population d'avant-guerre, son accès à la mer et ses ressources. Plus de 3 millions de magyarophones se retrouvent en situation de minorité dans les États voisins. Depuis cette époque, une majorité de Hongrois considère le traité de Trianon comme un *Diktat*. Ils réclament le retour de la « grande Hongrie » et la « réunification nationale » avec les minorités hongroises.

La Hongrie amputée 1

Carte postale en faveur de la Hongrie diffusée en France, 1919.

ACTIVITÉ

À l'aide du cours et du document ci-contre, écrivez un court texte argumentatif pour vérifier l'hypothèse historique suivante : « Le traité de Trianon a été perçu comme une humiliation en Hongrie. »

MÉTHODO

Étapes pour préparer votre argumentation

1. **Analysez le document.** Quels territoires sont représentés ? Expliquez le choix des couleurs.
2. **Analysez la légende.** À qui s'adresse-t-elle ? Quel sentiment essaie-t-on de susciter ?
3. **Résumez** le sens global du document.

EXPLORER

COMPLÉTER UNE CARTE MENTALE

9 Comment faire face à la crise des réfugiés des années 1920 ? PPO

Toutes les ressources
lycee.nathan.fr/hist25-290

Fridtjof Nansen (1861-1930)

>> Biographie p. 305

Des millions de réfugiés

Les guerres qui ensanglantent l'Europe de l'Est et le Moyen-Orient de 1918 à 1923 mettent sur les routes des millions de réfugiés. Une partie d'entre eux sont privés de leur nationalité par leur pays d'origine, notamment les Russes fuyant le pouvoir bolchevique et les Arméniens chassés par le gouvernement turc de Mustafa Kemal. Ces apatrides ne peuvent pas s'installer légalement dans un nouvel État car ils n'ont plus d'identité reconnue.

Le passeport Nansen

Dans ce contexte, la SDN crée un Haut-Commissariat pour les réfugiés en 1921. Le premier haut-commissaire, Fridtjof Nansen, crée un statut de réfugié en juillet 1922. Le « passeport Nansen » est un certificat d'identité permettant aux apatrides de vivre en toute légalité dans 38 États en 1924. Il est délivré à près de 450 000 personnes entre les deux guerres. Véritable innovation du droit humanitaire international, ce document n'empêche pas les réfugiés de subir des discriminations dans les pays d'accueil.

1 Des millions de réfugiés sur les routes d'Europe

Carte interactive

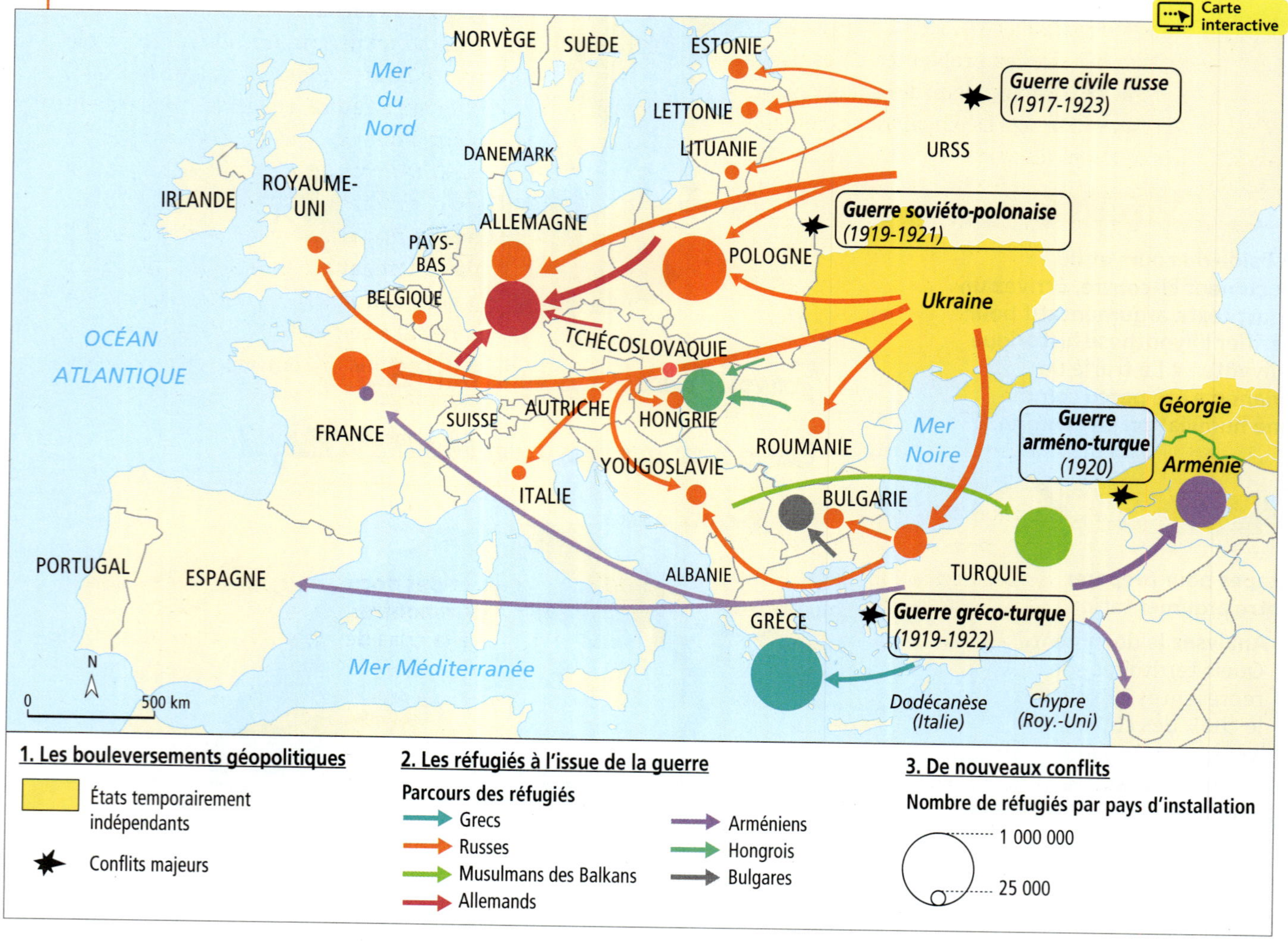

2 La vie au camp Oddo (1925)

Le camp Oddo est un ancien camp militaire de la Première Guerre mondiale situé à Marseille. Il sert de centre d'accueil et d'école pour les réfugiés arméniens de 1922 à 1927. Au total, 5 441 Arméniens y ont été accueillis.

3 Donner un statut aux apatrides

Le Haut-Commissariat a été institué, vers la fin de 1921, en vue de résoudre les problèmes créés par la présence de plus d'un million et demi de réfugiés russes dispersés dans toute l'Europe. La plupart de ces réfugiés étaient dénués de toutes ressources et se trouvaient dans une situation d'autant plus difficile qu'ils ne possédaient aucun passeport, sinon des passeports reconnus par un très petit nombre de gouvernements. C'est par suite de l'impossibilité où se sont trouvés les gouvernements particuliers de résoudre ce problème, chacun pour sa part, que la Société a été invitée à s'occuper de leur bien-être. [...] Il a été reconnu, dès le début, que la question présentait deux phases bien distinctes, l'une transitoire, l'hospitalité à accorder aux réfugiés dans différents pays et l'autre, permanente, le rapatriement en Russie au fur et à mesure que la situation de ce pays deviendrait plus favorable. Des progrès notoires ont été réalisés pour ce qui touche à la période transitoire : trente et un gouvernements [...] acceptent aujourd'hui le modèle de certificat d'identité pour les réfugiés russes [...]. L'adoption de ce système a été extrêmement précieuse pour les réfugiés eux-mêmes, car elle a mis fin à leur situation illégale de « gens sans patrie ».

Fridtjof Nansen, *Rapport sur les travaux du Haut-Commissariat pour les réfugiés*, Genève, 4 septembre 1923.

Différenciation

4 Vivre avec un passeport Nansen

Dans cette autobiographie, l'écrivain américain d'origine russe raconte son enfance dans une famille aristocratique, contrainte à l'exil après la révolution d'Octobre 1917.

La Société des Nations munissait les émigrés, qui avaient perdu leur citoyenneté russe, d'un passeport dit *Nansen*, document très accessoire, d'une nuance vert pâle. Son titulaire valait à peine mieux qu'un criminel libéré sur parole et devait passer par d'odieuses épreuves chaque fois qu'il voulait voyager d'un pays à l'autre, et plus les pays étaient petits, plus ils étaient tatillons. Quelque part dans le fin fond de leurs glandes, les autorités sécrétaient cette notion que peu importait à quel point un État – disons la Russie soviétique – pouvait être mauvais, toute personne ayant fui cet État était intrinsèquement méprisable du fait qu'elle s'était soustraite à toute administration nationale ; et, par conséquent, on marquait à son endroit la désapprobation absurde avec laquelle certains milieux religieux regardent un enfant né hors mariage.

Vladimir Nabokov, *Autres rivages*, Gallimard, 1951.

ACTIVITÉ

À l'aide du cours et des documents, complétez cette carte mentale pour montrer comment la Société des Nations fait face à la crise des réfugiés des années 1920.

Aide méthodo

EXPLORER ★★★

IDENTIFIER DES ACTEURS HISTORIQUES

10 Qui s'affronte lors de la guerre civile russe (1917-1923) ?

Toutes les ressources
lycee.nathan.fr/hist25-292

LES ROUGES

Forces bolcheviques pendant la guerre civile russe.
Les communistes de l'Armée rouge sont dirigés par Léon Trotski (1879-1940).

LES BLANCS

Ils combattent les bolcheviks, mais ne sont pas tous tsaristes. Il n'y a pas de coordination entre les différents généraux (Koltchak, Ioudénitch, Miller, Dénikine, Wrangel…)

Biographie

Lénine
(1870-1924) → p. 304

La prise de pouvoir des bolcheviks

Le 2 mars 1917, le tsar Nicolas II doit abdiquer, mettant fin à l'Empire russe. Un gouvernement provisoire prend le pouvoir. Devenu impopulaire en raison de défaites militaires, il perd rapidement le soutien de la population. Le 25 octobre, les bolcheviks en profitent pour prendre le pouvoir, en promettant à la population la paix et le partage des terres. Le Parti communiste de Lénine instaure un régime autoritaire. En mars 1918, la Russie signe la paix de Brest-Litovsk avec l'Allemagne, perdant de vastes territoires.

Une guerre civile d'une rare violence

De 1917 à 1923, en Russie, une guerre civile oppose les Rouges aux Blancs. Quatorze nations étrangères, inquiètes de la diffusion des idées communistes, soutiennent les Blancs. Dans le même temps, la Russie attaque les États voisins pour récupérer les territoires perdus en 1918. Plusieurs régions de l'ex-empire, comme la Géorgie et l'Ukraine, profitent du chaos pour proclamer leur indépendance. En 1923, les bolcheviks l'emportent, mais 2 millions de militaires et 8 millions de civils ont péri au cours de ces guerres.

1 La guerre civile russe (1917-1923)

Carte interactive

1. Les frontières de la Russie
- Limites de l'Empire russe en 1914
- Limites de l'URSS en 1923

2. L'évolution territoriale de la Russie
- Territoire constamment sous contrôle soviétique
- Territoires temporairement contrôlés par les Blancs et leurs alliés
- Territoires qui font sécession jusqu'en 1922
- Territoires perdus par les Bolcheviks
- *Lettons* Nationalités de l'Empire russe qui font sécession

3. Les opérations militaires
- Offensives des armées blanches (1918-1919)
- Interventions des armées étrangères
- Offensives de l'armée polonaise (avril-mai 1920)
- Soulèvements antisoviétiques locaux
- Contre-offensives de l'Armée rouge (1919-1922)

2 La violence des Blancs

Le général Dénikine (1872-1947) commande les Blancs au sud de la Russie. Il occupe la ville de Kharkov (Kharkiv en ukrainien), actuellement située en Ukraine, de juin à décembre 1919.

À la fin du mois de juin, le commandement de la Garde blanche a entrepris des fouilles dans la rue Soumskaïa, près du bâtiment de la Tchéka[1], ainsi que dans la rue Tchaïkovski, à l'emplacement d'un ancien camp de concentration. Ces fouilles visaient à exhumer les fosses où avaient été jetés les contre-révolutionnaires et les criminels exécutés. Elles ont eu lieu les 27, 28 et 29 juin, et des offices funéraires étaient prévus pour le 30 juin [...].

Durant cette période, les représailles contre les communistes et les commissaires ont été menées sans aucun procès ni investigation. Dès qu'une personne était désignée et arrêtée, elle était immédiatement emmenée au bord de la rivière et fusillée. Par la suite, un tribunal militaire de campagne a été mis en place, mais cela n'a rien changé à la nature des exécutions. Il s'agissait toujours de représailles, bien que, comme on dit, mieux organisées.

Rapport de l'instructeur du comité exécutif de la province de Kharkov sur l'entrée des troupes de Dénikine à Kharkov, le 13 juillet 1919, cité dans Pierre Boutonnet, « Des sources pour étudier la Terreur blanche », *Revue d'études slaves*, n° 81, 2010.

(1) Police politique du régime bolchevique.

3 Combattre les ennemis extérieurs

Affiche produite pendant la guerre soviéto-polonaise (1919-1921). Le personnage principal est Léon Trotski, fondateur et chef de l'Armée rouge.

Info

Moor Dimitri, affiche bolchevique, « Sois sur tes gardes ! », 1920, Tate Modern, Londres.

4 La violence des Rouges

Camarades ! Le soulèvement koulak[1] dans vos cinq districts doit être écrasé sans pitié. Les intérêts de la révolution tout entière l'exigent, car partout la lutte finale avec les koulaks est désormais engagée. Il faut faire un exemple :

1. Pendre (je dis pendre de façon que les gens le voient) pas moins de 100 koulaks, richards, buveurs de sang connus.
2. Publier les noms.
3. S'emparer de tout leur grain.
4. Identifier les otages comme nous l'avons indiqué dans notre télégramme hier.

Faites cela de façon qu'à des centaines de lieues à la ronde les gens voient, tremblent, sachent et se disent : « Ils tuent et continueront à tuer les koulaks assoiffés de sang. » Télégraphiez que vous avez bien reçu et exécuté ces instructions.

Vôtre, Lénine.

P.-S. Trouvez des gens durs.

Lettre de Lénine à V. V. Kuraev, 11 août 1918.

(1) Le mot *koulak* désigne un paysan aisé. Il est employé par les bolcheviks pour qualifier tous ceux qui s'opposent à la collectivisation des terres.

ACTIVITÉ

À l'aide du cours et des documents, identifiez les forces qui s'affrontent lors de la guerre civile russe (1917-1923) et présentez-les sous la forme d'un tableau.

Acteurs	Ils affrontent...	Ils soutiennent...
1.		
2.		

MÉTHODO

1. **Lisez** le cours et **listez** les différentes catégories d'acteurs que vous pouvez identifier. **Notez** également les alliances.
2. À l'aide de la carte [**doc. 1**], **complétez** les différentes catégories d'acteurs et **notez** des exemples pour chaque catégorie.
3. À l'aide du **doc. 2**, **identifiez** les cibles des Blancs.
4. À l'aide du **doc. 3**, **montrez** que des acteurs extérieurs à la Russie sont également impliqués.
5. À l'aide des **doc. 2, 3** et **4**, **identifiez** toutes les cibles de l'Armée rouge.

Toutes les ressources
lycee.nathan.fr/hist25-294

1 ANALYSER UN DOCUMENT

Sujet 1 : Une juste revanche

1. Identifiez le document. Replacez-le dans son contexte historique.
2. Comparez les deux personnages principaux.
3. Décrivez, puis expliquez la scène située en haut de l'image, en vous aidant de la légende.
4. Interprétez le sens de cette image. Quel message l'auteur a-t-il voulu faire passer ?

Une du *Petit journal, supplément illustré*, dimanche 13 juillet 1919.

Info

Le traité de Francfort (1871), qui met fin à la guerre franco-prussienne (1870-1871), impose des conditions très dures à la France : la perte de l'Alsace-Moselle et le paiement d'une indemnité de guerre de 5 milliards de francs-or.

« Le célèbre dessin de Janet-Lange, qui occupe le haut de cette page, montre les Allemands de 1871 imposant à la France le traité de Francfort. "Signe ou meur !" lui disent-ils. Aujourd'hui, c'est la France qui parle en maîtresse et qui dit à l'Allemagne : "Signe la paix de réparation, la paix de la justice et du droit. À ton tour, Germania !" »

Germania : allégorie de l'Allemagne (comme Marianne en France).

MÉTHODO

- **Pour replacer un document dans son contexte historique**, interrogez-vous sur les événements qui le précédent ou qui le suivent. Pourquoi a-t-il été produit à cette date-là ?
- **Pour comparer les personnages,** répondez aux questions suivantes : de qui s'agit-il ? Que représentent-t-ils ? Dans quelle posture sont-ils ? Que font-ils ? Quels objets tiennent-ils ?
- **Pour comprendre la scène en haut de l'image, répondez aux questions suivantes :** que représente-t-elle ? Que symbolisent les personnages ?

Sujet 2 : Le poids des morts

CONSIGNE Après avoir présenté le document et son contexte historique, montrez que ce document témoigne à la fois du lourd bilan de la guerre, des enjeux mémoriels individuels et collectifs, et du poids des anciens combattants dans la société française.

1 « Qu'on respecte nos morts !... »

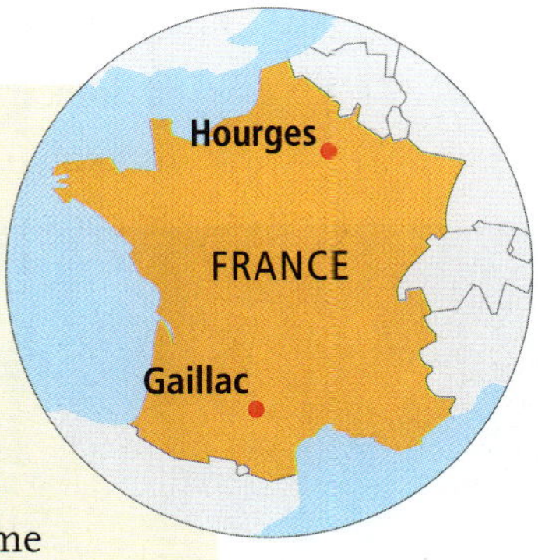

Parmi les protestations dont l'écho vibrant parvient aux militants, il n'en est certes pas de plus émouvantes que celles émanant de veuves dont la douleur s'offusque de l'état d'abandon dans lequel on laisse les tombes de leurs chers enfants.

C'est ainsi que Mme Bleys, la dévouée secrétaire de l'Association de Gaillac, m'écrit : « Je suis revenue écœurée de mon voyage dans la Marne, en septembre dernier. Tout est encore intact, là-haut, dans ces champs de bataille où dorment ceux des nôtres que l'on dénomme dans les discours pompeux "nos glorieux disparus". On doit marcher, avec d'infimes précautions, à travers des milliers d'obus et de grenades non explosés, des fils de fer barbelés, et, au milieu de ces témoins de l'épouvantable lutte, parmi les débris, tombés en pourriture, de vêtements, de masques à gaz, de casques défoncés, de crosses de fils, de pièces de mitrailleuses, quelques croix de bois, sans nom, éparses, marquent à peine la place où sont tombés nos chers martyrs. Ils sont vingt-quatre dans ce champ de morts, à deux kilomètres d'un petit village, Hourges, distant lui-même de trois kilomètres de Breuil-Romain, la station la plus proche, sur la ligne de Fismes à Reims – et l'autorité militaire n'a rien fait encore ! »

Monsieur Maginot[1], si cette lettre vous passe sous les yeux – comme je l'espère – vous ne resterez pas insensible, je le sais, à la poignante tristesse qui s'en dégage. Vous prescrirez une enquête et vous ferez donner, toutes affaires cessantes, la sépulture décente qui convient à la dépouille mortelle de nos pauvres camarades.

Léon Viala, article à la une de *La France mutilée*, 21 janvier 1921.

Léon Viala est le vice-président de la Fédération du Tarn des associations de mutilés de guerre, qui fait partie de l'Union fédérale des associations françaises d'anciens combattants (UF).

(1) André Maginot (1877-1932) est ministre des Pensions, Primes et Allocations de guerre. Il est notamment chargé des anciens combattants et des cimetières militaires.

2 RÉPONDRE À UNE QUESTION PROBLÉMATISÉE

Sujet 1 : Quelles sont les conséquences de la Première Guerre mondiale sur les sociétés européennes ?

CONSIGNE Grâce à vos connaissances, répondez de manière argumentée à cette question. Vous pouvez d'abord mettre en évidence le lourd bilan du conflit, puis vous pouvez montrer qu'il a profondément marqué les mémoires.

Sujet 2 : Comment ramener la paix en Europe et au Proche-Orient après la Première Guerre mondiale ?

MÉTHODO

- **Sujet 1 :** Listez les conséquences de la Première Guerre mondiale et regroupez-les en différentes catégories.
- **Sujet 2 :** Demandez-vous de quelle manière les vainqueurs construisent la paix en 1919. Comment règlent-ils la guerre de 1914-1918 ? Les traités de paix sont-ils bien acceptés par tous les belligérants ? Que prévoient-ils pour instaurer une paix durable ? Demandez-vous également si la paix s'est réellement installée en Europe entre 1918 et 1923.

L'HISTOIRE *par les* OBJETS

Toutes les ressources

lycee.nathan.fr/**hist25-296**

PROTHÈSES ET MASQUES

RÉPARER LES « GUEULES CASSÉES »

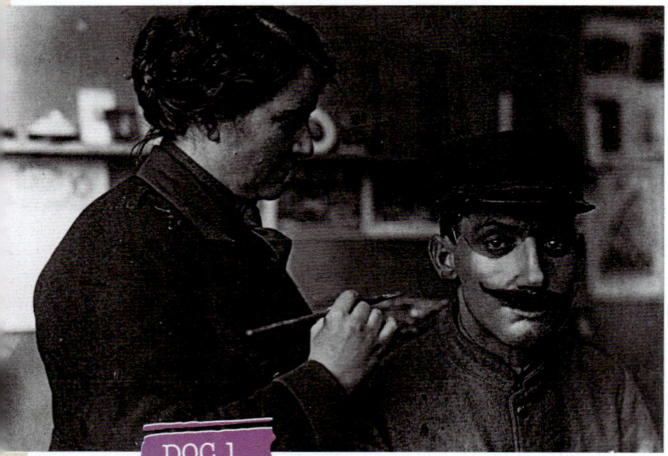

DOC 1.

Anna Coleman Ladd pose un masque sur un mutilé de la face

1'08"

Anna Ladd dans son atelier parisien, 1918.

Repères

L'Union des blessés de la face et de la tête

Défigurés par la perte d'une partie de leur visage, beaucoup de soldats se trouvent isolés. Ils cumulent blessure de la face, traumatisme psychologique et rejet en raison de leur apparence. Le colonel Picot lance l'expression «Gueules cassées» pour désigner ces hommes dont il fait partie. En 1921, il fonde, avec Albert Jugon et Bienaimé Jourdain, l'Union des blessés de la face et de la tête. Cette association, chargée de venir en aide aux mutilés, a pour devise «Sourire quand même». Elle est financée par la Loterie nationale, recréée pour l'occasion et qui deviendra plus tard la Française des jeux.

La visibilité des mutilés de la face et de la mâchoire

À l'issue de la Première Guerre mondiale, la France compte entre 10 000 et 15 000 combattants défigurés. La gravité et l'ampleur du phénomène s'expliquent par les nouvelles armes utilisées pendant le conflit, comme les obus ou les bombes à fragmentation, qui peuvent arracher une partie du visage. Ces « gueules cassées » frappent les contemporains et la photographie immortalise leurs visages mutilés.

Médecine et innovation

Pendant le conflit, la chirurgie maxillo-faciale a fait des progrès : sur le terrain, les médecins développent de nouvelles pratiques (greffes de peau, reconstruction du nez ou du menton...), pour traiter des blessures inhabituelles. Des prothèses en caoutchouc visent à permettre la mastication ou assurer l'étanchéité entre la bouche et le nez. Cependant, après la guerre, la fermeture des lieux spécialement dédiés au soin des blessés de la face et de la mâchoire entraîne une perte de savoirs.

Anna Coleman Ladd (1878-1939)

En mai 1918, la sculptrice américaine Anna Coleman Ladd ouvre à Paris le *Studio for Portrait Mask*, financé par la Croix-Rouge américaine. Son projet est de fabriquer pour les hommes défigurés des masques reconstituant leurs anciens traits. Pour cela, elle réalise d'abord un moulage de leur face, puis reconstitue le visage avec du plâtre, avant la fabrication d'une prothèse en cuivre recouverte d'une peinture lavable. Elle adapte la couleur du masque au teint de chacun et utilise de vrais poils pour confectionner les cils, sourcils ou moustaches. En 1932, elle reçoit la Légion d'honneur.

INTERVIEW d'historien

lycee.nathan.fr/**hist25-296-02**

Charles Ridel, professeur en classes préparatoires au lycée Lakanal. Il est spécialiste de l'histoire de la Grande Guerre.

DOC 2.

Un soldat mutilé avant et après la pose d'un masque d'Anna Coleman Ladd

Photographie, *Papers of Anna Coleman Ladd*, Archives of American Art.

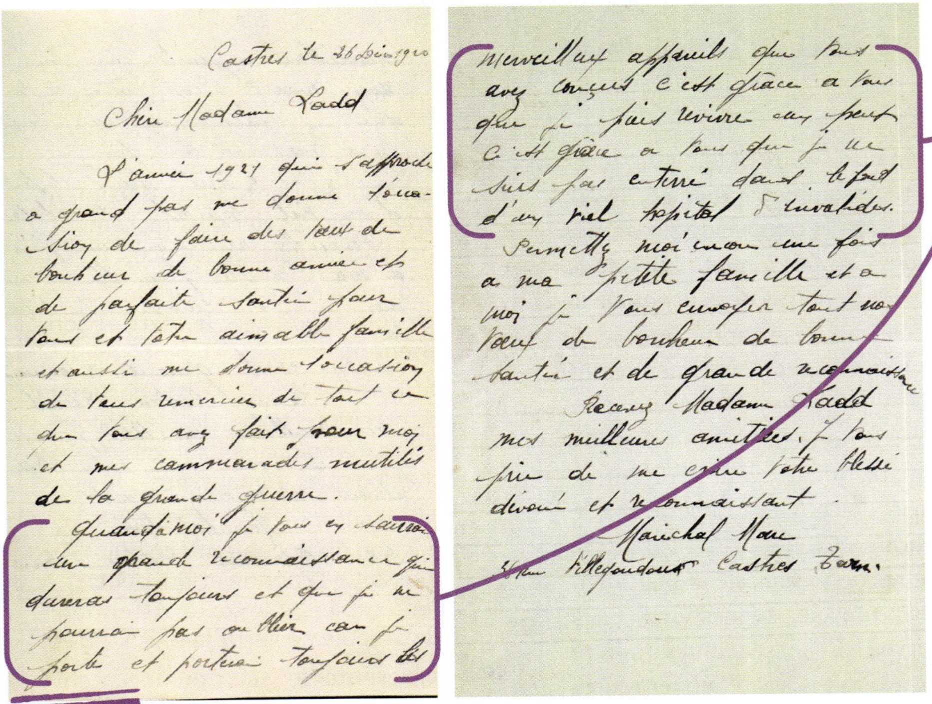

Castres le 26 Déc 1920

Chère Madame Ladd

L'année 1921 qui s'approche à grand pas me donne l'occasion de faire des vœux de bonheur de bonne année et de parfaite santé pour vous et votre aimable famille et aussi me donne l'occasion de vous remercier de tout ce que vous avez fait pour moi et mes cammarades mutilés de la grande guerre.

Quand à moi je vous en saurai une grande reconnaissance qui durera toujours et que je ne pourrai pas oublier car je porte et porterai toujours les merveilleux appareils que vous avez conçus c'est grâce à vous que je puis revivre un peu c'est grâce à vous que je ne suis pas enterré dans le fond d'un vieil hôpital d'invalides.

Permettez moi encore une fois à ma petite famille et à moi de vous envoyer tous nos vœux de bonheur de bonne santé et de grande reconnaissance.

Recevez Madame Ladd mes meilleures amitiés. Je vous prie de me croire votre blessé dévoué et reconnaissant.

Maréchal Marc

[illegible] Villegoudou Castres Tarn.

DOC 3.

Lettre de remerciement reçue par Anna Coleman Ladd

Anna Coleman Ladd Papers, 1881-1950, Archives of American Art.

« Quant à moi je vous en saurai une grande reconnaissance qui durera toujours et que je ne pourrai pas oublier car je porte et porterai toujours les merveilleux appareils que vous avez conçus. C'est grâce à vous que je puis revivre un peu, c'est grâce à vous que je ne suis pas enterré dans le fond d'un vieil hôpital d'invalides. »

L'atelier d'histoire

Des lettres d'anciens combattants reçues par Anna Coleman Ladd ont été numérisées et sont disponibles sur le site *Archives of American Art*. Choisissez l'une d'entre elles et rédigez la réponse envoyée par Anna Coleman Ladd.

www Site internet

Site *Archives of American Art*

L'analyse de document(s)

Le corrigé du sujet guidé pas à pas
lycee.nathan.fr/hist25-298

Objectif

Analyser un document, c'est se mettre dans la peau d'un historien qui découvre une nouvelle source. Grâce à ses connaissances, il cherche à la comprendre et à l'expliquer !

Les 3C

Analyser un document, c'est:
- → **C**onfirmer son contenu
- → le **C**orriger lorsqu'il se trompe voire s'écarte volontairement de la vérité
- → le **C**ompléter lorsqu'il ne dit pas tout

ÉTAPE 1 Au brouillon ANALYSER LE SUJET ET LA CONSIGNE

Sujet **Louis XVI et les premières années de la Révolution.**

- Louis XVI : Acteur à présenter rapidement
- et : Conjonction donnant son sens au sujet
- premières années de la Révolution : Contexte et cadre spatial à expliciter

CONSIGNE Vous montrerez en quoi ce texte témoigne à la fois de la transformation de la France en monarchie constitutionnelle et du rejet de ces changements par Louis XVI.

ÉTAPE 2 Au brouillon IDENTIFIER/PRÉSENTER LE DOCUMENT

1 Déclaration de Louis XVI à tous les Français à sa sortie de Paris, 20 juin 1791

Tant que le Roi a pu espérer voir renaître l'ordre et le bonheur du royaume par les moyens employés par l'Assemblée Nationale, et par sa résidence auprès de cette Assemblée dans la capitale du Royaume, aucun sacrifice personnel ne lui a coûté. [...] Mais aujourd'hui que la seule récompense de tant de sacrifices est de voir la destruction de la royauté, de voir tous les pouvoirs méconnus, les propriétés violées, la sûreté des personnes mise partout en danger, les crimes rester impunis, et une anarchie complète s'établir au-dessus des lois, sans que l'apparence d'autorité que lui donne la nouvelle Constitution soit suffisante pour réparer un seul des maux qui affligent le royaume, [...] est-il étonnant que le Roi ait cherché à recouvrer sa liberté et à se mettre en sûreté avec sa famille ? Français, et vous surtout Parisiens, vous habitants d'une ville que les ancêtres de Sa Majesté se plaisaient à appeler la bonne ville de Paris, méfiez-vous des suggestions et des mensonges de vos faux amis, revenez à votre Roi, il sera toujours votre père, votre meilleur ami. Quel plaisir n'aura-t-il pas d'oublier toutes ces injures personnelles, et de se revoir au milieu de vous lorsqu'une Constitution qu'il aura acceptée librement fera que notre sainte religion sera respectée, que le gouvernement sera établi sur un pied stable et utile par son action [...] ?

CONSEIL

Présenter ou identifier un document permet d'en déceler plus facilement les erreurs, oublis, ou silences.

1. Identifier et présenter l'**AUTEUR** : nom, rôle et lien avec le texte et son contenu.
2. Identifier la **NATURE** du document avec précision : textes de lois, discours officiels, témoignages, sources archéologiques, romans, etc.
3. Présenter le **CONTEXTE** de rédaction du document : ce qui se passait à l'époque et qui peut aider à expliquer le texte. Attention, la date seule ne suffit jamais !
4. Présenter le **SUJET** du document : ce dont il y est question.

ÉTAPE 3 Au brouillon COLLECTER LES INFORMATIONS DANS LE DOCUMENT

Examiner le texte
- Lire attentivement le document.
- Surligner, entourer, souligner les éléments utiles au sujet.
- Les expliciter.
- Repérer les notions à définir ou acteurs à présenter.

ÉTAPE 4 Au brouillon ORGANISER SES IDÉES

Confronter les éléments du texte à ses connaissances

Informations fournies par les documents	*Connaissances personnelles correspondantes*
....	....
....	....
....	....
....	....

RAPPEL : Attention, il faut toujours à la fois un élément du texte et son éclairage par le cours. Sinon, on tombe soit dans la paraphrase, soit dans la récitation de cours !

Regrouper les citations et connaissances associées selon les parties indiquées par la consigne.

PLAN
1. ....
2. ....
3. ....

Au lieu de tout recopier, utilisez pour chaque partie une couleur différente et soulignez/surlignez les éléments du tableau.

ÉTAPE 5 Au propre sur la copie RÉPONDRE AU SUJET

Marquer un grand alinéa → Introduction ← Présentation du sujet et du ou des documents

Marquer un petit alinéa → Paragraphe 1 = thème 1

Paragraphe 2 = thème 2

Paragraphe 3 = thème 3

(Paragraphes 1, 2 et 3) ← Développement

Conclusion ← Bilan de l'analyse et intérêt du document pour l'historien

ÉTAPE 6 SE RELIRE

Attention, il faut rédiger un texte parfaitement compréhensible ! Orthographe (juste écriture d'un mot), syntaxe (construction des phrases) et grammaire (accords et conjugaison) sont à soigner.

Quelques réflexes :
- → **Vérifier les accords :** marques du nombre (*s/x* pour les pluriels des noms et adjectifs, *-ent* pour ceux des verbes, *s* pour les participes passés) et du genre (*e* pour les féminins)
- → **Vérifier la construction des phrases :** le sujet est-il bien clair ? Y a-t-il bien un verbe conjugué ? Préférez les phrases courtes, elles sont souvent plus claires !

La réponse à une question problématisée

Le corrigé du sujet guidé pas à pas
ycee.nathan.fr/**hist25-300**

Objectif

Répondre à une question problématisée, c'est réaliser un exercice de tous les jours et de toute la vie (étude, carrière professionnelle…) pour expliquer à quelqu'un quelque chose de complexe de façon organisée et complète.

Structure

- → L'**introduction** sert à s'assurer qu'on ne se trompe pas de question et à éviter le hors-sujet.
- → Le **développement** donne tous les éléments de réponse en les classant thématiquement ou chronologiquement.
- → La **conclusion** résume en quelques phrases la réponse à la question.

ÉTAPE 1 Au brouillon ANALYSER LA QUESTION PROBLÉMATISÉE

Éléments à définir et à expliciter

Sujet **Comment la France est-elle modernisée sous le Second Empire ?**

Cadre chronologique et spatial à justifier

Plan proposé :

1. Un territoire, ses villes et ses campagnes modernisés
2. Les acteurs de la modernisation

CONSEIL

La question constitue la problématique à laquelle le devoir doit répondre. En 1re, les grandes parties du plan sont proposées, mais il convient de définir les sous-parties.

Ne négligez pas l'analyse du sujet. Par exemple, « comment » peut signifier « de quelle manière » mais aussi « par qui », ce qui donne une piste précieuse.

ÉTAPE 2 Au brouillon MOBILISER ET ORGANISER SES CONNAISSANCES

Mobiliser ses connaissances

Dresser une liste de connaissances personnelles.
- Notions
- Faits, idées, dates
- Données chiffrées
- Exemples à utiliser

Organiser

Partie 1	Partie 2	(Partie 3)
1re idée + explication et exemple	1re idée + explication et exemple	1re idée + explication et exemple
2e idée + explication et exemple	2e idée + explication et exemple	2e idée + explication et exemple
(3e idée) + explication et exemple	(3e idée) + explication et exemple	(3e idée) + explication et exemple

Le plan peut comporter 2 ou 3 parties, en fonction de la question. Chacune se divise en 2 ou 3 sous-parties.
1 sous-partie = 1 paragraphe = 1 idée + explication + exemple

ÉTAPE 3 Au propre sur la copie RÉDIGER LA RÉPONSE À LA QUESTION

A Rédiger l'introduction

Expliquer le cadre chronologique et spatial

Analyser les mots-clés

Énoncer la problématique

Énoncer le plan

Du 2 décembre 1852 au 2 septembre 1870, Napoléon III est empereur des Français : c'est le Second Empire. Ce retour de la dynastie napoléonienne sur le trône coïncide avec une période de grand dynamisme économique et de transformations sans précédents des villes et du territoire. On peut donc parler d'une grande modernisation du pays. Mais moderniser ne se décrète pas, ou pas seulement : l'empereur et son administration sont secondés par d'autres acteurs.

Nous nous demanderons donc comment la France est modernisée sous le Second Empire.

Pour répondre à cette question, nous commencerons par étudier les réalisations de cette période, puis nous présenterons les acteurs de cette modernisation.

RAPPEL

- Éviter de faire une liste de définitions en introduction : relier les éléments entre eux pour leur donner du sens.
- L'introduction correspond à la mise au propre de l'analyse du sujet. La négliger fait courir le risque d'une réponse incomplète ou éloignée de la question (« hors-sujet »).

B Rédiger le développement

Marquer un alinéa

Commencer par une phrase reprenant le titre de la première partie.
Sous-partie 1 : annoncer la 1re idée, puis l'expliquer (dates, définitions...) et l'illustrer par des exemples.
Sous-partie 2 : annoncer la 2e idée, puis l'expliquer (dates, définitions...) et l'illustrer par des exemples.
(**Sous-partie 3 :** annoncer la 3e idée, puis l'expliquer (dates, définitions...) et l'illustrer par des exemples.)

Sauter une ligne

Transition : en quelques phrases, conclure la première partie (résumer ce qu'elle apporte à la question) et annoncer la partie suivante. Vous montrerez ainsi que votre devoir suit une progression logique.

Sauter une ligne

Commencer par une phrase reprenant le titre de la deuxième partie.
Sous-partie 1 : annoncer la 1re idée, puis l'expliquer (dates, définitions...) et l'illustrer par des exemples...

C Rédiger une courte conclusion

Bilan du développement

Ouverture vers un sujet proche, pour prolonger le questionnement.

Ainsi, le Second Empire est une période de grande modernisation de la France, dont le territoire est désormais parcouru par le chemin de fer et de nouveaux canaux, dont les villes (surtout Paris) sont réorganisées et embellies, et dont les campagnes sont elles aussi transformées. Si l'empereur est à l'initiative, il ne faut pas négliger l'action des entrepreneurs, hommes clés de l'économie impériale, ni évidemment celle des ouvriers et paysans. Ces changements économiques bouleversent la société : la bourgeoisie s'affirme, le prolétariat se construit.

ÉTAPE 4 SE RELIRE

Attention, il faut rédiger un texte parfaitement compréhensible ! Orthographe (juste écriture d'un mot), syntaxe (construction des phrases) et grammaire (accords et conjugaison) sont à soigner.

Hubertine Auclert
(1848-1914)

Née dans une famille provinciale aisée, devenue orpheline et rentière, elle s'installe à Paris, où elle collabore avec les féministes modérées, qui souhaitent obtenir d'abord l'égalité civile des femmes. Elle rompt avec elles en 1876 et crée la Société du droit des femmes, qui milite pour le droit de vote des femmes. En 1879, elle intervient au Congrès ouvrier de Marseille, qui crée le premier parti socialiste français et qui vote une motion sur l'égalité des sexes. Avec son journal *La Citoyenne* (1881) et son mouvement *Le Suffrage des femmes* (1883), elle incarne en France un féminisme radical appelé aussi « suffragisme ». Avant les « suffragettes » britanniques, elle développe une stratégie médiatique, en multipliant les initiatives spectaculaires : manifestations et pétitions, appel à la grève de l'impôt, présentation de femmes aux élections. Elle défend aussi les droits des femmes colonisées, ayant vécu quelques années en Algérie.

Otto von Bismarck
(1815-1898)

Issu d'une famille de grands propriétaires conservateurs, il soutient la répression du mouvement libéral en 1848-1849. Il est nommé en 1862 par le roi Guillaume Ier Premier ministre de Prusse et ministre des Affaires étrangères. Grâce aux succès militaires de la Prusse (1864 contre le Danemark, 1866 contre l'Autriche), il se pose en champion de l'unité allemande. Après avoir soudé les États allemands dans la victoire sur la France en 1870-1871, il fait proclamer Guillaume Ier Empereur d'Allemagne le 18 janvier 1871 à Versailles. Il est chancelier du *Reich* jusqu'à son renvoi en 1890 par le nouvel empereur Guillaume II.

Auguste Blanqui
(1805-1881)

Fils d'un député à la Convention, il milite dans le mouvement républicain clandestin (*carbonari*) sous la Restauration et se rapproche des socialistes. Il est emprisonné après une tentative d'insurrection en 1839. Libéré, il est l'un des chefs de l'extrême-gauche au début de la IIe République. Mais il est arrêté après l'invasion de l'Assemblée le 15 mai 1848. Amnistié en 1859, il est de nouveau emprisonné plusieurs fois sous le Second Empire. En 1870, il participe à la résistance parisienne lors du siège par les Prussiens. Il est arrêté juste avant la Commune. Libéré en 1879, il organise un mouvement blanquiste, qui appelle à l'insurrection contre la bourgeoisie capitaliste. Il est surnommé « l'Enfermé », parce qu'il a passé une grande partie de sa vie en prison.

Charles X
(1757-1836)

Frère de Louis XVI, appelé le comte d'Artois, il émigre dès le 17 juillet 1789. Rentré en France en 1814, il reste fidèle à ses idéaux contre-révolutionnaires. Il soutient donc les ultras et critique les concessions libérales de Louis XVIII, son frère. Devenu roi en 1824, il se fait sacrer à Reims et multiplie les mesures réactionnaires. Renversé en 1830 par les Trois Glorieuses, il s'exile en Angleterre, puis en Autriche. Dernier roi de la branche aînée des Bourbons (1824-1830), il symbolise le refus du changement.

Georges Clemenceau
(1841-1929)

Ce médecin entre en politique dans les années 1870 et devient dans les années 1880 le chef des radicaux, qui critiquent la politique des républicains modérés. Orateur redouté, il est « le tombeur de ministères » ; sa carrière est un moment compromise par le scandale de Panama (1892). Président du Conseil de 1906 à 1909, il réprime durement les grèves, mais crée le ministère du Travail. En novembre 1917, il est nommé à la tête du gouvernement par le Président Poincaré et son énergie lui vaut le surnom de « Tigre ». Devenu le « Père la Victoire », il négocie le traité de Versailles avec les alliés en 1919.

Marie Curie
(1867-1934)

Marya Sklodowska est née à Varsovie. Elle s'installe en France en 1891 et épouse en 1895 le physicien Pierre Curie. Reçue première à l'agrégation de physique en 1896, elle enseigne dans un lycée de jeunes filles. Pour ses recherches sur la radioactivité, elle obtient en 1903 le prix Nobel de physique avec Henri Becquerel et Pierre Curie, qui doit intervenir pour que sa femme y soit associée. En 1906, elle devient la première femme professeure à la Sorbonne (en remplacement de son mari mort dans un accident de la circulation). En 1910, sa candidature est refusée par l'Académie des sciences. Elle obtient le prix Nobel de chimie en 1911. Pendant la Première Guerre mondiale, elle organise sur le front le premier service mobile de radiologie. Ses cendres ont été transférées au Panthéon en 1995.

Toutes les ressources
lycee.nathan.fr/hist25-302

Jeanne Deroin
(1805-1894)

Ouvrière lingère, puis institutrice, elle est influencée par le saint-simonisme et devient une militante féministe et socialiste. En 1848, elle fonde avec Désirée Gay et Eugénie Niboyet des journaux féministes (*La Voix des Femmes*, puis *L'Opinion des Femmes*). Elle réclame le droit de vote pour les femmes, mais se heurte à l'opposition de la quasi-totalité de la gauche. Elle déclare sa candidature aux élections législatives de 1849. Elle est arrêtée en 1850 pour son action en faveur des associations ouvrières. Elle s'exile à Londres en 1852, où elle vit dans la précarité.

Alfred Dreyfus
(1859-1935)

Issu de la bourgeoisie juive alsacienne, ce capitaine est accusé à tort d'avoir livré des secrets militaires à l'Allemagne. Il est jugé sommairement par un conseil de guerre et condamné en 1894 à la déportation en Guyane (île du Diable). Quelques hommes, convaincus qu'il est innocent et victime d'antisémitisme, réclament un nouveau procès, qui a lieu à Rennes en 1899. L'affaire Dreyfus divise la France. Il est condamné de nouveau, avec des circonstances atténuantes, à 10 ans de réclusion, mais gracié par le président de la République Émile Loubet. Il doit attendre 1906 pour être réhabilité et réintégré dans l'armée.

Jules Ferry
(1832-1893)

Avocat et journaliste, il commence sa carrière politique dans l'opposition républicaine à Napoléon III. En 1870, il fait partie du gouvernement de la Défense nationale comme maire de Paris, mais il est chassé par la Commune. Il joue ensuite un rôle décisif entre 1879 et 1882, comme ministre de l'Instruction publique et président du Conseil. Il fait voter les lois sur la liberté de la presse et l'enseignement primaire laïque. Il lance aussi la France sur la voie de l'expansion coloniale, notamment lors de son second gouvernement en 1883-1885. Sa politique aventureuse au Tonkin entraîne son renversement par la Chambre en mars 1885 et compromet la suite de sa carrière politique. Ferry incarne les républicains modérés, qui ont défendu la démocratie libérale, la laïcité et la « mission civilisatrice » de la France.

Léon Gambetta
(1838-1882)

Fils d'un immigré italien, cet avocat s'engage dans l'opposition républicaine à Napoléon III. En 1869, il est le chef de file des radicaux. En 1870, ministre de l'Intérieur du gouvernement de la Défense nationale, il déploie une énergie farouche pour poursuivre la guerre contre la Prusse. Il démissionne parce qu'il refuse l'armistice. Il revient sur la scène politique après la Commune et joue un rôle décisif dans la lutte contre la droite monarchiste au pouvoir et la « conquête républicaine » des campagnes. Il rejoint alors les républicains modérés de Jules Ferry. Sa forte personnalité lui vaut beaucoup d'inimitiés. C'est pourquoi il ne dirige le gouvernement que pendant une courte période (novembre 1881-janvier 1882). Il meurt accidentellement peu de temps après.

Giuseppe Garibaldi
(1807-1882)

Né à Nice, membre de la *Jeune Italie* de Mazzini, condamné pour une tentative d'insurrection à Gênes, il s'exile en Amérique du Sud en 1836. Rentré en Italie en 1848, il combat les Autrichiens, puis les Français venus renverser la République romaine. Après un nouvel exil à New York de 1849 à 1854, il combat les Autrichiens dans la guerre de 1859. En 1860, il dirige « l'expédition des Mille », qui voit ses « chemises rouges » chasser les Bourbons de la Sicile et de Naples. Il tente ensuite avec ses hommes de « libérer » Rome du pape, mais il est deux fois repoussé (1862, 1867). En 1870, il s'engage aux côtés de la République française contre la Prusse et il est élu député de Paris en février 1871.

Olympe de Gouges
(1748-1793)

De son vrai nom Marie Gouze, elle est l'une des premières militantes féministes en France. Mariée contre son gré à 17 ans, elle perd son mari peu après la naissance de leur fils. Elle s'installe à Paris comme écrivaine et se rallie aux idées des Lumières. Elle écrit une pièce de théâtre contre l'esclavage et réclame l'égalité des droits pour les femmes. En septembre 1791, elle publie une *Déclaration des droits de la femme et de la citoyenne*. Solidaire des Girondins, elle est guillotinée en novembre 1793.

BIOGRAPHIES

Georges-Eugène Haussmann
(1809-1891)

Issu de la bourgeoisie protestante alsacienne, il commence sa carrière de haut fonctionnaire sous Louis-Philippe. Il est révoqué par la Seconde République en 1848, mais vite réintégré par Louis-Napoléon Bonaparte auquel il s'est rallié. Nommé Préfet de la Seine en 1853, il est chargé par Napoléon III de mener de grands travaux pour moderniser la capitale. Jusqu'à sa révocation en janvier 1870, il bouleverse totalement la physionomie de Paris. Critiqué pour son autoritarisme et ses méthodes de financement peu orthodoxes, il a vu cependant son œuvre continuée par la IIIe République.

Victor Hugo
(1802-1885)

Né d'une mère royaliste et d'un père général républicain, il commence sa carrière comme poète de cour. En politique, il est légitimiste, puis orléaniste à partir de 1829. En littérature, il s'engage passionnément pour le romantisme, dont il devient le chef de file en France. En 1848-1849, il se rallie à la République, milite avec les démocrates et appelle de ses vœux les « États-Unis d'Europe ». Opposant au coup d'État du 2 décembre 1851, il s'exile (Jersey, puis Guernesey en 1855) et fustige « Napoléon le Petit » (*Les Châtiments*, 1853). Il publie de nombreuses œuvres, dont le roman *Les Misérables* (1862) consacré à la question sociale. Rentré en France en 1870, élu député républicain de Paris en février 1871, il désapprouve la Commune, mais condamne tout autant sa répression féroce. Il ne cesse ensuite de prôner une République laïque et sociale. Il est honoré par des funérailles nationales en 1885.

Jean Jaurès
(1859-1914)

Ce professeur de philosophie entre en politique en 1885 comme républicain modéré : il est alors le plus jeune député de France. Il évolue vers le socialisme, notamment parce qu'il soutient les luttes des mineurs de Carmaux, dans sa circonscription du Tarn. Il consacre tous ses efforts à l'unification des socialistes français, réalisée en 1905 avec la création de la SFIO. Dans son journal *L'Humanité* (créé en 1904), il tente de réconcilier le socialisme et la démocratie parlementaire. Il défend aussi le pacifisme contre la droite nationaliste. C'est pour cette raison qu'il est assassiné le 31 juillet 1914 par un extrémiste.

La Fayette
(1757-1834)

Gilbert du Motier, marquis de La Fayette, s'engage aux côtés des *Insurgents* américains de 1777 à 1782. Revenu en France, il diffuse les idéaux libéraux et adhère à la franc-maçonnerie. Il joue un rôle important au début de la Révolution, en participant à la rédaction de la *Déclaration des droits de l'homme* et en dirigeant la Garde nationale. Favorable à la monarchie constitutionnelle, il s'oppose aux jacobins. Il refuse de continuer le combat dans les armées révolutionnaires et se rend aux Autrichiens. Il revient sur la scène politique sous la Restauration, comme chef de l'opposition libérale. Il participe à la Révolution de 1830, mais, déçu par Louis-Philippe, il anime de nouveau l'opposition.

Alphonse de Lamartine
(1790-1869)

Cet aristocrate se fait connaître par ses poèmes et voyages en Italie et en Orient. Ce catholique aux préoccupations sociales, député à partir de 1833, anime l'opposition à Louis-Philippe. Il joue un rôle de premier plan dans la révolution de février 1848, impose le maintien du drapeau tricolore et devient ministre des Affaires étrangères de la IIe République. Mais il est dépassé par les événements de juin 1848 et écrasé aux élections présidentielles de décembre 1848. Il se retire définitivement de la vie politique après le coup d'État de 1851. Il incarne la génération romantique en France et « l'esprit de 1848 ».

Lénine
(1870-1924)

Vladimir Ilitch Oulianov, avocat marxiste, est arrêté en 1895 par le régime tsariste et déporté en Sibérie. Le fleuve Léna lui inspire le surnom de Lénine. Libéré, il vit en exil de 1900 à 1917, à Londres, à Paris, en Suisse. Il devient le chef de la tendance « majoritaire » (bolchevique) du parti social-démocrate russe, selon laquelle des révolutionnaires professionnels doivent établir la dictature du prolétariat. Il apprend à Zurich la nouvelle de la révolution de février 1917 et arrive à Petrograd en avril, après avoir traversé l'Allemagne. Il organise la révolution d'octobre 1917 qui porte les bolcheviks au pouvoir, et signe la paix avec l'Allemagne. Il gagne ensuite la guerre civile contre les Blancs et fonde en 1922 l'URSS.

Toutes les ressources
lycee.nathan.fr/hist25-304

Louis XVI
(1754-1793)

Petit-fils de Louis XV, roi en 1774, il échoue à rénover la monarchie française. Il ne soutient pas assez fermement les différents ministres réformateurs qui se succèdent de Turgot à Necker. Il accepte de réunir les états généraux en 1789, mais il se rallie difficilement à la monarchie constitutionnelle. La fuite à Varennes (juin 1791) et son attitude ambiguë face à la guerre accroissent son impopularité. Il est détrôné le 10 août 1792, condamné et exécuté le 21 janvier 1793.

Louis XVIII
(1755-1824)

Frère de Louis XVI, appelé le comte de Provence, il émigre en 1791 et prend le titre de roi en 1795 (après l'exécution de Louis XVI et la mort de son fils Louis XVII). Il rétablit la monarchie en 1814, puis en 1815 après les Cent-Jours, en « octroyant » une Charte aux Français. Il incarne en France la Restauration, c'est-à-dire la monarchie restaurée des Bourbons qui est obligée de prendre en compte les acquis de la Révolution. Ce compromis est combattu à la fois par la droite ultra et la gauche libérale ou républicaine.

Louis-Philippe Ier
(1773-1850)

Fils de Philippe-Égalité, le duc d'Orléans qui vota la mort de son cousin Louis XVI, Louis-Philippe combat dans les armées révolutionnaires à Valmy et à Jemappes. Puis il quitte la France en 1793 et voyage aux États-Unis et dans toute l'Europe. Revenu en France pour gérer la fortune de la famille d'Orléans, il soutient discrètement les libéraux sous la Restauration. La révolution de 1830 en fait le « roi des Français ». Mais son régime, la monarchie de Juillet, se fige dans le conservatisme. Il est renversé par la révolution de février 1848 et s'exile en Angleterre. Ses partisans sont appelés « orléanistes ».

Karl Marx
(1818-1883)

Philosophe allemand, il veut à la fois élaborer une théorie scientifique de l'évolution historique (la lutte des classes) et organiser à partir de celle-ci l'action des socialistes. Il appelle le prolétariat à prendre conscience de son exploitation par la bourgeoisie capitaliste et à prendre le pouvoir. Avec Friedrich Engels, il rédige en 1848 le *Manifeste du Parti communiste*. Il s'installe à Londres en 1849, où il poursuit son œuvre théorique (*Le Capital*, 1867) et politique (Association internationale des travailleurs, 1864).

Giuseppe Mazzini
(1805-1872)

Après avoir participé aux combats des *carbonari*, Giuseppe Mazzini s'exile en France en 1831 et fonde le mouvement *Jeune Italie*. Grande figure du *Risorgimento*, il veut unifier les révolutionnaires italiens et rassembler les nationalités en lutte (mouvement *Jeune Europe*, 1834). Sa stratégie insurrectionnelle est contestée par ceux qui cherchent d'autres moyens de parvenir à l'unité italienne. Après l'échec de la république de Rome en 1849, il est de plus en plus marginalisé.

Klemens von Metternich
(1773-1859)

Né à Coblence en Rhénanie, il fait ses études à Strasbourg et Mayence et devient diplomate. Ministre des Affaires étrangères de l'Autriche à partir de 1809, il organise la Quadruple-Alliance contre la France, puis le congrès de Vienne en 1814-1815. Honoré du titre de Chancelier en 1821, il dirige l'Autriche jusqu'en 1848, quand il est chassé de Vienne par la révolution. Cet homme d'État à la longévité étonnante (1809-1848) incarne l'ordre européen mis en place en 1814-1815 et souvent qualifié de « système Metternich ».

Louise Michel
(1830-1905)

Fille naturelle d'une servante et d'un châtelain, elle s'installe comme institutrice à Paris en 1856. Au cours du siège de Paris en 1870, elle devient dans son quartier du XVIIIe arrondissement une figure de l'extrême gauche. Le 18 mars 1871, elle appelle la population de Montmartre à s'opposer aux soldats venus récupérer les canons de la Garde nationale. Elle joue un rôle actif dans la Commune et combat sur les barricades lors de la « Semaine sanglante » (21 au 28 mai 1871). Après sa déportation en Nouvelle-Calédonie (1873-1880), elle défend inlassablement la cause anarchiste. Elle est l'une des rares femmes de son époque engagée en politique.

Fridtjof Nansen
(1861-1930)

Champion de ski norvégien, il devient une célébrité mondiale après ses explorations au Groenland et dans les régions arctiques (1888-1895). Il met sa popularité au service de la diplomatie, en participant aux négociations sur l'indépendance de la Norvège, qui se sépare en 1905 de la Suède. Convaincu par les idées de Wilson, il prend la tête du Haut-Commissariat de la SDN chargé du rapatriement des prisonniers de guerre (1920), puis du Haut-Commissariat aux réfugiés (1921). Il reçoit en 1922 le prix Nobel de la paix.

Suzanne Noël
(1878-1954)

Née dans une famille bourgeoise de Laon, elle épouse un médecin parisien en 1897 et est l'une des rares femmes à faire des études de médecine. Spécialiste de la chirurgie faciale, elle opère les « gueules cassées » pendant la Première Guerre mondiale. Elle est ensuite une pionnière de la chirurgie esthétique et une militante des droits des femmes dans le monde (mouvement *Soroptimist International*).

Napoléon Ier
(1769-1821)

Originaire de Corse (devenue française en 1768), *Napoleone Buonaparte* entre dans l'armée française et, pendant la Révolution, monte rapidement en grade grâce à ses talents militaires. Après la chute de Robespierre, il soutient le Directoire et réprime un soulèvement royaliste en 1795. Après la campagne d'Italie et l'expédition d'Égypte, il organise le coup d'État du 18 brumaire (novembre 1799) qui renverse le Directoire. Avec le régime du Consulat, il applique son programme : terminer la Révolution en conciliant les acquis de 1789 et l'ordre. Devenu l'Empereur Napoléon Ier en 1804, il lance la France à la conquête de l'Europe. Et l'Europe coalisée contre lui finit par le forcer à abdiquer le 4 avril 1814. Exilé à l'île d'Elbe, il s'en évade pour tenter de reprendre le pouvoir en France au cours des Cent-Jours. De nouveau vaincu à Waterloo, il abdique une seconde fois le 22 juin 1815 et finit sa vie à l'île de Sainte-Hélène.

Napoléon III
(1808-1873)

Fils de Louis Bonaparte, le frère de Napoléon Ier, Louis-Napoléon mène une vie d'exilé et de conspirateur. Il échoue dans deux tentatives pour renverser la monarchie de Juillet en 1836 et en 1840. Il se présente dans ses écrits comme l'héritier de son oncle et le théoricien du bonapartisme ou « césarisme ». Sous-estimé par la classe politique, mais bénéficiant de son nom prestigieux, il est élu président de la République (10 décembre 1848). Par le coup d'État du 2 décembre 1851, il se maintient au pouvoir, puis devient empereur le 2 décembre 1852 sous le nom de Napoléon III. Sous le Second Empire, la France se modernise. Ce régime autoritaire, mais fondé sur le suffrage universel, se démocratise dans les années 1860. Mais Napoléon III est renversé après avoir été vaincu par les Prussiens en 1870. Il meurt en exil en Angleterre.

Madeleine Pelletier
(1874-1939)

Issue d'un milieu modeste, elle obtient le baccalauréat en candidate libre en 1897 et elle devient en 1903 la première femme interne en psychiatrie. Au sein de la franc-maçonnerie et de la SFIO, elle milite pour l'égalité entre hommes et femmes et un suffrage vraiment universel. En 1907, elle lance le mensuel *La Suffragiste*. Elle adopte des vêtements masculins : « Mon costume dit à l'homme : je suis ton égale. » Très en avance sur son temps, elle défend la contraception, l'avortement et l'idée que les sexes masculin et féminin sont une construction sociale. Elle adhère au parti communiste dès sa création en 1920.

Maximilien Robespierre
(1758-1794)

Cet avocat d'Arras, admirateur de Rousseau, est député du tiers état en 1789. Membre du Club des jacobins, il critique le suffrage censitaire, dénonce l'esclavage et s'oppose à la guerre. Il siège avec les montagnards à la Convention et vote la mort du roi. Membre du Comité de salut public, il dirige le gouvernement révolutionnaire et instaure la Terreur. Il élimine les « Enragés », puis les « Indulgents » et il inquiète de plus en plus. Arrêté le 9 thermidor an II (27 juillet 1794), il est exécuté le lendemain. Cette figure célèbre de la Révolution est toujours controversée : il est pour les uns « l'Incorruptible », défendant la démocratie menacée, pour les autres le responsable du dérapage de la République dans la Terreur.

Marie-Jeanne Philippon, dite Madame Roland
(1754-1793)

Fille d'un graveur, Marie-Jeanne Philippon reçoit une éducation plus poussée que la plupart des femmes de son époque. Elle épouse en 1780 Jean-Marie Roland de La Platière, l'un des chefs du parti girondin, qui devient ministre de l'Intérieur en 1792. Soutenant la carrière politique de son mari et connue dans l'histoire comme « Madame Roland », elle reçoit dans son « salon » parisien les députés girondins. Victime comme eux de la répression, elle est exécutée le 8 novembre 1793 ; son mari, en fuite, se suicide le 10 novembre quand il apprend sa mort.

George Sand
(1804-1876)

Mariée à 18 ans au baron Casimir Dudevant, mère de deux enfants, Aurore Dupin devient une femme de lettres indépendante dans les années 1830 sous le pseudonyme de George Sand (l'absence de s à la fin de George signalant la forme féminine de ce prénom). Liée à de nombreux artistes romantiques comme Musset ou Chopin, elle parvient à vivre en femme libre, son mari acceptant une séparation définitive en 1836. Elle écrit de nombreux romans, inspirés notamment par son pays natal, le Berry. Proche des démocrates socialistes, elle soutient la révolution de 1848 et joue un rôle officieux auprès de son ami Ledru-Rollin, ministre de l'Intérieur. Sous le Second Empire, elle se consacre à son œuvre littéraire et à une abondante correspondance, depuis sa maison de Nohant (Indre).

Victor Schœlcher
(1804-1893)

Militant pour l'abolition de l'esclavage, il devient sous-secrétaire d'État auprès du ministre de la Marine Arago et prépare le décret du 27 avril 1848 qui abolit l'esclavage dans les colonies françaises. Élu député de Martinique et de la Guadeloupe en août 1848, il siège avec les démocrates socialistes, s'oppose au coup d'État de Louis-Napoléon Bonaparte et vit en exil jusqu'en 1870. Réélu député de la Martinique en 1871, il défend une politique d'assimilation dans les colonies. La ville de Case-Navire en Martinique prend le nom de Schœlcher en 1889 pour honorer sa mémoire. Ses cendres sont transférées au Panthéon en 1949. Mais la glorification de son combat par la République aurait selon certains occulté la lutte des esclaves eux-mêmes pour leur liberté.

Anne-Josèphe Théroigne, dite Théroigne de Méricourt
(1762-1817)

Née en Belgique, elle devient célèbre à Paris pendant la Révolution, en réclamant l'égalité des sexes et la formation de bataillons féminins dans l'armée. Son personnage de militante féministe portant des pistolets à la ceinture — une « amazone » — a suscité de violentes haines misogynes. C'est pourquoi il est difficile de distinguer sa biographie réelle et toutes les légendes qui l'accompagnent. Elle aurait sombré dans la folie après avoir été humiliée publiquement par des femmes du parti montagnard. Elle est internée en 1794 dans un hôpital parisien où elle finit sa vie.

Adolphe Thiers
(1797-1877)

Malgré ses origines modestes, il s'est imposé comme l'un des hommes politiques les plus importants de son époque. Il a toujours défendu la même ligne politique, centriste et libérale, refusant à la fois la révolution et la réaction. Ministre de Louis-Philippe, il devient le chef du parti de l'Ordre sous la Seconde République. Opposant à Napoléon III, il demande en 1864 les « libertés nécessaires » et contribue à l'évolution libérale du régime. Président provisoire de la France en 1871, il réprime la Commune, mais il pousse ensuite ses amis orléanistes à se rallier à la République. À sa mort, l'ancien royaliste est salué comme un père fondateur de la IIIe République.

Woodrow Wilson
(1856-1924)

Professeur d'économie politique, gouverneur démocrate du New Jersey, il est élu Président des États-Unis en novembre 1912 et réalise de grandes réformes démocratiques. Réélu en 1916, il prend la décision historique en 1917 de faire entrer les États-Unis en guerre aux côtés de l'Entente. Son but, exprimé dans les *Quatorze Points* (8 janvier 1918), est d'établir une paix définitive fondée sur la sécurité collective. Premier président américain en exercice à se rendre en Europe, il dirige la Conférence de la Paix en 1919 et obtient la création de la Société des Nations. Mais il est désavoué dans son propre pays, puisque le Congrès américain refuse de ratifier le traité de Versailles. Sa seule consolation est le prix Nobel de la paix en 1920.

Émile Zola
(1840-1902)

Issu d'une famille provençale modeste, il devient journaliste à Paris en 1858. Convaincu que la science est le moteur du progrès, il décide de créer le « roman expérimental ». Il devient célèbre dans les années 1870 avec ses romans, qui font de lui le chef de file du naturalisme. Écrivain engagé en politique, il est l'un des premiers intellectuels à soutenir Dreyfus, avec son article « J'accuse » publié en janvier 1898 dans le journal de Clemenceau *L'Aurore*. Il focalise la haine des antidreyfusards, qui sont peut-être responsables de sa mort (il est asphyxié par une cheminée bouchée).

LEXIQUE

A

Anciens combattants : hommes qui ont participé à la Grande Guerre et qui s'organisent en associations pour défendre leurs intérêts. (p. 271 et 275)

Antiparlementarisme : opposition au régime parlementaire et au régime d'assemblée, considérés comme favorisant la corruption, l'indécision et l'instabilité ministérielle. (p. 175 et 179)

Apatride : personne dépourvue de nationalité. (p. 273)

Armistice : convention par laquelle les belligérants suspendent les combats en attendant la négociation d'un traité de paix. (p. 172, 239 et 271)

Assimilation : politique qui vise à supprimer toute différence entre colons et colonisés, en faisant de ces derniers des citoyens. (p. 210)

Ateliers nationaux : chantiers de travaux publics organisés par l'État pour employer les ouvriers au chômage. (p. 109)

Autel de la patrie : monument dédié à la patrie dans chaque commune, pour y célébrer les cérémonies en l'honneur de la Nation. (p. 32)

B

Banquet républicain : repas organisé par les républicains pour contourner l'interdiction de réunions politiques durant la monarchie de Juillet. (p. 108)

Biens nationaux : biens confisqués à l'Église ou aux nobles émigrés pour être vendus et répondre ainsi à la crise financière. (p. 19)

Bloc national : alliance de la droite et du centre qui remporte les élections législatives en novembre 1919. (p. 282)

Blocus continental : stratégie imposée par Napoléon entre 1806 et 1814 qui consiste à interdire aux autres pays de commercer avec le Royaume-Uni pour l'isoler économiquement. (p. 52)

Blocus : opération militaire visant à couper le ravitaillement (nourritures, armes) ou les communications d'une région. (p. 241)

Bolcheviks : révolutionnaires communistes russes, partisans de Lénine. (p. 239 et 273)

Boulangisme : mouvement d'opposition à la République libérale, dirigé par le général Boulanger de 1887 à 1889 et fondé sur l'antiparlementarisme et le nationalisme. (p. 175)

« Bourrage de crâne » : expression popularisée par le journaliste Albert Londres pour désigner les mensonges de la presse et plus généralement la propagande patriotique. (p. 242)

C

Candidats officiels : candidats soutenus par le gouvernement aux élections législatives. (p. 134)

***Carbonari* :** membres des sociétés secrètes luttant pour l'unité italienne. Les libéraux français ont formé un mouvement similaire appelé « la Charbonnerie ». Le terme vient des charbonniers et forestiers auxquels ces sociétés ont emprunté certains rites initiatiques. (p. 78, 122)

Catéchisme impérial : enseignement de la foi catholique, publié en 1806, incluant un soutien explicite au régime napoléonien. (p. 51)

Cent-Jours : période comprise entre le 20 mars et le 22 juin 1815 au cours de laquelle Napoléon Ier, après s'être enfui de l'île d'Elbe, reprend le pouvoir en France. (p. 53)

Césarisme démocratique : régime qui prétend établir un lien direct entre l'empereur et le peuple, en référence au modèle romain de Jules César. (p. 134 et 141)

CGT : Confédération générale du Travail, fondée en 1895. Elle rassemble les syndicats avec, comme programme, le syndicalisme révolutionnaire. (p. 175)

Chouans : royalistes du nord de la Loire (Normandie, Maine et Bretagne), alors que les Vendéens sont situés au sud. (p. 40)

Cléricalisme : idéologie conférant au clergé un statut public et un rôle politique. (p. 174)

Club : groupe de députés ou de citoyens de même sensibilité politique se réunissant régulièrement pour débattre. (p. 20 et 118)

Code civil : recueil unifiant les différentes lois concernant les personnes et les biens. (p. 51 et 55)

« Cols blancs » : employés (portant la chemise blanche et la cravate) par opposition aux « cols bleus » (ouvriers portant la blouse ou bleu de travail). (p. 137 et 177)

Coloniaux : personnes venues de métropole pour un temps limité dans une colonie et avec une fonction précise (administrateurs, médecins, missionnaires). (p. 211)

Colonie : territoire soumis directement à la domination d'une puissance étrangère. (p. 208 et 213)

Colonisés : habitants des colonies, qui subissent la domination coloniale. (p. 210)

Colons : personnes venues de métropole pour s'installer définitivement dans une colonie. (p. 211)

Comité de salut public : principal organe du gouvernement révolutionnaire, composé de douze députés. (p. 22)

Compagnie concessionnaire : compagnie ayant obtenu les droits d'exploitation sur un territoire ou une richesse contre une redevance payée à l'État. (p. 211)

Concert européen : concertation permanente entre les grandes puissances pour maintenir entre elles un équilibre (*balance of power*), garant de la paix en Europe. (p. 76 et 83)

Concordat : accord conclu entre le pape et un État, pour organiser les relations entre l'Église catholique et cet État. (p. 51 et 55)

Confédération germanique : organisée par le congrès de Vienne, elle rassemble 38 États allemands et dispose d'une Diète fédérative (*Bundesrat*) installée à Francfort et présidée par l'Autriche. (p. 76)

Conscription : enrôlement dans l'armée des hommes ayant atteint l'âge du service militaire (conscrits). On parle d'armée de conscription par opposition à une armée de métier. (p. 21, 23 et 40)

Constitution : loi fondamentale qui définit l'organisation des pouvoirs dans un État. (p. 19)

D

Déchristianisation : politique visant à éliminer l'influence du christianisme dans la vie quotidienne. (p. 21 et 22)

Déflation : diminution générale et durable des prix des marchandises. (p. 177)

Démocratie libérale : régime politique fondé sur les principes de 1789 (égalité civile, libertés fondamentales, souveraineté nationale) et sur les acquis ultérieurs de la démocratie (suffrage universel). (p. 179)

Désenclavement : construction d'infrastructures de transport afin de mieux connecter des territoires autrefois isolés. (p. 177)

***Diktat* :** terme utilisé par les Allemands pour désigner les clauses du traité de Versailles imposées par les Alliés sans négociation. (p. 273, 275 et 288)

Droits seigneuriaux : privilèges et redevances dont bénéficient les seigneurs dans la société d'Ancien Régime. (p. 19)

E

Économie de guerre : économie dirigée par l'État et centrée sur la production du matériel militaire. (p. 242)

Émigré : contre-révolutionnaire, souvent issus de la noblesse, ayant fui la France. (p. 20)

États généraux : assemblée des représentants des trois ordres (ou « états ») convoquée par le roi pour lui donner leur avis. Ils n'ont pas été réunis entre 1614 et 1789. (p. 19)

F

Fédération : union entre les gardes nationales de plusieurs communes pour défendre la Révolution. (p. 32)

G

Garde nationale : milice municipale de citoyens armés, chargée de maintenir l'ordre et de lutter contre les ennemis de la révolution. (p. 19)

Génocide : destruction préméditée et méthodique de tout ou partie d'une population en raison de son appartenance nationale, ethnique ou religieuse. (p. 243, 245 et 262)

Grande Armée : nom donné à l'armée dirigée par Napoléon de 1804 à 1815. Outre des conscrits français (voir p. 21), elle incorpore des combattants de toute l'Europe (Italiens, Polonais, Hollandais, Autrichiens, etc.). Elle compte 700 000 soldats en 1812. (p. 52)

Guerre de mouvement : stratégie offensive fondée sur des déplacements rapides pour occuper le terrain de l'adversaire. (p. 239 et 245)

Guerre de position : stratégie défensive dans laquelle les armées s'enterrent dans des tranchées et s'efforcent de tenir leurs positions. (p. 239 et 245)

Guerre mondiale : guerre dont l'échelle dépasse celle d'un continent et à laquelle participent des pays et des populations de l'ensemble de la planète. (p. 245)

Guerre totale : affrontement qui ne mobilise pas seulement les forces armées des nations belligérantes mais la totalité des sociétés (mobilisation économique, financière, idéologique). La distinction entre combattants et non-combattants est effacée : les civils deviennent acteurs et cibles de la guerre. (p. 245)

I

Impérialisme : domination exercée par un État sur un autre grâce à sa supériorité technique, économique, culturelle, etc. Quand cette domination est territoriale et politique, on parle de colonisation. (p. 208 et 213)

Indigène : le terme « indigène » désigne une personne originaire du pays où elle se trouve, il est synonyme d'autochtone. Ce terme a pris avec la colonisation un sens péjoratif, désignant les peuples soumis par les Européens et leur assignant un statut juridique et social inférieur. (p. 213)

Inflation : augmentation générale et durable des prix liée à la perte de pouvoir d'achat de la monnaie. (p. 270)

Insurrection fédéraliste : soulèvement dans de nombreux départements des républicains hostiles aux montagnards et protestant contre l'arrestation des députés girondins. (p. 21)

L

Laïcité : principe selon lequel la religion relève de la sphère privée et l'État est neutre. Il reconnaît toutes les religions sans en adopter aucune. (p. 174 et 179)

Légitimiste : royaliste favorable à la branche aînée des Bourbons, représentée par Charles X, puis son petit-fils le comte de Chambord (« Henri V »). (p. 173)

Légitimité dynastique : principe selon lequel le pouvoir appartient légitimement à la dynastie ayant régné sur un pays, et non au peuple souverain. (p. 76)

Levée en masse : appel à la mobilisation de soldats, soit volontaires, soit tirés au sort. (p. 21)

Libéralisme : pensée issue de la philosophie des Lumières et diffusée par la Révolution française qui veut fonder la société sur la liberté individuelle. L'État doit garantir les libertés fondamentales ; les citoyens forment la nation, qui détient la souveraineté. L'État doit limiter ses interventions dans l'économie, fondée sur les libertés de propriété et d'entreprise, sur la libre concurrence entre les entreprises et le libre-échange entre les nations. (p. 83 et 113)

Libre-échange : politique qui favorise le commerce international en supprimant les barrières douanières entre les États. (p. 136 et 141)

Livret ouvrier : document où sont enregistrés les déplacements de l'ouvrier. Tout ouvrier circulant sans son livret risque l'emprisonnement. (p. 50)

M

Mandat : territoire confié par la SDN aux vainqueurs de la guerre, qui ont théoriquement pour mission de les préparer à l'indépendance. (p. 273)

Marraines de guerre : femmes qui correspondent avec des soldats au front durant la Première Guerre mondiale pour les soutenir moralement. (p. 242)

Mésopotamie : région située entre les fleuves Tigre et Euphrate, correspondant à l'Irak actuel. (p. 254)

Métropole : terme employé dans un empire colonial pour désigner l'État colonisateur par rapport à ses colonies. (p. 208 et 213)

Missionnaire : religieux ayant pour mission d'évangéliser les populations non chrétiennes. (p. 208)

Mobilisation générale : rassemblement des troupes et du matériel en vue de préparer la guerre. (p. 238)

Monarchie constitutionnelle : régime où les pouvoirs du roi sont définis et limités par une constitution. (p. 25, p. 81 et 83)

Mutilé : personne ayant perdu un membre ou un organe. (p. 270)

N

Nationalisme : exploitation politique du sentiment national. (p. 238)

Nationalité : au XIXe siècle, terme qui désigne une nation privée d'État, un peuple qui aspire à sa reconnaissance en tant que nation souveraine. Le principe des nationalités, c'est donc le droit des peuples à disposer d'eux-mêmes. (p. 83, 110 et 113)

Négationnisme : négation de génocides ou de crimes majeurs malgré l'existence de preuves apportées par les historiens. (p. 262)

O

Ordre moral : nom donné au gouvernement de la droite royaliste sous la présidence de Mac Mahon. (p. 173)

Orléaniste : royaliste favorable à la dynastie d'Orléans, représentée par Louis-Philippe, puis par son petit-fils, le comte de Paris (« Philippe VII »). (p. 172)

P

Parti de l'Ordre : parti réunissant les royalistes (légitimistes et orléanistes), rejoints par certains républicains modérés par peur des « rouges ». (p. 109)

Paternalisme : stratégie d'un patron qui assimile l'entreprise à une famille dont il est le père et qui traite ses employés comme des enfants. (p. 177)

Patois : version locale d'une langue, parlée par les paysans. (p. 19)

***Philhellène* :** qui aime les Grecs et donc les soutient dans leur lutte pour l'indépendance. (p. 92)

Plébiscite : vote sur une question à laquelle les électeurs répondent par « oui » ou par « non » et témoignent de leur degré d'adhésion au régime. (p. 50, 55 et 134)

Poilus : terme d'argot miliaire utilisé en France depuis le XIXe siècle pour désigner les soldats endurants et courageux, le poil étant synonyme de virilité et de force. (p. 260)

Printemps de peuples : nom donné a la vague révolutionnaire qui a touché l'Europe en 1848-1849 et permis l'affirmation des nationalités. (p. 113)

Prolétariat : par ce terme, Karl Marx désigne ceux qui n'ont que la force de leurs bras pour travailler et subvenir à leurs besoins, par opposition aux patrons qui possèdent les moyens de production. (p. 137 et 177)

Protectionnisme : politique douanière qui vise à protéger l'économie nationale contre la concurrence étrangère. (p. 177)

Q

Quatorze points : programme de paix présenté par le président Wilson lors d'un discours au Congrès des États-Unis le 8 janvier 1918. (p. 275)

Question sociale : ensemble des problèmes posés par la misère et le chômage et qui font l'objet d'un débat politique. (p. 81, 137, 141, 156 et 179)

R

Radicaux : nom donné aux républicains de gauche, par opposition aux modérés, qui cherchent une troisième voie entre le libéralisme et le socialisme. (p. 177)

Rationnement : contrôle par l'État des quantités achetables par les consommateurs. (p. 243)

Refus de guerre : opposition ou protestation contre la guerre, qui peut revêtir de multiples formes (mutinerie, mutilation volontaire, fraternisation avec l'ennemi, grève, expression intellectuelle ou artistique, émeutes). (p. 260)

Régime d'assemblée : régime dans lequel le Parlement peut renverser le Gouvernement, sans que le Gouvernement puisse dissoudre le Parlement. En résulte un ascendant du législatif sur l'exécutif et, généralement, une forte instabilité ministérielle. (p. 173)

Régime parlementaire : régime fondé sur un équilibre entre le pouvoir exécutif, qui peut dissoudre le Parlement, et le pouvoir législatif, qui peut renverser le Gouvernement (parce que celui-ci est responsable devant le Parlement). (p. 80, 135, 173 et 179)

République : régime politique sans roi et dont l'exécutif est assuré par un individu ou un groupe de personnes (Comité de Salut public ou Directeurs). (p. 25)

Républiques sœurs : régimes républicains instaurés par la France dans les territoires étrangers qu'elle a conquis (Allemagne, Pays-Bas, Italie). (p. 23)

***Risorgimento* :** le terme signifie littéralement « résurgence », « réapparition ». Il désigne le mouvement intellectuel et politique en faveur d'une Italie unifiée et indépendante. Il désigne aussi dans l'histoire italienne la période 1815-1861 au cours de laquelle ce mouvement a favorisé l'unité. (p. 91)

Romantisme : mouvement littéraire et artistique dominant la première moitié du XIXe siècle, qui veut libérer l'individu des règles classiques. Le romantisme exalte la sensibilité et la liberté de l'individu, la spontanéité du peuple, la nature. (p. 78)

S

Salon : du XVIIe au XIXe siècle, exposition d'œuvres d'art organisée par l'Académie des beaux-arts. Y exposer est un gage de reconnaissance officielle et permet d'espérer des commandes publiques. (p 68)

Sans-culottes : terme à l'origine péjoratif qui désigne les révolutionnaires issus du peuple qui portent le pantalon au lieu de la culotte et des bas de soie des bourgeois et des nobles. (p. 19)

Sécurité collective : organisation des relations internationales visant à maintenir la paix par le droit et l'arbitrage, et non par des alliances militaires et des accords secrets. (p. 273 et 275)

SFIO : Section française de l'Internationale ouvrière, ou Parti socialiste unifié, créé en 1905 par Jules Guesde et Jean Jaurès. (p. 175)

Socialisme : doctrine qui veut rompre avec le capitalisme libéral pour instaurer une plus grande justice sociale. (p. 109 et 113)

Société anonyme : entreprise dont le capital est divisé en actions. En cas de perte, ses actionnaires ne sont responsables qu'à hauteur des sommes qu'ils ont investies, les risques de faillite personnelle sont donc limités. (p. 136)

Souveraineté nationale : principe selon lequel la source de l'autorité politique (la souveraineté) est la nation (l'ensemble des citoyens). (p. 25)

Suffrage censitaire : système où le droit de vote est fondé sur le cens, c'est-à-dire sur le montant des impôts, par opposition au suffrage universel. (p. 20 et 80)

Syndicalisme révolutionnaire : doctrine des anarchistes qui font du syndicat et de la grève générale l'arme révolutionnaire contre le capitalisme. C'est « l'action directe », par opposition à « l'action indirecte », parlementaire. (p. 175)

T

Terres irrédentes : terres « non libérées » de la domination autrichienne et revendiquées comme historiquement italiennes (Istrie, Dalmatie, Trentin, Tyrol du Sud). (p. 238 et 273)

Thermidoriens : républicains modérés ayant voté l'exécution de Robespierre et de ses partisans les 9 et 10 thermidor de l'an II (27 au 28 juillet 1794) ; ils défendent l'héritage libéral de la Révolution. (p. 23)

Tsaristes : monarchistes, partisans du tsar (l'empereur de Russie). (p. 273)

U

***U-Boot* :** abréviation d'*Unterseeboot*, qui signifie « sous-marin » en allemand (*U-Boote* au pluriel). (p. 241)

Ultras : royalistes nostalgiques de l'Ancien Régime. (p. 94)

V

Vétéran : synonyme d'ancien combattant. (p. 271)

Veto : droit de s'opposer à l'adoption d'une loi. (p. 20)

W

***Weltpolitik* :** « politique mondiale ». Doctrine géopolitique agressive adoptée par l'Allemagne en 1890 et qui doit lui permettre de devenir une puissance de premier plan. (p. 238)

Crédits photographiques

Couverture : Léon Bakst (1866-1924), *Carnaval en l'honneur de l'amiral Avellan*, ou *Carnaval dans les rues de Paris*, *le 5 octobre 1893, place de la République*, Paris, 1900, huile sur toile, musée de la Marine centrale de l'État de Saint-Pétersbourg. © Opale.photo/FineArts.

4, 14 et 94 CC0 Paris Musées/Musée Carnavalet - Histoire de Paris. **6, 104 et 158 bas** © GrandPalaisRmn (Château de Versailles)/image GrandPalaisRmn. **7, 168 et 226 bas** BIS / Ph. Nadar / Coll. Archives Larbor. **8, 234 et 258** Défense/ECPAD/Bauche. **16-17** CC0 Paris Musées/Musée Carnavalet - Histoire de Paris. **19 bas g** CCO Paris Musées/Musée Carnavalet - Histoire de Paris. **18 Et 26b** BIS/© Archives Larbor. **20** BIS/© Archives Larbor. **23 Et 26a** BIS/Ph. © Musées de la Ville de Paris -Archives Larbor. **26 c** BIS/Ph. Coll. Archives Larbor. **26 d** BIS/Ph. Coll. Archives Larbor. **28** BRIDGEMAN IMAGES. **29** Coll. Musée de la Révolution française - Domaine de Vizille. Inv. 1991.53. **30 ht g** BIS/Ph Michel Didier © Archives Larbor. **30 ht d** BIS/Ph. Hubert Josse © Archives Larbor. **30 bas** BIS/Ph. Coll Archives Bordas. **31** BNF. **32 ht** BIS/Ph. H. Josse © Archives Larbor. **32 bas** BIS/Ph. Coll. Archives Larbor. **33 ht** CC0 Paris Musées/Musée Carnavalet - Histoire de Paris. **33 bas** BNF. **34** BIS/Ph. Jeanbor © Archives Larbor. **35** CC0 Paris Musées/Musée Carnavalet - Histoire de Paris. **37** © Musées d'Art et d'Histoire de La Rochelle, inv. MNM.1983.4.2. **39** AKG-Images. **41** © GrandPalaisRmn (PBA, Lille)/Jacques Quecq d'Henripret. **42** DR. **43** BIS/Ph. G. Dagli Orti © Archives Larbor. **44** LA COLLECTION/Photo Josse. **46** Musée d'histoire de Lyon - Gadagne, inv. 513/Pierre Aubert. **47 ht** © Coll. Musée de la Révolution française - Département de l'Isère, Inv. MRF 2001-6. **47 bas** CC0 Paris Musées/Musée Carnavalet - Histoire de Paris. **47 m** BNF. **48-49** © GrandPalaisRmn (Château de Versailles). **50 Et 53bg, 56d** BIS/Ph. Hubert Josse © Archives Larbor. **53 m g Et 57b** BIS/Ph. J. Dubout © Archives Larbor. **53 m d** BIS/Ph. J. Dubout © Archives Larbor. **53 bas d** BIS/Ph. Jean Dubout © Archives Larbor. **57 a** BIS/Ph. J.L. Charmet © Archives Larbor. **57 c** BRIDGEMAN IMAGES/Fine Arts Images. **58 ht** © Musée du Louvre, Dist. GrandPalaisRmn. **58 bas** BRIDGEMAN IMAGES/Archives Charmet. **59** Photo © RMN-Grand Palais (musée du Louvre)/Thierry Le Mage. **60** BRIDGEMAN IMAGES. **61** © GrandPalaisRmn (Château de Fontainebleau)/Gérard Blot. **62** BRIDGEMAN IMAGES/The Holbarn Archive. **63** BRIDGEMAN IMAGES/Aunaies. **64** © Paris - Musée de l'Armée, Dist. GrandPalaisRmn/Emilie Cambier. **65** © GrandPalaisRmn (Château de Versailles)/Daniel Arnaudet. **66 g** BRIDGEMAN IMAGES/Granger. **66 d** AKG-Images. **67 ht** LA COLLECTION/Photo Josse. **67 bas** BIS/Ph. © Archives Larbor. **68** © GrandPalaisRmn (musée du Louvre)/Franck Raux. **69** BIS/Ph. S. Guiley-Lagache © Archives Larbor. **72** © GrandPalaisRmn (musée des châteaux de Malmaison et de Bois-Préau)/Gérard Blot. **73 ht g** Musée des Archives nationales, AE/V/69. **73 bas d** © GrandPalaisRmn (musée des châteaux de Malmaison et de Bois-Préau)/Gérard Blot. **73 bas g** © GrandPalaisRmn (musée des châteaux de Malmaison et de Bois-Préau)/Gérard Blot. **73 ht d** © GrandPalaisRmn (musées de l'Île d'Aix)/Jean-Pierre Lagiewski. **74-75** BIS/Ph. Hubert Josse © Archives Sejer. **79 Et 84c, 91,110b, 126 bas** BIS/Ph. Ricciarini © Archives Larbor. **80 ht** BIS/Ph. © Archives Nathan. **80 m** CC0 Paris Musées/Musée Carnavalet - Histoire de Paris. **80 bas et 84d** BIS/Ph. © Archives Nathan. **84a, Et 86, 110c** AURIMAGES/World History Archive. **87** LA COLLECTION/Kharbine/Dixmier. **88** BRIDGEMAN IMAGES/© Wilberforce House Museum. **89** BNF. **90** AURIMAGES/Interfoto/Bildarchiv Hansmann. **92** © GrandPalaisRmn (Château de Versailles)/image GrandPalaisRmn. **93** BRIDGEMAN IMAGES/Photo Josse. **95** © GrandPalaisRmn (MuCEM)/Jean-Gilles Berizzi. **97 ht** BRIDGEMAN IMAGES/Archives Charmet. **97 bas** Biblioteka Narodowa, CC0. **98** BRIDGEMAN IMAGES/Mary Evans. **99** AKG-Images. **100** PHOTO12.COM/Alamy/Shim Harno. **102** CC0 Paris Musées/Musée Carnavalet - Histoire de Paris. **103** CC0 Paris Musées/Musée Carnavalet - Histoire de Paris. **106-107** BIS/Ph. Leonard de Selva © Archives Larbor. **108 a Et 115b, 116 md, 122, 134 ht, 142a** BIS/Ph. Coll. Archives Larbor. **108 b Et 115a, 116 md** BIS/Ph. J. Denave © Archives Larbor. **108 c Et 115d, 172 bas, 180b** BIS/Ph. Jeanbor © Archives Bordas. **110 a Et 119 bas** BIS/Ph. J.L. Charmet © Archives Larbor. **115c** CC0 Paris Musées/Musée Carnavalet - Histoire de Paris. **116 m g** BIS/Ph. Jeanbor © Archives Larbor. **117 ht** ROGER-VIOLLET/Petit Palais. **117 bas** CC0 Paris Musées/Musée Carnavalet - Histoire de Paris. **119 ht** © BPK, Berlin, Dist. GrandPalaisRmn/Indra Desnica. **120 ht** CC0 Paris Musées/Musée Carnavalet - Histoire de Paris. **120 bas** BIS/Ph. Coll Archives Bordas. **121 Et 134 bas, 142d** BIS/© Archives Nathan. **123 g** BIS/Ph. J.L. Charmet © Archives Larbor. **123 d** BIS/Ph. Coll Archives Bordas. **124** BRIDGEMAN IMAGES/Tallandier. **125** GrandPalaisRmn (Château de Versailles)/Franck Raux. **126 ht** AKG-Images/Heritage Images/Index. **126 m Et 158ht** AURIMAGES/Gianni Dagli Orti/Museo del Risorgimento Turin. **127** BRIDGEMAN IMAGES/Archives Charmet. **128 ht** BNF. **128 bas** BIS/BNF/Collection Archives SEJER. **130** © Photo : Musée de La Poste, Paris/La Poste/Photo Thierry Debonnaire. **131 ht** © Photo : Musée de La Poste, Paris/La Poste/Tous droits réservés. **131 bas** AKG-Images/Fototeca Gilardi. **132-133** LA COLLECTION/Photo Josse. **136 Et 142b, 150 ht** BIS/Ph. © Archives Larousse. **139 Et 142c, 172 ht** BRIDGEMAN IMAGES/FineArtImages. **144 ht** PHOTO12.COM/Fondation Napoléon. **144 bas** © GrandPalaisRmn (musée du Louvre)/René-Gabriel Ojeda. **146** CC0 Paris Musées/Musée Carnavalet - Histoire de Paris. **147** BRIDGEMAN IMAGES/Sibroc. **148** CC0 Paris Musées/Maisons de Victor Hugo Paris-Guernesey. **149** BRIDGEMAN IMAGES/Leonard de Selva. **150 bas** CC0 Paris Musées/Musée Carnavalet - Histoire de Paris. **151** BIS/© Archives Larbor. **152 ht** Ville de Paris/Bibliothèque Marguerite Durand. **152 bas** Ville de Paris/Bibliothèque Marguerite Durand. **153 g** Photo © Ministère de la Culture -Médiathèque de l'architecture et du patrimoine, Dist. RMN-Grand Palais/Atelier de Nadar. **153 d** Photo © Ministère de la Culture -Médiathèque de l'architecture et du patrimoine, Dist. RMN-Grand Palais/Atelier de Nadar. **155** AKG-Images/UIG/Bildagentur-online. **156** The MET/Gilman Collection, Purchase, The Horace W. Goldsmith Foundation Gift, through Joyce and Robert Menschel, 2005. **157** BRIDGEMAN IMAGES/Sibroc. **159** PHOTO12.COM/ALAMY/Walker Art Library. **160** CC0 Paris Musées/Musée Carnavalet - Histoire de Paris. **161** LA COLLECTION/Interfoto. **163** DR. **166 ht** BRIDGEMAN IMAGES/Mary Evans. **166 bas g** BNF. **166 bas d** Emilie Hammen. **167 ht** CC0 Paris Musées/Musée Carnavalet - Histoire de Paris. **167 bas** CC0 Paris Musées/Musée Carnavalet - Histoire de Paris. **170-171** CC0 Paris Musées/Musée Carnavalet - Histoire de Paris. **172 m ht Et 180a** BIS/© Archives Larbor. **172 m bas Et 180c, 183 hg** ROGER-VIOLLET/Musée Carnavalet/Ernest Charles Appert. **174 ht Et 180d** BIS/Photo Aron Gerschel/Bibliothèque Municipale de Reims-Restauration & Colorisation by Foissin.C Software. **174 ht m Et 180a, 216 bas,226h** BIS/Ph. Eugène Pirou © Archives Larbor. **174 m bas** BIS/Ph. Jack © Archives Larbor. **174 bas** BIS/Ph. Coll. Archives Larbor. **180 e Et 194 ht** BRIDGEMAN IMAGES/Leonard de Selva. **182** CC0 Paris Musées/Musée Carnavalet - Histoire de Paris. **183 d** © MuCEM, Dist. GrandPalaisRmn/image MuCEM, Image MuCEM. **184** ADOBE STOCK/Nikitin Mikhail. **185** © Château de Versailles, Dist. GrandPalaisRmn/Christophe Fouin. **186 ht** LA COLLECTION/Kharbine/Grob. **186 bas** BRIDGEMAN IMAGES. **187 Et 203** OPALE/Darchivio. **188** BRIDGEMAN IMAGES. **189** BRIDGEMAN IMAGES/Jaime Abecasis. **191 d Et 190 g** BIS/Ph. Coll. Archives Nathan. **191 g** CC0 Paris Musées/Musée Carnavalet - Histoire de Paris. **192 ht** AKG-Images/Collection Mansard. **192 bas ET 190 m** LA COLLECTION/Intefoto. **193 ht** PHOTO12.COM/Alamy/Shim Harno. **193 bas Et 190 d** BRIDGEMAN IMAGES/Archives Charmet. **194 bas** ROGER-VIOLLET/Roger-Viollet. **195** LA COLLECTION/Kharbine/Grob. **196** BRIDGEMAN IMAGES/Stefano Bianchetti. **197** © GrandPalaisRmn/Benoît Touchard. **198 ht** ADOC-PHOTOS. **198 bas** Ville d'Avignon/Musée Calvet (© Fabrice Lepeltier), Dépôt de l'Etat de 1901, transfert de propriété de l'Etat à la ville d'Avignon, 2021 (Inv. D 902.2). **199 ht** AKG-Images/Collection Mansard. **199 bas** BIS/Ph. © Archives Nathan. **200** AKG-Images/Album/Prisma. **202** BIS/Ph. Coll. Archives Nathan. **204** LA COLLECTION/Kharbine/IM. **205** © Les Arts Décoratifs/Cyrille Bernard. **206-207** © Château de Versailles, Dist. GrandPalaisRmn/Christophe Fouin. **208** BIS/Ph. Jean-Loup Charmet © Archives Bordas. **211** BIS/Ph. Nadar Coll. Archives Larbor. **216 ht** AKG-Images/Collection Mansard. **218** Musée départemental Albert-Kahn, département des Hauts-de-Seine. **219** Photo © Paris - Musée de l'Armée, Dist. RMN-Grand Palais/Pascal Segrette. **221 a** BRIDGEMAN IMAGES/Look and Learn. **221 b** BRIDGEMAN IMAGES/Pharcide/Mary Evans Picture Library. **221 c** VIRTUAL SAIGON. **221 d** Tommy Japan licence CC BY 2.0. **221 e** LA COLLECTION/Kharbine Tapabor/IM. **223 g** AKG-Images/Collection Dupondt/. **223 d** ADOC-PHOTOS. **225** AKG-Images/Art Media/Heritage Images. **226 m Et 272h,276a** BIS/Ph. Nadar/Coll. Archives Larbor. **227** LA COLLECTION/KHARBINE TAPABOR. **228** LA COLLECTION/CCIAMP. **229 ht g** BRIDGEMAN IMAGES/Jaime Abecasis. **229 ht d** BRIDGEMAN IMAGES/Gusman. **229 m g** BRIDGEMAN IMAGES/Jaime Abecasis. **229 m d** BIS/Ph. © E. Lacour - DR/Archives Bordas. **229 bas g** BRIDGEMAN IMAGES/Gusman. **229 bas d** BRIDGEMAN IMAGES/Jaime Abecasis. **232** Alberto Ricci/© ADAGP, Paris, 2025. **233 ht** BNF, département Société de géographie, SGE SG WE-288. **233 bas** BNF. **236-237** BRIDGEMAN IMAGES/© Canadian War Museum. **240 Et 246c, 272m, 276c,286h** Retrieved from the Library of Congress, https://www.loc.gov/item/93503474/ . **242 Et 246b** BIS/Ph. H. Manuel - Coll. Archives Larbor. **246 a** LA COLLECTION/Artothek/Landesmuseum Hannover. **246 d** BIS/Ph. © Archives Larbor. **250** Photo © BPK, Berlin, Dist. RMN-Grand Palais/image BPK. **251** Peter Newark Military Pictures/BRIDGEMAN IMAGES. **252** ROGER-VIOLLET/TopFoto/Lightroom Photos. **254** PHOTO12.COM/Alamy/Mirrorpix, Trinity Mirror/Mirrorpix. **256 ht** BRIDGEMAN IMAGES/© Patrice Cartier. All rights reserved 2025. **256 bas** ROGER-VIOLLET/Excelsior - L'Equipe/Piston. **257 ht** MUSEE CURIE (Coll. ACJC). **257 bas** ROGER-VIOLLET/Bibliothèque Marguerite Durand. **259** BNF. **260** ROGER-VIOLLET/Maurice-Louis Branger. **261** AURIMAGES/World History Archive. **263** BRIDGEMAN IMAGES/Pictures from History. **264** ROGER-VIOLLET/Roger-Viollet. **266 ht** BRIDGEMAN IMAGES/photo © Laurent Erny. **266 bas** E. Robert-Espalieu. **267** LA COLLECTION/Kharbine/Grob. **268-269** PHOTO12.COM/Alamy/Collection Philippe Clement, Arterra Picture Library. **271** ADOBE STOCK/Brad Pict. **272 bas Et 276d, 292h** BIS/Ph. Coll. Archives Larbor. **276b** PHOTO12.COM/Alamy/IanDagnall Computing. **278** AKG-Images. **280** ROGER-VIOLLET/Roger-Viollet. **281** American National Red Cross photograph collection (Library of Congress), LC-DIG-anrc-14612. **282 g** Mistervlad/Adobe Stock. **282 d** PA Archive/ROGER-VIOLLET. **283** GETTY IMAGES France/FPG/Keystone View Company. **284 g** CC BY-SA 4.0, https://commons.wikimedia.org/wiki/File:Saint-Julien-du-Terroux_(53)_Monument_aux_morts.JPG . **284 d** AFP/Mychele Daniau/DR. **285** LA COLLECTION/Kharbine/IM/© Adagp, Paris, 2025. **286 bas** AURIMAGES/Archives National Washington DC. **287** BRIDGEMAN IMAGES/Caricadoc. **288** Collection La Contemporaine. **289** Coll. Dixmier/KHARBINE-TAPABOR. **290** ROGER-VIOLLET/Jacques Boyer. **291** Bibliothèque Nubar de l'UGAB. **293** AKG-Images/Fine Art Images/Heritage Images. **294** LA COLLECTION/Kharbine/Grob. **296 bas** Charles Ridel. **296 ht** American National Red Cross photograph collection (Library of Congress), LC-DIG-anrc-06851. **296 m** American National Red Cross photograph collection (Library of Congress), LC-USZ62-137173. **296 bas** Charles Ridel. **297 ht g** American National Red Cross photograph collection (Library of Congress), LC-DIG-anrc-16181. **297 ht d** American National Red Cross photograph collection (Library of Congress), LC-DIG-anrc-16204. **302 1.** BRIDGEMAN IMAGES/Leonard de Selva. **302 2.** BRIDGEMAN IMAGES/FineArtImages. **302 3.** CC0 Paris Musées/Musée Carnavalet - Histoire de Paris. **302 4.** Paris Musées/Musée Carnavalet - Histoire de Paris. **302 5.** BIS / Ph. Nadar / Coll. Archives Larbor. **302 6** BIS/Ph. H. Manuel - Coll. Archives Larbor. **303 1.** BIS/Ph. Coll Archives Bordas. **303 2.** BIS/Photo Aron Gerschel/Bibliothèque Municipale de Reims-Restauration & Colorisation by Foissin.C Software. **303 3.** BIS/Ph. Eugène Pirou © Archives Larbor. **303 4.** BIS/© Archives Larbor. **303 5.** AURIMAGES/Gianni Dagli Orti/Museo del Risorgimento Turin. **303 6.** BRIDGEMAN IMAGES. **304 1.** BIS/Ph. © Archives Larousse. **304 2.** BIS/© Archives Nathan. **304 3.** BIS/Ph. Jack © Archives Larbor. **304 4.** BIS/Ph. H. Josse © Archives Larbor. **304 5.** BIS/Ph. J. Denave © Archives Larbor. **304 6.** BIS / Ph. Coll. Archives Larbor. **305 1.** BIS/© Archives Larbor. **305 2.** BIS/Ph. © Archives Nathan. **305 3.** BIS/Ph. © Archives Nathan. **305 4.** BIS/Ph. J.L. Charmet © Archives Larbor. **305 5.** BIS/Ph. Ricciarini © Archives Larbor. **305 6.** AURIMAGES/World History Archive. **305 7.** ROGER-VIOLLET/Musée Carnavalet/Ernest Charles Appert. **305 8.** Jacques Boyer /Roger-Viollet. **306 1.** ROGER-VIOLLET/Bibliothèque Marguerite Durand. **306 2.** BIS/Ph. Hubert Josse © Archives Larbor. **306 3.** BIS/Ph. Coll. Archives Larbor. **306 4.** Photo12/Alamy/ArchivioGBB **306 5.** BIS/Ph. © Musées de la Ville de Paris -Archives Larbor. **306 6.** BIS/Ph. Hubert Josse © Archives Larbor. **307 1.** BIS/Ph. J.L. Charmet © Archives Larbor. **307 2.** BRIDGEMAN IMAGES/Tallandier. **307 3.** BIS/Ph Michel Didier © Archives Larbor. **307 4.** BIS/Ph. Jeanbor © Archives Bordas. **307 5.** Retrieved from the Library of Congress, https://www.loc.gov/item/93503474/ . **307 6.** BIS/Ph. Coll. Archives Larbor.

Direction éditoriale : Carole Greffrath
Édition : Julie Berthet-Amara assistée d'Aurélie Bilger
Édition numérique : Alexandra Guidal
Conception graphique de l'intérieur : Clémentine Largant
Conception graphique de la couverture : Hugues Vollant
Mise en pages : Laure Gros et Anne-Danielle Naname
Direction artistique : Pierre-Yves Skrzypczak
Iconographie : Geoffroy Mauzé
Infographies : Renaud Scapin
Cartographie : AFDEC
Relecture : Stéphanie Girardot
Fabrication : Frédéric Bouly
Photogravure : Irilys

Achevé d'imprimer en Italie par Grafica Veneta - Trebaseleghe (Pd) en avril 2025 - N° de projet : 10305017 - Dépôt légal : avril 2025